W0229526

Montessori und die Defizite der Regelschule

INTERNATIONALE KRIMMLER
MONTESSORI-TAGE

Herausgegeben von Herbert Haberl

Symposium zum Thema
„Montessori-Pädagogik –
eine Perspektive für die 90er Jahre?"

Herder
Freiburg · Basel · Wien

© Herder & Co., Wien 1993
Alle Rechte vorbehalten
Printed in Hungary
Umschlagfoto: Atelier Wolfgang Schmidt
Satz: Edition Tau & Tau Type, Bad Sauerbrunn
ISBN 3–210–25090–1

INHALT

Die Theorie der Montessori-Pädagogik und ihre Aktualität

Berichte aus den Arbeitskreisen

Vorwort

Vom 18. bis 20. Juni 1992 veranstaltete der Österreichische Bundesverband für Montessori-Pädagogik ein Symposium in Krimml. Krimml wurde deshalb als Veranstaltungsort gewählt, weil an der dortigen Volksschule seit Jahren exemplarisch im Sinne der Montessori-Pädagogik gearbeitet wird. Außerdem ist dem Bundesland Salzburg gegenüber anderen Bundesländern der Vorzug gegeben worden, um zu dokumentieren, daß Initiativen zur Wiederbelebung der Ideen Maria Montessoris in Österreich von hier ausgingen.

Trotz der Abgelegenheit des Veranstaltungsortes waren mehr als 300 TeilnehmerInnen anwesend.

Es gibt verschiedene Gründe, warum die Ideen der italienischen Ärztin und Pädagogin in unserer Zeit ein so großes öffentliches Interesse finden. Ein Faktor dürfte sein, daß immer mehr Eltern – angeregt durch entsprechende Medienberichte – sich mit Bildungsangeboten sowie deren theoretischer Grundlegung und praktischer Absicht auseinandersetzen. Weiters dürfte bei vielen LehrerInnen die Konfrontation mit dem Schulalltag, der nicht immer den anspruchsvollen pädagogischen Erwartungen der jungen LehrerInnen entspricht, ein Grund dafür sein, daß das Interesse für alternative Pädagogik in den letzten Jahren so angestiegen ist. Jedenfalls ist zu beobachten, daß Informationsveranstaltungen, aber auch aufwendige Weiterbildungsangebote über Montessoripädagogik durchwegs großen Zulauf zu verzeichnen haben. Diese Tatsache sollte bildungspolitisch Verantwortliche nachdenklich stimmen und darf nicht als pädagogische Modeerscheinung abgetan werden. Die Öffentlichkeit, die sich mit Bildungsfragen beschäftigt, erkennt offenbar, daß wichtige Forderungen an die Schule, wie Erziehung zur Selbständigkeit und Mündigkeit, Schaffung einer Lernumgebung für den Erwerb sozialer Fähigkeiten, Förderung bzw. Erhaltung der positiven Lerneinstellung und Arbeitshaltung u. ä., zwar als Forderungen formuliert werden, die Montessori-Pädagogik aber aufzeigt, wie diese Ziele erreicht werden können.

Der Herausgeber

Grußwort zur Eröffnung der Krimmler Montessori-Tage

gehalten von Günter Schulz-Benesch,
Vertreter der AMI (Association Montessori Internationale)

Meine sehr verehrten Damen und Herren,

ich habe die Ehre, Ihnen die Grüße und guten Wünsche zum Gelingen dieser Tagung seitens der Association Montessori Internationale, Amsterdam, übermitteln zu dürfen.

Die Association Montessori Internationale, gegründet 1929 von Maria Montessori selbst, ist heute um die Fortführung des Werkes Montessoris im Dienste der Kindheit bemüht, um dessen Verbreitung und insbesondere auch um Seriosität und Standard der Montessori-Ausbildung. Ihren Richtlinien folgen weltweit Ausbildungsinstitute und -kurse in vielen Ländern Europas, Nord- und Mittelamerikas, Asiens und Australiens. Zahlreiche sogenannte „affiliated societies" haben sich ihr angeschlossen.

Wie schwierig die Aufgabe ist, dem inneren Bedürfnis nach einer solchen anthropologisch gegründeten Pädagogik der *Freiheit zur Bindung* Rechnung zu tragen und sie gleichzeitig gut über den schmalen Grat zwischen modischer Verwässerung einerseits und traditionalistischer Verengung andererseits zu führen, zeigt die Geschichte der Montessori-Pädagogik im deutschsprachigen Raum in exemplarischer Weise. Exemplarisch will sagen, daß analoge Aufgaben in den verschiedensten Regionen dieser *Einen Welt* – Montessori spricht von der „Nazione Unica" – auftauchen, die überall vor Variationen der gleichen Grundfragen steht. Unter ihnen ist die Erziehung für Montessori die vornehmste, die zugleich alle Menschen der Welt in ihren besten Intentionen verbindet: „Bei der Erziehung beschäftigt uns heute ... das Interesse an der Menschheit und der Kultur, für die es nur ein einziges Vaterland gibt: die Welt." (Montessori 1909)

Daß die Gedanken und Praxisvorschläge Montessoris in den letzten Jahren in Österreich so hohes neues Interesse gefunden haben, ist in der Association Montessori Internationale mit Freude und Genugtuung begrüßt worden, hatte doch bis 1938 Österreich zu den Ländern mit besonders fruchtbarer und bekannter Montessori-Arbeit gehört. Auch Montessoris kleine Schrift „Das Kind in der Familie" ist – beruhend auf französischen Vorträgen – hier 1928 erstmals erschienen. Kaum jemand weiß, daß alle nachfolgenden Ausgaben in den verschiedensten Sprachen (auch die italienische) auf Übersetzungen aus diesem österreichischen Text beruhen. Es freut mich (als Sohn einer österreichischen Mutter besonders), Ihnen berichten zu können, daß ich diesen Text jetzt

Volksschule Krimml im Festschmuck

gerade im Einvernehmen mit Herrn Mario Montessori jun. und der AMI neu herausgeben konnte.[1]

So darf ich Ihnen mit den Grüßen der Association Montessori Internationale aus Amsterdam zugleich die Hoffnung weiteren fruchtbaren Kontaktes Ihrer Arbeit in Österreich mit der internationalen Bewegung zum Ausdruck bringen.

Anmerkung

1   Maria Montessori, Dem Leben helfen (Das Kind in der Familie u. a. Vorträge / Nach der Rückkehr aus Indien / Über die Bildung des Menschen) (Kleine Schriften Maria Montessoris 3), Freiburg 1992

Die Theorie der Montessori-Pädagogik und ihre Aktualität

Herbert Haberl

Montessori-Pädagogik – Grundsätzliches und Aktuelles

1. Zum Grundsätzlichen

Im Vergleich zu vielen anderen reformpädagogischen Bewegungen dieses Jahrhunderts basieren die Erkenntnisse und Aussagen Maria Montessoris auf der systematischen Beobachtung von Kindern. Die Ergebnisse dieser Forschungsarbeit wurden pädagogisch/psychologisch interpretiert und führten zu neuen didaktischen und pädagogischen Konsequenzen und praktischen Konzepten.

Im „Casa dei Bambini", dem Kinderhaus, wurden ihre methodischen Ideen und ihre neue Sicht des Kindes umgesetzt. Die Erkenntnisse, die in diesem pädagogischen Umfeld gewonnen werden konnten, wurden für den Grundschulbereich zu einem Gesamtsystem weiterentwickelt.

Für LeserInnen dieser Publikation, die sich noch nicht oder nur am Rande mit den Theorien und praktischen Konsequenzen Maria Montessoris beschäftigt haben, werden ein auf das Wesentliche beschränkter Überblick sowie eine Zusammenstellung der wichtigsten Begriffe angeboten. Selbstverständlich wird eine solche Kurzdarstellung nicht wissenschaftlichen Ansprüchen gerecht werden können und lückenhaft sein. Daher wird im Anschluß an diesen Artikel auf jene Literatur verwiesen, die in umfassenderer Form die Ideen und Prinzipien der Montessori-Pädagogik vermittelt.

1.1 Die vorbereitete Umgebung

„So wie der physische Embryo die besondere Umwelt des Mutterschoßes benötigt, braucht auch der geistige Embryo den Schutz einer lebendigen, von Liebe durchwärmten, an Nahrung reichen Umwelt, in der alles darauf gerichtet ist, sein Wachstum zu fördern, und nichts Behinderndes im Wege steht." [1]

Durch speziell entwickeltes Material versuchte Montessori, ein den kindlichen Bedürfnissen adäquates Lernumfeld einzurichten. Dies wurde in den Kinderhäusern optimal verwirklicht. Waren es für das Kinderhaus hauptsächlich Materialien zur Schulung der Sinne und für Übungen des praktischen Lebens, so wurde für die Grundschule das Materialangebot für Mathematik, Schreiben und Lesen erweitert, wobei das originale Material bis etwa zum 12. Lebensjahr reicht.

Wesentliche Merkmale dieses didaktischen Materials sind:[2]
- Fehlerkontrolle (nicht der/die LehrerIn gibt die Rückmeldung über den sachgerechten Umgang, die Antwort „richtig–falsch" gibt das Material)
- Attraktivität (die Materialien sind aus natürlichen Grundstoffen wie Holz, Glas etc. hergestellt und zeichnen sich durch Ästhetik der Farben und Formen aus)
- Aktivität (Eignung für die Tätigkeit des Kindes)
- Begrenzung (jedes Material sollte nur einfach vorhanden sein und damit den Anreiz zur Verwendung erhöhen)
- Isolation der Schwierigkeiten (jeder Lernschritt soll möglichst isoliert eine neue Einsicht vermitteln)

Mit diesen Materialien kann eine für das kindliche Lernen vorbereitete Umgebung geschaffen werden, in der alles – soweit technisch möglich – vorhanden ist, was zur Entwicklung der Funktionen erforderlich ist.

1.2 Die sensiblen Phasen

Die Gestaltung dieses pädagogischen Umfeldes sollte sich an sogenannten sensiblen Phasen in der Entwicklung des Kindes orientieren. Montessori hat bei ihren Beobachtungen festgestellt, daß die Lernbereitschaft und optimale Lernvoraussetzungen für eine bestimmte Funktion zu zeitlich eng begrenzten Perioden auftreten. So sind für das Erlernen der Sprache in bestimmten Altersabschnitten Lernanregungen und Angebote der Umwelt notwendig. „Zwischen 3 und 6 Jahren ist der Geist des Kindes besonders ein absorbierender Geist für Wörter. In diesem Alter gibt es einen großen Unterschied zwischen Kindern, die in einer Umgebung leben, in der die Erwachsenen einen begrenzten Wortschatz haben, und solchen, die in einer gebildeten Umgebung leben."[3] „Fehlt diese anregende Umgebung, sind entsprechende Defizite später nur schwer auszugleichen", denn „das Kind hält sich genau an das von der Natur aufgestellte Programm"[4]. Wird es also in einer solchen Optimalphase an Aktivitäten, die einer Sensibilität entsprechen, gehindert, „so erfolgt in der Seele des Kindes eine Art Zusammenbruch, eine Verbildung"[5]. Und solche „Defekte bleiben auch", „sie verschwinden nicht" und sind „mit 6 Jahren fixiert"[6].

Ebenso werden Sensibilitäten für Bewegung und Ordnung angenommen. Auch für das soziale Lernen gibt es sensible Phasen. So sollte das Kind mit der Schule beginnen, wenn es in einem hohen Grad von der Mutter unabhängig geworden ist. „Kinder brauchen in diesem Alter Gesellschaft anderer Kinder. Sie spielen miteinander auf der Straße, auf dem Bauernhof oder im Garten. In diesem Alter beginnt unsere Schule. Dieses Alter hat ein besonderes, seit dem Anfang der Welt erkanntes

Merkmal, das Merkmal der Nachahmung und des Spiels. Kleine Kinder ahmen die älteren nach, und die älteren sagen, die kleinen machten ihnen alles nach und wollten alles, was sie haben, auch haben."[7]

1.3 Polarisation der Aufmerksamkeit

Bekommt das Kind in einer sensiblen Phase angemessene Lernanregung, so entwickelt es für diese „Arbeit" spezifische Kräfte, einen „Zustand elektrischer Aufladung"[8] und einen hohen Grad an Konzentration. Montessori verwendet dafür den Ausdruck *Polarisation der Aufmerksamkeit* (siehe auch S. 68 ff.). „Eine Handlung kann die ganze Aufmerksamkeit und Energie des Menschen absorbieren. Sie nimmt alle psychischen Energien in Anspruch, so daß das Kind alles, was um es herum geschieht, vergißt."[9]

1.4 Ordnung

Während für den Erwachsenen der Begriff Ordnung „eine äußere Annehmlichkeit" bedeutet, ist „für das Kind die Ordnung das, was für uns der Boden ist, auf dem wir stehen... Im frühen Kindesalter entnimmt der Menschengeist seiner Umwelt die Orientierungselemente, deren er für seine späteren Eroberungen bedürfen wird."[10] Das kindliche Ordnungsbedürfnis hat eine vitale Bedeutung im Sinne der Entwicklung von Orientierungsfähigkeit im Bezug zur Welt und zu sich selbst.
Trifft ein Kind auf seiner Suche nach Regeln, die es ihm erlauben, seine Eindrücke von der Wirklichkeit in Klassen zu ordnen (Klassifikationsregel = Begriff), auf Gegenstände, die es ermöglichen, über selbständiges Handeln die relevanten Eigenschaften (= Klassifikationsregel) zu erleben oder gar zu entdecken, so entfaltet es dabei ausdauernd konzentrierte Aktivitäten (Polarisation der Aufmerksamkeit).
An den Gegenständen des alltäglichen Lebens lassen sich die Begriffe bzw. die Klassifikationsregeln nur schwer erkennen. Aus diesem Grund entwickelte Montessori eben die Materialien, die grundlegende Begriffe in ihrer reinen Form repräsentieren. Montessori nennt sie „materialisierte Abstraktionen".

1.5 Die Rolle des Erziehers

Der herkömmliche Unterricht nötigt die Kinder, mit Anstrengung hinter dem Verstand des Lehrers herzulaufen. Die Montessori-LehrerInnen verlassen die übliche Schlüsselposition, von der die Lernaktivitäten der

Grammatik-Material: Satzzerlegung

Kinder zentral und einheitlich gesteuert werden. Sie entledigen sich der Funktion des Informationsträgers und delegieren diese an die Materialien der vorbereiteten Umgebung. Ihre neue Aufgabe umschreibt Montessori mit der Aufforderung „Hilf mir, es selbst zu tun!" Dieses Zitat darf keinesfalls als Legitimation eines teilnahmslosen Gewährenlassens im Sinne von „Warte, bis ich es von alleine kann" mißverstanden werden. Im Sinne Montessoris wird der/die LehrerIn zu einem Organisator von verschiedenen Lernprozessen. Fundamentale Kenntnisse des Montessori-Materials hinsichtlich seiner theoretischen Bedeutung und seiner praktischen Anwendung sind die Voraussetzung, damit sie den Kindern in Form von Einzel- oder Kleingruppenlektionen richtig präsentiert werden. Behutsam soll geholfen werden, zu entdecken, was hinter den Dingen steckt, welche allgemeinen Gesetze ihre Beziehungen zueinander bestimmen. Nicht aber darf das Kind durch Belehrung um das Erlebnis der Entdeckung, der eigenen schöpferischen Kraft gebracht werden (siehe auch S. 73 ff.).

1.6 Die Freiheit

Für die Verwirklichung einer Qualität eines selbsttätigen und eigenverantwortlichen Lernens sind folgende Freiheiten sowohl pädagogische als auch organisatorische Voraussetzung:
- Bewegungsfreiheit:
  Die Kinder dürfen sich in der Klasse frei bewegen, Materialien aus den Regalen holen, den Arbeitsplatz (auch am Boden) wählen, andere Kinder bei ihrer Arbeit beobachten.
- Freie intellektuelle Arbeit:
  Die Freiheit bezieht sich in diesem Bereich mehr auf die Wahl des Materials und weniger auf die Gestaltung der Arbeit mit den Mate-

rialien, da ihre didaktische Konstruktion einen bestimmten Aktions-
rahmen vorgibt. Die Bedeutung der freien Wahl ist besonders her-
vorzuheben, da die von Interesse getragene Zuwendung als Grundlage für die Entwicklung des Prozesses der Polarisation der Aufmerksamkeit gesehen werden kann.
Freiheit der sozialen Kommunikation:
Vereinzelt stellen Kritiker der Montessori-Pädagogik eine Dominanz
der Materialarbeit zu Lasten sozialer Lernprozesse fest. Dem kann
entgegengehalten werden, daß die vielfältigen Möglichkeiten sozialer Kontakte und gemeinsamer Arbeit unter Beachtung eines notwendigen Ordnungsrahmens eine Vielzahl von Anlässen bieten, soziale Qualifikationen im Rahmen natürlicher Gegebenheiten zu erwerben (siehe auch S. 76 ff.).
Montessori sieht Freiheit nicht allein unter dem Aspekt des Ge-
währens von Freiräumen, sie meint damit auch die Befreiung von
Hindernissen, die eine normale Entwicklung, eine Expansion des
kindlichen Lebens, hemmen (siehe auch S. 59 ff.). Die Hilfe liegt für
sie in einer lernanregenden Umwelt, die den Entwicklungsbedürfnissen des Kindes entgegenkommt. In so einer Umwelt baut das Kind
über den Prozeß der Polarisation der Aufmerksamkeit seine innere
Ordnung auf, die sich auch in einer Veränderung des Verhaltens manifestiert. Montessori nennt dieses Phänomen „Normalisierung" und
beschreibt damit qualitative Verhaltensänderungen in Richtung Geduld, Ruhe, Ausdauer, Sanftmut und Heiterkeit (siehe dazu S. 119 ff.).

2. Montessori-Pädagogik und ihre bildungspolitische Aktualität

2.1 Grundschule

Viele Anzeichen deuten darauf hin, daß wesentliche Impulse von England ausgingen, die zu einem europaweiten Überdenken des schulischen
Lernens im Primarstufenbereich führten. Der berühmte Satz aus dem
Plowdon-Report: "Finding out had profed to be better for children
than being told" ("Children and Their Primary Schools", London
1967) – übrigens eine Aussage, die von Maria Montessori stammen
könnte – charakterisiert die Tendenz einer Schulentwicklung, die nicht
nur auf Großbritannien beschränkt blieb.
Weil – insbesondere in den deutschsprachigen Ländern – die Diskussion
um eine Mittelstufenreform (Gesamtschule) in den 70er Jahren die Bildungspolitik und das öffentliche Interesse beherrschte, blieb die innere Reform, die im Grundschulbereich stattfand, eher unbeachtet. Sie mündete
durchwegs in sehr anspruchsvollen Neugestaltungen von Grundschullehr-

plänen. Exemplarisch soll auf die Curriculumreform in Österreich eingegangen werden, weil anhand dieses Beispiels aufgezeigt werden kann, daß
Elemente der Montessori-Pädagogik eine konkrete Hilfe sein können, um
Forderungen des Lehrplans zu erfüllen. Die nachfolgenden Zitate aus dem
österreichischen Volksschullehrplan sollen dies belegen.

Kindgemäßheit und Berücksichtigung der Lernvoraussetzungen

„Die *Unterschiedlichkeiten der Kinder* betreffen im einzelnen ihr Lerntempo, ihre Lernbereitschaft und Lernfähigkeit, ihre Interessen, ihre
Vorerfahrungen, ihre Kooperationsbereitschaft, ihre Selbständigkeit
und anderes. Diesen Unterschiedlichkeiten der Kinder soll der Lehrer
durch *differenzierende Maßnahmen* entsprechen. In diesem Sinne sind
auch die wahrgenommenen Lernfortschritte des Kindes zu berücksichtigen."[11]

Sachgerechtheit

... „Außerdem ist der Unterricht so zu führen, daß der Schüler *genü-
gend Zeit zur persönlichen Auseinandersetzung* mit den Lehrstoffen
hat. Es bedeutet auch keinen Verstoß gegen diesen didaktischen Grundsatz, den Kindern die Möglichkeit zu geben, auf dem Umweg über Irrtümer zu lernen, was häufig viel nachhaltiger und damit letztlich effek-
tiver ist."[12]

Aktivierung und Motivierung

„Im Sinne dieses Grundsatzes soll der Lehrer an die natürliche Aktivität
der Kinder anknüpfen, und es gilt, möglichst viele und vielfältige Möglichkeiten für hantierenden Umgang bzw. für das Handeln zu eröffnen.
Das Tun soll zum Überlegen, Abwägen, Ordnen, Planen und zum Erkennen führen. Die Aktivitäten reichen vom spielerischen Tun über
planmäßiges Arbeiten bis zum selbstgesteuerten, entdeckenden Lernen
auf eigenen Wegen. Die Kinder können an der Vorbereitung (zum Beispiel durch vorbereitende Hausübungen) des Unterrichts, gelegentlich
auch am Nachdenken über Unterricht beteiligt werden. Die Kinder sollen durch Unterricht auch zu verschiedenen Aktivitäten außerhalb der
Schule angeregt werden.
Das Erlernen und Beherrschen von verschiedenen Arbeits- bzw. Lerntechniken ist eine wichtige Grundlage für die Möglichkeit selbsttätigen
Bildungserwerbs in verschiedenen Unterrichts- und Sozialformen."[13]

Differenzieren und Fördern

... „Dies erfordert vom Lehrer, daß er sich um die bestmögliche *Förderung jedes einzelnen Schülers* bemüht. Der Klassenraum soll sowohl als
lernanregende Umwelt als auch als Raum für kindliches Zusammenleben gestaltet sein und eine flexible Sitzordnung ermöglichen.

Jeder Unterrichtstag soll inhaltlich und zeitlich so ausgewogen gestaltet sein, daß Arbeit und Spiel, Anstrengung und Entspannung einander ergänzen und durchdringen.

Alle Maßnahmen der inneren Differenzierung sind im Sinne des Förderns und Forderns zu verstehen und zu gestalten. Im Rahmen dieser Differenzierung werden innerhalb der Jahrgangsklassen *unterschiedliche, stets veränderbare Schülergruppierungen* vorgenommen. Als mögliche Kriterien für Gruppierungen gelten: Interesse, Selbsteinschätzung, unterschiedliche Lernvoraussetzungen, Freundschaftsbeziehungen, Lerntempo usw.

Als mögliche Verfahren bei der inneren Differenzierung bieten sich u. a. an:
- Differenzierung in der Aufgabenstellung (z. B. Unterschiede in der Anzahl der Aufgaben, im Zeitaufwand, im Schwierigkeitsgrad, in der Anzahl der Wiederholungen);
- Differenzierung durch unterschiedliche Sozialformen;
- Differenzierung durch Verwendung unterschiedlicher Medien und Hilfsmittel;
- Differenzierung in der Hilfestellung durch den Lehrer.

Die Realisierung der inneren Differzierung wird durch eine entsprechende *Ausstattung der Schule bzw. der Klasse* mit Arbeitsmitteln, technischen Medien usw. unterstützt.

Förderunterricht bietet die Möglichkeit, Lernprozesse durch gezielte Übungen, individualisierende Arbeitsweisen, intensivierte Lehrerhilfen und zeitlich längeres Verweilen an Stoffelementen zu unterstützen, einzelnen Schülern den Anschluß an den Lernfortschritt der Klasse zu sichern sowie vorhandene Lücken zu schließen."[14]

Ganz wesentlich im österreichischen Grundschullehrplan ist jenes Kapitel, in dem grundschulgemäße Lehr- und Lernformen angeführt werden. Schon an zweiter Stelle wird „offenes Lernen" genannt. Montessori-Pädagogik mit ihrer Methodik und Didaktik bietet die Möglichkeit, offenes Lernen sinnvoll und effizient zu gestalten.

Auch in den weiteren Kapiteln des Lehrplans, in denen genauer auf die Lehrinhalte und deren didaktische Umsetzung eingegangen wird, fehlt es nicht an Hinweisen, die jene Methoden und pädagogischen Vorgangsweisen absichern, die sich an den Prinzipien der Montessori-Pädagogik orientieren. Zitate daraus:

Im Sachunterricht „ist sicherzustellen, daß über die allgemeinen didaktischen Grundsätze hinaus Lernprozesse in konkreten Erlebnis-, Handlungs- und Sachzusammenhängen ermöglicht werden. Es sind daher solche Themenbereiche aufzugreifen, *die bereichs- und fachübergreifendes Lernen* zulassen (z. B. Wohnen, Arbeiten, sich versorgen, die Umwelt gestalten)"[15]. Zum selben Gegenstand heißt es woanders: „Darüberhinaus sollen Zusammenhänge im Lernen und Denken der Schüler durch *situati-*

18

onsorientierte Unterrichtsanlässe, durch *handelnde Arbeitsweisen* (z. B. entdeckendes Lernen, projektorientiertes Lernen) sowie durch sinnvolles Vernetzen von bereichsübergreifenden Aspekten angestrebt werden."[16]
Zum muttersprachlichen Unterricht folgendes Zitat: „Im Lernbereich ‚Verfassen von Texten' sollen sich die Schüler auf der Grundlage ihrer Mitteilungsbereitschaft und der erworbenen Fähigkeiten entsprechend Schreiben und Rechtschreiben *schriftlich äußern*, und zwar sowohl *ich-bezogen*, z. B. über Erlebnisse, Beobachtungen, als auch *partnerbezogen*, z. B. wünschen, fragen. Auch auf der Grundstufe 2 (dritte und vierte Schulstufe) bildet die Mitteilungsbereitschaft der Kinder eine wesentliche Grundlage für das Lernen in diesem Teilbereich. Ihre Fähigkeit, etwas schriftlich auszudrücken, darzustellen bzw. anderen mitzuteilen, ist wegen der Abhängigkeit von den Teilleistungen vor allem im Sprechen, Schreiben und Rechtschreiben sehr unterschiedlich. Deshalb sind sowohl das *eigentliche Verfassen von Texten* wie dessen begleitende Übungen entsprechend *den individuellen Lernerfordernissen* zu differenzieren."[17]
Alle diese Lehrplanforderungen nehmen Rücksicht auf individuelle Leistungsunterschiede und bilden eine Grundlage zur Organisation eines sinnvollen Lernangebotes.
In den Bildungs- und Lehraufgaben für den Mathematikunterricht heißt es u. a., daß „dem Schüler Möglichkeiten gegeben werden sollen, *schöpferisch* tätig zu sein. Schöpferische Fähigkeiten sind durch *spielerisches, forschendes, entdeckendes und konstruktives Tun* aufzubauen"[18].
Diese Zitate könnten fortgesetzt werden. Es sollte hier nur anhand einiger Beispiele die Tendenz des österreichischen Lehrplanes aufgezeigt werden, daß wesentliche Ideen, die hinter der Montessori-Pädagogik stehen, das Grundschullernen bestimmen sollen. Seit Inkrafttreten des neuen Lehrplans (Schuljahr 1986/87) hat sich in vielen österreichischen Volksschulklassen rein atmosphärisch einiges verändert. Die Tagung in Krimml und der vorliegende Bericht könnten dazu beitragen, daß diese Entwicklung im Grundschulbereich weitergeht.

2.2 Sekundarstufe

Maria Montessori hat konkrete Anregungen zur Umsetzung ihrer pädagogischen Modelle im wesentlichen nur für den Grundschulbereich (bis zum 12. Lebensjahr) gegeben (siehe dazu den Beitrag von G. Schulz-Benesch, S. 54 ff)
Es ist aber ganz in ihrem Sinne, wenn die Prinzipien dieser Pädagogik analog auf höhere Schulstufen übertragen werden. In den Beiträgen von W. Weinhäupl (S. 227) und N. Steenberg (S. 265) wird konkret darauf eingegangen, wie eine diesbezügliche Entwicklung weitergehen könnte.

An dieser Stelle sei nur auf Möglichkeiten hingewiesen, die sich eröffnen, wenn tatsächlich – den internationalen bildungspolitischen Entwicklungstendenzen entsprechend – einzelnen Schulstandorten mehr *Autonomie* gewährt wird. So sollen mehr Entscheidungskompetenzen hinsichtlich der Gestaltung der Unterrichtsorganisation sowie der Verteilung der Lernzeit, der Lehrerkapazitäten, aber auch die autonome Verwaltung anderer Ressourcen einzelnen Schulen übertragen werden. Solche schulgesetzliche Regelungen stehen nicht nur in Österreich zur Diskussion. Wenn sie auch nicht jene Freiheit in der Gestaltung des Schullebens schaffen werden wie in den Niederlanden, so ist doch damit zu rechnen, daß Voraussetzungen gegeben sein werden, die die Verwirklichung einzelner Elemente der Montessori-Pädagogik erleichtern. Z. B. könnten stundenplantechnische Vorkehrungen getroffen werden, um – in Anlehnung an die dargestellten Modelle der oben genannten Beiträge in dieser Publikation – Formen der Freiarbeit zu ermöglichen. Die Erfahrungen aus der Grundschule lassen den Schluß zu, daß LehrerInnen, SchülerInnen und Eltern für die Weiterentwicklung einer Schule mit mehr Eigenverantwortung und Selbständigkeit der Lernenden zu gewinnen sind. Wenn die pädagogische Grundhaltung stimmt und die berufliche Kompetenz bei den LehrerInnen entsprechend vorhanden ist, entwickelt sich daraus eine innovative Eigendynamik, die nicht mehr rückgängig gemacht werden kann.

Anmerkungen

1   M. Montessori, Das kreative Kind, Herder, Freiburg 1971, S. 51
2   vgl. Dies., Die Entdeckung des Kindes, Herder, Freiburg 1991, S. 116 ff.
3   Dies., Dem Leben helfen, hrsg. v. G. Schulz-Benesch, Herder, Freiburg 1992, S. 101
4   Dies., Kinder sind anders, Stuttgart 1978, S. 270 f.
5   ebd., S. 64
6   Dem Leben helfen, a.a.O., S. 101
7   ebd., S. 100
8   Kinder sind anders, a.a.O., S. 64
9   Dem Leben helfen, a.a.O., S. 108
10   Kinder sind anders, a.a.O., S. 64
11   Lehrplan der Volksschule, Wien 1986, S. 36
12   ebd., S. 39
13   ebd., S. 39
14   ebd., S. 40 f.
15   ebd., S. 162
16   ebd., S. 133
17   ebd., S. 207
18   ebd., S. 210

LITERATURAUSWAHL
zusammengestellt von G. Schulz-Benesch

Die wichtigsten Schriften Maria Montessoris in deutscher Sprache

Die Entdeckung des Kindes, 10. Aufl., Freiburg 1991 (früher: Selbsttätige Erziehung im frühen Kindesalter, Stuttgart 1913)

Mein Handbuch, Stuttgart 1922

Das Kind in der Familie, Stuttgart 1954 (früher: Wien 1923)

Schule des Kindes, 4. Aufl., Freiburg 1991 (früher: Montessori-Erziehung für Schulkinder, Stuttgart 1926)

Grundlagen meiner Pädagogik. In: P. Oswald / G. Schulz-Benesch, Grundgedanken der Montessori-Pädagogik, 11. Aufl., Freiburg 1991, S. 25 ff.

Kinder sind anders, 10. Aufl., Stuttgart 1978

Kinder, die in der Kirche leben, Freiburg 1964

Von der Kindheit zur Jugend, 3. Aufl., Freiburg 1979

Über die Bildung des Menschen, Freiburg 1966

Das kreative Kind – Der absorbierende Geist, 8. Aufl., Freiburg 1991

Frieden und Erziehung, Freiburg 1973

Spannungsfeld Kind – Gesellschaft – Welt, Freiburg 1979

„Kosmische Erziehung" (Kleine Schriften Maria Montessoris, Bd. 1), Freiburg 1988

Die Macht der Schwachen (Kleine Schriften Maria Montessoris, Bd. 2), Freiburg 1989

Dem Leben helfen (Kleine Schriften Maria Montessoris, Bd. 3), Freiburg 1992

Deutschsprachige Sekundärliteratur nach 1945

Beiträge zur Montessori-Pädagogik 1977, hrsg. v. P. Scheid / H. Weidlich, Stuttgart 1977

W. Böhm, Maria Montessori, Bad Heilbrunn 1969

F. J. J. Buytendijk, Erziehung zur Demut, bearb. v. G. Schulz-Benesch, Ratingen 1962; Neuaufl.: Beiheft zu „Montessori-Werkbrief" 1991

Die Montessori-Pädagogik und das behinderte Kind, hrsg. v. Th. Hell-brügge / Mario Montessori, München 1978

B. Esser / Ch. Wilde, Montessori-Schulen. Zu Grundlagen und pädago-gischer Praxis, Hamburg 1989

I. Fähmel, Zur Struktur schulischen Unterrichts nach Maria Montesso-ri, Frankfurt – Bern 1981

R. Fischer, Lernen im non-direktiven Unterricht, Frankfurt – Bern 1982

M. Günnigmann, Montessori-Pädagogik in Deutschland. Bericht über die Entwicklung nach 1945, Freiburg 1979

E. Hainstock, Montessori zu Hause. Die Vorschuljahre, Freiburg 1971

Dies., Montessori zu Hause. Die Schuljahre, Freiburg 1973

Th. Hellbrügge, Unser Montessori-Modell, München 1977

H. Helming, Montessori-Pädagogik. Ein moderner Bildungsweg in kon-kreter Darstellung, 14. Aufl., Freiburg 1992

H. Holtstiege, Modell Montessori. Grundsätze und aktuelle Geltung der Montessori-Pädagogik, 6. Aufl., Freiburg 1991

Dies., Studien zur Montessori-Pädagogik, Bd. I: Maria Montessori und die „reformpädagogische Bewegung", Freiburg 1986; Bd. II: Maria Montessoris Neue Pädagogik: Prinzip Freiheit – Freie Arbeit, Freiburg 1987

Dies., Erzieher in der Montessori-Pädagogik. Bedeutung – Aufgaben – Probleme, Freiburg 1991

I. Jones, Möglichkeiten und Grenzen der Montessori-Pädagogik. Das Erziehungskonzept der Maria Montessori in der Sekundarstufe I, Frankfurt a. M. 1987

K. J. Jühlke, Montessori und Freud. Versuch einer Verhältnisbestim-mung von Montessori-Pädagogik und pädagogisch relevanten Konzep-tionen der Psychoanalyse Freudscher Tradition, Dissertation, Münster 1980

R. Kramer, Maria Montessori. Leben und Werk einer großen Frau, München 1977

Maria Montessori, Texte und Gegenwartsdiskussion, hrsg. v. W. Böhm, 3. Aufl., Bad Heilbrunn 1985

Maria Montessori, Grundlagen meiner Pädagogik und weitere Aufsätze zur Anthropologie und Didaktik, hrsg. v. B. Michael, 5. Aufl., Heidel-berg 1979

Dies., Reihe: Wege der Forschung, Bd. CC, hrsg. v. G. Schulz-Benesch (Sammlung von Sekundär-Literatur 1910 bis 1968), Darmstadt 1970

Mario Montessori, Erziehung zum Menschen. Montessori-Pädagogik heute, München 1977

R. Montessori / K. Schneider-Henn, Uns drückt keine Schulbank, Stuttgart 1983

Montessori-Pädagogik in der Sekundarstufe, hrsg. v. Bistum Aachen (Orientierung, Folge 8) 1982

Montessori-Pädagogik und die Erziehungsprobleme der Gegenwart, hrsg. v. B. Fuchs / W. Harth-Peter, Würzburg 1989

Montessori für Eltern. Eine Auswahl aus dem Werk Maria Montessoris, hrsg. v. P. Oswald / G. Schulz-Benesch, Ravensburg 1974

R. C. Orem, Montessori heute. Gedanken und Reports zur Montessori-Renaissance in den USA, hrsg. v. P. Oswald / G. Schulz-Benesch, Ravensburg 1975

P. Oswald, Das Kind im Werke Maria Montessoris, Mülheim 1958

Ders. / G. Schulz-Benesch, Grundgedanken der Montessori-Pädagogik. Aus Maria Montessoris Schrifttum und Wirkkreis zusammengestellt, 10. Aufl., Freiburg 1990

H.-J. Schmutzler, Spiel, Phantasie und Arbeit bei Fröbel und Montessori, Dissertation, Münster 1975

Ders., Fröbel und Montessori – Zwei geniale Erzieher. Was sie unterscheidet, was sie verbindet, Freiburg 1991

T. F. C. Schröder, Die Geschwister Agazzi und Maria Montessori. Eine vergleichende Analyse ihrer Erziehungskonzeptionen, Frankfurt a. M. 1987

G. Schulz-Benesch, Der Streit um Montessori, Freiburg 1961

Rupert Vierlinger

Montessori-Pädagogik und die Defizite der Regelschule

1. Einleitung

Im Schlußkapitel ihres Buches „Kinder sind anders"[1] kritisiert Maria Montessori unter der Überschrift „Ecce homo" die alte Schule, indem sie sie zunächst mit Dantes Hölle vergleicht, schließlich aber Bilder der Leidensgeschichte des Rabb Jesus verwendet: „Die Schule ist für das Kind die Stätte größter Trostlosigkeit. Jene ungeheueren Gebäude scheinen für eine Menge von Erwachsenen errichtet. Alles ist hier auf den Erwachsenen zugeschnitten: Die Fenster, die Türen, die langen Gänge, die kahlen, einförmigen Klassenzimmer... Das Kind geht in eine ihm bestimmte Klasse, und irgendeiner macht den Minos, der, je nachdem, wie oft er sich mit seinem Schweif umringelt, der verdammten Seele zu verstehen gibt, für welche Abteilung der Hölle sie bestimmt ist: für die erste, für die zweite, die dritte oder gar die vierte, in denen alle ewige Strafen verbüßen und aus denen es kein Entkommen gibt. Ist man einmal drinnen im zugewiesenen Raum, so schließt eine Lehrerin die Tür. Von diesem Augenblick an ist sie Herrin und befehligt das Häuflein Seelen ohne Zeugen und ohne Einspruchsmöglichkeit. Die zarten, zitternden Glieder sind für drei und mehr Stunden der Agonie in eine Bank gefesselt, für lange Tage, Monate, Jahre. Da sitzt nun das Kind in seiner Bank, ständig gestrengen Blicken ausgesetzt, die zwei Füße und zwei Hände dazu nötigen, ganz unbewegt zu bleiben, so wie die Nägel den Leib Christi an die Starrheit des Kreuzes zwangen. Und wenn dann in jenes nach Wissen und Wahrheit dürstende Gemüt die Gedanken der Lehrerin mit Gewalt hineingepreßt sind, dann wird es sein, als blute dieses kleine gedemütigte Haupt wie unter einer Dornenkrone. Jenes Herz voll Liebe wird von der Verständnislosigkeit der Welt durchbohrt werden wie von einer Lanze, und bitter wird ihm vorkommen, was die Bildung ihm zum Stillen seines Durstes darreicht."
Vieles hat sich mittlerweile geändert: Das Mobiliar ist nun so kindgerecht, daß nicht mehr die Schüler stöhnen, sondern deren Eltern, wenn sie sich bei den Elternabenden mangels geeigneter Konferenzräume hineinzwängen müssen. Auch die Stilformen haben sich in vielen Schulen oder besser bei vielen Lehrern in einer Weise verändert, daß sich manches Kind wundern mag, wie kultiviert sich eine Rüge in der Schule anhört gegenüber dem Ton, der zu Hause regiert.
Wenn wir aber betrachten, was Maria Montessori abgeschafft sehen

will, dann zeichnet sich die Differenz ab, die zwischen dem Schulkonzept der Dotoressa und der Regelschule besteht. Neben den abgelehnten Fibeln, Lehrbüchern, Spielsachen und Leckereien will sie vor allem keine Lehrpläne, keine Prüfungen und keinen Katheder für den Lehrer. Manchem „angestammten" Lehrer mag es scheinen, als würden damit die Räder abmontiert, mit denen der Schulkarren doch erst richtig zum Fahrzeug wird.

In wachsenden Ringen möchte ich nun diese Differenzen auslegen bzw. den Defiziten nachgehen, die in der Regelschule identifiziert werden müssen, wenn die Montessori-Pädagogik als (ideale) Meßlatte angelegt wird. Dabei soll ein erster Kreis Phänomene abstecken, die in die unmittelbare Verantwortung des Lehrers gegeben sind. In weiteren Ringen werden die dem Lehrer vorgegebenen Rahmenbedingungen untersucht, die sich als Panzerung gegen die gute Pädagogik erweisen, als welche das Konzept der Montessori doch wohl gelten darf. Es wird von curricularen Zwängen die Rede sein, von der Selektion durch Organisationsformen und Ziffernnoten und von den Pressionen von seiten bürokratischer, obrigkeitsstaatlicher Strukturen.

2. Phänomene aus dem unmittelbaren Verantwortungsbereich des Lehrers

2.1 Ohne ein bestimmtes Maß von Disziplin kann sich nichts ereignen, was Unterricht genannt werden könnte.

„Disziplin" zu halten, die Schüler an einen bestimmten Normenkanon des Verhaltens zu binden, ist in unseren Schulen für viele Lehrer das Problem Nummer 1. Dabei ist es üblich geworden, die Schuld an den Verhaltensstörungen fast ausschließlich den Kindern zuzuweisen und den Milieueinflüssen, denen sie außerhalb der Schule unterworfen sind. Die Klagen reichen vom Fernsehen und den Videorecordern bis zur Schlüsselkindsituation und von den Scheidungswaisen bis zu den Computerspielen. Die Schule selbst wird zumeist außer Betracht gelassen. Bei Maria Montessori hören wir es anders. In San Lorenzo hat sie durchaus auch die Verstörung kennengelernt, welche von der „Gasse" und vom zerrütteten Elternhaus auf die Kinder ausgeübt wird. Die Besucher in ihrem Kinderhaus haben aber bereits nach einem Jahr feststellen können, wie die Kinder unter dem Einfluß der geänderten Erziehungsmethoden moderat und geradezu zahm geworden waren. Ihre Beobachtungen hatten die junge, zur Pädagogik bekehrte Ärztin zur Überzeugung gebracht, daß Disziplinlosigkeit „fehlgeleitete Energie" ist, deren Erscheinungsbild „ziellose, ungeordnete Bewegung ist"[2]. Der methodische Schlüssel zur Umkehr ist das Bereitstellen von Gegenständen im weitesten Sinne, welche die Kinder interessieren. Mit dieser Maßnahme „verschwindet die Disziplinlosigkeit, und die geistige Untätigkeit hört auf".

In einer unterrichtsanalytischen Untersuchung habe ich zwei Lehrer vor ein und derselben Schulklasse (2. Klasse Grundschule) nach ihrem je eigenen Konzept Sachunterricht geben lassen. Der eine (Lehrer A) ging sozusagen nur „vom Kinde aus" und absentierte sich als Zurichter der kulturellen Umwelt, in welche die Schule einzuführen hat. Er gab im wesentlichen nur sprachliche Impulse zu einem kindgemäßen Thema und ließ die Kinder ihre Erlebnisse berichten und ihre Kenntnisse ausbreiten. Der andere (Lehrer B) sprach die Kinder in ihrem Forschungsdrang an, stellte sie vor Probleme und half sie durch Veranschaulichung klären.

Lehrer A gab beispielsweise in der Stunde mit dem Thema „Weihnachtsbräuche" Impulse wie: „Wenn wir jetzt von der Schule nach Hause kommen, duftet es so eigenartig." Und die Kinder erzählten vom Backen der Lebkuchen und anderer Süßigkeiten. Wenn sie ausgeredet hatten, erwartete sie ein neuer Impuls.

Lehrer B begann seine Stunde mit dem Thema „Osterbräuche", indem er sich mit den Schülern in die Runde setzte und zwei Zweige vorzeigte: Der eine mit Knospen, der andere mit entfalteten Blüten. Die Kinder mutmaßten, daß es vielleicht Zweige verschiedener Sträucher seien, bis sie schließlich von den Haselnußtrieben erfuhren, die mehrere Wochen vor Ostern in der warmen Stube den Frühling vorgegaukelt bekommen, frühzeitig „austreiben" und zu Palmbuschen gebunden werden. Auch das Ei, das bemalt am Osterstrauch hängt, wurde nachzumachen versucht. Welch ein Problem, als auf einen Schülervorschlag hin ein Loch ins Ei gestoßen wurde, und der Inhalt doch nicht herauskam...

Die Auszählung von Aufmerksamkeitsquanten einerseits und Störvariablen anderseits hat ergeben, daß die Schüler bei L B viel weniger Zeit und Kraft zum Schabernack erübrigen haben können als bei L A.[3]

Wer freilich vom Postulat der Pflicht zum Gehorsam um seiner selbst willen ausgeht, wird sich die Mühe einer einladenden Unterrichtsgestaltung nicht antun. Ist er „herrisch" genug, dann wird es ihm sogar gelingen, die schwelende Unruhe niederzuhalten. Allein des Kindes in seinem Drang, die Welt zu erkunden, wird er auf diese Weise nicht ansichtig. Wenn wir unseren Unterricht an den kindlichen Interessen vorbeigestalten, sind wir nach Maria Montessori auch schon zur Mißdeutung des kindlichen Wesens verurteilt! Uns sind dann „nur die Anstrengungen und die Energie bekannt, die Kinder aufbringen müssen, um sich gegen uns zu verteidigen. Wir kennen nur das Weinen und das Geschrei, die Wutausbrüche und die Schüchternheit, das Besitzenwollen und die Neigung zu lügen, die Selbstsucht und den Zerstörungsdrang. Unser schwerwiegender Fehler besteht darin, daß wir diese Mittel der Vertei-

digung als die wesentlichen Züge des kindlichen Charakters ansehen und sie niederhalten und daß wir es als unsere Pflicht erachten, sie mit größter Strenge zu verurteilen und auszulöschen bis hin zur körperlichen Züchtigung."[4]
Ihre Pädagogik entgeht diesem Fehler, indem sie das Kind und schon gar den Jugendlichen als wahren „Freigelassenen" der Schöpfung sieht, dem man zutrauen kann, daß er die Notwendigkeit einer im Dienste der Zusammenarbeit stehenden Verhaltensregelung akzeptiert und sich auch selbst „in der Gesetzgebung" engagiert, je älter je mehr. Oberstufenschülern wird in Montessori-Schulen daher weitgehende Selbstverwaltung zugestanden. In unseren Regelschulen bekommt die Selbstverwaltung der Schüler – neben rühmlichen Ausnahmen – gelegentlich den Charakter einer Konkursverwaltung, wenn – was belegt werden könnte – die 17jährigen Verträge aushandeln, welches Drittel im dreiwöchigen Turnus schwänzen darf... Maria Montessori hätte solch ein Zusammenbruch der Lernmotivation zu tiefgreifenden Umstrukturierungen in den Systemgegebenheiten (curriculares Diktat etc.) veranlaßt. In der Regelschule diverser Länder mit zentralistischer Schulsteuerung hingegen wird sogar die Kollegstufe des Gymnasiums wieder in Frage gestellt, weil sie den Jugendlichen zuviel Freiheit in der Auswahl der Schwerpunkte gestattet.

2.2 Normalisierung durch Arbeit

So sehr Maria Montessoris Gedankenwelt von der Bibel durchdrungen ist, die Auffassung vom Fluch der Arbeit, der über die aus dem Paradies Vertriebenen ausgestoßen worden ist, überläßt sie anderen. Ihre Philosophie verteidigt den Satz, daß Kinder arbeiten wollen! „Wir müssen die Kinder lieben", sagt sie einmal, „aber das genügt nicht, wir müssen ihnen etwas zu tun geben!"[5] Und an anderer Stelle heißt es: „Das Bedürfnis nach Aktivität ist fast noch größer als das nach Nahrung."[6]
Nun ist mit diesem Plädoyer für die Arbeit kein schieres Verlangen nach Robot gemeint. Vielmehr geht es letztlich um das Wachstum des Geistes, das durch die tätige Auseinandersetzung mit der Welt grundgelegt wird. Ganz im Sinne ihres jüngeren Zeitgenossen Jean Piaget sieht sie die Hand als Instrument des Geistes. Nicht die Sinne bedienen sich dieses Instrumentes, wie John Locke gemeint hat, indem er gesagt hat, daß die Sinne dem Geist ihre besonderen Ideen aufdrängen. Es ist der Geist, der auf diesem Instrument spielt, indem er seine konzeptionellen Konstrukte von der Wirklichkeit über die „händischen" Erfahrungen prüfen, bestätigen oder korrigieren läßt. Piaget nennt die geistige Eroberung der Welt eine Kette von Assimilationen und Akkomodationen. Es ist eine ständige Abfolge von Unterwerfungsakten: Einmal wird ei-

ner Außengegebenheit der Stempel des innenbürtigen Entwurfes aufgedrückt, dann wiederum muß sich der innere Zugriff dem Diktat des Objektes fügen...

Das Fazit aller erkenntnistheoretischen Spekulationen ist für eine gute Pädagogik die Verpflichtung zum forschenden Lehren, zum Teilhaftigsein bei den Eroberungszügen durch die erfahrbare Welt des Außen und des Innen.

Diese innere Beteiligung geht in all denjenigen Unterrichtssituationen verloren, in denen der Schüler zum Lernen um der Zukunft willen angehalten wird. „Das wirst du einmal brauchen", heißt der schwachbrüstige Versuch, Schüler zur Beschäftigung mit Aufgaben zu motivieren, die nur dem Lehrplan und damit dem Lehrer etwas sagen, nicht aber dem Kind. Die Zukunft motiviert nicht, lehrt uns John Dewey, der von seinem Mitarbeiter Kilpatrick gegenüber Maria Montessori „abgeschirmt" worden ist, obwohl sie sich in ihren grundlegenden Ideen gut verstanden hätten. Sinngleich heißt es daher auch bei Maria Montessori: „Die Natur führt das Kind nicht durch verschiedene aufeinanderfolgende Etappen zum Erwachsenenzustand hin, sondern durch Umbildungen von einem gegenwärtigen Zustand in einen anderen gegenwärtigen Zustand. Das Wachsen besteht nicht darin, den Erwachsenen nachzuahmen, sondern dem Gegenwärtigen treu zu bleiben."[7]

Um einmal gehen zu können, muß das Kind lange liegen, und um einmal kauen zu können, muß es lange saugen dürfen. Lehrer, die sich Meister der Kulturvermittlung nennen dürfen, werden daher das Gesetz der „sensiblen Phasen" (De Vries hat sie „sensitive Perioden" genannt) befolgen und diejenigen kulturellen Antworten geben, nach denen das Kind jeweils fragt. Vielleicht ist diese Aussage ein wenig salopp formuliert, denn der Meister der Kulturvermittlung weiß wie Maria Montessori, daß der Heranwachsende einen Führer in die Kultur braucht, mit dem er in ständiger Zwiesprache leben können muß. Bei Portmann heißt es diesbezüglich: „Unsere psychischen Anlagen reifen nicht durch Selbstdifferenzierung, sondern nur im Kontakt mit der Umwelt."

Das Zuwarten allein genügt nicht; der Lehrer und Erzieher muß gleichsam seine Ware ausbreiten, muß ihre Köstlichkeit anpreisen und zu ihr hin verlocken (nicht mit Leckereien, versteht sich, wohl aber durch seine eigene Faszination!). Aber er wird nicht diktatorisch zu einer ganz bestimmten Kulturbegegnung zwingen! Diktatorisches Lehren hemmt! Das muß sich nicht immer gleich so katastrophal auswirken, wie es Walter Bärsch, emeritierter Professor für Psychologie in Hamburg, in seinen Schuljahren widerfahren ist, als ihn der Konflikt mit einer äußerst autokratischen Lehrerin vorübergehend in die Sonderschule abgedrängt hat. Aber es genügen auch die Lernausfälle, die im Gefolge der drei großen D der Schule registriert werden müssen: Der Daten, Dogmen und Definitionen. Sie stülpen der erprobenden Lernhaltung der Schüler ein definites Regelwerk von fertigen Formeln über, das ihnen die Chance nimmt, den Gesetzmäßigkeiten dieser Welt forschend auf die Spur zu kommen. Was am Ende dieser in gleicher Weise mühsamen wie erregenden Entdeckungsfahrt gewonnen werden könnte, wird verkürzend und vor allem vor der Zeit als Lernstoff diktiert, gleich tödlich, als wollte man nach einer Metapher der Montessori die Kaulquappe verfrühend zum Lungenatmen zwingen. Das Ergebnis ist dann auch danach: Lehramtsstudenten, die sich für das Fach Physik entschieden hatten, wurden mit Aufgaben aus dem Lehrbuch der 7. Schulstufe (3. Klasse Hauptschule) konfrontiert. Sie sollten sagen, ob sich die Masse eines Gegenstandes verändert, wenn man diesen ins Weltall verfrachtet; sie sollten begründen, warum warme Luft aufsteigt, und sie sollten mit der Formel „Arbeit ist Leistung in der Zeit" jonglieren. Wären sie in ihrem bisherigen Physikunterricht mit den Problemen „handgemein" geworden, wären sie nicht gezwungen gewesen, vorschnell Formeln zu pauken, dann hätten sie doch wohl mehr als die lumpigen 41 Prozent der möglichen Treffer erzielt.[8]

Nicht diktatorisch aufzudrängen, aber die reiche Palette der Kultur einladend aufzubereiten und dann die selbstgewählte Begegnung behutsam zu begleiten, das ist wohl der tiefere Sinn der Forderung Montessoris, daß sich der Lehrer zurücknehmen müsse, um dem Kind Freiraum zu geben. Als eine von den biblischen Bildern Durchdrungene drückt sie es mit Johannes, dem Evangelisten, aus, den Matthias Grünewald auf seinem Isenheimer Altar mit überlangem Finger auf den Kruzifixus zeigen und sprechen läßt: „Dieser muß wachsen, ich aber muß abnehmen!"

Das metaphorisch gemeinte „Ausbreiten der Waren" nennt Maria Montessori „Gestalten der Umwelt!" Bei diesem Geschäft kann der Lehrer gar nicht eifrig genug sein, denn „wenn dem Kinde die äußeren Hilfsmittel fehlen, wird es nie fähig sein, die großen Energien zu gebrauchen, mit denen es von der Natur ausgestattet worden ist. Wenn es nichts hat, das diesen Antrieb befriedigen könnte, bleibt ihm nichts anderes übrig, als seine Aktivität ziellos, heftig und unordentlich zu entwickeln. Darum hängt alles von der Vorbereitung einer Umgebung ab".[9]

Sensible Phasen und gestaltete Umwelt, das sind die Vorbedingungen für eine methodische Erfindung, die zu lösen vermag, was andere als die Quadratur des Kreises bezeichnen: Eine heterogene Schulklasse zu unterrichten und doch auch dem Individuum gerecht zu werden! Innere Differenzierung handhaben zu können wird zum unterrichtsmethodischen Gütezeichen des Lehrers in einer modernen Schule. Sie ist das Gegenteil des Unterrichts, der dem Unterrichtsforscher zuallermeist begegnet. In ihm werden gleiche Inhalte in gleicher Weise in einer für alle gleich bemessenen Zeit und in kollektiv gleichem Tempo absolviert.

Am Beginn von Rechenstunden steht in vielen Fällen das Kopfrechnen.

Daß auch in der Zeit des Taschenrechners eine gewisse Rechenfertigkeit geschult wird, soll keinesfalls gerügt werden. Aber daß der obgenannte Gleichschritt gefordert wird, ist zu beklagen! Wie ergeht es dem schwachen Rechner, der schon bei einer der ersten Operationen ausfällt? Er hat keine Chance, die weiteren Schritte sinnvoll mitzugehen. Er fühlt sich minderwertig und bangt dem Abfragen des Ergebnisses entgegen. Die Zeit, die er durchfiebert, ist verlorene Zeit... Die „Zugpferde" drängen voran, können kaum ihre Überheblichkeit gegenüber denjenigen verbergen, auf die der Lehrer noch wartet, und brüsten sich schließlich mit ihrem stolzen Ergebnis. Das Klima ist vergiftet; die Gemeinschaft hat Schaden erlitten. Im übrigen kann nicht einmal recht eigentlich von einer Lernphase gesprochen werden. Aber daß Diagnoseprozesse die Lernprozesse überwuchern, ist für die Regelschule nicht untypisch.

Der auf innere Differenzierung bedachte Lehrer würde umstrukturieren: Er schreibt eine Matrix an die Tafel oder legt sie, gut vorbereitet, wie er ist, auf den Overhead-Projektor. Am Anfang jeder Zeile steht eine Ausgangszahl, die von Zeile zu Zeile schwerer werden mag. Über den Spalten stehen die Operatoren (mal 2, mal 6, dividiert durch 3, minus 17 etc.). Jeder Schüler rechnet nach seinem Tempo Aufgabe für Aufgabe „im Kopf", schreibt aber das Ergebnis an das Ende der Zeile. Der Lehrer ist frei geworden von der seiner Kapazität unwürdigen Hersagerei von einzelnen Operatoren, er ist frei geworden für die Hilfe bei denjenigen, die ihrer bedürfen. Er lernt deren Verständnishürden kennen und hilft, sie zu überwinden. Vielleicht beendet er das Verfahren gar nicht, wenn die ersten bereits die letzte Zeile bewältigt haben, sondern lädt diese ein, mit ihm den Schwächeren zu helfen. Schließlich kann jeder Ergebnisse hersagen, die einen viele und damit auch sehr schwere, die anderen wenige und nur leichte, aber so genau weiß das eigentlich nur der Lehrer, der sich über die individuellen Leistungen einen Überblick verschafft hat. Die Unterschiede sind in diesem Szenarium nicht peinlich: Wenn man gar nichts hat, möchte man den hassen, der alles hat; wenn man aber auch selber einiges kann, ist man geneigt, die hervorragende Leistung zu bewundern, noch dazu wenn sie von einem stammt, der einem zu helfen bereit gewesen ist.

Bei meinen Schulbesuchen in Grundschulen der USA habe ich zahlreiche Beispiele dieses Zuschnittes beobachten können.

Die zu bewältigenden Aufgaben des zeitlichen Blockes (Doppelstunde etc.) sind festgelegt und an der Tafel notiert. Die Schüler greifen sie in freier Wahl auf. An einem Gruppentisch sitzt die Lehrerin und führt jeweils mehrere Schüler in eine neue Aufgabentype ein. Wenn sie mit ihnen zu Rande gekommen ist, wird eine weitere Gruppe gerufen. Diese Lehrerinnen berufen sich nicht unbedingt auf Maria Montessori, häufig aber auf ihre „Schülerin" Helen Parkhurst. Aber auch der Entwicklungsstrang, der von den pragmatistischen Pädagogen (Dewey, Kilpatrick u. a.) kommt, zielt auf Verfahren der inneren Differenzierung ab. Das Prinzip muß den Praktiker nicht erschrecken. Es kann nicht darum gehen, zu wissen, was jedes Kind braucht, oder gar darauf vorbereitet zu sein, es ihm auch jeweils zu geben. Es geht vielmehr darum, beim Lehrer die Einstellung auszumerzen, seine Kinder sollten gleich sein oder wenigstens immer gleicher werden. Vielmehr muß eine innere Gestimmtheit kultiviert werden, die ja sagt zur individuellen Vielfalt und sich daran unverhohlen erfreut. Dann wird er gewahr werden, wie die Schüler von sich aus differenzieren und diejenigen Bereiche, Sichtweisen und Merkwürdigkeiten aus dem Angebot herausschälen, zu denen ihnen der je individuelle Zugriff zuhanden ist. Das trifft für alles zu, was der Lehrer erzählend und interpretierend darstellt; das ist die Zugangsweise zu den mannigfachen Teilaufgaben eines Projektes, sie bestimmt die Auswahl der Gedanken, die zu einer Diskussion beigetragen werden und vieles mehr. In einigen Gegenstandsfeldern wie zumeist in der Mathematik wird es freilich notwendig sein, daß der Lehrer für ein variantenreiches, nach dem Anspruchsniveau gestuftes Angebot sorgt, so daß er seine Adepten nicht „zu Paaren treiben" muß. Aber auch dieses Arrangement ist letztlich keine Herkulesarbeit, denn es stehen vielfältige Unterlagen zur Verfügung.[10] Es kommt wirklich nur darauf an, daß sich der Lehrer nicht als sein Pendant aus der Gründerzeit der Schule versteht, als auch die stehenden Haare geschaffen wurden: Er soll nicht wie der Feldwebel sein, der seine Hundertschaft im Stechschritt über den Exerzierplatz getrieben hat.

3. Rahmenbedingungen als Panzerung gegen die gute Pädagogik

3.1 Curriculare Zwänge

Lehrpläne gehören abgeschafft, haben wir von Maria Montessori gehört! Was ist es, das ihr den Mut gibt, gegen eine so eherne Verstrebung des Regelschulsystems anzugehen? Es ist der didaktische Subjektivismus, die Orientierung am Kind, an seinen Bedürfnissen und an seiner Lebenssituation, dem der didaktische Objektivismus derer gegenübersteht, die meinen, genau zu wissen, was Bildung ist, und sie zentral und generell vorschreiben zu können.

In Österreich zeigt sich – zumindest von bestimmter gesellschaftspolitischer Ausrichtung her – eine gewisse Aufweichung der Position des bisherigen bildungstheoretischen Dogmatismus, was in der Einführung von vermehrten Wahlmöglichkeiten und dem verstärkten Angebot der Schwerpunktsetzung bei den Reifeprüfungen zum Ausdruck kommt. In einigen bundesdeutschen Ländern, insbesondere in der christlich-sozialen Bildungspolitik Bayerns, gehen die Uhren anders, wenn nicht gar zurück, so daß neuerdings der Großteil der Disziplinen wieder verpflichtend vorgeschrieben wird, u. a. auch die Mathematik. Die Vertreter der Ideologie mißachten den Tatbestand, daß die oktroyierte Befassung mit einer Disziplin keine Bildung verbürgt, weil Bildung immer zur Voraussetzung hat, daß sich das Individuum öffnet, daß es sich involviert fühlt und mit den Lateinern sagen kann: „Mea res agitur." Erst auf der Basis dieses Dabei- und Mittendrin-Seins, dem Inter-esse fängt der spezifische Kulturausschnitt an, Bildungsgut zu werden, den Lernenden zu prägen, neue Erlebnis- und Denkformen auszubilden, Einstellungen und Leistungsbereitschaften aufzubauen. Eine geschlossene Gesellschaft mag eine bestimmte Bildungsideologie kultivieren und die zugehörigen Gegenstände fixieren. Eine offene, pluralistische Gesellschaft, die sich den wachsenden Ansprüchen der multikulturellen Entwicklung stellt, ist gut beraten, wenn sie keinem privilegierten Bildungskanon huldigt, sondern die Vielfalt der aufbrechenden Interessen in der jungen Generation gelten läßt und pflegt. Sie sind der beste Nährboden für die kreativen Sprünge, an die das Finden der entsprechenden Antworten auf neue Herausforderungen gebunden ist.

Ganz im Sinne der Montessori spricht John Dewey von einem Konflikt, der entsteht, wenn Schüler gezwungen werden, sich mit vorgegebenen Zielen abzufinden, statt daß sie diejenigen verfolgen dürfen, die zu einer gegebenen Zeit der Natur ihrer eigenen Erfahrung gemäß sind. Er verweist auf die Kettenreaktionen von Übeln, welche die von außen gesetzten Ziele auslösen: „Die Lehrer übernehmen sie von höheren Stellen... Von den Lehrern wiederum werden sie den Kindern auferlegt. Als erste Folge ergibt sich, daß die Intelligenz der Lehrer gefesselt wird; sie werden gezwungen, die Ziele von oben her in Empfang zu nehmen. Allzu selten nur steht der einzelne Lehrer den Anordnungen der Schulaufsicht, den Lehrbüchern, der Methode, den vorgeschriebenen Lehrplänen innerlich so frei gegenüber, daß er sein eigenes Denken in innige Berührung mit dem des Schülers und dem des Bildungsgutes bringen kann. Das Mißtrauen der höheren Stellen gegenüber der Erfahrung des Lehrers spiegelt sich wider in einem Mangel an Vertrauen des Lehrers zu den Schülern".[11]

Die naturwissenschaftlich gebildete Dottoressa skizziert den Tatbestand der auseinanderstrebenden Interessenrichtungen mit Sektoren, deren Innenwinkel unter Umständen sehr groß ist. Dem naturgemäß schwächeren und damit unterliegenden Kind kann es nicht gelingen, seine Richtung beizubehalten, so daß zumindest eine Resultante entstehen muß, wenn schon keine totale Konformität mit dem Lehrer erzwungen wird. Das Ergebnis ist eine „Irritation des Energiestromes", die manchen Zusammenbruch im individuellen Lernprozeß und in der Verlaufsgestalt des kollektiven Unterrichts zu verantworten hat.

Eine „Polarisation der Aufmerksamkeit" ist nur dann möglich, wenn dem Kind die „Richtung" gelassen wird, wenn es sie beibehalten darf. Niemand möge sich bei der Hingabe an seine „geheimnisvolle Arbeit" einmischen, denn dadurch „unterbricht und zerstört er den Zustand der völligen Sammlung".[12] Das Sich-Versenken, das Einwurzeln der Simone Weil, ist die conditio sine qua non jedweden Bildungsaktes. Aber diese Bedingung ist weder in der Stoff- noch in der Zeitstruktur der Regelschule vorgesehen: Ein überbordendes Pensum – wie verpflichtend auch immer – verleitet zum hastigen Schritt, mit dem zumindest in der Sekundarschule die Taktfolge der Stundenpläne und der Lehrerwechsel synchron ablaufen. Wenn es sich dennoch immer wieder einmal ereignet, daß ein Kind gemäß seinem inneren Rhythmus innehalten und bei einem Problem verweilen möchte, nimmt es alsbald wahr, wie ungelegen dies kommt und wie es als störend empfunden wird. „Du hättest besser aufpassen sollen, ich kann dir das nicht noch einmal erklären, sei still!" wird einem Schüler vorgehalten, der sich mit dem von der Lehrerin angebotenen Beweis für die Kugelgestalt der Erde nicht abfindet. Sie hat von den Entdeckungsreisen erzählt, daß schließlich einer von der anderen Seite der Erde zurückgekommen ist und daß damit bewiesen sei, daß die Erde eine Kugel und keine Scheibe ist, wie vordem angenommen worden ist. „Man kann auch auf einer Scheibe rundherumfahren, neue Erdteile entdecken und von der anderen Seite zurückkommen!", hat der clevere Schüler gemeint, einwenden zu dürfen. – Weil ihn die Lehrerin brüskierte, verfiel er auch dem Gespött der anderen. Seine Besonnenheit, seine Nachdenklichkeit, sein spekulierender Tiefgang waren ihm als starrköpfige Unbelehrbarkeit ausgelegt und ausgetrieben worden.

Wer die Vielzahl der in einem Schuljahr verpflichtenden Gegenstände bedenkt und die Zahl der Wochenstunden, die allein schon – also ohne die Hausaufgaben – der Arbeitszeit der Erwachsenen durchaus gleichkommt, wird zugeben müssen, daß die Abwehr von „Querdenkern" Methode hat: Das Fließband des „Bildungstransfers" muß laufen; das Produktionssoll bestimmt das Tempo. Daß freilich das falsche Produkt zum Maßstab genommen wird – die Quantität des Durchgenommenen, der in Lehrplanzeilen und Buchseiten wägbare Stoff –, wird selten bedacht. Als „Produkt" müßte, wenn schon betriebswirtschaftliche Denkmuster herhalten sollen, ausschließlich dasjenige zählen dürfen, was sich im Bewußtsein der Schüler als neue Einsicht, Haltung, Leistung und Erlebnisform niedergeschlagen hat.

Die Freiarbeit der Montessori-Pädagogik ist nicht zuletzt deswegen erfunden worden, weil sie für die Polarisation der Aufmerksamkeit einen weiten Horizont eröffnet. Wer diesen entscheidenden Schritt (noch) nicht tun möchte, könnte sich am US-amerikanischen System orientieren, das pro Tag, Woche und Semester nur sechs Gegenstände vorsieht, von denen bereits einer frei wählbar ist. Dort ist grundgelegt, was bei uns ansatzweise als Epochenunterricht mühsam versucht wird und wofür bei der Behörde angesucht werden muß. – Eigentlich ist es verwunderlich, daß die guten und engagierten Lehrer in unseren Landen nicht schon längst resigniert haben. Immer sind sie es, die ansuchen müssen, ansuchen um die Erlaubnis, das Gute, das Bessere, das Bildungsgemäßere zu tun. Die mittelmäßigen und schwachen Berufsvertreter, die den Trott gehen und unter den Defiziten des Regelsystems nicht leiden, entsprechen, scheint's, genau der Norm!

Maria Montessori sieht einen Grund für die dem kindlichen Arbeitsrhythmus nicht kongruente Arbeitsform der Schule in der Tatsache, daß die Behörde die Planung nach den Prinzipien der Erwachsenenarbeit durchgeführt hat. „Dieser (der Erwachsene) arbeitet auf Grund äußerer Anreize, die dem Gesetz des geringsten Aufwandes in einem Minimum an Zeit gehorchen. Die Arbeit des Kindes hingegen ist Wiederholung und Fortsetzung der Tat, die allein es wachsen und erwachsen werden läßt. Es kann sie nicht abkürzen."[13] Sie verurteilt an der gleichen Stelle Konkurrenz und Wetteifer, die von den Erwachsenen als probate Mittel zum Vorantreiben der Schüler eingesetzt werden und den Schulbetrieb mehr und mehr von der konzentrationsfördernden Muße abdriften lassen, von der sie ihren Namen (Scholae) ableitet.

3.2 Inhumane Selektion

3.2.1 Selektion durch Organisationsformen

Montessori gruppiert die Schüler zumindest für große Strecken des Tagesablaufes auf eine Weise, die in der traditionellen Schule geradezu verpönt ist: jahrgangsübergreifend, altersheterogen. „Selbst wenn wir über tausend Kinder und einen Schulpalast hätten, würde ich meinen, es sei immer ratsam, Kinder eines Altersunterschiedes von drei Jahren beisammen zu haben; dieser Altersunterschied und diese Mischung verschiedener Entwicklungsstufen sind eine der Grundlagen der Selbsterziehung…".[14] Daß diese Gruppierungsform in der Regelschule verpönt ist, dafür hat die zentrale Schulverwaltung Bayerns in den jüngsten Tagen einen schlagenden Beweis erbracht: im Passauer Stadtteil Hals, der aus der Zeit vor seiner Eingemeindung noch den dörflichen Charakter beibehalten hat, der sich aus der relativen geographischen Abgeschiedenheit im Talkessel der Ilz ergibt. Die Eltern kämpfen um die Erhaltung der bestehenden zweiklassigen Grundschule. Sie akzeptieren die Zusammenfassung von zwei Schuljahren und haben Lehrkräfte, die damit umzugehen wissen. Die Behörde aber betrachtet diesen Sachverhalt als Schandfleck und drängt vehement auf Auflösung und Eingliederung in einen größeren, zentralen Schulverband. Als ich den Eltern Schützenhilfe geleistet und das Muster der Montessori-Schulen wie auch des Jena-Plans ins Treffen geführt habe, hat der zuständige Staatssekretär äußert unwillig und mit einem Seitenhieb auf die Ideen der Pädagogen abgewehrt.

Wie anregungsreich das Klima in jahrgangskombinierten Klassen sein kann, sei ausschnittweise einem Protokoll entnommen, das ich in der Freiarbeitsphase der Montessori-Schule in Krefeld aufgenommen habe. Dort sitzen die Kinder aus vier (!) Schulstufen bunt durcheinandergewürfelt an ihren Plätzen, bearbeiten das jeweils gewählte Thema zumeist allein, teilweise aber auch im Paar. Sie interessieren sich gelegentlich für die Arbeit des anderen, geben Hilfe oder bitten um sie. Ein Kind der ersten Schulstufe (ich mußte selbstverständlich zumeist fragen, welcher Schulstufe das einzelne Kind angehört) legt je fünf Perlen in eine Tafel mit Zeilen von je zehn Vertiefungen: immer fünf. Und dann schreibt es die Fünferreihe auf ein gesondertes Blatt. Ein gleichaltriges polnisches Kind arbeitet mit dem LÜK-Gerät (lerne, übe, kontrolliere). Ein Kind der zweiten Schulstufe schreibt den Begleittext auf einem Vogelbild ab: „Die Singdrossel zieht, wie vor ihr die Amsel, in die Städte…" Rebecca, ebenfalls ein Kind der zweiten Schulstufe, „schmollt", weil ihr noch niemand geholfen hat. Dies flüstert mir ihre Nachbarin und bittet mich zu helfen. Gemeinsam rechnen wir dann 39 = 55 + x. Ein behindertes Kind schreibt und legt 1 mal 2 = 2 mal 2 = ? und schreibt dann 4 mal 2 = 9. Ich weise auf den Fehler hin. Die Nachbarin holt bereits die Stäbchen, damit ich der Behinderten zur Einsicht verhelfe. Ein anderes Kind fragt, ob es ihr beim Ausradieren der falschen Zahl behilflich sein soll. Die Behinderte verneint, obwohl sie sich äußerst schwer tut, den Radiergummi und das Blatt mit ihren spastischen Fingern festhalten zu können. Ein Kind der 4. Schulstufe schreibt eine Fantasiegeschichte über eine Entenjagd. Ein anderes hat den Atlas aufgeschlagen und schreibt Sätze wie „Die Ruhr fließt in den Rhein" auf ein Arbeitsblatt. Zwei weitere haben die Europakarte aufgeschlagen. Sie legen rote Plättchen auf die Hauptstädte. Dann suchen sie aus einer Kartei Bilder von den jeweiligen Sehenswürdigkeiten und wechseln sie gegen die Plättchen aus. Plötzlich holt sich ein Kind der 3. Schulstufe einen der beiden Partner und bittet ihn, er möge ihm zeigen, wo Nettetal liegt. Dieser weist nach kurzer Überprüfung darauf hin, daß die falsche Karte aufgeschlagen ist. Die Lehrerin ist ständig bei einzelnen Kindern. Man hört sie kaum, aber auch von den Kindern ist wenig zu hören. Wer zu sprechen hat, flüstert bloß. Daß mich die Kinder bereits als Lehrer anerkennen, zeigt mir eine Helferin, die sich erbost von ihren Schützlingen ab- und mir zuwendet: „Die spielen verrückt, denn sie legen die Perlen immer wieder weg." Der Grund besteht darin, daß ein Schüler das Prinzip der Zehnerüberschreitung und Umwandlung in eine höhere Einheit nicht begriffen hat. Ich erkläre es ihm mit Geldstücken (Umwandlung von Zehnpfennigstücken in eine DM…).

Die einer großen familiären Kinderstube abgelauschte Gruppierungsform forciert das Arbeitsklima: Die Großen gehen mit interessanten
Ideen voran, schaffen aber auch einen schützenden Rahmen für die
Kleinen. Keine Altersgruppe ist groß genug, um die Anfälligkeit für al-
tersspezifischen Schabernack aufkommen zu lassen, mit dem sich die
Riege der Gleichaltrigen in der Klasse nicht selten infiziert. Die ge-
schwisterliche Gruppierung bringt ganz selbstverständlich das gegenseitige Aufeinander-Angewiesensein zum Ausdruck: Sie gibt Gelegenheit
für das rechtverstandene Erbitten von Hilfe wie für die Entscheidung,
ob sie angebracht ist oder nicht. Einem Schüler des gleichen Schuljahres
das eigene Unvermögen gestehen zu müssen, macht betreten, und dem
Überlegenen fällt es nicht selten schwer, den Impuls der Überheblichkeit
zu unterdrücken. Bei Angehörigen von deutlich verschiedenen Altersstufen kommen diese Anwandlungen nicht auf. Kombinierte Jahrgangsklassen schaffen Kontinuität in der Arbeitsmoral; sie wird mit der Rou-
tine des Alltags von Jahr zu Jahr weitergetragen, weil es doch immer
nur der kleinere Teil des Verbandes ist, der abgeht bzw. aufgefüllt wird.
Soziales Lernen gehört zu denjenigen Handlungsfeldern, die nicht durch
Belehrung bestellt werden können, sondern durch das Eingebundensein
in die täglich notwendigen Verrichtungen. „Was man lernen soll, um es
zu tun", hat schon Aristoteles gesagt, „kann man nur lernen, indem
man es tut!" – Ist es vermessen zu hoffen, daß die eigenständige, Verantwortung tragende Persönlichkeit eher in einem sozialen Aggregat gebildet wird, wie es Maria Montessori geschaffen hat, als in der zum
Kollektivismus neigenden Jahrgangsklasse mit ihrer Rudel-Mentalität?
Besonders penetrant und die Erziehung zum demokratischen Charakter
schädigend wird die organisatorische Selektion nach Leistungsfähigkeit
in der zweiten Hälfte der Pflichtschulzeit. Ob sie als Trennung der 10-
oder auch 12jährigen in verschiedene vertikal gestufte Schultypen erfolgt oder in der Form der Leistungskurse innerhalb der stundenmäßig
dominierenden Hauptgegenstände der neuen österreichischen Hauptschule oder bundesdeutschen Gesamtschule ist von geringer Bedeutung
und die diesbezüglichen schulpolitischen Kämpfe nicht wert.
Die Sortierungsideologie ist das krasse Gegenstück zur Erziehungsphi-
losophie der Maria Montessori. Wenn wir das Kind nach dem Kriteri-
um einiger isolierter Eigenschaften aussondern, wirft sie uns vor, daß
wir es nicht als Kind betrachten! „Alle seine Möglichkeiten, die wie
verheißungsvolle Keime die gesunde Blüte seiner künftigen Kraft in sich
tragen, laufen Gefahr, erstickt zu werden, wenn sie zu früh Kritik erfahren!"[15] Sie will uns mit anderen Worten sagen, daß sich der Pädagoge
außerhalb seines Wirkungskreises stellt, wenn er die fordernde Grundhaltung gegen eine diagnostizierende auswechselt.
Unter dem prüfenden Auge des Zensors erfährt sich das Kind als taxiert
nach dem schulischen Schätzwert, der die ganze Person vereinnahmt, so

einseitig und eng er in Wahrheit auch ist. Rivalität und Wettbewerb sprengen den sozialen Zusammenhalt, wenn es immer darum geht, die Spreu vom Weizen zu sieben. Angst verkrampft die psychischen Kräfte und Funktionen, wenn die Lehrer, die man gerne zum Freund hätte, zu Managern im Umstufungsgetriebe werden, ständig bereit, die unsauberen Ränder der leistungsdifferenzierten Kohorten mit scharfen Schnitten zu begradigen. Von 11.147 Schülern der Sekundarstufe I geben rund ein Drittel an, daß sie am Morgen vor Prüfungen kaum etwas essen können, oft Magen- und Bauchschmerzen haben oder daß ihnen der Schweiß ausbricht, wenn die Hausaufgaben abgefragt werden sollen. Beinahe der Hälfte (48,7 Prozent) ist manchmal ein wenig übel, wenn Klassenarbeiten oder Tests zurückgegeben werden, und 45 Prozent der Schüler machen sich abends im Bett oft Sorgen darüber, wie sie am nächsten Tag in der Schule abschneiden werden. Bei jedem achten ist es schon vorgekommen, daß er vor Klassenarbeiten hat erbrechen müssen, und jeder fünfte hat vor Klassenarbeiten schon daran gedacht, einfach wegzulaufen.[16]

Bei der phänomenologischen Aufzeichnung der Arbeit in einer Montessori-Klasse mit ihrem integrativen Grundmuster ist viel von der Hilfeleistung durch die Mitschüler die Rede gewesen. In den unteren Rängen des selektiven Systems ist nicht einmal der Lehrer zur Hilfe recht in der Lage. Denn die geballte Ansammlung von nur Hilfsbedürftigen überflutet seine Hilfeleistungskapazität. Wenn die streßbeladenen Pädagogen aus den Unterrichtsstunden bei den Schwächsten ins Konferenzzimmer kommen, sind daher gelegentlich äußerst abfällige Urteile über die mehrfach negativ Ausgesiebten zu hören („a einzige Katastrophe", „lauter Deppen" etc.). In der Situation von dritten Leistungskursen und anderen Zusammenfassungen von ausschließlich schwachen Schülern haben die Lehrer keine Helfershelfer mehr, und den Schülern fehlen die Kameraden mit vorbildlichen Leistungen, die zur Nachahmung einladen würden. Welch ein elitäres Denken trägt die Schuld, daß schon in einer Zeit, in der noch alle zum Schulbesuch verpflichtet sind, die den schulischen Anforderungen unterschiedlich Gewachsenen voneinander getrennt werden, so daß sie einander entfremden und in gettoisierende gesellschaftliche Reservate abgedrängt werden. Hat man denn noch nicht begriffen, daß es der modernen Gesellschaft nicht mehr darauf ankommen kann, nur einen Teil der Heranwachsenden optimal zu bilden, sondern daß sie geradezu gierig geworden ist nach immer mehr Menschen, die das Lernen gelernt haben und zum Umlernen befähigt sind?

Möglicherweise will jemand abwehrend nochmals den alten Streit aufnehmen, ob denn das Beisammenbleiben der Unterschiedlichen bis zum Ende der Pflichtschulzeit den Begabteren nicht zum Hemmschuh würde. Wiederum ist es Maria Montessori, die schon in der ersten Hälfte unseres Jahrhunderts die Antwort gewußt hat: Wer unflexibel genug ist, um nur ein uniformierendes Methodenschema anzuwenden, der wird keiner Gruppierungsform gerecht, derjenigen mit der weitesten Begabungsstreuung freilich am allerwenigsten. Wer aber dort, wo es die Gegenstandsstruktur den Kindern nicht von sich aus ermöglicht, gezielt innere Differenzierung durchführt, der erntet größere Erfolge als der Lehrer im traditionellen Unterricht. Es trifft insbesondere bei den Begabten zu, wie spezielle Forschungen in den 80er Jahren nachgewiesen haben, weil ihnen das grundsätzliche Ja zur Ungleichheit in ihrem Höherstreben keinen Plafond über die Köpfe hält.[17]

Um die Schwachen braucht man sich im heterogenen Verband schon gar keine Sorgen zu machen – über die Sorgen hinaus, auf die sie von vornherein mehr Anrecht haben als ihre glücklicheren Altersgenossen –, denn sie brauchen nicht mehr auf die Vorbilder zu verzichten, die in den homogenen Verbänden hermetisch von ihnen abgeschottet sind.

3.2.2 Selektion durch die Ziffernnote

Montessori bittet die Lehrer ihrer Schulen, mit Hilfe der Pensenbücher in jedem Leistungsbereich detailliert zu beschreiben, wie gut dem Schüler das Erfüllen der Anforderungen gelingt, die besonderen Ausfälle zu markieren und insbesondere das Gelingen zu artikulieren. Die Regelschule mißt die Leistungen jedes einzelnen sehr pauschal am Mittelmaß des Kollektivs und wirft einen Notenwert aus, formal und abstrakt. Daß dies keine leere Anschuldigung ist, zeigt jeder Blick auf das Zustandekommen dieser Ziffern. Zu welcher Aussage ist beispielsweise die Note 3 in einem bestimmten Gegenstand fähig? Eigentlich nur zu der, daß dieser Schüler, wenn es nicht unredlich zugeht, dem Durchnitt der Klasse entspricht. Ob das Gesamtniveau unter den Händen eines ausgezeichneten Lehrers besonders hoch angestiegen ist und damit auch einen respektablen Durchschnitt ausweist oder ob das Gegenteil der Fall ist, das ist dem Dreier nicht abzulesen! Das ist der eigentliche Grund der Ungerechtigkeit, die mit der Ziffernnote verknüpft ist: die für den interschulischen Vergleich fehlende Basis. Dabei handelt es sich nicht um Nuancen, sondern in gar nicht so seltenen Fällen um „Häuser", wie die Handwerker grobe Meßfehler bezeichnen.

Es ist hier nicht der Platz, Beispiele aus den in die Hunderte gehenden Untersuchungen zu geben, die alle in der Aussage konvergieren, daß es der Ziffernnote nicht möglich ist, objektiv, also vom Beurteiler unabhängig zu sein, reliabel, also zuverlässig, so daß wiederholte Messungen zum selben Ergebnis kommen, und valid, also gültig, so daß auch tatsächlich dasjenige gemessen wird, was zu messen vorgegeben worden ist.[18] Wovon aber geredet werden soll, ist die atmosphärische Belastung der Lernbedingungen, die von der Ziffernnote ausgeht. Sie ist beispielsweise unfähig, den minimalen Fortschritt des Schwachen anzuerkennen, der subjektiv gesehen auf eine große Anstrengung zurückgeführt werden mag. Er hat im Laufe eines Jahres etwas dazugelernt, aber die anderen sind auch vorangekommen! Und so rückt ihm die Kurve der Normalverteilung nach, und seine Afterposition vom Vorjahr bleibt Afterposition... Der Erfolg wäre auch und gerade für ihn das Erfolgreichste, was es gibt. Aber mit der Ziffernnote wird er ihm nicht beschieden. Wenn der Lehrer meint, süße Worte tröstend beigeben zu sollen, werden diese möglicherweise sogar als Hohn erlebt: „Wenn du meinst, daß ich vorangekommen bin, warum drückst du es nicht mit demjenigen Instrument aus, das allein zählt – im Urteil der Umstehenden und bei schicksalhaften Entscheidungen wie etwa der Berufswahl...?"

Dieser Vorwurf symbolisiert übrigens sehr treffend die Rollenproblematik, der der Lehrer nicht entkommt, wenn er ans Zensieren geht. Während er als „Lehrender" im besten Sinne dieses Wortes an der Seite der Kinder steht, helfend, fördernd, den Geist befruchtend, tritt er ihnen als Zensor sehr distanziert gegenüber – und muß es wohl auch. Die Kinder rächen sich auf ihre Weise, indem sie mit raffinierten Täuschungsmanövern Leistung simulieren. Da mag in den Präambeln der Bildungspläne noch so glorreich von hehren Erziehungszielen die Rede sein – die Vorschreibungen des Systems lehren ein anderes Verhalten. Es ist das, was auch im Leben vonnöten ist, meint der sarkastische Brecht: „Vortäuschung von Kenntnissen, schnelle Aneignung von Gemeinplätzen, Bereitschaft, seinesgleichen an die Höherstehenden zu verraten."[19]

Das unentwegte Schielen auf die Note schwächt die sozialen Bande und schleppt den Bazillus neidischer und hämischer Gefühle ein. In einer Hauptschule habe ich nach der Rückgabe einer Prüfungsarbeit 28 Elfjährige gebeten, sie sollten anonym niederschreiben, was ihnen jetzt „durch den Kopf" geht, was sie denken und welche Gefühle sie haben. 12 von ihnen äußerten Belegstücke für Neid und Eifersucht bzw. auch Schadenfreude. „Wenn Sylvia eine bessere Note hat als ich, werde ich eifersüchtig!" schreibt eine Schülerin. Bei anderen heißt es etwa: „Ich bin froh, daß ich eine gute Note bekommen habe, aber ich beneide den, der eine bessere hat." „Meine Mutter hört sich das an, aber ich habe Angst vor dem Vater; ich beneide den Nachbarn." „Ich ärgere mich, weil ein anderer, der genauso schlecht ist wie ich, eine gute Note hat." „Mein Bruder wird ein wenig neidisch sein, weil ich besser bin als er"... Einige Überlegungen richten sich auf die zumeist mangelnde Vorbereitung und gleichen einem Eingeständnis von Schuld. Aber keine einzige Bemerkung richtet sich auf die Sache selbst, auf das Problem und wie es nun in der Tat gelöst gehört etc...

Ein (pädagogisches) Königreich dem, der die Schule – wie übrigens nicht nur in Reformschulen, sondern auch in nationalen Schulsystemen (beispielsweise in Italien, in skandinavischen Staaten) – von der Leistungsbeurteilung mit Hilfe der Ziffernnote befreit, könnte in Abwandlung des Shakespeare-Wortes ausgerufen werden. Die Befürworter weisen u. a. auf die Wirtschaft hin, die von der Schule Notenzeugnisse erwarte. Das trifft nun aber nach den Ergebnissen einer an meinem Lehrstuhl durchgeführten Erhebung nur für höchstens ein Drittel der Wirtschaftstreibenden zu, wenn das Sample von 57 Befragten repräsentativ gewesen ist. Die anderen mißtrauen der Note und wären durchaus bereit, über Alternativen zu diskutieren wie zum Beispiel die von mir empfohlene „Direkte Leistungsvorlage". Sie ist dem Leben abgelauscht und läßt jeden, der es wissen möchte, selbst einen unverstellten Blick in die zum Ende der Schulzeit gemachten Probearbeiten, Projekte, Arbeitsblätter etc. tun.[20]

4. Autonomie für die Schule

„Wenn ich vermeide, mich einzumischen, sorgen die Menschen für sich selber.
Wenn ich vermeide, Anweisungen zu geben, finden die Menschen selbst das rechte Verhalten.
Wenn ich vermeide, zu predigen, bessern die Menschen sich selber.
Wenn ich vermeide, sie zu beeinflussen, werden die Menschen sie selber."

Laotse

Es sind Sätze, die einem Schulmenschen von altem Schrot und Korn wohl schwer über die Lippen kommen. Die ganze Reserviertheit der Behörde gegenüber der Montessori-Pädagogik und ähnlichen Reformentwürfen gründet doch nicht zuletzt in der Sorge, die Gewaltverhältnisse könnten sich verschieben, so daß die „Durchführungsbestimmungen" nicht mehr behördlich erlassen, sondern in pädagogischer Verantwortung autonom entworfen würden.
Reifere, ältere Demokratien wie beispielsweise in Dänemark und in den Niederlanden (der Verfassung nach konstitutionelle Monarchien) haben längst eine Lösung gefunden, welche die Basis in die pädagogische Freiheit entläßt. Wohl weiß sich auch dort der Staat für die bestmögliche Bildung für die Heranwachsenden verantwortlich und gibt daher entsprechend der Schülerzahl den Schulen das Geld. Für die pädagogische Gestaltung aber fühlt er sich nicht zuständig. Daher sprießen dort auch Reformschulen alter und neuer Prägung aus dem Boden wie Pilze nach dem warmen Regen.
Bei uns hingegen baut zwar die Gemeinde der Schule das Haus, Herr im Hause aber ist der Staat. Der Zentralismus ist in manchen deutschsprechenden Ländern (aber auch in Frankreich) so stark, daß Ulrich van Lith in seiner Habilitationsschrift nach eingehender Prüfung der Verhältnisse

in den damals noch „intakten" Oststaaten (frühe 80er Jahre) zu der Auffassung gelangt ist, das Schulsystem trage eher die Strukturen der zentralen Planwirtschaft als die der liberal-demokratischen Gesellschaftsform des Westens.[21] Einen eindeutigen Beleg hierfür haben die amtlichen Schulreformen vor und nach 1970 geliefert. Sie waren nach dem klassischen Bürokratiemodell konzipiert, so daß die von der Zentrale ausgearbeiteten Vorhaben auf dem hierarchisch gestuften Dienstweg nach unten dekretiert worden sind (oft sogar an Schulen, die von ihrem „Glück" bis zum Eröffnungsdatum des Schulversuchs nichts gewußt haben). Die involvierten Lehrer und Schulen haben mehr oder minder nur Vollzugsmeldungen zu machen gehabt; eigenständige Kreationen von nennenswertem Ausmaß waren nicht gefragt bzw. wurden nicht genehmigt. Als dann die Versuchsphase ausgelaufen war und die (gekauften) Ergebnisse wenig Akzeptanz fanden, waren offiziell keine Alternativen vorhanden. Die von solchen dirigistischen Versuchskonzepten ausgelösten Frustrationen bei der wohl entscheidenden Ressource jedweder Veränderung kam buchstäblich in dem Lehrerwort zum Ausdruck: „Ich habe fünf Reformen erlebt, aber noch keine mitgemacht."
Zwischen der Verwaltungsorganisation und der Lehrorganisation muß es zu einer partnerschaftlichen Arbeitsteilung kommen, denn die bisherige Subordination der Lehrer verhindert, daß die dem Pädagogischen angemessene Schöpferkraft entfaltet wird. Niemandem soll vorgeworfen werden, daß er es mit der Schule nicht gut meine, aber die Denkformen des Verwaltungsexperten müssen andere sein als die, welche der Entfaltung des Kindes förderlich sind. Bürokratisches Handeln ist auf Gleichbehandlung aus. (Wir würden uns schön bedanken, wenn etwa der Steuerbeamte jenseits der vom Gesetz festgelegten Gleichheit Entscheidungen träfe!). In der Verwaltung geht es um Reglementierung, um formal-juridische Kontrolle von oben, mit einem Wort: um Systemzwang.[22] – Erziehungshandeln kann nicht gelingen, wenn nicht das Individuum in seiner je spezifischen Lebensgeschichte wahrgenommen wird und Zuspruch erhält. An die Stelle des Reglementierens muß das Motivieren treten, und statt kühler Aktenkundigkeit ist Faszination gefragt. Hierarchisch gestufte Entscheidungsinstanzen zielen an der Schulpraxis vorbei, und der Vorrang des staatsautoritär-legistischen Denkens läßt das pädagogische Denken verkümmern. Die Erfüllung der Verordnungen und Erlässe wird für den Lehrer wichtiger als die Erfüllung der pädagogisch je notwendigen Bedürfnisse, wie dies ein die Pausenaufsicht führender Lehrer bewiesen hat: Er boykottierte Schüler, die das Gespräch suchten, weil er doch sonst seine Augen nicht inspizierend über alle schweifen lassen könne... Die Beispielsfülle würde vom Unterrichtsalltag bis zum Verkümmern einer „unternehmerischen" Grundeinstellung in der schulischen Bildungsarbeit reichen.
In Österreich lassen in jüngster Zeit einige Ansätze aufhorchen, die in

die Richtung von Schulautonomie zeigen. Es wird sich weisen, ob nur eine etwas längere Leine gegeben oder ob der „Sklave" in der Tat freigelassen wird. Es wird eines starken politischen Willens und seiner Durchsetzungsfähigkeit bedürfen, wesentliche Kompetenzen aus dem Verwaltungsbereich an die schulische Basis zu delegieren, denn für die Verwaltung würde dies einen erheblichen Machtverlust bedeuten. Im Bayerischen Schulleiterverband ist sogar die Frage aufgeworfen worden, ob nicht eine der zwei zwischen dem Ministerium und der Schule am Ort angesiedelten Instanzen durchaus eliminiert werden könnte. Noch aber muß die Verwaltung nicht zum Widerstand blasen, denn so innovativ wie der Vorsitzende des genannten Verbandes denkt die Lehrerschaft als Ganzes noch lange nicht. Vielmehr ist zu fürchten, daß sich vielleicht sogar eine Mehrheit bequem eingenistet hat in einem Job, genau abgezirkelt in seinen Aufgaben und bei Einhaltung der Vorschreibungen vor Unbill gesichert. Diese Gruppe soll auch gar nicht groß gescholten werden, denn die Erfahrung hat sie gelehrt, daß sich unter denjenigen, die neue Wege zu gehen versucht haben, mehr Geprügelte befinden als unter ihren Kollegen, die sich in den ausgetretenen Pfaden, um nicht zu sagen im Laufstall, bewegt haben.

Die Lehrer in England – um ein konkretes Beispiel anzuführen – sind nicht etwa in größerer Zahl von „geborenen Lehrern" durchsetzt als bei uns, aber ein anderes System hat sie anders erzogen. Sie können mit Schulautonomie umgehen und möchten sie nicht missen. Sie akzeptieren „den Markt", auf den sich die Schule begeben hat. Sie bewerben sich direkt an der Schule, weisen ihre besonderen Qualifikationen vor und schlagen daraus Kapital, indem sie einen der zahlreichen und deutlich besser bezahlten Funktionsposten anstreben (Headteacher, 2 Deputy-Heads, 2 Senior-Teachers, viele Heads of Department). Die englischen Schulen statten den Head-Teacher mit Kompetenzen aus – vergleichbar mit einem kleinen Industriekapitän. Sie verstehen sich als Dienstleistungsbetrieb, sehen die Eltern als ihre Kunden an und kooperieren mit ihnen nicht nur in Nebensächlichkeiten, sondern regieren mit ihnen im frei gewählten Gremium des School-Governments die Schule.

Auf diese Weise wird der kolossale Staatsbetrieb Schule „privatisiert", ohne ihn den Gefahren eines wild gewordenen Privatisierungsegoismus anheimfallen zu lassen, denn das Geld gibt der Staat! Er gibt es für alle gleich, und das ist der entscheidende Vorteil etwa gegenüber dem US-amerikanischen System, in welchem der Reichtum der Kommune über die Qualität ihrer Schule entscheidet. Auf diese Weise hat die heruntergekommene Region gleiche Chancen für gute und beste Schulen wie die etablierte, und das Bürgerrecht auf Bildung wird nicht verletzt.

„Montessorianer" wie auch die Verfechter aller anderen reformpädagogischen Modelle würden die Freiräume begrüßen, die sich bei solch einer Umstrukturierung des Gesamtsystems für das Einbringen ihrer pädagogischen Überzeugungen eröffneten. Es würde einer Einladung an die gesamte Lehrerschaft zum Wettbewerb der Institutionen um die besten Ideen und Formen ihrer Verwirklichung gleichkommen – und das ist etwas ganz anderes als der individuelle Wettbewerb, in den wir die Schüler ständig jagen! Die Sozialarbeiter im Raum Schule würden wie die Arbeiter in anderen Bereichen an sich erfahren, welch interessante Gestaltungsimpulse von Rahmenbedingungen ausgehen, die zur Eigeninitiative aufrufen.

Maria Montessori hat den Augen der Kinder den berühmten Wunsch abgelesen: „Lehre mich, es selbst zu tun!" Es ist anzunehmen, daß nur eine Schule, die aus eigener Verantwortung gestalten darf, die es sozusagen selbst tun darf, auch ihre Kinder lehren wird, es selbst zu tun!

Anmerkungen

1 M. Montessori, Kinder sind anders, Stuttgart 1987, S. 220 f.
2 ebd., S. 216
3 vgl. R. Vierlinger, Das Schulkreuz der Lehrer, Jugend und Volk, Wien 1990
4 M. Montessori, Texte und Gegenwartsdiskussion, hrsg. v. W. Böhm, Klinkhardt, Heilbrunn 1985, S. 51
5 ebd., S. 36
6 ebd., S. 32
7 ebd., S. 49
8 vgl. W.-D. Gasztner, Bildung ist das, was bleibt. In: Unser Weg, 28. Jg. Heft 9, 1973, S. 335 ff.
9 Texte und Gegenwartsdiskussion, a. a. O., S. 53
10 Vergleiche das immense Angebot an gut aufbereiteten Arbeitsbüchern und sonstigen Lernmaterialien.
11 J. Dewey, Demokratie und Erziehung, Braunschweig 1964, S. 149
12 M. Montessori zitiert nach: P. Oswald / G. Schulz-Benesch, Grundgedanken der Montessori-Pädagogik, 8. Aufl., Freiburg 1987, S. 21
13 Texte und Gegenwartsdiskussion, a. a. O., S. 48
14 M. Montessori zitiert nach: Grundgedanken der Montessori-Pädagogik, a. a. O., S. 95 f.
15 ebd., S. 7
16 vgl. H. Fend / A. Helmke, Die Konstanzer Untersuchungen über Verbreitung und Bedingungen schulischer Risikofaktoren. In: G. Zimmer, Persönlichkeitsentwicklung und Gesundheit im Schulalter, Frankfurt 1981, S. 82 ff.

17 vgl. B. Treiber / F. Weinert, Gute Schulleistungen für alle. Psychologische Studien zu einer pädagogischen Hoffnung, Münster 1984; J. Baumert / M. P. Roeder / F. Sang / B. Schmitz, Leistungsentwicklung und Ausgleich von Leistungsunterschieden in Gymnasial-Klassen, Max Planck Institut Berlin o. J.

18 vgl. K. Ingenkamp, Die Fragwürdigkeit der Zensurengebung, 7. Aufl., Weinheim 1977; R. Weiß, Leistungsbeurteilung in den Schulen – Notwendigkeit oder Übel? Wien 1989

19 B. Brecht, Über den Unmenschen, Frankfurt 1978, S. 32

20 vgl. R. Vierlinger, Das Elend der traditionellen Schülerbeurteilung und eine Alternative. In: R. Vierlinger, Eine gute Schule – was ist das? Passau 1989, S. 26 ff.

21 vgl. U. Lith van, Markt, persönliche Freiheit und die Ordnung des Bildungswesens, Tübingen 1983

22 vgl. W. Berger / H. Gruber, Die vergleichende Erziehungswissenschaft, Wien 1976, S. 37

Günter Schulz-Benesch

Montessori und Unterricht

„Freiarbeit" im Sinne Montessoris[1]
Erwähnungen und Erwägungen

1. Anknüpfung

Über den Begriff der Freiheit und'seine grundsätzliche Bedeutung bei Maria Montessori hat Paul Oswald eine solide Abhandlung verfaßt.[2] In der Tat: Person ist über sich selbst verfügender Geist – die Freiheit konstituiert den Menschen. So handelt es sich hier für die Erziehungswissenschaft und ihre anthropologischen Voraussetzungen um einen der wichtigsten Begriffe. Ich möchte an dieser Stelle nur auf die „Prinzipienlehren" und besonders auf die Betrachtungen zu den „pädagogischen Antinomien" verweisen: Autorität und Freiheit, Freiheit und Bindung. Während das erstere dieser Begriffspaare deutlicher die Kategorie des pädagogischen Bezugs (Erzieher – Zögling) in den Blick nimmt und somit zugleich die Reihenfolge der Begriffe in diesem Paar der klassischen Akzentuierung der Erziehungsaufgabe folgt, steht bei dem zweiten Begriffspaar, Freiheit und Bindung, der Akzent eher auf dem besonderen anthropologischen Gegenstand, dem Kind, und der Wirklichkeit seiner Beziehung zum gesamten Vis-à-vis der Welt, zu dem freilich auch das menschliche Gegenüber gehört. Immerhin werden Betrachtungen zur Pädagogik Montessoris mit ihren Augen „vom Kinde aus"-gehen und somit näher dem zweiten genannten Begriffspaar zugeordnet erscheinen. Fürchten Sie nun nicht eine weitere systematisch-theoretische Abhandlung. Diese wenigen Worte wollen lediglich eine Anknüpfung an die Ausführungen Oswalds darstellen und gleichzeitig die Klammer andeuten, mit der die nun folgenden, eher der Praxis zugewandten Erörterungen am Schlusse festgemacht werden sollen.

2. Vorbemerkungen zum Thema

In bin in letzter Zeit oft gebeten worden, über „Freie Wahl der Arbeit und gebundenen Unterricht" zu schreiben, und zwar ausgehend von der Frage, „wie wir angefangen haben mit der *Freiarbeit*".
Die Gründe zu meiner Bitte um die weitere Formulierung – siehe Überschrift – sind schnell skizziert. Es handelt sich nämlich bei den erwähn-

ten Anfragen ganz offensichtlich um die bedrängenden Zeitfragen der notwendigen Kompromisse zu dem, was wir im Sinne Montessoris in der Schule tun würden, „wenn wir könnten, wie wir wollten", und den Einschränkungen, die uns durch die Außenbedingungen abverlangt werden (staatsmonopolistische Tendenzen des Schulwesens in unserem Land, „Erlaßlage", eigene Versuchbarkeit in Richtung auf Anpassung usw.). Kurz: Das Thema beträfe das Verhältnis Freiarbeit – klassikaler Unterricht. Diese Probleme nun haben wir bereits Anfang der 50er Jahre im „Düsseldorfer Kreis" bearbeitet und zu einer den damaligen Bedingungen entsprechenden tragfähigen theoretischen und praktischen Lösung geführt. Ich verweise hier auf meinen Aufsatz „Auflockerung des Unterrichts" in der Pädagogischen Rundschau 1955[3] und auf meine ausführlichen Berichte über Versuche mit „Freiarbeit" von 1964[4]. Wenn auch die Umstände seinerzeit in manchen Punkten anders waren als heute, so sind doch in den damaligen Versuchen und Erfahrungsberichten deutlich die prinzipiellen Fragepunkte skizziert, so daß es mehr ihrer Berücksichtigung bei der Realisierung von Lösungen für die heutige Situation bedürfte, als der erneuten Artikulation der damals bereits aufgewiesenen Grundfragen. Nicht der sogenannte „gebundene Unterricht", „sondern das Schulleben als Ganzes soll aufgelockert werden und gerade dadurch zu einer inneren Einheit gelangen.
Kurz, es geht um eine neue Gestalt – nicht um neuartige Verzierung einer alten. Es geht dabei allerdings auch nicht um die Ablösung der absoluten Herrschaft der alten Lehrform der Lektion durch die absolute Herrschaft einer neuen Lehrform, sondern um die *Harmonie der gültigen Bildungsformen.*"[5] Oder mit Buytendijk knapp gesagt: Es geht bei der „Arbeit in Freiheit"[6] um etwas anderes als um die wahnwitzige Idee, in der Montessori-Schule würden die Kinder einzeln singen. (Man bedenke, daß die Idee, in der Schule müßten immer alle gemeinsam etwas tun – oder überhaupt, daß dies möglich sei – im Grunde ebenso absurd ist.)[7]
Damit sind wir genau bei unserem damaligen Ansatz, und eben dieser scheint mir, soweit er nämlich ein Ansatz mit anthropologischem Hintergrund im Sinne Montessoris ist, grundsätzlich und nicht nur historisch kurzzeitig tragfähig zu sein.

3. „Freie Wahl..." / „Arbeit in Freiheit" / „Freiarbeit" – Entstehung eines Terminus

Hier muß schon kurz etwas über den Terminus „Freiarbeit" und seine Entstehung gesagt werden.
1950/51 wurde oft und intensiv im Gründungsraum des „Düsseldorfer

Kreises"[8] über dessen Arbeit beraten. Es ging um den Eingang montessorischer Praxis in „normale" Schulen. Hier ist dann auch der Terminus „Freiarbeit" quasi „bestimmt" worden. Bei Montessori, deren Pädagogik wir durch Helene Helming eben in Essen-Kupferdreh kennengelernt hatten[9], gibt es ja für die freiere Tätigkeit der Kinder in Kinderhaus und Grundschule keine fest fixierte Bezeichnung. „Freie Wahl der Arbeit", „Freie Wahl" des Gegenstandes nach dem „Interesse", „Indirekte Methode", „Technik der Liebe", „nicht nur freie Wahl, sondern auch freie Zirkulation" und „Kooperation", „Freie Kommunikation"[10] – das sind nur einige der Bezeichnungen, die Montessori für die Tätigkeit der Kinder verwendet. Unser ganz konkretes Problem war seinerzeit in Düsseldorf: Was tragen wir für die Zeiten solcher Tätigkeit im Stundenplan ein?! Es gab damals noch nicht die Wahlmöglichkeit zwischen „gefächerter" und „gesamtunterrichtlicher" Stundentafel in der Volksschule wie dann in den Richtlinien von 1955[11], und es war sowieso ein ungemeines Risiko, als erster in irgendeinem Schulbezirk, und dazu noch in einer einzelnen Klasse, einen Stundenplan gegen die Bestimmungen auszuzeichnen, so daß es zumindest ganz unumgänglich war, ein knappes und das Wesentliche doch deutlich kennzeichnendes *Kürzel* zum Eintrag in die Stundentafel zu finden. Nach vielem Herumblättern in der Literatur, soweit sie uns damals zugänglich war, fanden wir bei Helen Parkhurst den Terminus „Free Work", der als „Individual Work" auch Einfluß auf Carleton Washburne gehabt hatte und den Theodor Schwerdt gelegentlich schon mit „Freiarbeit" übersetzte. In Anlehnung daran und inhaltlichem Bezug auf Buytendijks Montessori-Interpretation („Arbeit in Freiheit") erschien uns der Terminus „Freiarbeit" der günstigste zum eben angeführten Zwecke.[12] (Keineswegs wollten wir jedoch eine Kongruenz mit den bei Parkhurst oder Washburne gemeinten *Bedeutungen* demonstrieren.)
Der Terminus wurde in der Folge in immer größerem Kreise benutzt und auch in steigendem Maße literarisch fixiert.[13]

4. Anderweitiger Gebrauch des Wortes „Freiarbeit"

In den letzten Jahren begegnet uns nun das Wort „Freiarbeit" mit einer manchmal ganz anderen bzw. schillernden Bedeutung in deutschen Publikationen. Offensichtlich hatte dabei das Buch „Freiarbeit in der Grundschule" von Achill Wenzel[14] in bezug auf die Terminusfrage eine besondere Wirkung. Wenzel berichtet u. a. zwar auch über die „Freiarbeit" im Sinne Montessoris: „Freiarbeit steht im Mittelpunkt der Montessori-Methode, wie Elsner in einem anschaulichen Bericht über seine Grundschule betont."[15] Doch diese kurze Abhandlung ist nur die letzte in einer Reihe von Darstellungen sogenannter „Modelle der Freiarbeit", von Kretschmann über Petersen und Freinet bis zur englischen Primarschule usw., die in höchst verschiedener Weise nähere oder fernere Verwandtschaft mit der Freiarbeit im Sinne Montessoris aufweisen. Das Überstülpen des dadurch verschwimmenden Terminus „Freiarbeit" über so divergierende pädagogische Modelle, in deren Selbstbeschreibung dieses Wort eigentlich nicht vorkommt, muß als etwas fragwürdige literarische Unternehmung angesehen werden. Als besonders bedeutsames Beispiel mag angeführt werden, daß Wenzel den Abschnitt über Petersen überschreibt: „Die *Freiarbeit* bei Peter Petersen", obwohl m. E. das Wort in dieser Form in den einschlägigen Schriften Petersens nicht vorkommt. Es ist *nicht* so, daß Petersen „diese Arbeitsform *auch* (Hervorhebung durch den Verf.) *freies Arbeiten*" nennt, wie Wenzel drei Zeilen unter dem Titel des Kapitels meint, sondern bei Petersen wie bei der ihm folgenden einschlägigen Literatur zur Praxis heißt es nahezu immer „freies Arbeiten", „freie Arbeit" oder „Freie Arbeiten".[16] Es ist erstaunlich, daß Wenzel den genannten Abschnitt lapidar beginnt: „Den Begriff der *Freiarbeit* hat Peter Petersen geprägt.[17] Dieser Verundeutlichung, die inzwischen die Runde macht, sind manche Praktiker, auch Vertreter der Schulaufsicht, vielfach vernommenen Äußerungen zufolge, zum Opfer gefallen. Natürlich ist sprachlich kein großer Unterschied zwischen dem Wort „Freie Arbeit" und dem Wort „Freiarbeit". Inhaltlich jedoch besteht zwischen der „Eckstunden"-Bedeutung (oder Sonder-, Ergänzungs- oder Reststunden-Bedeutung) von „Freier Arbeit" in Petersens Jenaplan wie den Modellen an ihn sich anschließender Pädagogen einerseits und der Basis-Bedeutung von „Freiarbeit" für die methodische Struktur der Montessori-Schule ein fundamentaler Unterschied. Keinesfalls könnte man bei „Freiarbeit" im Sinne Montessoris von einer „Zeitreserve" (für etwas *Eigentlicheres*!?) sprechen, wie das bei der „Freien Arbeit" im Sinne Petersens geschehen kann.[18] Man kann – vereinfacht – sagen: Was für den Jenaplan charakteristisch und grundlegend die methodische Form des arbeitsteiligen *Gruppenunterrichts* ist, ist für die Montessori-Schule die *Freiarbeit*. Diese Begriffe bzw. Bedeutungen sind m. E. zu vergleichen, nicht Nebenformen, wie interessant sie auch sein mögen.

5. Über das, was wir mit Freiarbeit im Sinne Montessoris meinen

Vorweg eine einfache historische Feststellung: Petersens Jenaplan folgt Montessoris Schule mit deutlichem zeitlichem Abstand nach, und damit gilt das gleiche auch für die methodischen Elemente und deren Beschreibung.

Was nun die engere inhaltliche Frage betrifft, mußte also zunächst gesagt werden, daß Petersens „freie Arbeit" im Rahmen seiner Unterrichtsgestaltung *nicht* die von uns gemeinte „Freiarbeit" im Sinne Montessoris bedeutet.

Schon in dem ersten systematischen Versuch, unseren Weg zur Freiarbeit zu beschreiben (1951), ist deutlich die Abgrenzung vom Jenaplan enthalten, und zwar unter Bezug auf die Frage, ob nicht aus anthropologischen Gründen zumindest für den Bereich der damaligen Volksschule, also der ersten acht Schuljahre, der Ausgang von der freien Tätigkeit im Sinne *Montessoris* geschehen müsse. Das bedeutete aber den Ausgang von deren entschieden „indirekter Methode". Fernerhin grenzten wir uns in diesem Sinne deutlich ab von allen „aus der Not zur Tugend"-Versuchen, die, wie etwa in „weniggegliederten" Landschulen, individuellere bzw. freiere Tätigkeit unter Verwendung von Arbeitsmitteln vorwiegend im Bereich der Übung ansetzten, um so frei zu werden für den „eigentlichen" Unterricht, d. h. hier Frontalunterricht in einer bestimmten Zeit für eine bestimmte Gruppe (Abteilungs-Unterricht). Und drittens war schon gar nicht daran gedacht, innerhalb eines prinzipiellen Frontalunterrichts bestimmte Phasen „stiller" bzw. individueller Arbeit als „Freiarbeit" zu deklarieren. Es war ein damals im Düsseldorfer Kreis oft gebrauchtes Wort, wir wollten nicht den alten Braten mit neuer Garnierung, sondern eine in Ansatz und Realisierung andere Gestaltung des Schul- und Unterrichtslebens.

Ganz deutlich geht Maria Montessori nun diesen Weg: Sie bestimmt die Grundskizze ihres Kinderhauses und ihrer Primarschule von der Beobachtung der Kinder und von belegten anthropologischen Voraussetzungen her. Und dies bedeutet für sie die ungehinderte Ermöglichung freier Entfaltung in einer „Vorbereiteten Umgebung". Wer das erstere in so großer Freiheit möchte, muß dem letzteren (der Vorbereiteten Umgebung) deshalb bis in die Details solche Bedeutung zurechnen und solchen Arbeitsaufwand widmen. Es wird so leicht vergessen, daß die besonders freie Form des Bildungserwerbs (freier als bei allen anderen bewährten Reformschulmodellen) in den Montessori-Schulen zu einem guten Teil auf einer in dieser Weise nur bei Montessori und ihren Schülern vorgewiesenen Leistung aufruht, nämlich auf einem zu Arbeitsgegenständen und -umgebung „materialisierten" Grundcurriculum der von Staat und Gesellschaft geforderten Inhalte, das die Kinder stets zu Tätigkeit oder Betrachtung auffordert.[19] Die Worte „Tätigkeit" und „Betrachtung" erinnern dazu an eine andere Seite des spezifischen Ansatzes Montessoris. Ihr kommt es also darauf an, daß die Kinder in einer lebendigen Gruppe frei miteinander, mit den Erziehern und dem Gegenstand in Kontakt kommen. Die bildende Innigkeit dieses Kontaktes gegenüber der charakteristischen Flüchtigkeit unseres „normalen" Lebens strebt Montessori an durch dem Kind gemäße Tätigkeiten, die seinem „geistigen Hunger" „Nahrung" geben und es zur „Konzentration" führen können. Die Polarität „vita activa" – „vita contemplativa" ist in der Schlüsselbeobachtung Montessoris, dem Kind in San Lorenzo, das 44mal eine Übung wiederholt, umfaßt. Und der Weg von diesem doppelseitigen Schlüsselphänomen zur vollständigen Skizze der Montessori-Praxis ist hier in nuce schon vorgezeichnet:

Freiheit ermöglicht personale Bindung in konzentrierter Tätigkeit am „phasengemäßen" Gegenstand, diese konzentrierte Tätigkeit verändert das Kind im positiven Sinne („Normalisierung"), sie benötigt zur Vermeidung inhaltlicher Beliebigkeit eine pädagogisch-didaktisch verantwortete Vorbereitung der Umgebung (dinglich wie persönlich) und setzt zur Erreichung der übergeordneten Ziele (Personalität und Sozialität) (I) Wahlfreiheit in bezug auf den Gegenstand voraus (einschließlich Bewegungsfreiheit), (II) Kooperations- bzw. Kommunikationsfreiheit und schließlich (III) die oft vergessene Dimension: Zeitfreiheit.

Wir haben uns auf Buytendijks Gedanken über die „schultechnischen" und methodischen Grundlinien der Montessoris-Praxis von 1932[20] seit Ende der 40er Jahre bezogen. Und wir haben immer wieder betont, daß diese „drei Freiheiten" *relative* Freiheiten sind, wenn auch nach Montessoris Regel: „so weit wie möglich und so begrenzt wie nötig".

*

Hier soll noch angemerkt werden, daß bei den ungehindert, meist auf privater Basis arbeitenden Montessori-Kinderhäusern und -Schulen im internationalen Raum der Terminus „Freiarbeit"[21] unbekannt ist. Dies deswegen, weil die von mir im geschichtlichen Rückblick dargestellte Notwendigkeit des Stundenplanrasters und mancher anderer Anpassungen dort nicht gegeben ist. Die Unterschiede zwischen „wirklichen" Montessori-Schulen und solchen, die in begrenzter Weise Einzelzüge der Montessori-Pädagogik, z. B. Arbeitsmittelsequenzen, übernehmen, liegen daher in unserem Lande vor allem im Verhältnis der Zeit für Freiarbeit zur Zeit für klassikalen Unterricht. Statt einer aus dem freien Unterrichtsleben sich ergebenden Balance zwischen den Formen wird man in solchen Schulen daher eher ein Anregungsverhältnis zwischen ihnen finden. Auch dies aber kann – gut geplant und vorbereitet – zu einer fruchtbaren Auflockerung führen.[22] Und so haben wir natürlich alle auch angefangen.

6. „Innen" und „außen" – conditio humana

Oswald hat in dem grundsätzlichen theoretischen Beitrag über diese Relativierungen (im Zusammenhang mit den „inneren Antrieben") geschrieben, wenn er die Grenzen der Freiheit insbesondere gegenüber den Gesetzen der *Sache* und den Ansprüchen der *Mitmenschen* aufwies. Es gibt eine sehr schöne Stelle in einem Vortrag Montessoris, wo sie am Schluß einer Praxisdarstellung die ihrer Ansicht nach besonders wichtigen Voraussetzungen „der grundlegenden Organisation einer Schule" (hier ist das Kinderhaus eingeschlossen; d. Verf.) nach ihren Prinzipien so zusammenfaßt: „1. das Interesse des Kindes, das das Kind dazu bringt, sich für ein Studienobjekt zu entscheiden, 2. die Kooperation der Kinder, und diese wird immens unterstützt durch das Faktum, daß das Alter der Kinder nicht gleich ist..., 3. gibt es die natürlichen Triebe des Menschen, die ihn veranlassen, sich an einen Platz zu binden, was Ordnung und Disziplin zur Folge hat..."[23] Die beiden ersten Punkte leuchten uns unmittelbar ein und entsprechen den systematischen Aspekten „Sache" und „Mitmensch", die auch Oswald vortrug. Der dritte Punkt über die „natürlichen Triebe des Menschen, die ihn veranlassen, sich an einen Platz zu binden", erscheint auf den ersten Blick vielleicht etwas überraschend, ist aber im Zusammenhang zu sehen mit dem, was Oswald über die „inneren Antriebe" schrieb. Wenn die Wahl- und die Kooperationsfreiheit im Hinblick auf ihre Begrenzung betrachtet werden, finden sie die vordergründig quasi *außen*, d. h. in den Umgebungsbedingungen sachlicher und menschlicher Art. Dem dritten zitierten Punkt liegen eine charakteristische Beobachtung und eine dementsprechende Interpretation Montessoris zugrunde, die das *Innen* betreffen:

„Was war die Folge dieser Freiheit, bei der den Kindern nicht nur freie Wahl, sondern auch freie Zirkulation zugestanden wurde? In vielen Schulen wurde dieser Versuch wiederholt, und wir entdeckten, daß jedes Kind spontan an einem Platz festhielt und nicht gerne von diesem Platz weggehen wollte. Diese Tendenz gab uns viel Anlaß zum Nachdenken, denn trotz all der Freiheit liegt es in der Natur des Menschen, einen Platz zu finden, wo er fest verbleiben kann. In der Tat, in dieser Welt von heute, in der die Kommunikation so frei und unbegrenzt und die Reiseformen schneller und schneller geworden sind, will doch jedes Individuum sagen: Ich wünsche einen kleinen Platz, den ich meinen eigenen nennen kann. Jeder Mensch fühlt dieses Bedürfnis ... eines Festpunktes... Es ist schon eine merkwürdige Sache, diese beständige Liebe zur Ordnung. Die Kinder möchten die gleichen Dinge am gleichen Platz haben, sie mögen Möbel und Arbeit in den Garten tragen, aber sie werden alles exakt an dieselbe Stelle zurückbringen. Einmal sah ich zwei Kinder einen Tisch bewegen und diesen eine Weile fortgesetzt justieren. Ich wunderte mich über ihre Tätigkeit und fragte, was sie täten. Sie antworteten, daß der Tisch unter der Lampe gestanden hätte und sie nun versuchen würden, ihn in seine genaue Position zurückzuversetzen. Es ist überraschend, wie diese Freiheit des Verkehrs im einzelnen Kind das Verlangen nach dem festen Platz enthüllt."[24]

Ich meine, daß hier ein nicht unwichtiger Hinweis gegeben ist: Zwar schließt die Freiheit des Menschen – neben ihrem Charakter der Selbstverwirklichungsvoraussetzung – Ungesichertheit ein, doch gibt es offensichtlich auch eine innere Tendenz zur Bindung, zum Maß. Diese Tendenz mag leise, schwach, leicht zu stören sein. Aber sie ist da. Natürlich sind wie bei allen mit der Bildsamkeit des Menschen zusammenhängenden Fragen die innere, „anthropologische" Herkunft und die äußere, soziale, kulturelle und pädagogische Bedingtheit der Phänomene schwer zu unterscheiden.[25] Tatsache ist, daß bei der Beobachtung sich frei fühlender jüngerer Kinder, von der bekanntlich Montessori ja ausgegangen war, seither ständig Phänomene beobachtet wurden, die solche innere Tendenz auch faktisch empirisch vermuten lassen.[26] Ich erinnere z. B. an die Ergebnisse der Untersuchung von Wilhelm Suffenplan betreffend die „Gleichgewichtstendenzen" hinsichtlich der Gegenstandswahl bei Kindern in der Freiarbeit.[27] (Nie darf hier aus dem Blick verloren werden, daß Montessori die wirkliche und – wenn auch anders – wirkende Anwesenheit des Erziehers voraussetzt.) Von welcher Disziplin auch Hinweise auf solche innere Tendenz jeweils herstammen mögen, der Pädagoge muß an sie als mögliche Sinnzeichen potentieller Selbstregulierung an der Grenze quasi sinnlos werdender „Freiheit" anknüpfen.[28]

An dieser Stelle möchte ich einen Sprung wagen (und das war der Grund des Exkurses) zu der Behauptung innerer Tendenzen in Richtung einer Balance nicht nur hinsichtlich der Wahl der Bildungs*gegenstände,* sondern auch hinsichtlich der Bildungs*formen.* Dies könnte man ebenfalls von den verschiedensten Disziplinen her angehen. Montessori selbst gibt in ihren Reden und Schriften trotz aller Betonung ihrer bekannteren „Entdeckungen" und Vorschläge doch zahlreiche Hinweise auf die ebenfalls aus Erfahrung an Kindern gewonnene Selbstverständlichkeit der Vielfalt der Bildungsformen. Entsprechend findet man genauso selbstverständlich unterschiedlichste Bildungs- und Sozialformen in den Schriften, Vorträgen und Kursusanleitungen ihrer Schüler erwähnt.[29] Sogar in dem Montessori-Material und in den verschiedensten anderen von Montessori in den Kursen vorgeschlagenen Übungen und Tätigkeiten der Kinder sind an vielen Stellen die Möglichkeiten eines Wechsels der Formen angelegt bzw. offen gehalten. Hier darf ich zurückverweisen auf unsere alte Ansicht von der notwendigen „Harmonie der Bildungsformen".[30] In der einsamen Igelstellung, in der wir uns zur Zeit des Anfangs nach dem Krieg befanden, haben wir gewissermaßen präventiv darauf hingewiesen, daß alle bedeutenden Reformpädagogen im deutschen Sprachraum ihr jeweiliges Schulmodell durch Abgehen von einer methodischen Einheitsform und Streben zu einer methodischen Mannigfaltigkeit, d. h. Ausgewogenheit gefunden haben (in verschiedenem Maße die hier besonders wichtigen Reformer Kerschensteiner, Petersen und Steiner). Ausgangspunkt und Charakteristikum der Arbeit Montessoris bleibt dabei jedoch in unterscheidender und, wie ich meine, entscheidender Weise die *Beobachtung* und die dieser *folgende* Praxis, unter möglichster Zurückstellung voreiliger Spekulation, im Sinne der Lösung von pädagogischen Vorurteilen. Dazu ist bei Montessori besonders auf die lebenslange Übung und Anwendung dieser Arbeitsmethode hinzuweisen. Wir alle wissen, daß viele Phänomene erst dann auftauchen, sich wiederholen und gesichert festgestellt werden können, wenn die Dauer der relativen Freiheit der Schüler ebenso wie die der intensiven Beobachtung lang genug ist. Die Erfahrungen hinsichtlich der „Gleichgewichtstendenzen" in bezug auf Gegenstands- und Methodenwahl wiederholen sich jedenfalls in den Montessori-Schulen so, daß die vorhin dargestellte spezifische Form freier Tätigkeit zum Quell- und Bündelpunkt einer „Arbeit in Freiheit" in verschiedensten methodischen Formen wird, deren Wahl sich entscheidend auch „vom Kinde aus" ergibt.[31]

Hier ist unbedingt im Auge zu behalten, daß auch nach Montessori das „Den-inneren-Antrieben-Folgen" sich den Lebensphasen entsprechend wandelt: von der kraftvollen, aber unbewußten *Inkarnation* der frühen Kindheit bis zur bewußten *Verfügung über sich selbst* der Adoleszenz. Der Part des Zöglings in der Erziehung zur Freiheit nimmt also an Bewußtheit bis zur vollen Unabhängigkeit, d. h. Mündigkeit zu: Das Kleinkind lebt aus der engeren Umgebung, das Schulkind exploriert, fragt mehr und mehr nach den Perspektiven des eigenen Bildungsplans, diesen selbst allmählich in die Hand nehmend. der Adoleszent findet sich Menschheit und Universum, *Gott und der Welt* gegenüber, aufgerufen zu Freiheit und Verantwortung.

Wer könnte übersehen, daß dieser Weg von der „gelebten" zur „sittlichen Freiheit im Bewußtsein des Kindes"[32] etwas mit dem Spielraum zur Entscheidung zu tun hat, den man nur durch die Möglichkeit des Abstands – Stille, Meditation, Askese – von unmittelbar „funktionierender", veranlaßter Aktivität gewinnt? Nur durch Elemente einer *vita contemplativa* vermag der extrem planende wie der extrem verplante Mensch (die meisten sind heute beides) wieder zum Vernehmen der leisen, von koartiertem Bewußtsein übertönten „inneren Impulse" zu gelangen, die zur Balance, zur Normalität in Zuwendung und Lebensform tendieren.

In diesem Zusammenhang wird, meine ich, deutlich, daß bei Maria Montessori eine *conditio humana* berührt ist, die weit über institutionelle Erziehung hinaus allgemeine Bedeutung hat; heute vielleicht mehr denn je: in der Welt zwischen Streit und Frieden, zwischen Arbeitsfülle und Freizeitleere.

7. „Freiarbeit" / „Arbeit in Freiheit" und die Sekundarstufe

Wir haben schon begonnen, die *inneren Tendenzen* und die pädagogischen Konsequenzen aus ihnen auch *vertikal* zu sehen, d. h. zeitlich auf der Entwicklungslinie vom Kinde zum Erwachsenen. Dabei wurde bereits erwähnt, wie es Montessoris Arbeitsmethode war, von der Beobachtung zur Praxis in ständigem Feedback der Erfahrungen vorzugehen. Wir wissen alle aus den Kursen und der Literatur, daß Montessori „sensitive Perioden" nicht nur von ihrem Arbeitsausgang bei der frühen Kindheit und in deren schnell wechselnden Zuwendungen sieht, sondern darüber hinaus durch alle „Metamorphosen" der weiteren Entwicklung des Grundschulkindes und des Jugendlichen. Sie sieht die sich wandelnden Bedürfnisse des werdenden Menschen so deutlich, daß sie unmißverständlich die Notwendigkeit des Wechsels der Sozialformen der Bildung betont: „Die gleiche Umgebung und Form des sozialen Lebens ist keinesfalls geeignet für jedes Lebensalter."[33]

Nun ist hier etwas ganz Wesentliches festzuhalten. Montessori hatte nicht mehr die Gelegenheit, auf die gleiche Weise (Beobachtung – Interpretation – Praxisversuch – Korrektur – Modell) wie bei der Entwicklung ihres Kinderhauses und ihrer Grundschule bis zu 12 Jahren eine Montessori-Praxis für die Sekundarschul-Jugendlichen über das 12. Lebensjahr hinaus zu entwickeln.

Montessori hat nie den Anspruch erhoben, mehr als gewisse *Leitlinien* oder den *Entwurf* eines Modells für die Schule der Jugendlichen vorgelegt zu haben. Dementsprechend gibt es in der Internationalen Montessori-Gesellschaft bei allem strengen Anspruch im Bereich der Ausbildung für Kinderhaus und Montessori-Grundschule keinerlei Ausbildungskurse für die Anwendung der Montessori-Pädagogik in der Sekundarschule, d. h. über das Alter von 12 Jahren hinaus. Ich möchte erinnern an die gemeinsame Informationstagung des Düsseldorfer Kreises und der Montessori-Vereinigung mit Professor Jordan, dem langjährigen Leiter des Utrechter Montessori-Gymnasiums[34], der den Hintergrund der Entstehung holländischer Sekundarschulansätze nach Montessori skizzierte und aufzeigte, daß Montessori erst nach dem Besuch des ersten niederländischen Montessori-Gymnasiums in Amsterdam ihren eigenen Entwurf entwickelte und vorstellte, so wie wir ihn im wesentlichen in der Schrift „Von der Kindheit zur Jugend" finden bzw. von den entsprechenden Auszügen in „Grundgedanken der Montessori-Pädagogik" her kennen. So wie Jordan damals sagte, daß sich die Ansätze der Montessori-Sekundarschulen nur als „im Sinne Montessoris" arbeitend verstehen könnten, also nicht die Authentizität der Montessori-Kinderhäuser und Grundschulen mit dem „Autor" Montessori verbinden, so gilt auch heute für alle Pläne, Entwicklungen und bewährten Praxismodelle in diesem Bereich zunächst und grundsätzlich die Unbesetztheit und Offenheit (und natürlich auch die Gleichberechtigung) bei der Bearbeitung der Aufgabe, nach Montessoris Grundideen die Fortsetzung in das Jugendlichenalter und damit den Anschluß an die Erfordernisse des Erwachsenenalters zu versuchen. Natürlich müssen diese Bemühungen gewärtig sein, an dem eigenen Anspruch solcher prinzipiellen Übereinstimmung mit Montessoris Pädagogik gemessen zu werden. Auf der anderen Seite kann man es auch als erfreulich bezeichnen, daß das Feld hier noch so offen ist und uns Montessori gewissermaßen zu tun übrig gelassen hat. Ein Umstand, der im Grunde natürlich für alle Montessori-Arbeit zutrifft, auch in den Altersphasen, für die sie so detaillierte Modelle ausgearbeitet hat. Das dürfen wir nicht vergessen, wollen wir nicht bloße Anwender werden. Wenn wir uns das Bild unserer guten Montessori-Kinderhäuser und -Schulen vor Augen halten, sehen wir mit großer Eindrücklichkeit darin die Illustration der ebenfalls konstitutiven *historischen* Dimension des Pädagogischen.

Sehr früh schon hat es – ganz natürlich – Versuche einer Fortsetzung der Montessori-Pädagogik in das Jugendalter hinein gegeben. Der wichtigste der frühen ist in dem wohl etwas einseitig akzentuierten Modell Helen Parkhursts, nämlich dem Dalton-Plan, zu sehen. Aber ob nun Parkhursts „Kontrakte" und „Assignments" oder Jordans „Pensen" – man wird verschiedene Wege zur Realisierung eines Montessori folgenden Sekundarschul-Modells für dieses Alter gehen können. Montessoris „Landheim" stellt – grob gesagt – inhaltlich eine Mischung von praktischen Aufgaben und Studien dar, methodisch u. a. eine Mischung von individuellen und gemeinsamen Tätigkeiten; bei letzteren könnte man von einer Verwandtschaft zum Projektverfahren sprechen.[35] Insofern gibt es natürlich auch gewisse Benachbarung zu Dewey, Washburne, Kerschensteiner, zu den Landerziehungsheimen und zu Petersen. Diese innere Nachbarschaft – hier stärker als in den vorangegangenen Altersphasen spürbar und zu belegen – kann man gelegentlich auch in der Praxis erfahren. Ich erinnere mich an einen etwa 14jährigen Hamburger Jungen, der durch Umzug in meine erste Düsseldorfer Freiarbeits-Klasse gekommen war. Ich versprach, ihn in die (wie ich aufgrund vorausgegangener Erfahrungen dachte) ungewohnte Freiarbeit einzuführen, mußte ihn aber wegen der Anfrage einer freien Kooperationsgruppe einen Augenblick zu warten bitten. Als ich mich nach einer Weile nach ihm umdrehte, hatte er sich schon in der Schülergruppe und bald darauf auch in der Arbeit an einer Sache „verloren". Es stellte sich heraus, daß er aus einer Hamburger Jenaplan-Schule gekommen war!

Wenn also nun bestimmte Grunderkenntnisse bezüglich der methodischen Gestalt einer „neuen Schule" den bedeutenderen Reformpädagogen gemeinsam sind und diese Modelle alle in gleicher Weise einander näher stehen als den „geschlossenen" Strukturen der normalen öffentlichen Schule, so weisen doch die Ansätze Montessoris überall auf ihren *besonderen Entstehungsweg* hin, der in dieser Akzentuierung ein wichtiges Eigengut der Montessori-Pädagogik ist: der Weg von den Phänomenen her (den sie zuerst bei den kleinen Kindern genommen hatte!). Die Ableitung ihrer Praxis, von der ich vorhin schon gesprochen habe, unterscheidet sie wesentlich von anderen Reformmodellen. Es liegt der *Akzent* stärker auf der *anthropologischen Seite,* auf der Seite der *Beobachtungen,* insbesondere auf der *Dauer der Beobachtung,* auf dem *Ansatz von der Person her,* auf dem Streben nach der Ermöglichung einer *frei gewachsenen Balance* der Wahl des Gegenstands(-bereichs) und der Methode (der Bildungs- und Sozialformen)[36]. Zumindest im Felde der Grundschule und der ersten vier Sekundarschuljahre ist die Fruchtbarkeit dieser Herleitung und Akzentuierung durch Erfahrung belegt.

Montessori betont nun mehrfach, in gewisser Weise ihre Erfahrungen zusammenfassend, man könne das Charakteristische eines Wesens besser in der Bewegung seines Entstehens begreifen als in der Betrachtung des fertigen „Produkts".[37] D. h. für unser Erkennen sei die *Dynamik* des kreativen Prozesses (Kind) eindrücklicher als die *Statik* der vollendeten Kreatur (Erwachsener). Dieser *Film* des Werdens aber (quasi gegenüber dem *Dia* des Gewordenen, d. Verf.) sei nur durch *Beobachtung* aufzunehmen.

Ein Hinweis auf die entsprechende Entstehung ihres Werkes und auch für dessen Fortsetzung in die Jugendlichen-Phase hinein könnte für uns eine Passage am Schluß eines erst kürzlich ins Deutsche übersetzten Buches sein. Sie hielt in Indien für schon ausgebildete Montessori-Erzieherinnen des Vorschulalters einen Grundschulkurs. Dabei hatte sie natürlich die unterschiedlichen Bedingungen der Altersphasen hervorgehoben. Am Schlusse aber fühlte sie sich gedrängt, klar zu zeigen, daß bei dem Übergang vom Kinderhaus zur Grundschule einige prinzipielle Komponenten bewahrt bleiben müssen. Dies ist im Grunde eine ähnliche Situation wie für diejenigen, die aus der Montessori-Grundschule kommend deren Fortsetzung in das Jugendlichenalter hinein realisieren möchten. Doch hören wir die Passage:

„Es ist durch dieses Buch hindurch vorausgesetzt worden, daß Lehrer fortgeschrittener Montessori-Klassen (Grundschule, d. Verf.) vorher mit dem Elementarkurs (Kinderhaus, d. Verf.) vertraut sein sollten, in welchem Psychologie notwendigerweise eine größere Rolle bei der Ausbildung für das ganze Verfahren spielt. So ist die vom Lehrer gegenüber den ihm anvertrauten Kindern erwartete *Haltung* weniger betont worden, und einige abschließende Erinnerungen mögen daher nicht unangebracht erscheinen. In der Fortgeschrittenen-Stufe besteht wie in der Anfangsstufe der erste Schritt zum Montessori-Lehrer darin, die Omnipotenz abzulegen und ein freudiger *Beobachter* zu werden. Wenn der Lehrer wirklich zu dem Glück zu gelangen vermag, die Dinge unter seinen Augen entstehen und wachsen zu sehen, ... erlebt er viele Freuden, die denen versagt sind, welche Unfehlbarkeit und Macht vor einer Klasse beanspruchen. Solche Lehrer leiden an Illusionen und sind der Wirklichkeit fern. Sie geben zwar zu, daß es notwendig ist, das Streben der Kinder in Richtung spontanen Interesses zu fördern, verlangen aber strenge Kontrolle und Zügelung des Interesses. Das ist ein innerer Widerspruch: Man kann nicht durch Unterdrückung Entfaltung bewirken. Unglücklicherweise funktioniert Logik nicht bei Leuten, die an Illusionen leiden, und so kommen diese Lehrer in die Schule und beginnen, ihre Widersprüche durchzusetzen."[38]

Das mag nun eine charakteristisch „unbedingte" Formulierung Montessoris sein. Sie scheint aber geeignet, für die „Kompromiß"-Grenzen gegenüber üblichem Schulehalten sensibel zu halten, wo manchmal „gelenkte Freiarbeit" den Spielraum der Wahl, der Entscheidung so weit einschränkt, daß die Gefahr eines Herunterkommens der Freiarbeit zur modischen Farce droht. Es ist evident, daß damit zugleich der pädagogische Sinn und Wert von Freiarbeit nach Montessori („Arbeit in Freiheit") in Frage steht.

Es ist vielleicht vorhin schon ersichtlich geworden, in welcher Richtung Grundlinien montessorischer Pädagogik auch für das Sekundarschulalter Bedeutung haben bzw. über alle Lebensphasen hin behalten. Ich habe bei anderer Gelegenheit den Ansatz einer Beantwortung dieser Frage *Montessori in der Sekundarschule* zusammenzufassen versucht[39] und möchte diese Thesen hier zum Schlusse des Abschnitts kurz skizzieren:

Eine Montessori-Sekundarschule versucht vor allem, als „Erfahrungsschule des sozialen Lebens"[40] den ihr anvertrauten jungen Menschen in *ihrer* Lebensphase auf dem Wege zur Erwerbung von Unabhängigkeit *und* Sozialität[41] zu helfen. D. h. u. a., sie ist bemüht, auch in diesem Alter den aus Phänomenbetrachtungen Montessoris sich ergebenden anthropologischen Erkenntnissen zu folgen, etwa bezüglich des schubhaften, nicht linearen Verlaufs menschlicher Aktivität.

Zwar erfordern nach Montessori die verschiedenen Lebensalter unterschiedliche schulische und soziale Arrangements.[42] D. h. in der Adoleszenz treten planbewußtes Lernen, Bewältigung von Gemeinschaftsaufgaben, Arbeit in Gruppen, Durchführung von Projekten, auch Vortrag und Diskussion stärker hervor, Übergänge von Arbeitsmitteln im strikten Sinne zu Arbeitsanweisungen und zum studienmäßigen selbständigen Lernen werden nötig, individuell wie kooperativ.

Dennoch folgt die Montessori-Sekundarschule im Hinblick auf das durchgehende Ziel der Erziehung und Bildung (u. a. bes. personale Unabhängigkeit und Sozialität) doch auch durchgehend methodischen Prinzipien (so konzentrierte Aktivität mit Hilfe diesem Alter angemessener „Vorbereiteter Umgebung"). Die Forderung eines pädagogischen

Freiraumes wird hier also – zwar anders als im Kinderhaus und in der Montessori-Grundschule (bis zu 12 Jahren) – ebenfalls erfüllt: Es gibt zumindest eine freiere Beziehung zum Gegenstand (Wahl), eine freiere Möglichkeit zur Kooperation und einen Spielraum in bezug auf die Zeit. Im Hinblick auf die Ziele der Unabhängigkeit und Sozialität sollen diese drei „relativen Freiheiten" im Anschluß an die Institutionstypen „Kinderhaus" und „Montessori-Grundschule" (bis 12 Jahren) die Chance einer anthropologisch möglichst kompletten Inanspruchnahme und Förderung aller Vermögen der sich aufbauenden Persönlichkeit bieten. Dazu gehört, wo irgend realisierbar, das Element der Heterogenität (Alter, Begabung etc.) der Gruppe, zumindest die „offene Tür" zwischen den Altersgruppen.

Das Wissen, daß Erwachsene, junge Menschen und Umgebung in einer „Dreiheit" eine „Einheit"[43] sind, läßt den Lehrer auch auf dieser Stufe im Hinblick auf den Schüler stets nur das „gerade Notwendige" tun und nach dem Maße seiner Einsicht und Mittel das „Mögliche" dem jungen Menschen anvertrauen. Auch hier ist vom Lehrer stetige Beobachtung und Einschätzungsübung verlangt.

Damit sind – wie hier nicht anders möglich – nur einige prinzipielle Aspekte zur Frage der Montessori-Pädagogik in der Sekundarschule skizziert. Die pädagogischen Realisierungen sind – wie angedeutet – bis in die Details an individuelle (Schüler *und* Lehrer) wie gesellschaftlich-politische, regionale und historische Konditionen gebunden und werden daher stets nur annäherungsweise Montessoris Prinzipien entsprechen können.

Es wird deutlich, daß das – wenn man so will – „historisch" und aus praktischen Gründen entstandene Kürzel „Freiarbeit" bei Anwendung auf das Jugendlichenalter gewissermaßen eine andere Einstellung des Objektivs verlangt; wie das übrigens auch bei einer Anwendung auf das Vorschulalter der Fall ist. D. h. also: Das konkrete Bild der „Arbeit in Freiheit" ist so verschieden wie die Kinder der Altersstufen (es verlangen).

Wenn das Kürzel „Freiarbeit" auch im Raume der ersten acht Schuljahre entstanden ist und seit dem Beginn der 50er Jahre vorwiegend in ihm gebraucht wurde, wäre es ein Mißverständnis, wollte man bei einer Umwendung des Terminus auf die anderen Altersstufen gleichsam das konkrete pädagogische Mobiliar mitnehmen. Ein Irrtum übrigens, der Montessori-Kritikern nicht selten unterlief, wenn sie Montessoris Grundschule an Montessoris Kinderhaus-Anweisungen maßen.

8. „Freiheit und Bindung" – Worte Montessoris zum Abschluß

Wir haben eingangs den Akzent „vom Kinde aus" bei Montessori betrachtet und von den pädagogischen Antinomien „Autorität und Freiheit" und „Freiheit und Bindung" gesprochen. Dabei haben wir die Polarität „Freiheit und Bindung" hervorgehoben, weil dies Montessoris Lebens- und Arbeitsgeschichte besonders entspricht. Zum Schlusse unserer Betrachtung soll Montessori noch einmal selbst zur Rede kommen. Beginnen möchte ich dabei mit einigen bisher unbekannten Worten, die Montessoris Ansatz belegen und gleichzeitig – im positiven Sinn der Balance – weiter sehen lassen, als es oft geschieht.

Erstens: Freiheit und Wahl betreffend

In handschriftlichen Bemerkungen aus den Jahren um 1910 zu dem Buch „La vie de Jésus-Christ" von Fouard findet sich folgende Passage[44]: „Freiheit an sich bedeutet nichts –: Sie ist ungeformter Stoff – Sie ist der erste Teil eines Ganzen – Die Voraussetzung eines Folgenden – Man ist frei von etwas oder für etwas. Ohne dieses von etwas – oder für etwas – ist das Wort Freiheit bedeutungslos. Es gibt also eine Wahl – und dann die Handlung".

Zweitens: die „inneren Gesetze" betreffend

„Je mehr die Freiheit den Gesetzen des Lebens entspricht – umso eher ist es möglich, die Übung mit der göttlichen Hingabe zu vereinen ... sich Gott hinzugeben..."[45]
Buber hatte gesagt: „...Der Gegenpol von Zwang ist nicht Freiheit, sondern Verbundenheit ... Freiheit ist Möglichkeit ... das Vibrieren des Züngleins (an der Waage) ... das Sprungbrett..., nicht das „Ziel".[46] Ich sehe die zitierten Sätze Montessoris als wichtig für ihre erziehungstheoretische Bewertung an. Es wird unmittelbar deutlich, daß ihre Sicht der Freiheit hier der klassischen Tradition generell wie der geisteswissenschaftlichen Pädagogik speziell Genüge tut. Darüber hinaus spricht es uns vielleicht in besonderer Weise an, daß sie auf den Schöpfungsursprung jener „Gesetze des Lebens" hinweist und bei der Betrachtung der erzieherischen Aufgabe die persönliche Hingabe mit der Achtung vor ihnen verbindet.

Drittens: die freie Entfaltung der Sozialität betreffend

Wie Montessori mit ihrer „Vorbereiteten Umgebung" allgemein dem Verlust erzieherischer Wirksamkeit der quasi „abstrakt" gewordenen modernen Objektwelt des Kindes entgegenwirken will, damit sein Recht auf die Möglichkeit der Selbstverwirklichung gewahrt bleibe, so will sie durch diesen pädagogischen Raum dem sozialen Aspekt der Erziehung dienen:

„Das soziale Leben ist integraler Part der Erziehung – der Zweck der Schule[47] ist es, in der großen Gesellschaft der Welt dem Kinde eine angemessene begrenzte Gesellschaft zu bieten." Und konkret führt sie aus: „…niemals können die Offenbarungen sozialer Ordnung sichtbar werden …, wenn dort zu wenige Kinder beisammen sind… Es gibt dort eine Art Austausch, eine ursprüngliche, nicht sekundäre, sondern fundamentale Bewegung, aus der sich die Organisation entwickelt."[48]

Viertens: die Stellung des Erziehers betreffend

Nach diesen Zitaten zu Herkunft und Sinnsicht der inneren Gesetze des menschlichen Werdens, über die Freiheit zur Bindung an Gegenstand und Mitmenschen noch einige Worte Montessoris über die Notwendigkeit der *Autorität* in der Erziehung. Ich greife nur wenige aus einer großen Fülle heraus, weil ich weiß, daß solche Stellen bekannt sind (man denke an die Ausführungen zum Gehorsam, zur Notwendigkeit der Intervention in bestimmten Fällen usw.):

„Wenn keine Autorität für sie da ist, so haben die Kinder keine Orientierung." „Die Erzieherin muß höher stehen, nicht nur ein Kamerad sein… Die Erzieherin und die Kinder sind keineswegs Gleichgestellte. Es sind genug Kinder in der Klasse, als daß die Erzieherin ein Kind unter den Kindern werden müßte." „… Sie brauchen einen würdigen, reifen Menschen."[49] Dennoch ist der nie zu vergessende, wenn auch manchmal hinter „unbedingter" Sachlichkeit Montessoris etwas verborgene, entscheidende Quell ihrer Pädagogik die erzieherische Liebe. Der Erzieher muß dem Kind liebevoll eine Umgebung vorbereiten, so sagt sie, „…wie es ein treuer Diener tut, der das Haus in Erwartung seines Herrn bereitet… Er muß … beobachten … zuhören … respektieren … unermüdlich versuchen, … das (Kind) zu unterweisen, das noch nicht verstanden hat, … indem er die Umgebung mit seinem Sorgen belebt, mit seinem sanften Wort, mit der Gegenwart jemandes, der liebt … (er muß) seine Gegenwart das Kind spüren lassen, das sucht; sich verbergen dem, das gefunden hat… Der Lehrer erscheint dem Kind, das seine Arbeit vollendet und frei seine eigene Kraft erschöpft hat, und bietet ihm schweigend seine Seele an wie einen geistigen Gegenstand."[50]

Montessori ruft einmal den Erzieher dazu auf, Gutes im Kinde zu sehen, indem sie eine Legende erzählt: Ein toter Hund, der mehrere Tage in einer sonnenüberfluteten palästinensischen Stadt gelegen habe, sei den vorübergehenden Menschen zu Ärgernis und Abscheu geworden. Schließlich sei ein Junge des Weges gekommen, sei stehengeblieben und habe gesagt: „Was für wunderschöne kleine Zähne!" Es sei Jesus gewesen. Die kurze Geschichte zeige „die Empfänglichkeit, Gutes zu sehen, wo immer es auch gefunden werden kann, selbst wenn es ganz gering und verborgen ist. Solch eine Empfänglichkeit ist mit der vollkomme-

nen Liebe verbunden, deren Vorbild unser Herr Jesus war ... Liebe, die alles hell macht..."[51]
Wiederum sehen wir hier die Stellung des Menschen gegenüber der Schöpfung verbunden mit der Essenz pädagogischer Liebe und ihrer beider Hintergrund in der Religion. So lernten wir auch Montessori durch Helene Helming kennen, und so versuchte das, was für die ersten acht Schuljahre in unserem Land „Freiarbeit" genannt wurde, Montessoris „indirekter Methode" der „Vorbereiteten Umgebung" zu folgen, der Wahlfreiheit der Kinder, dem Zurücktreten des Lehrers, dem Entwurf des Modells einer „Technik der Liebe."[52]

Anmerkungen

1 vgl. v. Verf.; Über „Freiarbeit" im Sinne Montessoris, Montessori-Werkbrief 3/4 1984, S. 97–115
2 P. Oswald, Der Freiheitsbegriff bei Maria Montessori. In: Montessori-Werkbrief 3/4 1983, S. 59–67
3 G. Schulz-(Benesch), Auflockerung des Unterrichts. In: Pädagogische Rundschau, 10. Jg. 1955/56, S. 55–61; auch in: Volksschule heute, hrsg. v. B. Bergmann, Ratingen 1956, S. 112–122
4 Ders., Versuche mit Freiarbeit. In: Ders., Zum Stil katholischer Schule heute, München 1964, S. 56–107
5 Auflockerung des Unterrichts, a. a. O., S. 55
6 F. J. J. Buytendijk, Erziehung zur Demut, 2. Aufl., Ratingen 1962 (Schriften des Düsseldorfer Kreises 1), S. 70 ff.; Neuausgabe: Beiheft 4 z. Montessori-Werkbrief, Köln/Aachen 1990, S. 76 ff.
7 ebd. S. 55 bzw. S. 59; Montessori geht ja gerade von der Realität des Versuchs dieses Gegenextrems aus, wenn sie sich gelegentlich (1916) über den kollektiven Marsch der Kinder zur Toilette mokiert; s. M. Montessori, Schule des Kindes, Freiburg 1976, S. 291
8 Der „Düsseldorfer Kreis – Pädagogische Arbeitsgemeinschaft katholischer Lehrer e. V." wurde Januar 1952 ins Vereinsregister eingetragen. Seine Initiatoren – P. Heckens, H. Elsner, N. Ehlen, R. Dernbach, G. Schulz(-Benesch) – waren Absolventen der PA Essen-Kupferdreh.
9 Prof. Helene Helming (1888–1977), persönliche Schülerin Maria Montessoris, nach Naziverfolgung 1946 Direktorin der ersten Pädagogischen Akademie des späteren Landes Nordrhein-Westfalen (Essen); große Bedeutung hatte dabei die Montessori-Praxis Frau Katharina Fischers an der der Akademie benachbarten Dilldorf-Schule in Essen-Kupferdreh.
10 M. Montessori, Die Macht der Schwachen, Freiburg 1989, S. 158–171; Dies., Entdeckung des Kindes, 7. Aufl., Freiburg 1984, S. 335 ff.; Dies., Schule des Kindes, a. a. O., S. 251; Dies., Vortragsmitschrift Barcelona 1933, S. 44
11 Die Volksschule in Nordrhein-Westfalen, Richtlinien, Leitsätze, Erlasse, hrsg. v. Kultusministerium des Landes, Ratingen 1955, S. 64–67
12 vgl. Th. Schwerdt, Kritische Didaktik, 2. Aufl., Paderborn 1947, S. 177, 195 ff.,

204; F. J. J. Buytendijk, Erziehung zur Demut, a. a. O., bes. S. 70–78 bzw. S. 76–85. Der Terminus „Freiarbeit" erscheint darauf in der Satzung des „Düsseldorfer Kreises" unter der Beschreibung der Aufgaben; unter den fünf zum Eintragungstermin bereits gewonnenen wissenschaftlichen Mitarbeitern befindet sich Prof. Helming.

13   Zunächst in den „Mitteilungen des Düsseldorfer Kreises" und den „Schriften des Düsseldorfer Kreises" (Buytendijk, Oswald), dann in zahlreichen Artikeln und Schriften verschiedener Autoren aus dem Kreise der deutschen Montessori-Pädagogen sowie in Beschreibungen, Berichten und Abhandlungen bis hin zu Dissertationen (W. Suffenplan, I. Fähmel, R. Fischer u. v. m.).

14   A. Wenzel, Freiarbeit in der Grundschule, Bad Heilbrunn 1983

15   ebd., S. 48

16   vgl. P. Petersen, Schulleben und Unterricht einer freien allgemeinen Volksschule nach den Grundsätzen Neuer Erziehung, Weimar 1930; Ders., Führungslehre des Unterrichts, 4. Aufl., Braunschweig 1953; Ders. / A. Förtsch, Das gestaltende Schaffen im Schulversuch der Jenaer Universitätsschule 1925–1930, Weimar 1930; Ders. (Hg.), Die Praxis der Schulen nach dem Jena-Plan, Weimar 1934; ferner: I. (Lichtenstein-)Rother, Schulanfang, 2. Aufl., Frankfurt 1957; und, als Beispiel, ein neueres Buch, in dem eine Reihe weiterer Schriften mit gleichem Terminus-Gebrauch genannt sind: R. Stach / W. G. Mayer / P. Meyer, Zusammen lernen – zusammen leben. Eine praxisbezogene Einführung in die Pädagogik Peter Petersens, Heinsberg 1984

17   Freiheit in der Grundschule, a. a. O., S. 12

18   vgl. Zusammen lernen – zusammen leben, a. a. O., S. 111

19   vgl. vom Verf., Skizzen zum Bild der Montessori-Grundschule. In: Montessori-Werkbrief, Heft 2/3 1982, S. 55–62. Es ist natürlich ein Mißverständnis, wenn P. Meyer meint, unsere offene Freiarbeit in Düsseldorf nach dem Kriege sei auf Arbeit mit (Montessori-)Material beschränkt gewesen, zumal damals aus finanziellen und politischen Gründen gar kein authentisches Montessori-Material vorhanden sein konnte (s. Bericht Anm. 3). Immerhin unterscheidet Meyer „Freie Arbeit" im Sinne Petersens und „Freiarbeit" nach Montessori; vgl. Anm. 18, a. a. O., S. 99

20   vgl. F. J. J. Buytendijk, Bildung der Jugend durch lebendiges Tun. In: Montessori, Reihe „Wege der Forschung", hrsg. v. G. Schulz-Benesch, Bd. 200, Darmstadt 1970, S. 254–273; hierzu besonders S. 268 ff.

21   So heißt es z. B. in einer spanischen Rezension des Buches von Ingrid Fähmel (Zur Struktur schulischen Unterrichts nach Maria Montessori, Frankfurt 1981), die Autorin unterstreiche „die Aktualität der Montessori-Pädagogik, indem sie einen besonderen Akzent auf den *trabajo libre* (die *Freiarbeit!*, d. Verf.) setzt, oder, näher an der von Montessori gebrauchten Terminologie: die *freie Wahl der Arbeit*"; J. J. M. Prelezzo. In: Orientamenti Pedagogici, anno 1983, numero 2, p. 347–348 (Übs. v. Verf)

22   vgl. v. Verf., Skizzen ..., a. a. O.

23   Die Macht der Schwachen, a. a. O., S. 170 f.

24   ebd., S. 168

25   vgl. W. Flitner, Allgemeine Pädagogik, 11. Aufl., Stuttgart 1966, S. 86 ff.; vgl. M. Montessori, Il segreto dell' infanzia, 4. Aufl., Mailand 1952, S. 46–47; Dies., Gott und das Kind, Köln 1956, S. 23, s. auch Anmerkung 27 und 31.

26 Hier sind sicher Fragen der Verhaltensforschung berührt, eines Arbeitsfeldes, dem Montessori inhaltlich und methodisch vorausgearbeitet hat; vgl. R. Lassahn, Montessori-Pädagogik im Lichte neuer Forschung. In: Pädagogische Rundschau, 32. Jg. 1978, S. 480–491; ferner den Hinweis in: E. A. Tinbergen / N. Tinbergen, Early Childhood Autism – An Ethological Approach. In: Zeitschrift für Tierpsychologie, Beiheft 10 (1972), S. 52

27 W. Suffenplan, Untersuchungen zur Makroperiodik von Lernaktivitäten bei Neun- bis Elfjährigen in einer Schulsituation mit freier Arbeitswahl, Diss. Dortmund 1975, S. 246 ff.

28 Diese inneren Tendenzen (bei Thomas von Aquin die Neigung zum seinsmäßig Guten; vgl. Josef Pieper, Die Wirklichkeit und das Gute, 6. Aufl., München 1956, bes. Seite 68 ff.) sind nicht nur von den empirischen, sondern auch von den geisteswissenschaftlichen Disziplinen her zu bedenken. Montessori hat entgegen „naturalistischem" Mißverständnis früh auf die Potentialität der Entwicklung nach den „inneren" Gesetzen für z. B. die sittliche Erziehung hingewiesen. Zwar löse „das Gutsein unserer Kleinen in ihrer Ungebundenheit" nicht „die Frage nach dem unbedingten Gutsein oder Bösesein des Menschen", sie hielte es aber für einen wesentlichen „Beitrag zum Gutsein"; M. Montessori, Mein Handbuch, Stuttgart 1922, S. 118 f.; „Montessori sagte einmal, ihr System sei nicht von ihr erfunden, sondern den Kindern abgelauscht, gleichsam von ihnen selbst gefunden. So wird der Eindruck einer tiefen Richtigkeit verständlich, den man beim Zuschauen gewinnt." Der Katechet Klemens Tilmann in seinen „Aufzeichnungen nach dem Besuch einer Montessori-Schule" (in Aachen), Montessori-Werkbrief 58/59 1980, S. 40; s. Katechetische Blätter, 1955, S. 180–182

29 Unter den vielen bekannten Beispielen mögen zwei vor nicht langem veröffentlichte hervorgehoben werden: R. Joosten, Group and Collective Lessons in the Montessori School. In: Association Montessori Internationale, Communications, Amsterdam 4/1983, S. 7 ff.; M. Stephenson, Wie man am besten eine Montessori-Klasse (-Gruppe) aufbaut. In: Montessori-Werkbrief 2/1984, S. 35 ff.

30 G. Schulz-Benesch, Auflockerung des Unterrichts, a. a. O.

31 vgl. Anm. 24, bes. S. 13

32 Buytendijk beschreibt und analysiert in einer eindrucksvollen Abhandlung, wie Montessori diesen Weg der Erziehung zur Freiheit bereits bei den Kleinen durch Wahlfreiheit inmitten einer Welt verpflichtender Situationen einschlägt, F. J. J. Buytendijk, Gelebte Freiheit und sittliche Freiheit im Bewußtsein des Kindes, abgedruckt in: Montessori, Reihe *Wege der Forschung* (Wiss. Buchgesellschaft), hrsg. v. G. Schulz-Benesch, Darmstadt 1970, S. 282–303

33 M. Montessori, Door het kind naar een nieuwe wereld, 2. Aufl., Heiloo 1953, S. 110

34 H. J. Jordan, Das Montessori-Lyzeum in Utrecht. In: Mitteilungen des Düsseldorfer Kreises II/1963, S. 5–18; vgl. Ders., Was ist ein Montessori-Lyzeum? In: Grundgedanken der Montessori-Pädagogik, hrsg. v. P. Oswald / G. Schulz-Benesch, 7. Aufl., Freiburg 1983, S. 155–162

35 Montessoris „Erfahrungsschule des sozialen Lebens" meint echte soziale Teilhabe der Jugendlichen als unmittelbare Vorbereitung auf Gesellschafts- und Weltverantwortung; eine mittelbare Vorbereitung ist in der schon die Grundschule durchziehenden „Kosmischen Erziehung" zu sehen.

36 Hier ist auf eine frühe Vergleichsstudie Dr. H. Sesemanns aus Jena hinzuweisen:

Die Vergesellschaftung von Kindern in der Unterrichtsarbeit. Zum Problem des spontanen Verhaltens. Beiträge zur Sozialpsychologie aufgrund von Beobachtungen an Kindern nach dem Besuch der Jenaer Montessori- und Universitäts-Grundschule (1928), Osterwieck 1933, vgl. G. Schulz-Benesch, Montessori, Reihe *Erträge der Forschung* (Wiss. Buchgesellschaft), Darmstadt 1980, S. 76 f., 124 f.

37 vgl. z. B. Montessori, „Kosmische Erziehung", Freiburg 1988, S. 14 ff.; Dies., Das kreative Kind. Der absorbierende Geist, 8. Aufl., Freiburg 1991, S. 52 ff.; Schule des Kindes, 4. Aufl., Freiburg 1991, S. 108

38 M. Montessori, To Educate the Human Potential, 2. Aufl., Madras 1956, S. 121 f.; dt. Übers. in: „Kosmische Erziehung", a. a. O., S. 35–114; hier S. 112 f.

39 vgl. G. Schulz-Benesch, Was macht eine Montessori-Sekundarschule aus? In: Montessori-Werkbrief, 4/1982, S. 126 f.

40 M. Montessori, Von der Kindheit zur Jugend, 3. Aufl., Freiburg 1979, S. 99; auch in: „Kosmische Erziehung", a. a. O., hier S. 136

41 vgl. M. Montessori, Über die Bildung des Menschen, Freiburg 1966, S. 16; vgl. P. Oswald / G. Schulz-Benesch, Grundgedanken der Montessori-Pädagogik, 11. Aufl., Freiburg/Br. 1991, Zitat-Kapitel „Der einzelne und die Gemeinschaft", S. 95–104; ferner M. Montessori, Spannungsfeld Kind – Gesellschaft – Welt, Freiburg 1979, S. 30–40 („Über soziale Erziehung"), S. 76–88 („Montessoris andere Gesamtschule"), S. 109–116 („Über die Schulerziehung der Jugendlichen"), S. 132–142 („Kosmische Erziehung"); die ersten 3 genannten Texte auch in: Die Macht der Schwachen, a. a. O., Freiburg 1989 der 5. Text auch in: Dies., „Kosmische Erziehung", Freiburg 1988; M. Montessori, Frieden und Erziehung, Freiburg 1973, S. 62 ff.; zum ganzen Thema M. Montessori, Von der Kindheit zur Jugend, a. a. O., auch in: „Kosmische Erziehung", a. a. O., Kap. III

42 vgl. Door het kind …, a. a. O.

43 Die Macht der Schwachen, a. a. O., S. 177

44 Autograph, im Besitz d. Verfs.

45 ebd.

46 M. Buber, Rede über das Erzieherische. In: Mitteilungsblatt der Pädagogischen Akademie Essen, Mai/Juni 1948, S. 6 f.; auch in: Ders., Reden über Erziehung, Heidelberg 1956, S. 25–26

47 Mit „Schule" sind hier Montessori-Kinderhaus wie Montessori-Schule gemeint, die beiden letzten Sätze stammen aus einem Autograph von ca. 1939; im Besitz d. Verfs.

48 Hier ist deutlich das jüngere Kind gemeint, während das ältere bei Montessori ganz bewußt zum Verständnis der „großen" Gesellschaft und verantwortungsvollen Mitwirkung in ihr erzogen wird.

49 Die Macht der Schwachen, a. a. O., S. 108 f.

50 ebd., S. 109 f.

51 M. Montessori, The Child in the Church, 2. Aufl., London 1931, S. 62 f.(priv. Übersetzung); vgl. Grundgedanken der Montessori-Pädagogik, a. a. O., S. 114

52 M. Montessori, Vortragsmitschrift, Barcelona 1933, S. 44

Hildegard Holtstiege

Montessori-Pädagogik und die Herausforderungen der 90er Jahre[1]

1. Montessori-Pädagogik – ein bewährtes Modell

Seit der Eröffnung des ersten Kinderhauses durch Montessori im Jahre 1907 in Rom sind 85 Jahre vergangen. Schon im Jahre 1916 bezog sich Montessori auf Beobachtungen und Erfahrungen mit ihrer Pädagogik, die an vielen Kindern in vielen Völkern der Welt gemacht wurden.[2] Eine statistische Umfrage im Jahre 1925 ergab, daß ihr erstes Buch „Die selbsttätige Erziehung im frühen Kindesalter" von 1907 in dreizehn Sprachen übersetzt war.[3]

Montessoris Pädagogik hat sich zum einen bewährt durch ihre internationale Breitenwirkung. Es gibt heute Montessori-Einrichtungen in allen Erdteilen. Sie hat sich aber auch im geschichtlichen Zeitraum von inzwischen 85 Jahren gehalten und bewährt. Ein Blick in die deutsche Bildungsgeschichte zeigt, daß immer dann auf sie zurückgegriffen wurde, wenn Stagnationen eintraten, so in den 40er/50er Jahren und den 70er/80er Jahren.

Die Aktualität der Montessori-Pädagogik scheint damit zusammenzuhängen, daß in einer sehr konsequenten Weise die Hilfe zum menschlichen Werden unter den Bedingungen menschlichen Fortschritts und menschlichen Zusammenlebens bedacht wird. Daraus ergibt sich der Ansatz bzw. die Orientierung dieser Pädagogik.

1.1 Anthropologische und sozialkulturelle Orientierung

Anthropologisch gesehen hat Montessori die Freiheit und Würde des Menschen auch im Kinde in einer sehr radikalen Weise ernst genommen. Sie hält ihren diesbezüglichen Kritikern 1916 entgegen, daß tatsächlich die Freiheit des Menschen – also auch des kindlichen Menschen – die Grundlage ihrer Erziehung bilde.[4] Eine ihrer erzieherischen Grundforderungen ist „die Achtung, die wir der geistigen Freiheit des Kindes schulden"[5]. Dies bedeutet, das Kind zum selbständigen Handeln zu befähigen.[6] Prinzip für den Erziehungsprozeß ist ihr die Bitte eines Kindes: „Lehre mich, allein zu handeln."[7]

Montessoris Erziehungsüberlegungen orientieren sich aber auch an der sozialkulturellen Zeitsituation der Menschheit. 1951 heißt es rückblickend:

„Niemals hat die menschliche Gesellschaft unter derartigen Bedrohungen gelebt
wie in der gegenwärtigen Zeit. Deshalb ist ein Appell, der darauf abzielt zu betrachten, was Freiheit und menschliche Würde wirklich sind, von großer Aktualität. Während meines ganzen Lebens habe ich die Notwendigkeit der Freiheit
der Wahl, der Selbständigkeit des Denkens und der menschlichen Würde pro-
klamiert."[8]

Die Bedrohung der menschlichen Gesellschaft entsteht durch das „ge-
störte Gleichgewicht zwischen dem Menschen und der Umgebung"[9].
Angesichts dieser Situation gilt es, die Freiheit und Würde des Menschen im Kind in Obhut zu nehmen durch eine Erziehung, die konkrete
Bedingungen zum Selbstaufbau der kindlichen Freiheit schafft. Nur so
kann auch das Kind in gesellschaftlicher Hinsicht als Mensch und als
Bürger behandelt werden, der seine eigene Würde und das Recht auf
Leben und Schutz hat.[10]
Als Zeitaufgabe entsteht die Forderung, den verantwortlichen Menschen
vorzubereiten, denn „mit seinem Eintritt in die Welt muß der Mensch
vor allem seine gesellschaftliche Verantwortung verspüren. Sonst werden
wir nicht nur Menschen ohne Kopf und ohne Hände haben, nicht nur
Egoisten, sondern Menschen ohne Gewissen, Menschen, die als Individuen einer Gesellschaft nicht verantwortungsfähig sind. ... Es ist daher
notwendig, den verantwortlichen Menschen vorzubereiten."[11]
Die Notwendigkeit der Vorbereitung des verantwortlichen Menschen
ergibt sich für Montessori aus ihren sozial- und kulturkritischen Analysen. Angesichts der großen äußeren Fortschritte hat die Menschheit
selbst keine inneren Fortschritte gemacht.[12] Der Mensch ist der von ihm
geschaffenen Umgebung – verstanden als Kultur oder Fortschritt –
nicht gewachsen. Sein innerer Entwicklungsrückstand ist zu einem sozialkulturellen Problem ersten Ranges geworden.[13]

„Der Mensch ist psychologisch unverändert geblieben, in seinem Charakter und
in seiner Mentalität, und begreift nicht die Bestimmung und die Verantwortung,
die ihm aus den äußeren Mitteln erwachsen, über die er verfügt. Das heißt, der
Mensch hat im Verhältnis zur äußeren Umwelt keinen Fortschritt gemacht, und
so bleibt er unentschlossen und furchtsam, ja sogar verängstigt und bereit zur
blinden Unterwerfung, ... weil er sich von der Supra-Welt, in der er lebt, über-
wältigt fühlt."[14]

Montessori bezeichnet diese Situation als das gemeinsame Schicksal der
Menschheit in allen Nationen. Es kann nach ihrer Vorstellung nur ge-
wendet werden, indem bei den Kindern begonnen wird. Dazu aber ist
eine „Strukturveränderung der Erziehung" erforderlich[15], die dem Menschen hilft, „sein inneres Gleichgewicht, seine seelische Gesundheit und
sein Orientierungsvermögen unter den gegenwärtigen Umständen in der
äußeren Welt" und damit das Bewußtsein „seines wirklichen Platzes in
der Geschichte" wiederzuerlangen und zu bewahren.[16]

Die Notwendigkeit einer „Strukturveränderung der Erziehung" begründet Montessori aus der ersichtlichen Menschheitsaufgabe, die geschilderten menschlichen Verluste aufzuarbeiten und weiteren Verlusten entgegenzuwirken. Hier liegt der Grund für die Aktualität, die Bewährung ihrer Pädagogik, die als Modell einer „Strukturveränderung in der Erziehung" betrachtet werden kann.

1.2 Montessori-Pädagogik – „Strukturveränderung der Erziehung"

In dieser „Strukturveränderung der Erziehung" geht es vorrangig darum, die „Bedingungen der Freiheit" im Erziehungsprozeß einzurichten. Das erste Vorrecht ist die „freie Wahl", das zweite Vorrecht ist der Anspruch auf den „Aufbau einer geeigneten Umgebung und eine neue Haltung des Erwachsenen" gegenüber „dem jungen Teil der Menschheit".[17] Beide Vorrechte gründen in der Forderung nach Aufwertung des jungen Menschen.

1.2.1 Anthropologisches Prinzip der Strukturveränderung
Der junge Mensch – Angelpunkt eigener Erziehung

Abgrenzend zu anderen Erziehungsvorstellungen sagt Montessori, „daß das Kind selbst den Angelpunkt seiner eigenen Erziehung bilden muß" – genauer: „Die Seele des Kindes … im psychischen Vorgang des Erlernens".[18] Angelpunkt ist der psychische Vorgang der „Aneignung der Bildung" – nach der italienischen Übersetzung der Aneignung der „Kultur" – durch den jungen Menschen selbst.[19]

„*Kultur* ist die natürliche Folge der ersten Bemühungen des Menschen, sich in ein intelligentes Verhältnis zur Welt zu setzen".[20]

In diesem Denken von Kulturerwerb geht es um die Aneignung der vorgefundenen Kultur und um das Schaffen von Kultur durch den intelligenten Umgang mit der Welt. Die psychischen Lernvorgänge selbst erweisen sich als Kreationsvorgänge, insbesondere im Hinblick auf die „Selbst-Schöpfung" oder den Selbstaufbau des jungen Menschen. Die Erziehung muß dazu die „verborgenen Antriebe aufwerten, die den Menschen bei der Konstruktion seiner selbst leiten"[21]. Daraufhin muß der junge Mensch qua Erziehung freigegeben werden. Diese Freigabe besteht in der gebotenen „Möglichkeit für jedes Individuum, unabhängig zu handeln"[22].
Das Unabhängigkeits- und Selbständigkeitsbestreben des Kindes zur freien Persönlichkeit muß respektiert, geachtet werden, da die schöpferische Aufgabe des jungen Menschen darin besteht, „selbst eine sittliche

Persönlichkeit zu bilden"[23]. Erziehung bedeutet, von Geburt an einer Persönlichkeit zur Entwicklung zu verhelfen, „deren innere Freiheit zur freien sittlichen Tat führt"[24]. Zur freien sittlichen Tat gehört aber die Übernahme von Verantwortung für die aus dem intelligenten Umgang mit der Welt erworbene und geschaffene Kultur, die Montessori häufig als Umwelt oder „Supra-Natur" bezeichnet.[25]

1.2.2 Pädagogisches Prinzip der Strukturveränderung
Vorrecht der „freien Wahl" – freie Arbeit

Angelpunkt oder Mitte des Selbst-Aufbaus der freien Persönlichkeit ist die „freie Arbeit, die den natürlichen Bedürfnissen des inneren Lebens entspricht"[26].

Unter „Freier Arbeit" oder „Freier Wahl" versteht Montessori den „psychischen Vorgang des Erlernens durch das Kind", seine Selbsttätigkeit. Es handelt sich um das bekannte Montessori-Phänomen der Polarisation der Aufmerksamkeit, die auch als „geistige Arbeit in ihrer Realität" bezeichnet wird.[27]

1.2.2.1 Freie Wahl – Polarisation der Aufmerksamkeit

Die Polarisation der Aufmerksamkeit ist jenes Phänomen, das Montessori 1907 im Kinderhaus von San Lorenzo entdeckt hatte. Ein dreijähriges Mädchen beschäftigte sich so intensiv und voller Sammlung mit dem Herausnehmen und Einsetzen der Einsatzzylinder, daß es gegenüber gezielten Störversuchen unablenkbar blieb. Montessoris Entdeckung bestand in der beobachteten Tatsache, daß auch kleine Kinder ihre Aufmerksamkeit über einen längeren Zeitraum konzentrieren können, dazu aber auf äußere Gegenstände angewiesen sind. Diese müssen die Kraft haben, zu konzentrieren, d. h. dem Kind „als Werkzeug seiner Sammlung zu dienen"[28].

Die Polarisation der Aufmerksamkeit ist der Vorgang der Fesselung oder freiwilligen Bindung der Aufmerksamkeit an einen Gegenstand oder eine Sache, die den jeweiligen Sensibilitäten (erhöhten Lernbereitschaften) des jungen Menschen entspricht.

Montessori betont nachdrücklich, daß die große Macht kindlicher Konzentration hervorgebracht wird durch eine Aktivität mit den Händen unter Führung der Intelligenz. Hier erschließt sich die Bedeutung der kindlichen Arbeit als ein „Experimentieren mit Umwelterfahrungen". Dieses Experimentieren geschieht durch den handelnden Umgang mit einem selbstgewählten Gegenstand, der seinerseits die Kraft besitzt, des Kindes Kräfte einzusammeln und sie dauerhaft und wirksam zu binden – zu polarisieren.

Wichtig in diesem Konzentrationsvorgang ist die „Tatsache, daß die Seele im Inneren auf einen Anreiz reagiert und verweilt"[29]. Dadurch werden die erkennbare Sammlung, Versunkenheit und Unablenkbarkeit herbeigeführt. Die Intelligenz entwickelt sich und ebenso die Fähigkeit zur Ausdauer und Geduld in der Tätigkeit.[30]
Montessori bezeichnet den geschilderten Vorgang als freie Arbeit, freie intellektuelle Arbeit oder freie Wahl. Ihr Erziehungskonzept ist von diesem Zentrum – der freien Arbeit des Kindes in der Polarisation der Aufmerksamkeit – her entwickelt. Es ging ihr darum, geeignete Bedingungen (Gegenstände und Erzieherverhalten) für das Auftreten des Phänomens der Polarisation der Aufmerksamkeit zu finden. Die Polarisation der Aufmerksamkeit erweist sich als ein zentrales Strukturprinzip.

1.2.2.2 Polarisation der Aufmerksamkeit – Arbeitszyklus

In den Beobachtungen und Auswertungen des in aller Welt bei Kindern auftretenden Phänomens ließen sich Arbeits- oder Aktivitätszyklen erkennen. Die Verlaufsstruktur der Polarisation zeigt eine Dreiphasigkeit.

1.2.2.2.1 Phase der Einübung – einleitende Arbeit

Sie ist der Auftakt des Aktivitätszyklus[31] und die Phase des kindlichen Suchens und Wählens nach einem interessanten Gegenstand. In ihr muß das Kind zu einer Entscheidung kommen, welchem der vielen Gegenstände es seine Aufmerksamkeit widmen will.

„Es sind Dinge verschiedener Art, welche Kinder verschiedenen Alters ansprechen. Der Glanz, die Farben, die Schönheit lustiger und verzierter Dinge (sind) ‚Stimmen', welche die Aufmerksamkeit des Kindes auf sich ziehen."[32]

Montessori bringt ein Beispiel für den Bereich der Übungen des praktischen Lebens im Kinderhaus (drei- bis sechsjährige Kinder). „Die Staubtücher haben hübsche Farben. Die Besen sind bunt bemalt und die kleinen runden Bürsten sind ebenso anziehend wie die kleinen runden oder rechteckigen Seifenstückchen. Es ist, als ob sie dem Kind zurufen würden: ‚Komm rühr' mich an, benutze mich'."[33]
Dieses Beispiel macht bereits deutlich, daß viele Stimmen der Dinge gleichzeitig auf das im Wählen begriffene Kind einreden. Das Kind ist in dieser ersten Phase des Suchens und Wählens erregt. Es experimentiert vielleicht mit einer gewählten Sache, gibt sie dann aber bald wieder auf, nimmt eine andere. Montessori verweist darauf, daß am Ende dieser einübenden Phase eine scheinbare Ermüdung auftreten kann, die auch als solche verstanden und bewertet werden muß.

Insgesamt ist die Phase der einleitenden Arbeit von hoher Bedeutung für die Entwicklung grundlegender Willensqualitäten, die für freie Handlungsweisen benötigt werden. Das Kind macht Erfahrungen hinsichtlich seiner Unabhängigkeit und Freiheit – wählen und entscheiden dürfen verbindet sich mit der Erfahrung, wählen und entscheiden zu müssen, damit die Handlung weitergehen kann.[34]

1.2.2.2.2 Phase der großen Arbeit

Das Kind gibt sich der Arbeit hin, versunken und losgelöst von Zeit und Raum bis zur spontanen Erschöpfung der Anstrengung.[35]
Merkmale der Konzentration sind (1) die psychische Reaktion auf einen gewählten Gegenstand, (2) das Verweilen und Verharren darin und (3) die Wiederholung der Handlungen, die sich aus dem Umgang mit dem Gegenstand ergeben.[36]
Charakteristisch für diese Konzentration ist das „Phänomen der dauernden Bindung der Aufmerksamkeit an eine Arbeit"[37], von der sich auch sagen läßt, daß sie sogar den einzelnen Vorgang „überdauern" kann. Montessori bringt diesbezüglich das Beispiel eines Siebenjährigen, der die Karte des Rheins zeichnen wollte. Er wollte auch alle Nebenflüsse aufnehmen und mußte lange in geographischen Abhandlungen studieren, die mit Schulbüchern nichts zu tun hatten. Sobald sich der Schüler mit der äußeren Welt in Kontakt befand, war er auf Genauigkeit angewiesen. Er wählte für die Arbeit Millimeterpapier. Mit Hilfe des Kompasses und verschiedener anderer Instrumente führte der Junge sein Vorhaben mit großer Ausdauer durch. Nach seinem eigenen Willen blieb der Schüler länger als zwei Monate bei dieser Arbeit.[38]
In diesem Beispiel fällt die langandauernde Bindung der Aufmerksamkeit an eine selbstgewählte Thematik auf. Unabhängigkeit und Selbständigkeit in einem Bereich des Wissens treten im Verhalten des arbeitenden Schülers hervor. In diesem Vorgang der Selbstunterrichtung arbeitet der junge Mensch gleichzeitig den „beständigen charakterstarken Menschen heraus"[39]. Klarheit der Gedanken, Übung (Gewohnheit) in Wahl und Entscheidungen, Beständigkeit in der Arbeit, schrittweise Herr über die eigenen Handlungen werden, „das sind die wertvollen kleinen Steine, aus denen sich das starke Bauwerk der Persönlichkeit aufbaut"[40].

1.2.2.2.3 Phase der Ruhe – Periode der Entdeckungen

Montessori spricht von einer „gedankenvollen Pause" als einer „kontemplativen Periode" der inneren Arbeit, der Assimilation, d. h. der Verarbeitung und Verwertung neuen Wissens.[41]

Das Kind studiert sich in seinen eigenen Werken. Es setzt sich in Beziehung zu seinen Gefährten und vergleicht sich mit ihnen. Es wird sozial aufgeschlossener und respektiert die Arbeiten anderer.[42]
Beobachtbar auftretende Phänomene sind Freude, Ruhe, Heiterkeit und Ausgeglichenheit der Kinder sowie die Potenzierung kindlicher Energien.

„Je mehr sich die Konzentrationsfähigkeit entwickelt, je öfter diese ruhige Versenkung in die Arbeit erfolgt, desto deutlicher wird ein neues Phänomen: die Disziplin der Kinder."[43]

In der Disziplin äußert sich die wachsende Fähigkeit der Kinder, über ihre eigenen Handlungen verfügen zu können. Die innere Disziplin wird als die „Kehrseite" der Freiheit bezeichnet.
Für den Entwicklungs- und Bildungsfortschritt ist es notwendig, daß jeder Aktivitätszyklus vollendet wird, damit die genannten Bildungswirkungen sich einstellen können. Er darf also nicht unter- oder abgebrochen werden. Hinzu tritt die Forderung, „daß täglich eine wirkliche Arbeit vollbracht wird"[44]. – Diese Forderung hat weitreichende Konsequenzen für die Gestaltung von Schule und Unterricht.[45]
Selbständiger Erwerb von Kultur und Wissen sowie selbständiger Umgang mit Kultur und Wissen sind Voraussetzungen für den Erwerb von Verantwortungsfähigkeit, in der es vor allem um die selbständige Anwendung des Wissens im Handeln geht. Die Zielperspektive in der Persönlichkeitsbildung des jungen Menschen ist eine doppelte: „Herr einer Kultur" und „Meister seiner selbst" – so umschreibt Montessori sie.[46]

1.2.3 Didaktisch-methodische Prinzipien der Strukturveränderung
Vorbereitete Umgebung und neuer Erwachsener

Montessori spricht von der Verteilung des Erziehungswerkes auf die Umgebung und den Erzieher.[47] Sie beabsichtigt damit eine Relativierung der Aktivität des Erziehers zugunsten der kindlichen Aktivität.

1.2.3.1 Altersmäßige didaktische Umgebung

„Das Kind begreift durch eigene Aktivität, indem es die Kultur aus seiner Umgebung und nicht vom Lehrer übernimmt."[48]
Diese von Montessori beobachtete Tatsache macht die methodische Präsentation von Kultur als Angebot für junge Menschen erforderlich. Montessori versteht – wie erwähnt – Kultur „als natürliche Folge der ersten Bemühungen des Menschen, sich in ein intelligentes Verhältnis zur Welt zu setzen"[49]. Sie zählt zu den frühen Bemühungen des Kindes um „Kultur" z. B. die Ordnung der Bewegungen, ein erstes Kennenler-

nen der Umgebung, und die Ordnung und Abklärung der frühen Erfahrungen der kindlichen Sinne mit Hilfe von Worten oder Zahlen, Schreiben, Lesen und Rechnen.[50]

Für diesen Kulturerwerb durch das Kind hat der Erzieher eine Umgebung von konkreten Angeboten didaktisch aufbereiteter Hilfsmittel zu schaffen, die auf den „Stand der Kultur" zu führen vermögen.[51]

Inhaltlich gehören dazu:

– Angebote für Übungen des praktischen Lebens und der Bewegung. Dies sind insbesondere „Kultivierungsübungen" zur (1) Pflege der eigenen Person, (2) Pflege des Umgangs mit anderen Personen und (3) Pflege der Umgebung[52]
– Entwicklungsmaterial zur Pflege, d. h. Ausbildung und Verfeinerung der Sinne
– Materialsysteme zum Erwerb sogenannter Kulturtechniken des Schreibens, Lesens und Rechnens (Alphabet und Zahlen)
– Material für Biologie, Erdkunde, Geschichte und Naturgeschichte etc.
– Material für musische Aktivitäten[53]
– Angebote für soziale und moralische Erfahrungen; Freiheit der Kooperation, Mischung der Lebensalter, Erfahrungsschule des sozialen Lebens.[54]

Die vorbereitete Umgebung nennt Montessori ein „der freien Aktivität des Kindes offenes Feld", das ihm erlaubt, „sich zu bewegen und herauszubilden wie ein Mensch"[55].

1.2.3.2 Altersgemäße schulische Umgebung

Montessori spricht global von der „Umgebung Schule" als Ort des Zusammenlebens und -arbeitens junger Menschen, einem Ort, an dem sich ihr sozialer und moralischer Sinn entwickeln kann. Sie bezeichnet diese „Umgebung" auch als eine „neue Art Schule" für den zeitigen und selbständigen Erwerb der Kultur durch Kinder und Jugendliche.[56]

Kontinuität ist das anthropologische Organisationsprinzip für Bildungsinstitutionen, deren Aufgabe darin besteht, „dem Menschen in den aufeinanderfolgenden Entwicklungsabschnitten Beistand zu leisten"[57]. Kontinuität meint einen Unterricht ohne institutionelle Unterbrechung, z. B. von Vorschule zur Schule.

Das zentrale Organisationsprinzip für die Umgebung Schule ist die Möglichkeit zu freier Arbeit, die Wirkungen auf den unterrichtlichen Rhythmus der Schule und deren Einteilung von Unterrichtszeiten hat.

Ein weiteres Organisationsprinzip ist die Kooperation der Kinder, die begünstigt wird durch die „Mischung der Lebensalter", d. h. eine Zusammenfassung von jeweils drei Altersjahrgängen zu einer Gruppe.

Diese Gruppen müssen frei miteinander verkehren können durch das Prinzip der „offenen Türen" und der „Freien Zirkulation"[58]. Durch die schulstrukturell ermöglichten Kooperationen der Kinder erfährt das einzelne Kind sehr früh, daß seine Freiheit dort ihre Grenzen hat, wo die Freiheit der anderen, der Gemeinschaft, beginnt.[59] „In den freien Beziehungen, in der wirklichen Übung, die Grenzen eines Jeden an die Grenzen der Anderen anzupassen, können sich die sozialen ‚Gewohnheiten' herausbilden."[60] Die soziale Dimension der Sittlichkeit – soziale Rücksicht und soziale Verantwortung – bildet sich auf diese Weise aus.

1.2.3.3 Neuer Erwachsener

Dem erziehenden Erwachsenen fällt die Aufgabe zu, junge Menschen im Aufbau ihrer Freiheit und in ihrer Aneignung von Kultur zu leiten.[61] Dies muß in einer Weise geschehen, in der die Eigeninitiative der Kinder und Jugendlichen respektiert und verantwortet wird. „Nicht wer Sinn für große Autorität hat, sondern wer Sinn für große Verantwortlichkeit hat, ist Führer."[62] Die zu erwerbende neue Haltung des Erwachsenen bzw. Erziehenden wird also mit Verantwortlichkeit umschrieben. Folgende Aufgaben verantwortlicher Leitung und Führung ergeben sich:

Selbstvorbereitung des Erziehers

Es geht dabei um die innere Ausrichtung auf eine positive Sicht der Kinder. Hinzu kommt die gedankliche Abklärung der Arbeit, die ihn erwartet, im Verhältnis zu den Aufgaben, die der vorbereiteten Umgebung vorbehalten sind in der freien Arbeit der Lernenden.[63]

Vorbereitung der Umgebung

Grundlegend ist die Kenntnis von Übungen und Materialien sowie die Ordnung und Pflege der vorbereiteten Umgebung. Hinzu kommt die Überwachung der kindlichen Arbeit und die Unterweisung durch erforderlich werdende Lektionen.[64]

Gewährung von Entwicklungsfreiheit

Gemeint ist die Freigabe des jungen Menschen zur freien Arbeit, die folgende Freiheiten beinhaltet:
- Freiheit der Bewegung in der vorbereiteten Umgebung
- Freiheit des Interesses und der Wahl der Gegenstände
- Freiheit der Zeit, d. h. der Dauer von Konzentrationsvorgängen
- Freiheit der Kooperation der Schüler
- Freiheit der Wahl des Bildungsniveaus, d. h. freie Zuordnung zu Lerngruppen verschiedenen Alters.[65]

Teilnehmende Beobachtung

Sie gehört zu den Grundqualifikationen und Grundaufgaben des Erziehers. In der teilnehmenden Beobachtung liegt nach Montessori der „Kristallisationspunkt" für die Veränderung der Personalität des Erziehers.[66]
Ein solcher Erzieher sollte verantwortungsfähig sein, d. h. „in Freiheit und Selbstdisziplin Willen und Urteil gebrauchen" können, unabhängig von Vorurteilen und Furcht.[67]

2. Montessori-Pädagogik und die Herausforderungen der 90er Jahre

Eine Analyse der Schulreform in Deutschland im Zeitraum von 1890–1990 brachte reformauslösende Ursachen ans Licht, die Herausforderungen an die Erziehung darstellen.

2.1 Ergebnisse der Reform-Analyse und ihre Herausforderungen

Die Befunde können hier nur verkürzt und vereinfacht wiedergegeben und auf erziehungsrelevante Aufgaben befragt werden.

2.1.1 Gesellschaftspolitischer Wandel

Ein langfristiges Reformmotiv ist die Demokratisierung aller Lebensbereiche, in der es um die Verwirklichung menschlicher Freiheit in sozialer Verantwortung geht. Daraus ergibt sich das Reformbedürfnis nach einer sozial gerechteren Schule durch soziale Integration, Chancengleichheit und optimale Förderung. Reformproblem ist die plural verfaßte Gesellschaft, in der es durch die Notwendigkeit von Konsensbildungen der Interessengruppen nur zu Reformkompromissen kommen kann.

2.1.2 Wissenschaftlich-technischer Wandel

Das stetig anwachsende Wissen – die Wissenskumulation – und seine didaktische Bewältigung ist zu einem Dauer-Reformmotiv geworden.
Hinzu kommen die neuen Verhaltens- und Arbeitsanforderungen, die sich aus dem technisch-rationalen Wandel in fast allen Lebens- und Arbeitsbereichen ergeben.
Als Herausforderung besteht weiterhin die didaktische Bewältigung des Wissens verbunden mit der Erschließung dieses Wissens für ein neues Bewußtsein und Verhalten des Menschen.

74

2.1.3 Soziologischer Wandel

Schul- und bildungsrelevante Reformmotive entspringen drei soziologischen Bereichen – Familie, Berufs- und Arbeitswelt, Lebensumwelt.

2.1.3.1 Der Strukturwandel der Familie hat zu einem „erzieherischen Vakuum" geführt. Vorschulische und schulische Erziehung stehen vor der Herausforderung, Aufgaben einer „kompensatorischen Erziehung" wahrzunehmen, die in der Familie Versäumtes nachzuholen hat.

2.1.3.2 Die Wandlungen in der Berufs- und Arbeitswelt stellen Anforderungen an die Bildung im Sinne einer größeren Flexibilität. Die Schule wird mit der „funktionalistischen Erwartung" konfrontiert, den „anpassungsfähigen Aktivitätstypus" vorzubereiten.

2.1.3.3 Schule und Familie haben es mit jungen Menschen zu tun, die durch neue „soziale Modellierungen" – z. B. durch neu geschaffene Schulstandorte – in Zeit und Raum höchst mobil geworden sind. „Veränderte Kindheit" ist das Stichwort.

Für die Familie entsteht die Notwendigkeit einer Besinnung auf die ihr zukommende Erziehungsverantwortung und deren Tragweite hinsichtlich ihrer Aufgaben.

Die Herausforderung an Vorschule und Schule besteht in der Besinnung auf den eigentlichen Auftrag, damit sie nicht zu „Auslieferungslagern" für jeweils benötigte „Verhaltensmuster" werden.

2.1.4 Kultur- und geistesgeschichtlicher Wandel

Die genannten Reformgründe treten unter diesem Gesichtspunkt verschärft ans Licht. Verluste und Bedrohungen des Menschen und der Menschheit zeigen sich im Geschichts- und Kulturverlust sowie in zunehmender Orientierungsunsicherheit. Hinzu kommen Grenzerfahrungen durch Bedrohung der äußeren und inneren Natur sowie der Zukunft.
Eine humane Reformnotwendigkeit ergibt sich aus der entstandenen Identitätsdiffusion der Erwachsenen, d. h. der inneren Zerrissenheit ihrer Persönlichkeit. Diese wird zum Problem im pädagogischen Umgang mit jungen Menschen. Die entstehende Herausforderung wendet sich

zum einen an die erwachsene Generation selbst, zum anderen an ihre Verantwortung für die heranwachsende Generation.

2.1.5 Anthropologisch-pädagogischer Wandel

Reformmotiv ist die Wiedergewinnung menschlicher Verluste in dreifacher Hinsicht. Die Wiedergewinnung von Humanität in der Erziehung und durch Erziehung fordert dreierlei: 1) die Humanisierung des Lernvorganges, 2) die Humanisierung der Lernbedingungen, 3) die Humanisierung des pädagogischen Umgangs.

Die Wiedergewinnung von Menschlichkeit gehört zum eigentlichen Auftrag der Schule. Sie ist eine Herausforderung ersten Ranges an Erziehung und Unterricht und an ihre Institutionen.

2.2 Montessori-Pädagogik und die Bewältigung der Herausforderungen

Die skizzierten Herausforderungen lassen sich auf drei Aufgabenkreise zurückführen, mit deren Bewältigung sich Montessori im Verlaufe ihres Wirkens auseinandergesetzt hat: 1) die Gewinnung menschlicher Freiheit durch Wahrnehmung von Rechten und Pflichten im Sinne sozialer Verantwortung; 2) die Wiedergewinnung menschlicher Verluste unter den veränderten Bedingungen; 3) die Humanisierung des Bildungsprozesses durch das Medium der Selbstbildung.

2.2.1 Gewinnung menschlicher Freiheit – soziale Verantwortung

Montessori hat den Aufbau menschlicher Freiheit zum Grundprinzip ihrer Pädagogik gemacht. In der menschlichen Entwicklung vollzieht sich dieser Aufbau durch den Erwerb einer individuellen Freiheit hin zu ihrer Aktivierung im sozialen Leben.

„Die Freiheit ist die Basis von allem und der erste Schritt ist getan, wenn das Individuum ohne Hilfe anderer handeln kann mit dem Bewußtsein, eine lebendige Einheit zu sein. ... Das Hauptproblem liegt also darin, dem Kind zu helfen, seine freie Individualität in allen individuellen Funktionen zu entwickeln und jene Entwicklung der Persönlichkeit zu fördern, die die gesellschaftliche Organisation verwirklicht."[68]

Freiheit als soziale Verantwortung bedarf der Kultivierung „neuer Gefühle der Menschlichkeit" im Miteinander.[69] Diese bestehen zum großen Teil „aus der Sympathie unseres Mitmenschen gegenüber ... und aus einem Gefühl für Gerechtigkeit"[70].

Gerade für den Entwicklungszeitraum ab zwölf Jahren hält Montessori es für erforderlich, ein Gefühl für soziales Zusammenleben und -arbeiten zu entwickeln, „um unter den Menschen mehr Verständnis und daraus folgend mehr Liebe" herbeizuführen, „menschliches Verstehen" und „Solidarität"[71].

Die Kultivierung neuer Gefühle der Menschlichkeit auch in der sozialen Organisation findet einen Angelpunkt in der Willensqualität der Beständigkeit. Montessori nennt diese Eigenschaft Charakter, in dem sich die fortdauernde Einheit der inneren Personalität ausdrückt. Wir sprechen heute von Identität. „Die Beständigkeit bezieht das Gefühl, die Gedankenrichtung, die gesamte Persönlichkeit des Individuums ein. Ein Mensch von Charakter ist ein beständiger Mensch; es ist der Mensch, der seinem Wort, seinen Überzeugungen und seinen Gefühlen treu bleibt."[72] Beständigkeit in Worten, Überzeugungen und Gefühlen gilt Montessori als Ausdruck von Treue, in der Verantwortung – auch soziale Verantwortung – zum Vorschein kommt. Sie entspringt jenen „Willensakten par excellence" – den Entscheidungen –, die immer das Ergebnis einer Wahl sind.[73]

Von ihrer Pädagogik, der das Prinzip Freiheit zugrundeliegt, sagt Montessori: „Die freie Wahl war das erste der Vorrechte in meinem Erziehungskonzept. ... Die Freiheit der Wahl führt zur Würde des Menschen."[74]

2.2.2 Wiedergewinnung menschlicher Verluste unter den veränderten Bedingungen

Was sich in der historischen Reformanalyse als Geschichts- und Kulturverlust sowie als Orientierungssicherheit des Menschen in der Gegenwart und gegenüber der Zukunft zeigte, liest sich bei Montessori 1937 so:
„Der Mensch steht der Beeinflussung sowohl durch die Umgebung wie durch die Menschen machtlos und schwach gegenüber, unfähig einer sicheren Kritik und ohne Einheit seiner Persönlichkeit."[75]

2.2.2.1 Zustandsbeschreibung des „anomalen" Menschen

Montessori benennt ein aktuelles Problem: „Heute finden wir alle Gefallen daran, etwas anomal zu sein ... heute ist der Mensch dazu bereit, im Geheimen auf alles zu verzichten, auf sein Gewissen, auf seine Prinzipien; er ist bereit, seine zivilisierte Menschlichkeit aufzugeben, nur um leben zu können."[76]
Der beschriebene Verlust zivilisierter oder kultivierter Menschlichkeit

manifestiert sich in der Bereitschaft zur Preisgabe des Gewissens, d. h. der Verantwortung. Dies bedeutet, daß der Mensch permanent die Spannung zwischen seinem Kulturschaffen und seiner Verantwortung gegenüber dieser von ihm geschaffenen Kultur verschärft.

Einseitig schuf der Mensch eine „Supra-Natur", „und indem er dies tat, vergaß er sich selbst. Heute ist er nicht ‚gerüstet', die aus seiner ‚Supra-Natur' bestehende Umgebung zu beherrschen, welche er selbst auf der Erde geschaffen hat. Er hängt blind und unbewußt ab von den Umständen, die er sich selbst bereitet hat, als er sich seiner Aufgabe auf der Erde nicht bewußt war. Die Menschen achten nicht auf die Menschheit. Ihr Werden wurde vernachlässigt und dem Zufall überlassen und blieb so in der Entwicklung niedriger im Vergleich zu der Umgebung, in welcher der Mensch lebt. Er ist orientierungslos und besitzt keine Kontrolle über seine eigene Schöpfung."[77]

Die Intelligenz des Menschen ist dabei gewachsen, aber es fehlt an den entsprechenden Gefühlen der Freiheit und Verantwortung gegenüber den Produkten dieser Intelligenz.[78]

2.2.2.2 Zeitaufgabe – Zustandsänderung des Menschen

Als dringendste Zeitaufgabe entsteht die Wiedergewinnung des Gleichgewichts zwischen dem geschaffenen äußeren Fortschritt und dem bestehenden inneren Entwicklungszustand des Menschen im Hinblick auf seine Verantwortung gegenüber dem selbstgeschaffenen Fortschritt.

Für den gegenwärtig verantwortlichen Erwachsenen bedeutet dies eine Doppelaufgabe: Selbsterneuerung im Sinne der Wiedergewinnung eigener Verantwortlichkeit und gleichzeitig Mitarbeit an der „Vorbereitung des verantwortlichen Menschen" in der heranwachsenden Generation.

Aber, so Montessori 1948, „der Erwachsene entzieht sich der Änderung, wie das Fehlschlagen wiederholter Versuche gezeigt hat. Zur Offenbarung neuer menschlicher Möglichkeiten ist er als Vorbild ein zäher Stoff"[79].

2.2.2.2.1 Qualitäten des Neuen Menschen

Von dem zu fordernden „neuen Menschen", den Montessori als den „moralischen Menschen" bezeichnet, heißt es konkret:

„Dieser Mensch besitzt wahre Qualitäten: die Liebe, die nicht Anhänglichkeit bedeutet; die Disziplin, die nicht Unterwerfung bedeutet; die Möglichkeit, sich in Beziehung zur Wirklichkeit zu setzen, was nicht Phantasie bedeutet."[80]

Der neue Mensch zeichnet sich also aus durch Liebe, Disziplin und

Realitätsbezug. Liebe und Disziplin sind Ausdruck von Freiheit und Sittlichkeit, die in den vielfachen Bezügen des menschlichen Lebens wirksam werden.
Montessori fordert die „Kultivierung neuer Gefühle der Menschlichkeit" durch die „Lenkung des Bewußtseins auf die Menschheit"[81] – ihre geschichtliche Entwicklung und die von ihr geschaffene Kultur.

2.2.2.2.2 Sensibilisierung – Wege der Hygiene

Im Zustandsbild des „anomalen" Menschen stellt sich eine innerpsychische Diskrepanz zwischen Intellekt und Gefühl heraus, die eine Erstarrung des Geistes und eine Deformierung von Gemüt und Gewissen bewirkt. Die von Montessori geforderte „Kultivierung neuer Gefühle der Menschlichkeit" verweist auf die Notwendigkeit von Sensibilisierungs- bzw. Re-Sensibilisierungsvorgängen. Es entsteht die Aufgabe, „die eingeschlafene, empfindungslose Menschheit aufzurütteln", deren Gewissen in einem tiefen Schlaf liegt.[82] Für die Überwindung dieser Empfindungslosigkeit empfiehlt Montessori den Weg „geistiger und sittlicher Hygiene"[83].
Die desolate latente Verfassung des Menschen – eine verzweifelte Dürre – bewirkt ein „Unglücklichsein des Menschen. Er ist nicht imstande, sich zu freuen, er hat Angst, er fühlt sich einem Etwas unterlegen, das in ihm selbst ist. Er trägt in sich die Leere"[84].
Montessori betont angesichts der unglücklichen Verfassung des Menschen die Bedeutung der Erziehung seiner selbst, „denn der Mensch besitzt viel mehr, als er weiß und worüber sich zu freuen er gegenwärtig imstande ist. Er hat alles! Er muß zu werten wissen, was er hat! Er muß sich darauf vorbereiten, es zu genießen."[85]
Dies ist eine konkrete Form geistiger und sittlicher Hygiene, durch Sensibilisierung wieder wahrnehmen, schätzen und werten, genießen und sich freuen lernen.

2.2.3 Humanisierung des Bildungsprozesses
Kultivierung neuer Gefühle der Menschlichkeit

Ausgehend von den sozial-kulturellen Umwandlungen sagt Montessori 1939, daß wir die „Sicherheit der alten Zeit" verloren haben, und daß es z. B. hinsichtlich der Mobilität im Berufsleben notwendig sei, den „neuen Schwierigkeiten ins Auge (zu) sehen, die die Unsicherheit der modernen Bedingungen hat auftauchen lassen. Die Welt befindet sich zum Teil im Zustand des Auseinanderfallens, zum Teil im Zustand des Wiederaufbaus."[86]

2.2.3.1 Zeitantwort – Soziale Humanität

Angesichts dieser unsicheren sozialen Bedingungen sieht Montessori als einzige Sicherheit in der Erziehung die Möglichkeit, die menschliche Personalität für alle unvorhergesehenen Eventualitäten vorzubereiten. Generell heißt es, „den verantwortlichen Menschen vorzubereiten", der sich durch ein „klares Bewußtsein von der sozialen Realität" sowie durch einen „dynamischen Charakter" auszeichnet.

In der Persönlichkeitsentwicklung sind zwei Wege möglich. Montessori nennt sie in einer Kurzformel lieben oder besitzen. „Auf der einen Seite steht der Mensch, der seine Unabhängigkeit errungen hat und sich mit anderen in Harmonie zusammenschließt, auf der anderen Seite der Mensch als Sklave, der, obwohl er sich befreien will, Sklave des Besitzes wird, der haßt."[87]

Die freiheitsorientierte Entwicklung der Persönlichkeit führt nach Montessori zur Bildung des „sozialen Menschen", also zu sozialer Humanität.[88]

2.2.3.1.1 Soziale Realität

Die Schaffung eines klareren Bewußtseins der sozialen Realität konkretisiert Montessori am Beispiel des „kosmischen Planes", der Eingebundenheit des Menschen in das Ganze des Schöpfungsplanes sowie in die entstehenden Wechselbeziehungen. Der Mensch ist kein einsamer Individualist. „Die neuen Generationen müssen verstehen, daß in dieser Union jeder Mensch abhängig ist von anderen Menschen und jeder zur Existenz aller beitragen muß."[89]

Das Studium der Geschichte und Kulturgeschichte kann dazu einen wertvollen Beitrag leisten. Es vermittelt sozialkulturelle Einsichten und weckt soziale Gefühle des Verstehens und der Solidarität, der Gerechtigkeit, der Dankbarkeit und Liebe.

Das Studium der Menschheitsgeschichte z. B. läßt „das Gefühl der ‚Dankbarkeit und Liebe‘ (entstehen) für alle Vorteile, die wir im Leben genießen, ... das Stückchen Brot, die Handvoll Reis, das Kleid, das Haus, die Straße, die Transportmittel, alles ist uns durch Menschen gegeben worden. Ihre Anstrengungen und ihre Opfer für uns müssen immer in unserem Bewußtsein gegenwärtig sein."[90] Konkret können sich menschliches Verstehen und das Gefühl der Solidarität auf diese Weise entwickeln.

Die von Menschen geschaffene Kultur – Supra-Natur – ist der reale Hintergrund der menschlichen Entwicklungsmöglichkeiten heute.[91] Die entstehende menschliche Wechselbeziehung will Montessori auf ihren Bildungsgehalt hin erschlossen wissen, eine Aufgabe, die Teil der Kos-

mischen Erziehung ist, die Montessori seit Mitte der 30er Jahre entwickelte. Vor ihrem Hintergrund kann soziale Verantwortung deutlich
werden und das Wesen einer sozialen Humanität in Erscheinung treten.

2.2.3.1.2 Dynamischer Charakter

Als eine Antwort auf die soziale Unsicherheit der Zeitsituation betrachtet Montessori die Vorbereitung der menschlichen Personalität für alle
unvorhergesehenen Eventualitäten. Die Herausforderung der Zeit besteht im „Bedürfnis nach einer dynamischeren Charaktererziehung"[92].
„In diesem wilden Kampf, zu dem sich das soziale Leben entwickelt
hat", bedarf der Mensch, so Montessori 1939, außer seines Mutes eines
„starken Charakters und eines schnellen Verstandes. Er muß zugleich
seine Grundsätze durch moralische Übungen verstärken und praktische
Fähigkeiten besitzen, um den Schwierigkeiten des Lebens ins Auge sehen zu können. Die Fähigkeit zur Anpassung ist heute wesentlich; denn
wenn der Fortschritt unaufhörlich neue Karrieren eröffnet, so unterdrückt er auch unaufhörlich die traditionellen Berufe oder revolutio-
niert sie."[93]
So besteht die „Sicherheit der Erziehung" in der Flexibilität der Intelligenz, verbunden mit Mut als sicherer Tatkraft. Der Charakter als
Beständigkeit und Treue zu Worten, Gefühlen, Menschen bedarf gleichzeitig eines schnellen Verstandes als intellektuelle Gewandtheit im Umgang mit erworbenem und neuem Wissen. Das klare Bewußtsein sozialer Realität vermittelt das Wissen um den eigenen Platz in den sozialen
Strukturen. Moralische Übungen dienen der Anwendung von Leitlinien
im Handeln. Die Bewältigung von Lebensanforderungen bedarf der Integration in Lebens- und Arbeitszusammenhänge.
Dynamische Charakterbildung erscheint so als Antwort auf die Ver-
faßtheit des Gegenwartsmenschen. Sie ermöglicht eine klare Erkenntnis
der Anforderungen und läßt auf der Basis einer beständigen Sicherheit
ein flexibles Reagieren zu, ohne dabei die Orientierung und das innere
Gleichgewicht zu verlieren.

2.2.4 Form neuer intellektueller Vermittlung –
Kosmische Erziehung

Zu dieser dynamischen Persönlichkeitsentwicklung bedarf es einer neu-
en Vermittlungsform der intellektuellen Bildung sowie der Kultivierung
neuer Gefühle der Menschlichkeit.[94]
Indem in der freien Wahl oder freien Arbeit der Bildungsvorgang selbst
humanisiert, d.h. an seinen ursprünglichen Träger – den heranwachsen-

den Menschen – zurückgegeben wird, offenbart sich dessen humanisierende Wirkung.

Die in 1.2 skizzierte Strukturveränderung der Erziehung in der anthropologischen und pädagogisch-didaktischen Perspektive wird durch Montessori in den 30er und 40er Jahren um die kosmische Dimension erweitert. Darin zeigt sich erst das ganze Ausmaß der 1936 geforderten Strukturveränderung der Erziehung.[95]

2.2.4.1 Basis neuer intellektueller Vermittlung

Die Basis auch für die um die kosmische Dimension (Horizont und Form der Vermittlung) erweiterte Erziehung ist das Medium der Selbstbildung, die „absolute Wahlfreiheit" des jungen Menschen, wie Montessori 1948 ausdrücklich feststellt.[96]

Das Medium der Selbstvermittlung – die absolute Wahlfreiheit – hat humanisierende Wirkungen unter drei Aspekten:

(1) Humanisierung des Lernvorganges

Die Kultivierung „neuer Gefühle der Menschlichkeit" – soziale Humanität – ist eine der Wirkungen dieses Selbstbildungsvorganges. Als eine

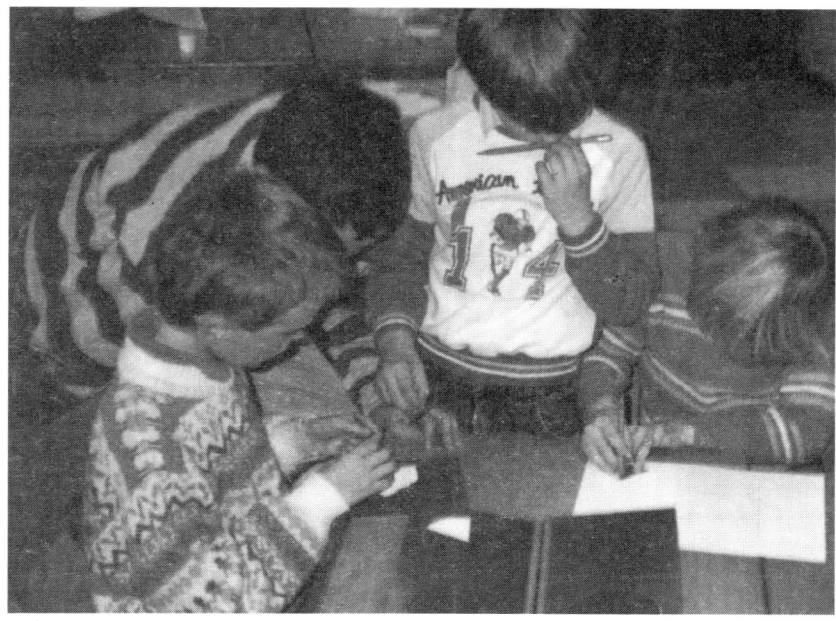

Sozialerziehung und Freiarbeit – Arbeit mit dem Bruchrechenmaterial

immer wieder zu beobachtende Auswirkung nennt Montessori die „soziale Disziplin", in der die soziale Wirkung der erworbenen individuellen Freiheit zum Vorschein kommt. „Respekt für die Arbeit und Rücksichtnahme auf die Rechte anderer", so faßt Montessori sie zusammen. Im einzelnen heißt es: „... Unter den Kindern entsteht ein gegenseitiger Respekt, eine Herzlichkeit, ein Gefühl, das die Menschen verbindet, statt sie zu trennen; und es entsteht daraus jene umfassende Disziplin, die in sich auch das Gefühl enthält, das jede Ordnung einer Gemeinschaft begleiten muß."[97]

(2) Humanisierung der Lernbedingungen

Die schon behandelte „Strukturveränderung der Erziehung" besteht neben der Freigabe der Aneignung von Bildung und Kultur an den Heranwachsenden in der Vorbereitung einer geeigneten Welt, „die seine geistige Entwicklung garantiert"[98].

Die Gestaltung einer „angemessenen Umwelt für den jungen Teil der Menschheit" besteht konkret darin, daß man „dem Kind die notwendigen Mittel zu Verfügung stellt, damit es handeln und Erfahrungen sammeln kann"[99].

(3) Humanisierung des pädagogischen Umgangs

Die Humanisierung des pädagogischen Umgangs vollzieht sich nach Montessori in zweierlei Hinsicht: 1) durch die Bereitstellung von „Mitteln zur geistigen Existenz" für die junge Generation und 2) durch die Gestaltung einer neuen Beziehung zur jungen Generation.

Die Herausforderung der Humanisierung des pädagogischen Umgangs reicht jedoch hinaus über den Kreis derer, die unmittelbar an der Erziehung beteiligt sind. Diese Forderungen sind auf die ganze Erwachsenengeneration in ihrer sozialen Verantwortung für die junge Generation auszudehnen.

Montessori spricht 1946 von der Zeitaufgabe einer „geistigen und sittlichen Hygiene, zu der Familie, Schule und Bürgerschaft alle einen Beitrag leisten müssen"[100].

Bereitstellung von Mitteln zur geistigen Existenz

Ihre anthropologische Notwendigkeit betont Montessori 1950 mit der Feststellung, daß nur wenige Menschen bisher entdeckt haben, „daß die unverkennbaren psychischen Anomalien der modernen Jugend, die sich von den ersten Lebensjahren an offenbaren, zwei Ursachen zuzuordnen sind: ‚geistige Unterernährung' und ‚Mangel an intelligenter und spontaner Tätigkeit'".[101] Sie erkennt darin eine Unterdrückung von Lebenskräften, die bestimmt sind, die Seele des Menschen zu entwickeln. Es entsteht die Forderung einer Re-Sensibilisierung der Erwachsenen, die durch die Vorenthaltung von „Mitteln zur geistigen Entwicklung" jun-

ge Menschen in einen „geistigen Existenzkampf" stürzen, der Lernun-
lust, Frustration und Aggression bzw. sozial bedingte Verhaltensstörungen auslösen kann.

Umbau der Beziehungen

Montessori erkennt in der Zunahme der Zahl von schwierigen Kindern
das Problem zunächst in einem Mangel bei den Eltern. „Die Erwachsenen selbst müssen sich den Notwendigkeiten der Zeit anpassen. Der
zentrale Punkt für die kleinen Kinder ist ihr Bedürfnis, in einer bestimmten Hinsicht auf die Erwachsenen zuzugehen."[102] Erwachsene
wissen vielfach nicht um diese kindlichen Erwartungen und werden damit ungewollt selbst zu einem Problem im Umgang mit dem Kind.
Das Problem im Umgang ist der Erwachsene, der nicht versteht, daß
Kinder nicht frei sein dürfen von ihnen, sondern nur frei sein müssen
von ihren Repressionen.[103] Diese Verwechslung gilt es aufzuarbeiten.
Die geistige und sittliche Hygiene, zu der Familie, Schule und Bürgerschaft einen Beitrag zu leisten haben, besteht auch in der Aufarbeitung
von Problemen, die der Erwachsene selbst in den Umgang mit jungen
Menschen einbringt. Es gilt die Beziehung zu Kindern und Jugendlichen
zu normalisieren. Dazu muß der Erwachsene sich seiner menschlichen
Verluste bewußt werden und an ihrer Wiedergewinnung arbeiten. Dies
fordert eine Re-Sensibilisierung in allen menschlichen Bereichen – seiner
sozialen Wahrnehmungs- und Einsichtsfähigkeit ebenso wie der Gewis-
senssensibilität für bestehende Verantwortungen, verbunden mit der
Pflege der Verantwortungsbereitschaft. Eine Hilfe kann der junge
Mensch selbst sein, der in seiner eigenen Suche nach diesen Qualitäten
und im Zugehen auf den Erwachsenen diesen „inspiriert".[104]

2.2.4.2 Kosmische Perspektive und Kosmische Konzeption
Horizont und Form neuer intellektueller Bildung

Die von Montessori 1939 geforderte Reform der intellektuellen Bildung
hat sich in ihrer Form (didaktisch-methodisch) aus dem Horizont der
kosmischen Perspektive zu verstehen.[105] Diese kosmische Perspektive –
in den 40er Jahren zu einer kosmischen Konzeption entwickelt – enthält neben der intellektuellen Neuorientierung auch eine sozial-huma-
ne. Das fundamentale Bildungsprinzip – „die Wechselbeziehung aller
Dinge und ihre Zentrierung in dem kosmischen Plan"[106] – soll auch zur
Kultivierung neuer Gefühle der Menschlichkeit beitragen, um „den Verstand und das Gewissen aller Menschen in einer Harmonie zu vereinen". Das ist es, was Montessori durch die „Kosmische Erziehung" beabsichtigt.[107]

Anmerkungen

1 Dieser Vortrag ist Teil einer neuen Publikation mit dem Titel „Soziale Humanität". Der Vorabdruck erfolgt mit freundlicher Genehmigung von Herder Freiburg (d. Verf.).

2 vgl. M. Montessori, Die Schule des Kindes, 2. Aufl., Freiburg 1987, S. 71.

3 L. Roubiczek, Über einige Grundsätze der Montessori-Methode. In: Die Quelle, S. 396.

4 vgl. Schule des Kindes, a. a. O., S. 12

5 ebd., S. 311

6 vgl. M. Montessori, Frieden und Erziehung, Freiburg 1973, S. 58

7 ebd., S. 51

8 M. Montessori, Die Freiheit muß aufgebaut werden. In: Montessori-Werkbrief 4/1985, S. 122

9 M. Montessori, Über die Bildung des Menschen, Freiburg 1964, S. 25

10 vgl. Frieden und Erziehung, a. a. O., S. 116

11 Frieden und Erziehung, a. a. O., S. 64

12 vgl. Frieden und Erziehung, a. a. O., S. 81

13 vgl. Über die Bildung des Menschen, a. a. O., S. 22

14 Frieden und Erziehung, a. a. O., S. 30

15 ebd., S. 30

16 Über die Bildung des Menschen, a. a. O., S. 21

17 Frieden und Erziehung, a. a. O., S. 110, S. 120

18 ebd., S. 126

19 Über die Bildung des Menschen, a. a. O., S. 54

20 M. Montessori, Mein Handbuch, Stuttgart 1922, S. 112

21 Frieden und Erziehung, a. a. O., S. 71

22 ebd., S. 94

23 M. Montessori, Grundlagen meiner Pädagogik, Heidelberg 1965, S. 9

24 ebd., S. 17, S. 25

25 vgl. Frieden und Erziehung, a. a. O., S. 33, S. 44 f., S. 59, S. 65

26 Schule des Kindes, a. a. O., S. 107

27 ebd., S. 197

28 M. Montessori, Das Kind in der Familie, Stuttgart 1922, S. 77

29 Schule des Kindes, a. a. O., S. 89

30 vgl. ebd., S. 84

31 vgl. Das Kind in der Familie, a. a. O., S. 76., vgl. Schule des Kindes, a. a. O., S. 102

32 M. Montessori, Die Entdeckung des Kindes, 8. Aufl., Freiburg 1987, S. 45

33 Das Kind in der Familie, a. a. O., S. 59

34 vgl. H. Holtstiege, Maria Montessoris Neue Pädagogik: Prinzip Freiheit – Freie Arbeit, Freiburg 1987, S. 62

35 vgl. Das Kind in der Familie, a. a. O., S. 77;
vgl. Schule des Kindes a. a. O., S. 102

36 vgl. Maria Montessoris Neue Pädagogik, a. a. O., S. 54

37 Schule des Kindes, a. a. O. S. 105

38 vgl. M. Montessori, Von der Kindheit zur Jugend, 3. Aufl., Freiburg 1979, S. 48 f.;
vgl. Über die Bildung des Menschen, a. a. O., S. 58

39 Schule des Kindes, a. a. O., S. 170
40 ebd., S. 174
41 ebd., S. 102
42 vgl. H. Holtstiege, Modell Montessori, 6. Aufl., Freiburg 1991, S. 179
43 Das Kind in der Familie, a. a. O., S. 80
44 Schule des Kindes, a. a. O., S. 104
45 vgl. Maria Montessoris Neue Pädagogik, a. a. O., S. 68 ff.
46 Schule des Kindes, a. a. O., S. 85; vgl. Grundlagen meiner Pädagogik, a. a. O., S. 23
47 vgl. ebd., S. 166
48 Über die Bildung des Menschen, a. a. O., S. 55
49 Mein Handbuch, a. a. O., S. 112
50 vgl. ebd., S. 112
51 vgl. ebd., S. 112
52 vgl. H. Helming, Montessori-Pädagogik, 14. Aufl., Freiburg 1992, S. 34
53 vgl. Modell Montessori, a. a. O., S. 98 ff.
54 vgl. ebd., S. 150 ff.
55 Schule des Kindes, a. a. O., S. 144
56 vgl. Mein Handbuch, a. a. O., S. 112
57 Über die Bildung des Menschen, a. a. O., S. 18
58 M. Montessori, Spannungsfeld Kind – Gesellschaft – Welt, Freiburg 1979, S. 76 ff.
59 vgl. Schule des Kindes, a. a. O., S. 165
60 ebd., S. 164 f.
61 vgl. Mein Handbuch, a. a. O., S. 75
62 M. Montessori, Das kreative Kind, 6. Aufl., Freiburg 1987, S. 236
63 vgl. H. Holtstiege, Erzieher in der Montessori-Pädagogik, Freiburg 1991, S. 67
64 vgl. ebd., S. 67 ff.
65 vgl. ebd., S. 72 ff.; vgl. H. Holtstiege, Freie Arbeit in der Montessori-Pädagogik, Köln 1991 (Pädagogische Schriften, Heft 5, hrsg. v. ADMV), S. 11
66 Erzieher in der Montessori-Pädagogik, a. a. O., S. 83 ff.
67 M. Montessori, Kosmische Erziehung, Freiburg 1988, S. 37
68 Frieden und Erziehung, a. a. O., S. 52, S. 54
69 Kosmische Erziehung, a. a. O., S. 26
70 Schule des Kindes, a. a. O., S. 305
71 Von der Kindheit zur Jugend, a. a. O., S. 92 f.
72 Schule des Kindes, a. a. O., S. 169
73 ebd., S. 170
74 Die Freiheit muß aufgebracht werden, a. a. O., S. 122
75 Frieden und Erziehung, a. a. O., S. 81
76 ebd., S. 81, S. 83
77 Kosmische Erziehung, a. a. O., S. 25
78 vgl. Frieden und Erziehung, a. a. O., S. 47
79 Kosmische Erziehung, a. a. O., S. 111
80 Frieden und Erziehung, a. a. O., S. 36
81 Kosmische Erziehung, a. a. O., S. 26 f.
82 M. Montessori, Kinder sind anders, Stuttgart 1978 (Ullstein Taschenbuch 1985), S. 298

83 Spannungsfeld Kind – Gesellschaft – Welt, a. a. O., S. 94
84 ebd., S. 83
85 Frieden und Erziehung, a. a. O., S. 83
86 Von der Kindheit zur Jugend, a. a. O., S. 93
87 Frieden und Erziehung, a. a. O., S. 97
88 vgl. Grundlagen meiner Pädagogik, a. a. O., S. 25; vgl. Von der Kindheit zur Jugend, a. a. O., S. 99
89 Spannungsfeld Kind – Gesellschaft – Welt, a. a. O., S. 140
90 Kosmische Erziehung, a. a. O., S. 28
91 vgl. ebd., S. 100
92 Von der Kindheit zur Jugend, a. a. O., S. 95
93 ebd., S. 94
94 vgl. Kosmische Erziehung, a. a. O., S. 26
95 Frieden und Erziehung, a. a. O., S. 30
96 Kosmische Erziehung, a. a. O., S. 40 ff.
97 Schule des Kindes, a. a. O., S. 93
98 Frieden und Erziehung, a. a. O., S. 30
99 ebd., S.96, 110, 116
100 Spannungsfeld Kind – Gesellschaft – Welt, a. a. O., S. 94
101 Über die Bildung des Menschen, a. a. O., S. 94
102 Spannungsfeld Kind – Gesellschaft – Welt, a. a. O., S. 95
103 vgl. ebd., S. 95
104 vgl. M. Montessori, Kinder, die in der Kirche leben, Freiburg 1964, S. 244
105 Von der Kindheit zur Jugend, a. a. O., S. 107 f.
106 Kosmische Erziehung, a. a. O., S. 100
107 ebd., S. 26

LITERATURVERZEICHNIS

M. Montessori, Mein Handbuch, Stuttgart 1922

Dies., Das Kind in der Familie, Stuttgart 1922

Dies., Kinder, die in der Kirche leben, Freiburg 1964

Dies., Über die Bildung des Menschen, Freiburg 1964

Dies., Grundlagen meiner Pädagogik, Heidelberg 1965

Dies., Frieden und Erziehung, Freiburg 1973

Dies., Kinder sind anders (Ullstein Taschenbuch 1985), Stuttgart 1978

Dies., Von der Kindheit zur Jugend, 3. Aufl., Freiburg 1979

Dies., Spannungsfeld Kind – Gesellschaft – Welt, Freiburg 1979

Dies., Die Entdeckung des Kindes, 8. Aufl., Freiburg 1987

Dies., Schule des Kindes, 2. Aufl., Freiburg 1987

Dies., Das kreative Kind, 6. Aufl., Freiburg 1987

Dies., Kosmische Erziehung, Freiburg 1988

Dies., Die Macht der Schwachen, Freiburg 1989

Dies., Die Freiheit muß aufgebaut werden. In: Montessori-Werkbrief 4/1985, S. 122 f.

H. Helming, Montessori-Pädagogik, 14. Aufl., Freiburg 1992

H. Holtstiege, Maria Montessoris Neue Pädagogik: Prinzip Freiheit – Freie Arbeit, Freiburg 1987

Dies., Modell Montessori, 6. Aufl., Freiburg 1991

Dies., Erzieher in der Montessori-Pädagogik, Freiburg 1991

Dies., Freie Arbeit in der Montessori-Pädagogik. hrsg. v. ADMV (Pädagogische Schriften, Heft 5), Köln 1991

L. Roubicek, Über einige Grundsätze der Montessori-Methode. In: Die Quelle, S. 301 ff., S. 396 ff.

Herbert Tschamler

Von der Kosmischen Erziehung zur Umwelterziehung

Der Beitrag der Montessori-Pädagogik zur Öko-Pädagogik

Die Umweltkonferenz in Rio sollte zu einem großen Ereignis der Einsicht und Selbstbeschränkung führen, damit unsere Umwelt nicht länger jenen Zerstörungen ausgesetzt sein muß, die Tag für Tag auf dem ganzen Erdball von den verschiedenen Völkern, Staaten und Einzelmenschen begangen werden. Das Ergebnis zeigte ein anderes, ein pessimistisches Gesicht. Nur sehr mühsam war man bereit – vor allem die Vertreter der Industriestaaten – Initiativen zu unterstützen, die der Ausbeutung der Umwelt entgegentreten. In der Diagnose war man sich einigermaßen einig, in der Therapie differierten die Standpunkte, und diese erst gibt Hoffnung auf ein Besserwerden. Die Konflikte und Meinungsverschiedenheiten prägten so das Bild einer lebenserhaltenden Konferenz, und der Pessimismus bricht angesichts solcher Borniertheiten sich Bahn, das Gefühl der Ohnmacht oder Ohnmächtigkeit überfällt den einzelnen. In dieser weltumspannenden Situation stehen wir und wollen überlegen, was wir von seiten der Erziehung für einen Beitrag leisten können, schon die Kinder für diese Umwelt sensibel zu machen, für die Lebenswelt Sorge und damit Verantwortung zu tragen.
Für einen Kreis von Pädagogen, die die Selbständigkeit der Kinder in der Tradition der Montessori-Pädagogik zum Programm ihrer Erziehung gemacht haben, steht die Dringlichkeit des Problembereiches einer Umwelterziehung außer Zweifel. Die Antwort fällt nicht schwer, denn in der Konzeption der Kosmischen Erziehung bei Maria Montessori liegt direkt und indirekt die Grundlage für die Ausarbeitung eines Umweltkonzepts. Die Friedenserziehung basiert schon nach Montessori auf der Kosmischen Erziehung, die ökologische Sicht findet sich in ersten Ansätzen auch bei ihr, aber doch unter einem grundsätzlich anderen Vorzeichen, als dies in der gegenwärtigen Literatur über Öko-Pädagogik versucht wird. Die Bedeutung der Umwelt als belebte und unbelebte Natur sowie der Mensch als Lebewesen der Natur und seine innige Verbundenheit mit seiner Lebenswelt bieten die Grundlage für einen ganzheitlichen Entwurf. Für die Durchführung einer Umwelterziehung in der Schule bedeutet dies aber nicht die Etablierung eines zusätzlichen Faches, sondern die Vernetzung mit den vorhandenen Lerninhalten.
In dem vorliegenden Beitrag soll der Versuch unternommen werden, grundlegende Gedanken der Kosmischen Erziehung aufzugreifen, die

Konsequenzen für das kindliche Lernen herauszustellen und einen skizzenhaften Weg für die Realisierung der Umwelterziehung zu eröffnen.

1.1. Grundlegende Gedanken zur Kosmischen Erziehung

In den bereits vorliegenden Arbeiten[1] wird die Entstehung der Kosmischen Erziehung bei Maria Montessori ausführlich geschildert.

„Dieses Programm der ‚Kosmischen Erziehung' als Grundstein der Schulerziehung wurde zuerst 1935 in England vorgelegt und hat sich schon als der einzige Weg erwiesen, auf dem wir trittsicher zu weiteren pädagogischen Untersuchungen voranschreiten können."[2]

Angefangen bei dem in London 1935 gehaltenen Vortrag bis zu den Schriften und Vortragsnotizen aus der Zeit ihres indischen Aufenthaltes vermerkt man bei ihr den Versuch, eine Antwort zu finden auf das Zusammenwachsen der verschiedenen Völker, Nationen, Kulturen und Religionen zu einer Weltkultur, in der die Verschiedenheiten nicht aufgehoben werden, sondern vielmehr in einem friedlichen Austausch koexistieren können. Darin liegt der Entwurf einer Friedenserziehung, durch die es den Kindern ermöglicht wird, in einer multikulturellen Gesellschaft zu leben und einander zu akzeptieren. Ein weiterer wesentlicher Bestandteil der Kosmischen Erziehung ist – neben der Friedenserziehung – die Sorge und Verantwortung für die Natur, die die Grundlage für das menschliche Leben bildet.

Daher ist Kratochwil durchaus zuzustimmen, daß im Entwurf der Kosmischen Erziehung der „Schlüssel zum Verständnis des pädagogischen Gesamtwerkes" von Maria Montessori liegt.[3] Im Vordergrund steht das divergente Denken, die Synthese vor der Analyse, die Ganzheitsschau, zu der wesentliche kreative Geistesakte notwendig sind. Dies ergibt sich aber aus der besonderen Betonung, Aufwertung und Konzentration auf die menschliche Einbildungskraft und die Phantasie. Erlebnis und Phantasie sind die beiden Vermittlungsinstanzen des Gegebenen in seinem So-Sein in Hinsicht auf den Sinn einer Sache. Der Baum verweist im Erlebnis mit Hilfe der Phantasie auf einen Sinn, d. h. auf die Vielfalt der Beziehungen, in deren Strukturen er als Einzelding seinen Sinn erhält und erfüllt.

Kosmische Erziehung enthält den Terminus des Kosmischen, des Kosmos. Die Entscheidung dafür folgt sicherlich nicht von ungefähr. Der Kosmos will ja nicht nur bereits seit den Griechen im abendländischen Denken die nicht-menschliche Welt bezeichnen und damit auch die Natur und die vom Menschen geschaffene Kultur, sondern er schließt eine Ganzheitsicht ein, die den Menschen mit der Natur und seiner Kultur verbindet durch die Auslegung des Mensch-Seins als Mikrokosmos, der seine gegenseitige Entsprechung im Makrokosmos besitzt. So kommt es zu einer Verbindung von Mensch und Welt, die die Verwobenheit und Verbundenheit, aber auch die Angewiesenheit, die aus dieser Entsprechung resultiert, aufzeigt. Diese Gedanken ziehen sich wie ein roter Faden durch das abendländische Denken und finden sich in ähnlicher Weise auch in anderen Kulturen in Ost und West. So kann im Mittelalter Hildegard von Bingen in ihrem „Liber Divinorum Operum" die Zuordnung von Mensch und Kosmos als eine von Gott gewollte Entsprechung bezeichnen und die Gestalt des Menschen, von Gott nach dem Kosmos gebildet, in Analogie zum Künstler beschreiben.

Das Entsprechungsverhältnis und die Interpretationsweisen können vice versa erfolgen, d. h. einmal vom Mikro- zum Makrokosmos und dann auch umgekehrt. Der alte Methexis-Gedanke und die „Teilhabe an" umschreiben dabei die Art und Weise der Verbundenheit von Mensch und Welt.

Da aber sowohl der Makro- als auch der Mikrokosmos in sich gesehen eine Werdegestalt aufweisen, die als Entwicklung bezeichnet wird, ergibt sich daraus auch die Frage nach dem Gang oder vielmehr nach dem Ziel und Zweck aller Entwicklung. Die Teleologie bleibt eingeschlossen in der These von der perfectibilité des Menschseins oder der Schöpfung oder des Kosmos, neben dem Erhaltungsprinzip alles Lebendigen.

Das Kosmische umfaßt aber auch das Unlebendige, also all das, was außerhalb des Lebendigen sich ereignet durch die Zeiten hindurch als Ergebnis des Zusammenspiels verschiedener Kräfte in den Konstellationen, wie sie sich uns in der geologischen Schichtung, den Faltungen, den Landverschiebungen, der Beziehung zwischen Wasser und Land, Meeren und Kontinenten darbieten sowie des Einflusses der Himmelskörper mit den zirkulärregulativen Einflüssen der Gestirne. Die Idee des Kosmischen bekommt eine Dimension weit über das Lebendige hinaus, wird aber als Grundlage und Ermöglichung des Lebendigen, als „Haus des Lebens" anerkannt und einbezogen, wobei der Schritt zu Gott, zum Göttlichen, zum Geistigen, wie er sich in den verschiedenen Religionen zeigt, eine wesentliche Ergänzung darstellt.

„Das Geheimnis der Erziehung ist, das Göttliche im Menschen zu erkennen und zu beobachten, d. h., das Göttliche im Menschen zu kennen, zu lieben und ihm zu dienen; zu helfen und mitzuarbeiten von der Position des Geschöpfes und nicht der des Schöpfers. Wir haben das göttliche Wirken zu fördern, aber nicht uns an seine Stelle zu setzen, da wir sonst zu Verführern der Natur werden."[4]

Kosmisches Denken orientiert sich an der Zeit als jener Größe, die als Vergangenheit den Ist-Zustand der Gegenwart bedingt und aus den Gegebenheiten des Jetzt die Zukunft mitbestimmt. So wird die Evolutionstheorie mit ihren Folgerungen für den Menschen in einem größeren

Rahmen des Nicht-Lebendigen mit einbezogen und so eine ganzheitliche Sicht vermittelt, die nicht unbedingt mit der Einseitigkeit einer zielgerichteten Evolution verbunden bleiben muß.

Dieser kosmische Rahmen und die Einbeziehung des Menschen als Mikrokosmos werfen im Hinblick auf den einzelnen Menschen sinnkonstituierende und sinntheoretische Fragen und Probleme auf, die mitten hinein in die Bildungstheorie der Pädagogik führen und

„...eine neue Form intellektueller Bildung vermittelt und neue Gefühle der Menschlichkeit kultiviert. Dieser letzte Teil, die Bildung, welche das Studium darstellt, das in den Schulen durchgeführt werden muß, der universale Lehrplan, der den Verstand und das Gewissen aller Menschen in einer Harmonie vereinen kann, ist es, was wir durch ‚Kosmische Erziehung' beabsichtigen."[5]

So umfaßt die Bildung Wissen und Gewissen und stellt sich in der Doppelfrage nach dem Sinn meines Lebens im Ganzen des Kosmos, also nach dem Wert des Einzelnen im Insgesamt des Kosmos, und umgekehrt nach dem individuellen Beitrag in meiner Lebenswelt als kosmische Aufgabe.

„In dem universalen Lehrplan, in welchem die neuen Generationen sich all die Einzelheiten der Bildung aneignen müssen, müssen diese als verschiedene Aspekte des Wissens von der Welt und vom Kosmos verbunden werden. Astronomie, Geographie, Geologie, Biologie, Physik, Chemie sind nur Details eines Ganzen. Ihr Bezug untereinander ist das, was das Interesse von einem Zentrum bis zu seinen Ausläufern hintreibt. Daneben gibt es den anderen Part, der die Lenkung des Bewußtseins auf die Menschheit hin betrifft. Der kosmische Aufbau der menschlichen Gesellschaft muß das Zentrum des Studiums der Geschichte und der Soziologie werden. Wie sollen wir die Menschheit schätzen, wenn wir nicht vor allem ihre Verdienste, ihre schöpferischen Anstrengungen, ihren Gehorsam gegenüber den kosmischen Gesetzen betrachten, welche die Gesellschaft unbewußt zu einer tatsächlichen Union vorangetrieben hat, die heute die ganze Menschheit in entscheidender Hinsicht vereinigt? Die neuen Generationen müssen verstehen, daß in dieser Union jeder Mensch abhängig ist von anderen Menschen und jeder zur Existenz aller beitragen muß."[6]

Problem und Aufgabe ergeben sich in dem Prozeß der Sinnfindung des eigenen Lebens als Teil eines Ganzen des Kosmos und in der Erfahrung der Sinnhaftigkeit meiner Existenz als Beitrag zum Ganzen. Man könnte dies auch mit dem alten Beispiel des Welttheaters erläutern, in dem der Mensch diese seine Rolle zu übernehmen und zu spielen hat. In einer Zeit des Skeptizismus und der Erfahrung der Sinnlosigkeit menschlichen Daseins in den verschiedenen Facetten erscheint es als Wagnis, den Weg der Sinnfindung zu beschreiten. Und doch wird er und muß er in der Pädagogik gegangen werden.

Kosmische Erziehung als Erfahrung ganzheitlichen Seins des Einzelnen in der Beziehung zum Lebendigen und Unbelebten richtet sich gegen jegliche Verengungen und Einschränkungen, durch die kulturelle, religiöse, ethnische und nationale bis hin zu politischen Partikularismen die Menschen voneinander scheiden und so zur Quelle von Konflikten, Auseinandersetzungen, Kriegen etc. führen können, die Leben vernichten im Namen von Herrschaft und Macht einer Gruppe von Menschen über andere Menschen.

In diesem Sinn ergibt sich die Friedenserziehung konsequent aus einer so konzipierten Erziehung. Sie wird und wurde auch schon in den verschiedenen Einrichtungen und Kursen der Montessori-Pädagogik bis hin zu den Auswirkungen auf das Zusammenleben in Montessori-Einrichtungen theoretisch und praktisch miteinbezogen.

1.2 Die Entwicklung des Kindes in der Kosmischen Erziehung

Zunächst erweckt es den Anschein, als seien die Bedingungen als quasi Sensibilitäten für die Kosmische Erziehung festgelegt in der Lebenssphäre des Kindes, die sich mit den ersten Schuljahren verknüpft (6. – 12. Lebensjahr).

Das Alter, in dem das Kind mit der kosmischen Theorie Bekanntschaft machen soll, fällt mit dem Eintritt in die Schule, dem 6. Lebensjahr, zusammen und reicht nach Montessori bis zum 12. Lebensjahr. In dieser Zeit besitzt das Kind eine Sensibilität für die Welt, die es erobern will durch seinen Wissensdurst und das Erwachen des moralischen Bewußtseins, das wiederum ethische Dimensionen und Fragestellungen impliziert sowie die Sensibilität für Gruppenbildung, soziale Beziehungen oder kohäsive Gemeinschaftsstrukturen. Das Ziel der Kosmischen Erziehung liegt keineswegs in der Anhäufung von Wissen über die Welt und ihre Entstehung, sondern soll Liebe und Erkenntnis verbinden, indem sie Bewunderung, Dankbarkeit, Begeisterung und Liebe erweckt.

„Daher ist es unser Ziel, das Kind nicht nur zum bloßen Verstehen zu führen, und noch weniger, es zum Auswendiglernen zu zwingen, sondern seine Phantasie anzustoßen, so daß es sich zutiefst begeistert. Wir wollen keine selbstzufriedenen Schüler, sondern leidenschaftliche; wir trachten, Leber Leben in das Kind zu säen als Theorien und ihm bei seiner geistigen, emotionalen wie auch physischen Entwicklung zu helfen. Dazu müssen wir dem menschlichen Geist große und erhabene Ideen anbieten, dem Geist, der immer bereit ist, sie zu empfangen, und immer mehr verlangt.“[7]

Die Erfahrung der Einheit der Menschheit, der Abbau von Vorurteilen, um das Verständnis und das Zusammenleben der Menschen untereinander zu ermöglichen, die Ehrfurcht vor dem Leben, vor Gott, vor dem Mitmenschen und vor sich selbst sind die Grundintentionen der Kosmischen Erziehung.[8]

Als das optimale Entwicklungsstadium für die Realisierung der Kosmischen Erziehung sieht Montessori das Alter von 6–12 Jahren. Trotzdem zeigen das Programm und die Intention deutlich, daß die Kosmische Erziehung vor und nach dieser Phase ihre Bedeutung behält, weil sie als Bildungstheorie nicht eingeengt werden kann. Dies zeigt sich insbesondere im Zeitabschnitt von 3–6 Jahren in der vorbereiteten Umgebung, aber auch in der religiösen Erziehung. Nach dem 12. Lebensjahr mündet sie in einen lebenslangen, nicht abzuschließenden Prozeß der Bildung des Menschen.

Das Kind kann z. B. von seinem religiösen Glauben her die Antwort nach dem Sinn suchen oder vielleicht gefunden haben. Nie wird sie die endgültige Antwort des Kindes sein. Sinn finden heißt ein Aufgehen, ein Erfahren, ein Erleben von Sinn, das nicht wie ein Wissensinhalt einfach akzeptiert und angeeignet werden kann.

So versucht die Kosmische Erziehung in ihrem Anspruch Anstöße für Bildungsprozesse zu geben und verlangt gleichzeitig vom Erzieher selbst die Erfahrungen von Bildungsprozessen, ohne die eine Kosmische Erziehung in diesem Verständnis sinnlos wäre.

Wie ist diese Welt so geworden, wie sie heute erfahrbar ist? Diese anhand der Zeitfrage gestellte Problematisierung kann in verschiedene Teilfragen analytisch differenziert werden.

Die Genese des Menschen und seiner Kultur

Die Genese des Lebendigen

Die Genese des Nicht-Lebendigen

Die Genese der Welt als Genese der Natur und Kultur des Lebendigen.

Diese umfassende Thematik enthält ein lebenslanges Lernprogramm, und damit ist auch die Frage eingeschlossen nach dem Sinn und der Aufgabe meiner Existenz, meines Lebens in den insgesamt großen umfassenden Strukturen (Rädchen im Räderwerk, Verlorensein), der Erkenntnis der Notwendigkeit und Wichtigkeit der eigenen Existenz in der Lebenswelt. Die Frage des Weges, der zur Lösung führen soll, kann nie so beantwortet werden, daß dem Kind die Antwort vorgegeben wird. Sie muß zusammen mit ihm konkreativ gesucht werden. Die Einbeziehung der Zeit und die Akzentuierung der Genese führen von selbst zur Frage nach der Entwicklung. Den Verweis auf Entwicklungstheorien und ihre Konsequenzen löst Montessori durch den Hinweis auf die „geologische" Entstehungsgeschichte, die das Unbelebte in seiner Werdegestalt durch die exogenen und endogenen Kräfte der chemischen und physikalischen Prozesse ins Blickfeld rückt. Die Entwicklung des Lebens, und damit des Lebendigen, bekommt seine Deutung durch die Deszendenztheorie von Charles Darwin und seiner Schule. In ihr und durch sie kommen bzw. kamen auch Konfliktmöglichkeiten mit bestimmten Auffassungen der theologischen Anthropologie, die den Menschen als Ebenbild Gottes und eine aus einem direkten Schöpfungsakt Gottes hervorgegangene Kreatur verstehen.

„Wenn ich gefragt werde, ob ich mit der Evolutionstheorie übereinstimme, antworte ich, daß die Frage von Einverständnis oder Nichteinverständnis unwichtig ist. Wir müssen auf die Tatsachen achten, die geeignet sind, Irrtümer in bestehenden Theorien zu korrigieren, und sie dann dem Wissen hinzufügen. Und ich akzeptiere die heutige geologische Sicht der Evolution als einen Fortschritt gegenüber der biologischen, die früher das Feld behauptete. Die Geologie liefert den besten Beweis der Evolution, wenn sie zeigt, wie den wirbellosen Meeresgeschöpfen Wirbeltiere folgten, kaltblütigen Amphibien auf dem Land die warmblütigen Tiere und Vögel. Fossile Überreste in Gesteinen ermöglichen der Phantasie, vergangene Zeiten zu rekonstruieren und das fast unglaubliche Alter unserer Erde zu erkennen."[9]

Wie stellt sich Montessori zur Evolutionstheorie? Sie geht einer direkten Antwort oder Stellungnahme aus dem Weg, knüpft an die geologischen Zeitalter an und ordnet ihnen, je nach Alter, die verschiedenen Lebensarten zu. Daraus allein läßt sich eine implizierte Annahme der Evolutionstheorie erschließen.
Die Entdeckung oder das Finden eines kosmischen Plans, nach dem die Entwicklung sich ausrichtet, möchte M. Montessori in der Tendenz nach Vervollkommnung sehen.
Diese geht über die Selbst- oder Arterhaltung hinaus.

„Der Unterschied zwischen der geologischen und der biologischen Sicht besteht darin, daß die letztere das Leben unabhängig von der Erde betrachtet, als eine andere Ordnung der Schöpfung, hingestellt, um sich zu entwickeln, um zur Vollkommenheit hin zu leben und zu wachsen. Das ist eine lineare Sicht, verwandt mit der alten Vorstellung der Erde als einer ebenen Fläche."[10]

Damit bezieht Montessori die Teleologie in ihre Entwicklungstheorie mit ein. Der Schritt in eine religiöse Deutung ist naheliegend. Dabei versucht sie bewußt, den Bereich des Religiösen nicht auf das Christliche zu reduzieren. Dies kann man durchaus auch dann annehmen, wenn im Text Verweise auf christlich-religiöse Sprüche oder Bibelstellen auftauchen.
Die menschliche Sendung sieht Montessori in den kosmischen Kräften, die im Menschen wirken.[11] Daraus ergibt sich die Aufgabe des Menschseins, im Einklang mit der Natur Kultur zu schaffen. Nicht gegen die Natur, sondern mit ihr entsteht Kultur. Dies betont sie durch den Ausdruck der Super-Natur, wenn es ihr um eine Kultur oder um ein Kulturschaffen geht, das im Einklang mit der Natur steht.[12]
Die Gegenwart versteht Montessori als Umbruchzeit, in der sich die Menschheit auf ein neues Zeitalter des Zusammenlebens einrichten muß. Durch Überwindung der Schranken von Völkern und Nationen soll eine völkerverbindende Einheit geschaffen werden. Das Charakteristikum der Übergangszeit liegt in dem „gestörten Gleichgewicht"[13], in der Gefahr einer „universalen Katastrophe"[14]. „Die weise Natur muß die Grundlage bilden, auf der eine noch vollkommenere Super-Natur

erbaut werden kann."[15] Sie kann aber nicht gegen die Natur, sondern nur mit der Natur erfolgen, in „Kooperation" mit der Natur[16], im „Gehorsam" mit den „Gesetzen der Natur"[17]. Dazu ist eine neue Stufe „individueller und sozialer Moral"[18] notwendig, und diese bedarf der Erziehung, insbesondere des Konzepts der Kosmischen Erziehung[19] als Bildungsprozeß einer neuen Pädagogik.

Mit anderen Worten:

Die neuen Entwicklungen sind Antworten, die die Menschheit auf die Herausforderungen ihrer Zeit geben muß, durch die Umgestaltung ihrer Umwelt. Nun stellt Montessori konsequenterweise nicht die Kultur der Natur gegenüber, so daß sich hier ein dualistischer Graben auftun könnte, sondern sie spricht hier von der Super-Natur, um die Veränderbarkeit und die Weiterentwicklung des Vorhandenen, des Gegebenen, durch das menschliche Handeln auszudrücken. Der Mensch besitzt eine Natur und bleibt als menschliche Natur im Umkreis der Natur, so wie sie sich als belebte und unbelebte Natur darbietet, verbunden, so kann er Entwicklungen mitbestimmen, die im Einklang mit der Natur erfolgen. Das was der Mensch geschaffen hat, liegt auf dem Boden der Möglichkeit einer Veränderung der Natur, dies bleibt Natur, kann sich aber auch gegen die Natur richten.

Welche Fähigkeiten müssen daher beim Kinde gefördert werden, um diese Aufgaben zu erfüllen? Die erste Antwort liegt in der Einbildungskraft. Ihr gibt Montessori ein zentrales Gewicht in der Kosmischen Erziehung, denn die Herstellung von Zusammenhängen, von Vorstellungen, von Strukturen oder Ganzheiten auf Grund von einzelnen Gegebenheiten geht nur über sie. Die Einbildungskraft ist ein wichtiger Ausdruck unserer Intelligenz. Ohne sie würde unsere ganze Welt in der Armut der Phantasielosigkeit ersticken. Gleichzeitig muß diese wertvolle Kraft menschlichen Geistes an die Wirklichkeit gebunden werden und nicht in irrealen Gefilden umherschwirren, daher sich an Gegenstände und Sachverhalte binden. Die zweite Antwort orientiert sich an der Bereitstellung des Materials zur Kosmischen Erziehung. Eine durchstrukturierte Serie von Materialien, wie z. B. bei den Sinnesmaterialien, gibt es hier nicht. Hier müssen verschiedene Wissensfächer aufgenommen und miteinander vernetzt werden. Dies soll nicht nur eine Leistung der Erwachsenen sein. Mit den Kindern zusammen in einer gemeinsamen Kreativität soll ein Weg gesucht werden.

Der Prozeß der Konkreativität „zwischen Mensch und Natur, zwischen Mensch und Situation, zwischen Mensch und Mensch"[20], setzt durch das wechselseitige Verbundensein eine Bewegung in Gang, die mich und die Wirklichkeit so verbindet, daß das Neue, das daraus entsteht, weder planbar noch voraussehbar ist, sondern sich aus diesem Prozeß, aus dieser Situation selbst ergibt. Dies läßt aber auch innovative Erfahrungen zu, die nicht von vornherein verfügbar sind. „Es geht mir etwas auf in einer Situation", ich erfahre Aspekte, Strukturen, Weisen des Existierens meines Gegenübers, die ich weder erwartet habe noch bisher zur Kenntnis nahm. Die echte Erfahrung des Unbekannten, des Neuen durch das Einlassen auf die Situation setzt mich in die neue Sicht, in das Innovative des Geschehens, das nicht von mir allein hervorgebracht wurde, sondern aus der wechselseitigen Beziehung hervorgeht. Dies führt zu einer Verwandlung des Menschen, und damit zu dem, was in Bildungsprozessen seit jeher intendiert ist und war.

„Der Lehrer ‚unterrichtet' seinen Schüler und bringt ihm ‚Wissen' bei, das dieser sich durch Lernen aneignet. Der Meister ‚verwandelt' seinen Jünger und gibt ihm ein anderes Sein, ein anderes Leben, ein anderes Ich in Selbsthebung, das dieser durch ‚Üben' erwirbt."[21]

Man sieht auch hier, wie stark Rombach noch in der Einseitigkeit des Lehrens vom Meister zum Jünger verhaftet bleibt. Konkreativität setzt die Verwandlung beider voraus und das Aufgehen von Einsicht in die Dimension meiner Existentialität, die sich am Ende erst ergibt.

Wenn der Pädagoge – voll jener Skepsis als Zeitmeinung – sich in die Situation der Sinnsuche mit seinem Zögling begibt, dann weiß auch er nicht, was für die Beteiligten herauskommt, und transzendiert damit auch den Horizont des Planbaren. Sinnfindung geschieht nicht ein für alle Male, sondern bedeutet immer ein Suchen, um zu finden; habe ich gefunden, so ist dies nicht ein Besitz, sondern der Ausgangspunkt für neues Suchen. In diesem Sinn verstand schon der Kirchenvater Augustinus christliche Existenz.

„Eine nachlässige und schlechtgelaunte Umgangsweise mit der Wirklichkeit läßt diese negativ reagieren, dadurch wird die Umgangsweise noch resignativer und unpassender, wodurch die Wirkungen in der Wirklichkeit noch schlechter werden."[22]

Die Konkreativität, die Heinrich Rombach in seiner strukturalen Anthropologie herausarbeitet, geht der Erfahrung nach, daß das Verhältnis des Erkennenden zum Erkannten nicht einseitig von Veränderung geprägt ist, sondern daß beide sich verändern. Dies nennt Rombach Hermetik als Seinsveränderung, die in der Beziehung einer Situation erst entsteht. Nicht das, was ist, gilt es zu berücksichtigen, sondern das, was im gegenseitigen Austausch, in der gegenseitigen Bemühung, in der wechselseitigen Beziehung, in der Situation sich ereignet als ein Werden, als ein Aufgehen, als eine Veränderung, es gibt dem Konkreativen erst seinen Sinn. Hegel hat dies an der Erfahrung in der Vorrede zur Phänomenologie des Geistes herausgestellt.

Konkreativität erschafft das Neue durch Veränderung des Gegebenen, des Seins der Seiendheiten, die in der Situation miteinander verbunden sind als „zugleich". Die Menschen, die in einer Situation sich aufeinander einlassen, wissen nicht, was dabei ‚heraus'-kommt. Es bleibt also nicht bei einer Einzelleistung, sondern es kommt auf das Zusammen-spiel an. Ansätze in diese Richtung findet man vielleicht in folgendem Zitat aus einem der Spätwerke M. Montessoris.

„Wenn das Werk des Menschen auf dieser Erde mit seinem Geist, seiner schöp-ferischen Intelligenz verbunden ist, müssen Geist und Intelligenz den Mittel-punkt der individuellen Existenz und aller Funktionen des Körpers bilden. Um diesen Punkt gestalten sich sein Verhalten und auch die Physiologie seiner Orga-ne. Der gesamte Mensch entwickelt sich innerhalb eines geistigen Raumes. Auch in der westlichen Welt beginnen wir uns heute diesem besonders klaren Begriff in der indischen Philosophie zu nähern. Aufgrund praktischer Erfahrungen ent-decken wir physiologische Störungen, die psychische Ursachen haben, da der Geist sie nicht beherrscht."[23]

1.3 Ein Weg zur Realisierung der Kosmischen Erziehung

Durch die Mikro- und Makrokosmos-Analogie sowie die Einbeziehung des Unbelebten bestimmt sich auch die Bedeutung der Umwelt und der Umgang mit ihr. Hier lassen sich verschiedene Wege aufweisen, wie man diesen Problembereich in die Kosmische Erziehung einbinden kann. Ein möglicher Zugang zeigt sich in der Zuwendung zu jenen Um-weltphänomenen, die aus der Sicht der Vorsokratiker die Welt als Grundelemente aufbauen. WASSER, LUFT, ERDE und FEUER. Empe-dokles spricht dabei ganz im Sinne der Naherfahrung im Alltagsver-ständnis auch des heutigen Menschen. In der Intention ganzheitlicher Erfassung soll der Versuch unternommen werden, einige Gedanken und Strukturen für die Umsetzung einer Umwelterziehung auf dieser Basis zu geben. Das Prinzip der Selbsttätigkeit muß auch hier gewahrt blei-ben, und der Umfang der Thematik sowie die Ausweitung auf alle Be-reiche und Gebiete des Erkundbaren bleibt immer offen. Diese Phä-nomene, die als lebenserhaltend und lebensbedrohend zugleich erfahren werden können, sprengen auch jegliche Betrachtungsweisen auf, die als Dualismen unser ganzes Leben durchdringen, wie Gut und Böse, Wahr und Falsch, jegliches Schwarz-Weiß-Denken, das im Lebensweltbereich konflikterzeugend zum Ausdruck kommt.
Wenn ein und dasselbe Phänomen einmal als bedrohlich und dann wie-derum als lebenserhaltend erfahren werden kann, dann gibt es auch eine Folie und eine Analogie für ein Denken ab, das im Alltag sich am ‚so-wohl-als auch' und nicht am ‚entweder-oder' orientiert. Aus diesen Denkstrukturen ergeben sich auch Verhaltensweisen, die beim Umgang mit den Phänomenen berücksichtigt werden müssen. Eine bessere Erfah-rung eines Mittelweges für die Erhaltung menschlichen Lebens kann kaum gefunden werden. Wenn auch vielleicht die Intention nicht explizit bei Montessori zu finden ist, ergibt sie sich doch aus ihren Vorgaben.

Die Kosmische Erziehung fordert vom Pädagogen, daß er imstande ist, den Educanden durch Darstellungen und Erzählungen in altersgemäßer Art, eine „Vision" des Ganzen zu entwerfen, die als Rahmen für die weitere detaillierte Arbeit als eine Sinnstruktur vorgegeben wird.

Dabei kann auch auf Mythen und Märchen zurückgegriffen werden, „die die Wahrheiten der Natur symbolisieren"[24]:

Damit wird ein Rahmen entworfen, der inhaltlich durch die Educanden ausgefüllt werden muß. Die ständige Möglichkeit einer Meditation über das Detail führt zur Reinterpretation des ganzheitlichen Entwurfs und empfängt von dorther seinen eigenen Sinn, der als Sinn des einzelnen Lerninhalts sowie als Sinn der eigenen Existenz im Kosmischen Geschehen gesehen werden muß.

Damit reduziert sich die Realisierung der Kosmischen Erziehung nie auf die Vermittlung von kognitiven Inhalten. Diese sind immer verbunden mit dem ganzen Menschen, oder man könnte mit Max Scheler sagen, daß Erkenntnis und Liebe sich wechselseitig bedingen. „Das Kind sollte alles lieben, was es kennenlernt, denn sein geistiges und emotionales Wachstum sind miteinander verbunden."[25]

Feuer, Wasser, Luft und *Erde* verbinden sich eng mit der Erfahrungswelt des Menschen. Sie sind jedermann zugänglich und können als Alltagserfahrung zum Ausgangspunkt für jegliche analytische Betrachtung und synthetische Sichtweisen genommen werden. Ein weiterer Vorteil bietet sich in der wechselseitigen Verwobenheit der vier Elemente, die sich ergänzen oder gar ineinander übergehen, auf jeden Fall in einem wechselseitigen Bedingungsverhältnis und -zusammenhang stehen. Sie bilden die Lebensgrundlage schlechthin, und durch sie wird ein strukturales Denken, ein Erfassen von Zusammenhängen gefordert, die weit über das Naturhafte hinausführen. Aus den Alltagserfahrungen der Menschen ergibt sich auch die kulturelle Umsetzung in Bilder und Texte. Der Zugang ergibt sich zunächst medial durch Filme, Videos, Bilder und Texte sowie durch die Fülle und Möglichkeiten eigener Erfahrungen mit Feuer, Wasser, Luft und Erde, von den Naturkatastrophen über die Umweltzerstörung durch den Menschen bis zum Leben in der Verantwortung für und mit der Natur. Einige Gedanken und Hinweise können dies deutlich machen und zeigen, wie groß und weit die Möglichkeit der Verzweigung und der Einbeziehung von verschiedenen Aspekten eines vorgegebenen Lehrplans ist. Die Phänomene, die mit dem Feuer zusammenhängen, die erfahrbar sind, manifestieren sich in Wärme, Hitze, Licht. Die Frage nach der Herkunft läßt sich in den verschiedenen Erzählungen der Völker exemplarisch aufzeigen. Im Zentrum steht die Sonne als Lichtspenderin und damit als Lebens- und Todesquelle für das Lebendige. Die Wirkung des Sonnenlichts auf den Menschen, die verschiedenen Phänomene des Lichts, Licht als Symbol bis zum Licht als gebündelter Laser-Strahl, zeigt die Bandbreite der Interpretation. Es durchzieht die verschiedenen Bereiche Religion, Philosophie, Dichtung, Malerei, menschlicher Leib, Physik, Chemie, Technik usw.

Die Entstehung des Feuers sowie das Feuer, das gehütet wird wie z. B. durch Priesterinnen der Vesta im alten Rom, die reinigende Kraft des Feuers (Sterilisation), die schützende Funktion vor bestimmten Tieren, Verwandlung brennbarer Dinge in Asche oder in feste Produkte (Ziegel, Stahl), all dies sei hier skizzierend angemerkt. Als Beziehungen zu den anderen Elementen könnten erfahrbar gemacht werden: Das Feuer, es läßt das Wasser kochen, verdunsten, die Erde austrocknen, zum Ziegel härten, und raubt der Luft den Sauerstoff. Die Erde kann aber wie das Wasser auch das Feuer löschen, die Luft es entfachen. Zerstörende und aufbauende, lebenserhaltende Kräfte finden sich im Feuer.

Von dieser Breite aus lassen sich einzelne Projekte entwickeln, die das Interesse der Kinder finden und durch die eine nähere Betrachtung möglich wird.

Das *Wasser* als lebenserhaltendes Element des Menschen wird unmittelbar erfahren durch seinen Anteil im menschlichen Körper, seiner Funktion der Reinigung sowie als Getränk. Ohne Wasser müßte der Mensch sterben, und die Krankheiten, die die Wasseraufnahme des Körpers verhindern (z. B. Ruhr, Cholera), führen unweigerlich zu Tode. Diese unmittelbare Körpererfahrung bekommt in den verschiedenen Religionen auch symbolische Bedeutung. Das rituelle Reinigungsbad, in den christlichen Religionen die Taufe, die Verehrung heiliger Quellen bis in die Mythologie hinein geben ein reiches kulturhistorisches und religionsgeschichtliches Erbe wieder, das in seiner Vielfältigkeit nicht ausgeschöpft werden kann. Als weiterer Schritt läßt sich das Wasser als umweltgestaltendes Element erfahren. Die drei Aggregatszustände – flüssig, gasförmig (Wasserdampf), fest (Eis) – zeigen Charakteristika des Wassers, die seit jeher die Menschheit beschäftigt haben, bis hin zur Ausnutzung dieser Energievorräte in Wasserkraftwerken, Dampfmaschinen und als natürliches Kühlsystem zur Konservierung von Lebensmitteln. Doch das Wasser birgt in sich noch andere Überraschungen. Als man daranging, seine Zusammensetzung zu entdecken und die Struktur des Wassermoleküls zu erkennen, entdeckte man die Kraft und Energie, die bei der Elektrolyse in Wasserstoff und Sauerstoff freigesetzt werden, und dies nährt bis heute die Hoffnung auf eine umweltfreundliche Energie. Vor allem zeigt sich aber auch die erdgeschichtliche Rolle bei der Gestaltung der Kontinente, ihrer Oberflächenstruktur und Erosion. Das Wasser hat durch seine Fähigkeit der Löslichkeit von anderen Mitteln und Substanzen (Zucker, Salz) auch giftige, umweltschädigende Verbindungen in sich aufgenommen und droht so zu verschmutzen. Die Kenntnis des Kreislaufs des Wassers ermöglicht es, auf die Wirkungen des Wetters, die Macht der Zerstörung bei Unwettern, Überschwemmungen und Versandungen hinzuweisen. Die Literatur darüber und die didaktische Aufbereitung bieten ein Spektrum von Anregungen und Hilfen für den Pädagogen, können aber die eigene Kreativität nicht ersetzen. Auch die Beziehungen zu den anderen Elementen können zu neuen und interessanten Einsichten für die Kinder führen. Die Beziehung Wasser – Erde in Gletschern, Tälerbildungen, Bächen, Flüssen, Seen, Meeren, Pflanzen, Tieren, Menschenansiedlungen etc. sowie die Lebensbedingungen für Menschen, Tiere und Pflanzen durch günstige klimatische Bedingungen liegen auf der Hand. Der Antagonismus zwischen Wasser und Feuer sowie seine Übertragbarkeit auf zwischenmenschliche Verhältnisse sollen hier nur kurz angedeutet werden. Auch Luft und Wasser sind Ergänzungen und Gegenspieler zugleich.

Die vielen poetischen Zeugnisse bei allen Völkern, in allen Sprachen, ob es Gedichte, Erzählungen oder Romane sind, die musikalischen und malerischen Gestaltungen rund um das Wasser spannen die Palette von Zugangsweisen auf, die viele Anregungen vermitteln.

Die *Erde* gibt dem Menschen einen festen Halt für seine Füße, sie trägt im doppelten Sinn des Wortes – im obgenannten Sinn und als eine der wichtigsten Nahrungsquellen. Erde kann man als Welt verstehen oder auch als Festland. Erde ist der Lebensraum des Menschen, der Tiere und Pflanzen. Sie gilt den Menschen als Lebenswelt, Heimat und Wohnort. Nahrung für Tiere und Menschen erwächst aus den Böden, die als Erd- und Humusschicht über dem Gestein in einem Schichtaufbau liegen. Die Erfahrung und der Umgang mit verschiedenem Erdreich sowie die Erkundung verschiedener Bodenarten, die Zuordnung zu verschiedenen Pflanzen (Bäume, Kräuter, Getreide, Wiesen usw.) geben die Grundlage für die Fruchtbarkeit bestimmter Landstriche als Lebensgrundlage des Menschen. Die Agrar- und Hirtenvölker haben ein unterschiedliches Verhältnis zur Erde, zum Boden, zur Landschaft, zur Seßhaftigkeit und zum Nomadentum. Menschen prägen die Landschaft durch Umgestaltung, und sie werden durch die Landschaft bestimmt. Ein weites Feld des Kreislaufs von Mensch, Tier, Pflanze und Boden liegt als Möglichkeit für Ausgestaltung auf der Hand.

Mitten hinein in die Erfahrung der Erde ergeben sich die Umweltprobleme fast von selbst: der Mensch als Verschmutzer der Erde, die Auswege, die bisher gefunden wurden, und die irreparablen Schäden der Natur können deutlich erfahrbar gemacht werden.

Die Erde erscheint als Symbol für das Feste, Starre, Sichere – das Wasser für das Flüssige, Unsichere, Dynamische. Erde nimmt Wasser auf und benötigt Wasser zum Wachstum der Pflanzen. Das Zuviel an Wasser schwemmt die fruchtbare Schicht der Erde weg und legt die Gesteinsschicht frei. Erdrutsche gefährden den Menschen und seine Siedlungen. Erde und Luft stehen in Wechselbeziehung zueinander, ein Übermaß an Luft läßt die Erde austrocknen und weht die oberen Erdschichten weg.

Feuer und Erde verbinden sich in der Lava der Vulkane zu fruchtbarem Boden.

Die Alltagsbetrachtung der *Luft*, als etwas, das ich riechen kann, soll zur Erkenntnis der Luft als lebenswichtige Voraussetzung für den Menschen führen. Damit wäre der Haupteinstieg gegeben, die Luft, die mich umgibt, die ich riechen kann, die mich atmen läßt oder die das Atmen verhindert (würzige, duftende, schlechte, stickige, beißende Luft). Die Erfahrung der Bedeutung der Luft für die Tiere und Pflanzen, der Unterschied zwischen Wasser- und Landtieren sind Aspekte, die unmittelbar in der Umwelt erfahrbar sind. Damit wird der Kreislauf deutlich, der mit dem Einatmen und Ausatmen der Gase verbunden ist, die den Aufbau der Luft bilden.

Luft erfährt der Mensch im Wehen des Windes, in Stürmen und in Orkanen. Durch den Verweis auf die Lufthülle der Erde und ihre Erforschung tritt bereits eine Erweiterung des Horizonts ein.

Zusammensetzung der Luft und Schichtung der Atmosphäre führen zu physikalischen und chemischen Entdeckungen. Feststellung und Bedeutung des Luftdrucks, Wetterkonstellationen, Fliegen, Raumfahrt – das sind alles unmittelbar mit der Luft verbundene Phänomene. Auch hier werden die lebenserhaltenden Kräfte und die zerstörerischen Phänomene in diesem Element deutlich. Die Verbindung mit den anderen Elementen ergibt sich durch die gegenseitige Beziehung. Das Feuer kann Wasser verdunsten, so daß es aufsteigt in die Atmosphäre und unter bestimmten Bedingungen wieder als Regen, Schnee, Hagel usw. auf die Erde herunterkommt. Feuer benötigt den Sauerstoff der Luft, um zu brennen. Luft kann Feuer entfachen oder auch ausblasen!

All diese hier angeführten Gedankensplitter zeigen schon die Fülle an Möglichkeiten, die eine Umwelterziehung als Kosmische Erziehung leisten kann. Wichtig bleibt freilich, daß es nicht um eine kognitive Vermittlung von rationalen Inhalten gehen darf, sondern daß das Engagement und die Beteiligung der Kinder das hauptsächliche Moment bilden müssen. Die Vision des Ganzen eröffnet den Zugang zum Einzelnen, erweckt das Interesse für analytische und wissenschaftliche Untersuchungen. Alltagserfahrung, Sinneserfahrung und wissenschaftliche Erfahrung müssen Hand in Hand gehen. So entfremdet sich das Kind nicht von der in seiner Lebenswelt erfahrbaren Natur und Kultur. Dann kann man auch verstehen, wenn Montessori auf einen ihr wesentlich erscheinenden Erziehungsgrundsatz immer wieder hinweist:

„Einzelheiten lehren bedeutet Verwirrung stiften. Die Beziehung unter den Dingen herstellen bedeutet Erkenntnisse vermitteln."[26]

1   P. Oswald, Kosmische Erziehung in der pädagogiscnen Theorie Maria Montes-
    soris. In: Beiträge zur Montessori-Pädagogik, hrsg. v. P. Scheid und H. Weidlich,
    Stuttgart 1977, S. 122 ff.; H. Ludwig, Kosmische Erziehung. Zum Ansatz einer
    ökologisch-orientierten Schulpädagogik und Didaktik bei Maria Montessori. In:
    Pädagogische Rundschau 46, 1992, S. 389 ff.
2   M. Montessori, Kosmische Erziehung, Herder, Freiburg 1988, S. 42 f.
3   L. Kratochwil, Pädagogisches Handeln bei Hugo Gaudig, Maria Montessori und
    Peter Petersen, Donauwörth 1992, S. 70
4   Kosmische Erziehung, a. a. O., S. 18 f.
5   ebd., S. 26 f.
6   ebd., S. 27
7   ebd., S. 47
8   ebd., S. 30
9   ebd., S. 66
10 ebd., S. 66
11 M. Montessori, Das kreative Kind, 6. Auf.., Herder, Freiburg 1987, S. 46
12 M. Montessori, Frieden und Erziehung, Herder, Freiburg 1973 S. 45 ff.
13 ebd., S. 113
14 ebd., S. 24
15 Kosmische Erziehung, a. a. O., S. 100
16 Das kreative Kind, a. a. O., S. 83
17 Frieden und Erziehung, a. a. O., S. 47
18 M. Montessori, Von der Kindheit zur Jugend, 2. Aufl., Herder, Freiburg 1973,
    S. 117
19 Kosmische Erziehung, a. a. O., S. 100
20 H. Rombach, Struktur-Anthropologie, Freiburg/München 1987, S. 130
21 ebd., S. 131
22 ebd., S. 206
23 Das kreative Kind, a. a. O., S. 56
24 Kosmische Erziehung, a. a. O., S. 57
25 M. Montessori, To Educate the Human Potential, 5. Aufl., Madras 1973, S. 23
26 Kosmische Erziehung, a. a. O., S. 126

LITERATURVERZEICHNIS:

Werke von Maria Montessori

Das kreative Kind. Der absorbierende Geist, hrsg. u. eingel. v. P. Oswald und G. Schulz-Benesch, 6. Aufl., Herder, Freiburg 1987

Frieden und Erziehung, hrsg. u. eingel. v. P. Oswald und G. Schulz-Benesch, Herder, Freiburg 1973

Kinder sind anders, 7. Aufl., Klett, Stuttgart 1964

Kosmische Erziehung, hrsg. u. eingel. v. P. Oswald und G. Schulz-Benesch, Herder, Freiburg 1988

To Educate the Human Potential, 5. Aufl., Madras 1973

Von der Kindheit zur Jugend, 2. Aufl., Herder, Freiburg 1973

Über die Bildung des Menschen, hrsg. u. eingel. v. P. Oswald und G. Schulz-Benesch, Herder, Freiburg 1966

Sekundärliteratur

L. Kratochwil, Pädagogisches Handeln bei Hugo Gaudig, Maria Montessori und Peter Petersen, Donauwörth 1992

H. Ludwig, Kosmische Erziehung. Zum Ansatz einer ökologisch-orientierten Schulpädagogik und Didaktik bei Maria Montessori. In: Pädagogische Rundschau 46, 1992, S. 389 ff.

Mario Montessori, Erziehung zum Menschen, Frankfurt a. M. 1984

P. Oswald, Kosmische Erziehung in der pädagogischen Theorie Maria Montessoris. In: Beiträge zur Montessori-Pädagogik, hrsg. v. P. Scheid und H. Weidlich, Stuttgart 1977, S. 122 ff.

Ders., Maria Montessori und die kosmische Erziehung. In: Montessori-Pädagogik und die Erziehungsprobleme der Gegenwart, hrsg. v. B. Fuchs und P. W. Harth, Würzburg 1989, S. 34 ff.

H. Rombach, Struktur-Anthropologie, Freiburg – München 1987

Anneliese Mayr-Wuksan

Die Aktualität der Kosmischen Erziehung bei Maria Montessori in Beispielen

1. Theoretischer Hintergrund

Zunehmend deutlicher sieht die moderne Entwicklungspsychologie die *Entwicklung des Menschen* als Geschehen *innerhalb ökosystemischer Gegebenheiten*. Das Ökosystem sichert die Lebensbedingungen – ungeschmälert in dem Maße, als der Mensch sie vor einschneidenden Veränderungen zu bewahren weiß. Die Biologie als Wissenschaft erkannte sehr früh die symbiotische Beziehung zwischen dem Lebewesen und seiner Umwelt.

„Daß auch Menschen in einem solchen biologischen Ökosystem leben, zeigt sich heute angesichts der Bedrohung dieses Systems durch den Menschen selbst besonders deutlich."[1] Menschliche Entwicklung vollzieht sich im aktiven, wechselseitigen Prozeß zwischen Mensch und Welt. „Indem der Mensch selbst sich ändert, ändert er auch seine Umwelt."[2]

Um das Phänomen der menschlichen Entwicklung ausreichend erklären zu können, sind drei Aspekte zu berücksichtigen:
– *Die Entwicklung des Menschen geschieht im ökologischen Kontext.*
– *Zwischen dem sich entwickelnden Menschen und der sich wandelnden Umwelt gibt es Wechselwirkungen.*
– *Unter gewissen Umständen kann der Mensch seine eigene Entwicklung handelnd gestalten.*

Maria Montessori als intuitive Beobachterin mit großer Schaukraft und Einfühlung erkennt im Kind *vitale Kräfte*, die es befähigen, zum *Schöpfer seiner selbst* zu werden, „indem es seine Umwelt absorbiert"[3].

Renilde Montessori, eine Enkelin Marias, die seit 1968 in der Montessori-Bewegung international tätig ist, stellt in ihrem Bericht über Erziehung und Bildung nach den Prinzipien der Montessori-Pädagogik fest, daß die Erwachsenen häufig übersehen, „daß Kinder in der Lage sind, ein ganzes Universum in sich aufzunehmen,..."[4] und bemerkt weiter, daß die Erwachsenen aus Sorge um ihre Entwicklung sie gerade darin begrenzen. Sie ignorieren dabei die „leidenschaftliche Vitalität" der Kinder, den Kosmos in seiner Dimension der Unendlichkeit und Grenzenlosigkeit aufnehmen zu wollen. Bereits die frühe Kindheit ist eine hochsensible Entwicklungsphase mit optimaler sensorischer Aufnahmefähigkeit für die lebendigen Beziehungsstrukturen

in der unbegrenzten Vielfalt des Ökosystems in Teilhabe und Verantwortung.
*Maria Montessori will dem Kind eine Vision des ganzen Universums
geben.*
„Das Universum ist eine eindrucksvolle Wirklichkeit und eine Antwort
auf alle Fragen."[5]
In ihren Bemühungen, durch Erziehung zur friedlichen Koexistenz der
Menschen beizutragen, kommt sie zur Einsicht, daß alle Lebewesen eine
„kosmische Mission" auf der Erde haben, und stellt die Frage: „Hat
nicht auch der Mensch eine kosmische Mission auf dieser Erde zu erfüllen?"[6]
Diese Frage leitet hin zur *kognitiv-emotionalen Durchdringung* des Kosmos unter Einbeziehung der kindlichen Entwicklungskräfte. Die Arbeit
des Kindes an den komplexen Strukturen der Welt ermöglicht ein tiefes
Bewußtwerden moralisch-ethischer Normen und damit auch ein *Bewußtsein eigener Verantwortung und Kompetenz.*

2. Anregungen für die Praxis – exemplarisch dargestellt

2. 1 Erlebnisraum Waldregion

Sinneserfahrungen vor Ort und im Klassenraum

Ziele:
– von der Sinneserfahrung zur Begriffsbildung
– Wiedererkennen
– Gedächtnisschulung

Ausschnitt aus dem „Sinnesweg": Erfahrungen mittels *Tastsinn:*
Barfußstation
flache Schachtel – mit Waldboden (Erde, Nadeln, Holzstückchen)
                 – mit Sand und Steinchen aus dem Bachbett
                 – mit Moos
                 – mit Rindenstückchen
Kind wird mit verbundenen Augen von einem anderen Kind behutsam
geführt; es fühlt mit nackten Füßen, worauf es geht.
Wechselseitiges Führen mit Kontrolle.
Sozialer Aspekt: Vertrauensübung
Wiederholung des „Sinnesweges" mit veränderter Anordnung des Sin-
nesmaterials.
„Die Vision durch die Vorstellungskraft ist etwas ganz anderes als die
bloße Wahrnehmung eines Gegenstandes, da sie keine Grenzen hat."[7]

Gedanken über das Leben eines Baumes:

Kinder liegen *entspannt* auf ihrem Montessori-Teppich, hören mit geschlossenen Augen zu. LehrerIn spricht ruhig und langsam.
Textgestaltung variabel.
Textbeispiel:
Baumsamen fallen auf das Erdreich.
Nach einem Jahr wagen sich zögernd Keimlinge ans Licht.
Nach drei Jahren sind die Jungpflanzen 30 cm hoch.
Nach 10 Jahren erreichen die Bäume eine Höhe von etwa 3 m.
Im Alter von 30 Jahren sind die Bäume ungefähr 9 m hoch.
Nach einer Zeitspanne von 70 Jahren bewegen sich die Wipfel der Bäume annähernd 18 m über dem Boden.
Nach 100 Jahren tragen die Bäume eine dichte Krone und sind an die 30 m hoch.
In 30 Sekunden wird der Baum von der Motorsäge gefällt.
Laßt uns neue Bäume pflanzen.
Kinder können den Text ein zweites Mal hören und pantomimisch darstellen.

Baumscheibe eines alten Baumes:

Jahresringe sind wie ein aufgeschlagenes Buch – was wir daraus „lesen" können.
Das Alter des Baumes vergleichen mit dem Alter der Kinder, mit dem ihnen nahestehender Personen (Eltern, Großeltern, Geschwister …).
Namenskärtchen mit Altersangabe in den jeweiligen Altersring auf die Baumscheibe stecken.
„Das Kind müßte alles, was es lernt, lieben, weil seine geistige und seine gefühlsmäßige Entwicklung miteinander verbunden sind."[8]

Steine:

Aus der persönlichen Steinesammlung „seinen Lieblingsstein" wählen.
Entspannte Lage einnehmen, den Stein mit geschlossenen Augen fühlen.
Was er dir erzählt.
Musikalische Untermalung aus Vivaldi: Die vier Jahreszeiten.

Darbietung eines meditativen Textes:

Ein Stein in meiner Hand.
Ein Stein in meiner Hand. Ich ertaste ihn mit meinen Fingern.
Wie fühlt er sich an? Kalt, glatt, rund? Kantig, scharf, rauh?
Ich lasse ihn in meiner Hand ruhen. Ich spüre sein Gewicht,
ein kleiner, schwerer Stein.
Zuerst ist er noch kalt. Dann wird er wärmer, so warm wie meine Hand.
Ein Stein in meiner Hand.[9]

Barfußstation   Am Wasserrad

Wasserrinne

Beim Malen

108

Wer will über die erlebten inneren Bilder sprechen, schreiben, malen?
Gemeinsame Arbeit ohne mündliche Kommunikation:
Jeder legt seinen Stein (seine Steine) auf den Boden, eine „Steinfigur"
entsteht.

2. 2 Erlebnisraum Wasser

Die unmittelbare Anschauung in der Natur ist anzustreben, ansonsten
muß man sich mit einer „Laborsituation" begnügen.
„...Gegenstände müssen so dargestellt werden, daß sie die Phantasie
des Kindes anstoßen und seine Begeisterung wecken."[10]
Beobachtung verschiedener Vorgänge mit Diskussion:

Am Wasserrad:
Erfahrungen über alle Sinne sammeln.

Ziel:
– Alle Sinne bewußt gebrauchen.

Was Wassertropfen bewirken, wenn sie auf verschiedene Materialien
fallen:
– auf Sand
– auf Gartenerde
– auf Lehm
– auf Waldboden...
Was Wassertropfen bewirken, wenn sie
– auf Glas
– auf Stein ... fallen.
Was geschieht, wenn ein Stein in das Wasser fällt.
Beobachtung von Gegenständen über und unter Wasser (Lichtbre-
chungsphänomen).

Experimentieren:
– verschieden große Holzstücke mit der Hand unter den Wasserspiegel
  drücken (die Kraft des Auftriebs spüren, das Prinzip der Verdrän-
  gung)
Beobachtung der Oberflächenspannung
Beobachtung des Phänomens kommunizierender Gefäße
Was schwimmt, was geht unter – warum?
Was löst sich im Wasser? Zucker, Salz, Farbe...
Was ist wasserunlöslich?
Was ist wasserdurchlässig, was nicht?
Erkenntnisse aus der Entwicklungsgeschichte und über den Bau der Erde.

Wasser in der Musik:
z. B. Smetana: Die Moldau, Händels Wassermusik
Meditation bzw. rhythmische Arbeit mit dem Schwungtuch.
Phantasiereisen zur „Wassermusik"
Meditation mit verschiedenen Texten:
„Unter Wasser schwimmen" aus dem Buch von Else Müller, Du spürst
unter deinen Füßen das Gras, S. 149
Oder: „Ein Wasserfall aus weißem Licht" aus dem Buch von Maureen
Murdock, Dann trägt mich meine Wolke, S. 38
Murdock hat dies bereits mit Fünfjährigen erfolgreich durchgeführt.

Wasser in der Dichtkunst:
z. B. Goethe, Der Zauberlehrling, Der Fischer u. a.
(literarische Bearbeitung von Gedichten)

Anregungen zur Reflexion:
Im Klassenraum können Texte auf Plakaten angebracht werden.
Textbeispiele:
– Vom Geben und Nehmen zwischen unserem Planeten Erde und den
  Menschen
– Warum du keine Insel sein kannst
– Lebensraum Erde – du bist ein Teil von ihr
– Was alles hat Wert und Würde im Kreislauf des Lebens
– In welcher Form trägst du Mitverantwortung

3. Zusammenfassung

Für *Maria Montessori* ist die Natur eine göttliche Schöpfung, gegeben als
Außenwelt, als Außenkosmos. Im Bildungsprozeß schafft der Mensch im
Wechselspiel mit diesem Außenkosmos aktiv und kreativ seine innere
Welt, seinen inneren Kosmos, der jeweils ganz einzigartig und einmalig ist.
Maria Montessori sieht in diesem *Selbstschöpfungsakt* die Lebensaufga-
be des Menschen und die damit einhergehende Veränderung von Natur
und Kultur. Die Entwicklung der subjektiven Innenwelt kann nur in en-
gen Bezügen mit der Entwicklung von Kultur und Gesellschaft gesehen
werden. Diese Auffassung über menschliche Bildung ist das Fundament
für die „Kosmische Erziehung".
Bereits im Alter zwischen 6 und 12 Jahren gewinnen die Kinder ein
„universales Bewußtsein"[11], das sie befähigt, die Abhängigkeiten der
Menschen und Völker untereinander zu begreifen. Der Kosmos ist Gabe und Aufgabe zugleich. Eine Erziehung, die die kosmische Mission
des Menschen bejaht, leistet einen wesentlichen Beitrag zur Bewahrung
der Schöpfung und zur Sicherung des Friedens.

Anmerkungen

1 Oerter / Montada, Entwicklungspsychologie, 2., völlig neu bearb. u. erw. Aufl., Psychologie Verlags Union, München – Weinheim 1987, S. 87
2 Entwicklungspsychologie, hrsg. v. Silbereisen / Montada, Urban Schwarzenberg, München – Wien – Baltimore 1983, S. 5
3 M. Montessori, Das kreative Kind. Der absorbierende Geist, hrsg. v. P. Oswald / G. Schulz-Benesch, Herder, Freiburg 1972, S. 14
4 R. Montessori / K. Schneider-Henn, Uns drückt keine Schulbank. Montessori-Erziehung im Bild, Klett Cotta, Stuttgart 1983, S. 50
5 M. Montessori, Kosmische Erziehung. Die Stellung des Menschen im Kosmos, hrsg. v. P. Oswald / G. Schulz-Benesch, Herder, Freiburg 1988, S. 41
6 M. Montessori, Frieden und Erziehung, hrsg. v. P. Oswald / G. Schulz-Benesch, Herder, Freiburg 1973, S. 108
7 Kosmische Erziehung, a. a. O., S. 46
8 ebd., S. 55
9 R. Brunner, Hörst du die Stille. Hinführung zur Meditation mit Kindern, Kösel, München 1991, S. 20
10 Kosmische Erziehung, a. a. O., S. 47
11 ebd., S. 24

LITERATURVERZEICHNIS

R. Brunner, Hörst du die Stille. Hinführung zur Meditation mit Kindern, Kösel, München 1991

Entwicklungspsychologie, hrsg. v. Silbereisen / Montada, Urban Schwarzenberg, München – Wien – Baltimore 1983

M. Montessori, Das kreative Kind. Der absorbierende Geist, hrsg. v. P. Oswald / G. Schulz-Benesch, Herder, Freiburg 1972

Dies., Frieden und Erziehung, hrsg. v. P. Oswald / G. Schulz-Benesch, Herder, Freiburg 1973

Dies., Kosmische Erziehung. Die Stellung des Menschen im Kosmos, hrsg. v. P. Oswald / G. Schulz-Benesch, Herder, Freiburg 1988

R. Montessori / K. Schneider-Henn, Uns drückt keine Schulbank. Montessori-Erziehung im Bild, Klett Cotta, Stuttgart 1983

E. Müller, Du spürst unter deinen Füßen das Gras. Autogenes Training in Phantasie- und Märchenreisen, Fischer Taschenbuchverlag GmbH, Frankfurt a. M. 1983

M. Murdock, Dann trägt mich meine Wolke... Wie Kleine und Große spielend leicht lernen, 2. Aufl., Bauer Verlag, Freiburg 1990

Oerter / Montada, Entwicklungspsychologie, 2., völlig neu bearb. u. erw. Aufl., Psychologie Verlags Union, München – Weinheim 1987

Hans-Joachim Schmutzler

Montessori-Pädagogik und die Integration behinderter Kinder

Die europaweite Diskussion über die gemeinsame Erziehung und Bildung behinderter und nichtbehinderter Kinder bis hin zur beruflichen und gesellschaftlichen Eingliederung vollzieht sich unter dem Schlagwort „Integration".

Sogenannte integrative Experimente in Kindergärten und Schulen haben einen Wandel in vielen europäischen Bildungssystemen gebracht, aber eine verallgemeinerungsfähige Konzeption gemeinsamer Erziehung liegt bis heute nicht vor. Bei der Suche nach einem funktionsfähigen Konzept der gemeinsamen Erziehung gewann auch die seit 80 Jahren weltweit verbreitete Montessori-Pädagogik eine überraschende Aktualität und Wiederbelebung ihrer heilpädagogischen Wurzeln.

Die Gründe für diese Renaissance der Montessori-Pädagogik und ihre Beanspruchung als Heilpädagogik sind vielfältig:

1. Montessori hat anfänglich kurze Zeit selbst mit sog. geistesschwachen Kindern erfolgreich gearbeitet, aber ohne zu beanspruchen, selbst eine Heilpädagogik entwickelt zu haben. Darüber hinaus haben viele Montessori-Pädagogen schon immer verschiedenartig behinderte Kinder in ihre Praxis mit einbezogen. Das Münchener Montessori-Modell unter der Leitung von Hellbrügge hat diesen heilpädagogischen Einzelversuchen eine besondere Bestätigung verliehen.

2. Viele Eltern behinderter Kinder erhoffen sich von der Montessori-Pädagogik eine individuell angemessene Erziehung und Bildung ihrer behinderten Kinder.

3. Als eine alternative Pädagogik zur Normal- und Staatspädagogik übt die Montessori-Pädagogik eine gewisse und nicht immer heilpädagogisch hinreichend begründete Faszination aus, die leider oft mit einer beklagenswerten Malaise staatlicher Behindertenschulen korrespondiert.

4. Zunehmend öffnen sich aber auch Montessori-Einrichtungen für behinderte Kinder aufgrund des allgemeinen Geburtenrückganges und verbunden mit persönlichen und institutionellen Existenzängsten. Aber auch ein neues pädagogisches Bewußtsein gegenüber den Behinderten könnte diese Öffnung verstärken.

5. Die Montessori-Pädagogik bietet tatsächlich und teilweise auch empirisch nachgewiesen beträchtliche Chancen zur Integration im Sin-

ne einer Behindertenintegration, einer sozialpädagogischen Integration von Kindern verschiedener Schichten und Kulturen und einer personalen Integration als Heilung oder, wie Montessori sagt, Normalisation gestörter bzw. devianter Entwicklungsprozesse.

Montessoris umfassendes anthropologisches Entwicklungskonzept und ihre praktisch weltweit erprobte Pädagogik kann also prinzipiell für gewisse Behinderungsformen und -schweregrade heilpädagogische Wirksamkeit beanspruchen.

Aber trotz vielversprechender Einzelversuche muß genauestens geprüft werden, ob die Montessori-Pädagogik allen Behinderten, angefangen von sogenannten Schwerstbehinderten, die kaum etwas wahrnehmen oder sich bewegen können, bis hin zu leichteren Formen wie lernbehinderten und verhaltensschwierigen Kindern, voll gerecht werden kann. Diese Frage nach der Integrationskraft der „normalen" Montessori-Pädagogik und heilpädagogischen Wirksamkeit muß auf das Sorgfältigste geprüft werden, um die leidgeprüften und besorgten Eltern nicht zu enttäuschen und die Erfolgs- und Lebenschancen des behinderten Kindes nicht leichtfertig zu gefährden.

Persönlich möchte ich als Pädagoge für geistig- und lernbehinderte Kinder hinzufügen, daß das Recht des behinderten Kindes auf eine individuell optimale Erziehung und sein Anspruch auf ein Mehr an Bildung und pädagogischer Zuwendung besonders zu sichern sind. Eine ungeprüfte naive Integrationspraxis könnte hier überraschende Gefahren auslösen und eine heilpädagogisch überforderte Montessori-Pädagogik in Mißkredit bringen. Zur realistischen Abklärung dieser Fragen müssen (erstens) die Integrationserfahrungen und -probleme berücksichtigt werden, wie sie international und außerhalb der Montessori-Pädagogik gewonnen wurden, und (zweitens) dann die Möglichkeiten und Erfahrungen aus der Montessori-Pädagogik mit Behinderten geprüft werden.

Der Integrationsbegriff in der Sonderpädagogik

Der anerkannte führende Hamburger Sonderpädagoge Bleidick möchte den Begriff Integration „gar nicht verwenden", weil er wissenschaftlich gesehen eine „unnötige Worthülse" und völlig verschlissen sowie ideologisch besetzt und praktisch unbrauchbar ist. Auch wenn ich mich dieser rigorosen Ablehnung nicht anschließen möchte, so wird diese Haltung doch verständlich, wenn man sich die vielfältigen Aspekte dieses Begriffes bewußt macht, wie das Bonderer geleistet hat:

„Akzente" des Integrationsbegriffs sind nach Bonderer (1980):
„Integration" als
1. ERZIEHUNGSZIEL (finaler Akzent): Integration als Einbezug und Eingliederung Behinderter in die Spielgruppe, Volksschule, Berufswelt …in das soziale Gesamt.

2. ERZIEHUNGSMITTEL (bzw. Methode), (instrumentaler Akzent): Integration durch Einbezug und durch soziale Beziehungen von Behinderten und Nichtbehinderten in Spielgruppen, Volksschulen usw.

3. VEREINHEITLICHUNG („Normalisierungs"-Akzent): Integration im Sinne einer quasi-soziologischen (oder pädagogisch-utopischen) und totalen Vergesellschaftung bzw. Konformität, einer „Normalisierung" als konfliktfreie Funktionseinheit Behinderter und Nichtbehinderter.

4. „TEILINTEGRATION" (Relativierungs-Akzent): Integration im Sinne einer relativen und optimierten Vergesellschaftung bzw. „Teilintegration" Behinderter und Nichtbehinderter unter Berücksichtigung sozialsituativer und individuell-sonderpädagogischer Möglichkeiten und Einschränkungen.

5. AKZEPTATION (sozialreformerischer Akzent): Integration als „Entstigmatisierung" Behinderter einerseits und als Aufbau gesellschaftlich verbreiteter Anerkennung und Beziehungsfähigkeit gegenüber Behinderten andererseits.

6. ANPASSUNG (utilitaristischer Akzent): Integration als Ertüchtigung des Behinderten und als dessen Einpassung (bzw. Verzweckung) in die bestehenden Lebensverhältnisse.

7. SOLIDARITÄT (dialogischer Akzent): Integration als gegenseitige Teilhabe und Kommunikation mit Selbstzweck und mit eigenem Sinn, als gemeinschaftliches Aufgehobenwerden und Gebundensein in wechselseitig anregenden, vertrauenswürdigen und verpflichtenden Beziehungen Behinderter mit Nichtbehinderten.

8. EMANZIPATION (personaler Akzent): Integration als Respektierung der individuellen Eigenart Behinderter und als deren Förderung, als Bestärkung der Andersartigkeit bzw. als soziale, beruflich-ökonomische und politische Souveränität.

Die für die deutsche Behindertendiskussion grundlegende Empfehlung des Deutschen Bildungsrates „Zur pädagogischen Förderung behinderter und von Behinderung bedrohter Kinder und Jugendlicher" von 1973 hat einen einseitigen und pauschal auf soziale Integration zielenden Begriff. Er erfaßt nicht die personale Integration, d. h. die Bildung der psychischen Integrität und Identität des Behinderten. Dies bedeutet vor allem zu fragen, wie der Behinderte zu sich selbst findet, mit seinen Stärken und Schwächen leben lernt und wie er zu einem sinnerfüllten und glücklichen Leben gelangt, das er in einer Gesellschaft von Starken, Gesunden und Erfolgreichen führen muß. Der Deutsche Bildungsrat gibt auf diese Fragen keine Antwort oder gar Hilfen.

Wenn dem Begriff Integration eine praktische Bedeutung zukommen sollte, d. h. eine den ganzen Menschen erfassende und bildende integrative Pädagogik begründen sollte, dann müßten folgende Ziele und Verfahren Geltung und Anwendung finden:

1. Zusammenleben und -lernen bei gleichzeitiger Therapie und indivi-

dueller Erziehung nach Maßgabe der Behinderung mit dem Ziel, den Behinderten zur Teilhabe am durchschnittsnormalen Leben und zur selbständigen Lebensführung zu befähigen. So könnte sich aus gemeinsamer Sozialisation und Erziehung eine psychische Veränderung im Verhältnis von Behinderten und Nichtbehinderten als umfassende Normalisation ergeben und zur Verbesserung der gesellschaftlichen und ökonomischen Lebensbedingungen der Behinderten führen.

2. Die Vollzugsbereiche dieser Integration wären dann eine systematische Behindertenförderung in der Familie, in integrativen Spielgruppen für 0–3jährige, integrativen Kindergärten und Schulen, integrativen Jugendgruppen und Wohnbereichen, behindertengerechte Berufsbildung und Arbeisplatzgestaltung usw. Eine wichtige Bedingung ist allerdings eine grundlegende Veränderung der gesellschaftlichen Normen und vor allem Leistungsnormen sowie der gesellschaftlichen Institutionen, die sich nach Wolfensberger speziell für die Behinderten öffnen und verändern müßten.

3. Erst noch empirisch zu erproben und konkret zu gestalten sind Stufen und Formen der Integration vom Kindergarten bis zur Berufsbildung nach Maßgabe einer Teil- und Vollintegration oder temporärer Integration, um die Belastbarkeit von Behinderten und ihrer Leistungsfähigkeit zu erproben bzw. nicht zu verletzen.

4. Speziell pädagogisch zu gestalten und neu zu definieren sind Lern- und Handlungsbereiche der Integration in den Bildungsinstitutionen. Didaktisch zu fragen ist, was gemeinsam gelernt werden soll, welche Fertigkeiten gemeinsam entwickelt werden können usw. Neu zu entwickeln sind vor allem pädagogische und didaktische, methodische und mediale Konzepte sowie Lehr- und Lernmaterialien, die ein höheres Maß an gemeinsamen Lernmöglichkeiten von Behinderten und Nichtbehinderten ermöglichen können.

Die Entwicklung solcher Konzepte und Materialien und die Schaffung integrationsfördernder Bedingungen befinden sich trotz verschiedener erfolgreicher Einzelversuche europaweit noch in den Anfängen.

So fragen wir zunächst nach den bisherigen Erfahrungen
Praktische Erfahrungen und Probleme der Integration außerhalb der Montessori-Pädagogik

1. Meine persönlichen Eindrücke und die Aussagen von Lehrerinnen und Schulleitern im integrationsfreudigen Italien gehen dahin, daß dort die Integration im vorschulischen und schulischen Bereich am besten in den ersten 6–8 Lebensjahren und bei leichteren Behinderungsgraden gelingen kann.

2. In Dänemark besteht seit 1969 eine planmäßige Integrationspraxis, die sich am individuellen Fall allein orientiert und stufenweise vollzogen wird.

Diese Stufen reichen von Einzelunterricht, Sonderschulen, Sonderklassen an allgemeinen Schulen, Kliniken und Gruppenförderung bis hin zur Integration des behinderten Kindes in allgemeine Klassen. Die Zahlenlage im Jahre 1984 stellt sich in Dänemark wie folgt dar: „Im Jahre 1984 besuchten die dänische Grundschule 737 000 Schüler, von denen 105 000 Sonderunterricht erhielten. Von diesen befanden sich etwa 6 000 – oder etwa 0,8 % aller Grundschüler – an Sonderschulen, etwa 6 500 – etwa 1 % – in Sonderklassen an allgemeinen Schulen, während der Rest von etwa 92 500 – oder etwa 12,5 % – Sonderunterricht erhielt, aber allgemeinen Klassen angehörte.

Die etwa 14,5 % der Grundschüler, die Sonderunterricht erhalten, sind verwaltungsmäßig in zwei Gruppen aufgeteilt: Schüler mit leichteren Lernschwierigkeiten, für die die Gemeinde finanziell aufkommt (diese Gruppe macht etwa 13,5 % aller Grundschüler aus), und Schüler mit erheblichen Lernschwierigkeiten, deren Unterricht unter finanzieller Beteiligung der Amtskommune erfolgt (hierbei geht es demnach um etwa 1 % aller Grundschüler). Diese zweite Gruppe umfaßt die eigentlichen physisch und psychisch Behinderten. Im Jahre 1984 zählte diese Gruppe etwa 6 200 Schüler, von denen sich 50 % in Sonderschulen, 25 % in Sonderklassen an allgemeinen Schulen und 25 % voll integriert in allgemeinen Klassen befanden.

Die dänischen Erfahrungen sind insofern wertvoll, als sie auf bestimmte Bedingungen und Problemfehler verweisen, die offensichtlich nicht einfach zu lösen sind und damit europäisch exemplarisch für die gesamte Integrationspraxis sein könnten, denn diese Punkte werden in vielen Forschungs- und Erfahrungsberichten immer wieder genannt:

- Bauliche Voraussetzungen für Behinderte
- Beförderungsprobleme
- Mangelnde unterrichtliche Flexibilität wie z. B. Einzelförderunterricht, behinderungsgerechte Stundenplangestaltung usw.
- Lehrerqualifikationsprobleme, d. h. sonderpädagogische Kompetenzen der Normallehrer
- Zusätzliche örtliche pädagogisch-psychologische Beratungssysteme, schulpsychologische Hilfen, klinische Psychologen, Sozialberater, pädagogische Sozialberater für die verschiedenen Behinderungen werden als unbedingt erforderlich angesehen
- Neue Unterrichtsstrukturen und -inhalte sowie Normen für die Leistungsbewertung; hierzu sagt ein Bericht, daß dann „erhebliche Änderungen" im Schulsystem notwendig seien
- Spezielle und mehr Lehr- und Lernmittel sind nötig, um „mehr Möglichkeiten zu schaffen, den allgemeinen Unterricht zu differenzieren"

– So zeigen Eltern nach anfänglicher Zustimmung heute „eine gewisse Zurückhaltung und Enttäuschung" vor allem über die Integration in den Grundschulen, die den anfänglichen Zielsetzungen wohl nicht entsprechen konnte.

3. Auch in Belgien werden systematisch Integrationsversuche durchgeführt. In Belgien geschieht dies im Rahmen des „integrativen Unterrichts", der aber „überwiegend als Teilintegration" in den Jahren 1980 bis 1983 versuchsweise durchgeführt wurde. Er reicht von den vorschulischen Maßnahmen bis hin zum beruflichen Unterricht und schließt auch die Heimerziehung ein. Die dabei aufgetretenen Probleme entsprechen in weitem Maße auch den dänischen. Eine wissenschaftliche Begleituntersuchung über die Bewertung der Integration hat folgende Ergebnisse erbracht:

Positiv in 59 % der Integrationsfälle
Negativ in 5 % der Integrationsfälle
Ohne Aussagekraft 9 % der Integrationsfälle
Noch ungelöste Aussagen bzw. ohne Ergebnisse 27 % der Integrationsfälle.

Ausdrücklich wird auf die besonderen Probleme tauber und tiefgreifend hörgeschädigter Kinder hingewiesen und die Notwendigkeit betont, daß „individuelle Erziehungsprojekte" für einzelne Kinder entwickelt werden müssen. Ich habe diese beiden Länder zitiert, weil hier jahrelange Erfahrung und halbwegs exakte Zahlen und Ergebnisse vorliegen und auch selbstkritische Aussagen dazu gemacht werden.

4. In Deutschland liegen – trotz vielfältiger und vielversprechender Einzelversuche und Modellversuche – solche Zahlen und Aussagen nicht vor. Hier herrscht in offiziellen Berichten z. B. der Bundesregierung an die Europäische Gemeinschaft eine unübersehbare Zurückhaltung und Skepsis vor, denn da heißt es, „daß behutsam vorgegangen werden sollte, damit die nachgewiesenermaßen erfolgreichen bisherigen Bildungsbemühungen nicht vorschnell aufgegeben werden, ehe deutlich bessere und wirksamere Maßnahmen erprobt sind."

Zusammenfassend muß man festhalten:
Allen bisherigen Integrationsversuchen mangelt es an empirisch verläßlichen Standards wie Kontrollgruppenvergleiche usw. Auch werden wichtige, aber leider schwer faßbare Faktoren wie Lern- und Schulklima, fachliche Qualifikation und persönliches Engagement des Personals nicht erfaßt, doch gerade diese Faktoren sind nach Rutter u. a. entscheidend für die pädagogische Qualität von pädagogischen Institutionen und ihre Wirksamkeit. Illustrieren möchte ich diese pädagogische und nicht immer meßbare Qualität an einem Schlußwort von Frau Ockel nach 10 Jahren Integrationsarbeit in München:

Ockel dankt den Eltern: „Nur durch Ihre stetige und zuverlässige Mitarbeit ist es mir gelungen, Integration in der Form zu erreichen, daß jedes Gruppenmitglied das andere akzeptierte und in seiner Art tolerierte. Durch viele persönliche Kontakte und gemeinsame Veranstaltungen über die Jahre hinweg haben sich bei Kindern und Eltern Zuneigungen entwickelt, die für die charakterliche Prägung dieser Kinder entscheidend sein werden. Ohne die überzeugende Hilfe der Eltern ist der um Integration bemühte Lehrer ein Rufer in der Wüste. Lehrer und Eltern müssen Integration vorleben, um in ihren Ansprüchen glaubhaft und damit prägend zu sein."

Vor dem Hintergrund der ausländischen Erfahrungen, der wissenschaftlich nicht immer zulänglichen Forschungsergebnisse und qualitativen Erfordernisse jeder und insbesondere der integrativen Erziehung muß nun geprüft werden, ob die Montessori-Pädagogik den Anforderungen und Problemen einer integrativen Erziehung behinderter und nichtbehinderter Kinder sowohl von ihrem pädagogisch-anthropologischen Konzept her als auch von ihren praktischen Realisationsmöglichkeiten gesehen entsprechen kann.

Montessori-Pädagogik und die Integrationsproblematik

Montessoris Aussagen und Erfahrungen zu behinderten Kindern beziehen sich weitgehend auf „geistig zurückgebliebene Kinder" und ihre – wie Montessori schon damals formulierte – „Sondererziehung", der sie sich um die Jahrhundertwende zwei Jahre lang widmete.

Für behinderte Kinder forderte sie 1898 aus Gründen eines gefährlichen Wettbewerbs „in den Grundschulen Zusatzklassen für schwachsinnige Kinder", wie sie im 19. Jahrhundert bereits in Deutschland als sogenannte Hilfsklassen eingeführt wurden.

Montessori fürchtete wohl nicht zu unrecht pädagogisch ungünstige psychosoziale Probleme, denn „die gesunden Kinder fühlen ... neben den schwerhörigen, den kranken und schwachsinnigen Kindern nur, daß sie ‚überlegen' sind; die glücklichen Kinder, denen eine gebildete Mutter helfen kann, fühlen neben den armen, unglücklichen, verlassenen Kindern nur, daß sie diesen zum Vorbild dienen." Durch ihre überraschenden Erfolge mit den Geistesschwachen und ihre Lehrtätigkeit in der Scuola ortofrenica di Magistrale di Roma (Ausbildung von Heilpädagogen) sowie beim Aufbau des ersten Kinderhauses im römischen Elendsviertel San Lorenzo galt Montessori in Italien bald als Spezialistin für Heilpädagogik. .

„In den Montessori-Kursen wurde später oft (von ihr) darauf hingewiesen, daß bei entsprechender Befähigung der eingesetzten Pädagogen auch in normalen (also größeren) Kinderhausgruppen oder Schulklassen einige Behinderte mitgetragen oder mitgefördert werden könnten; eine größere Zahl solcher Kinder erfordere jedoch besondere pädagogische Organisation und Betreuung."

Von ihrem pädagogisch-anthropologischen Ansatz her ist die Montessori-Pädagogik offen und flexibel für bestimmte Formen und Grade der Behinderungen. Speziell geistesschwachen Kindern konnte Montessori langfristig eine Normalisierung der gesamten Persönlichkeitsentwicklung ermöglichen.

Was heißt Normalisierung?

Normalisierung heißt die harmonische physische, besonders senso- und psychomotorische und geistige Entwicklung des Kindes, die zur Unabhängigkeit vom Erwachsenen – Selbständigkeit – führt. Normalisierung ist ein Anpassungs- und Selbstgestaltungsprozeß und ermöglicht eine Freisetzung der kindlichen Lernaktivität und Selbsttätigkeit nach dem pädagogischen Grundsatz „Hilf mir, es selbst zu tun". Normalisierung lerngestörter und entwicklungsgehemmter Kinder bedeutet vor allem die Reorganisation, Ordnung und Ingangsetzung kindlicher Entwicklung und Lernfähigkeit.

Der pädagogische Ausgangspunkt ist die Ermöglichung der Polarisation der Aufmerksamkeit, einer extremen Konzentrationsfähigkeit des Kindes, und der Ausgangspunkt vom Lernen des Lernens, wie wir heute sagen.

In diesem Prozeß der Polarisation der Aufmerksamkeit ändern sich die psychisch-geistigen Strukturen, organisiert sich die Sensomotorik sowie das bewußte Denken und Handeln des Kindes bis zur planmäßigen und verantwortlichen Handlungsfähigkeit.

Bedingungen zur Normalisation

Diese Polarisation der Aufmerksamkeit und somit Normalisation stellt sich aber nur unter bestimmten pädagogischen Bedingungen ein:

1. Eine vorbereitete Umgebung, die entwicklungsgemäß Selbsttätigkeit, Freiheit individuellen Handelns und Lernens ermöglicht. Für die gemeinsame Erziehung Behinderter und Nichtbehinderter ist nun entscheidend, daß Montessori in der vorbereiteten Umgebung individuell angepaßte und entwicklungsgemäße Lernmaterialien, Lernsituationen und somit einen individualisierbaren Lehrplan anbietet, so wie dies heute z. B. in Belgien gefordert wird und wie dies sonderpädagogischen Erfordernissen entspricht.

2. enthält die vorbereitete Umgebung pädagogische Prinzipien wie z. B. die individuelle Passung von Lernfähigkeit und Lernangebot, relativer Zeitfreiheit beim Lernen, die Wahlfreiheit des Lerngegenstandes, die indirekte Erziehung und Individualisierung sowie das Lernen in alters- und leistungsgemischten Gruppen. Es sind Prinzipien, die ein angstfreies und den individuellen Interessen und Fähigkeiten entsprechendes und selbstgesteuertes Lernen ermöglichen. Jedes Kind hat so die Chance, seinen eigenen Bildungsweg zu entwickeln. Damit wären

auch von den Prinzipien her sonderpädagogische Bedingungen erfüllt, wie sie sich aus den bisherigen Erfahrungen mit der Integrationspraxis herausgestellt haben.

3. Darüber hinaus ist die vorbereitete Umgebung didaktisch so gestaltet, daß Lernprozesse – angefangen von der Selbstversorgung und Pflege, sensomotorischen Funktionsübungen und Übungen des sozialen Umgangs – bis hin zu wissenschaftlich systematischem Unterricht, also Geographie, Sprache, Mathematik usw., reichen. Somit kann durch die „vorbereitete Umgebung" ein ganzheitliches und systematisches Bildungsangebot dem Kind gemacht werden, das somit nach Maßgabe der Behinderung und individuellen Leistungsfähigkeit zu einem entwicklungs- und kulturgemäßen Persönlichkeitsaufbau gelangen kann. Normalisation als Persönlichkeitsbildung für die jeweiligen Lebenserfordernisse wäre also durch die Montessori-Prinzipien ermöglicht.

4. enthält die vorbereitete Umgebung ein auf Selbsttätigkeit und Organisation des Bildungsprozesses ausgerichtetes Angebot von Lernmaterialien und den entsprechend strukturierten Lernsituationen. Gerade bei Kindern mit Störungen des Lernprozesses und des Lernaufbaues sowie bei der Selbststeuerung ist es außerordentlich wichtig, Möglichkeiten zu schaffen, in denen sie nach Maßgabe einer festen Ordnung für ihre psychischen Prozesse und ihre Heilung Orientierung und Halt finden. Die räumlich-didaktische Aufteilung der vorbereiteten Umgebung in Lernsektoren für Sprache, Mathematik, Sinneserziehung usw. ist dafür eine wichtige Hilfe.

5. gehört zur vorbereiteten Umgebung ein umfassendes, wenn auch nicht für alle Behinderungsformen und -grade geeignetes Lernmaterial, das sowohl auf den individuellen als auch auf den sozialen Gebrauch hin abgestimmt ist. Individuelles und soziales Lernen werden so indirekt ermöglicht. Das Material dient vor allem und zuerst der Wahrnehmungs- und Bewegungserziehung, der systematischen Ermöglichung der Polarisierung der Aufmerksamkeit, der kontinuierlichen Geistes- und Sozialerziehung und im weitesten Sinne auch der emotionalen Bildung wie z. B. Wille und Ausdauer usw. Aber auch die Kreativität kann durch Materialien und strukturierte Lernsituationen beim Lernen in freier Wahl nachweislich gefördert werden.

6. Entscheidend für die sonderpädagogische Wirksamkeit Montessoris sind die pädagogischen Prinzipien des Materials und ihre individuelle Anwendung. Die von Montessori entwickelten Materialien und Handlungsangebote bewirken vor allem für Behinderte förderliche Effekte:

   a) Sie ermöglichen individuelles und soziales Lernen nach Maßgabe der individuellen Passung von Sachanspruch und Leistungsfähigkeit.

b) Sie folgen entwicklungsgemäß den sensiblen Phasen als Entwicklungsabschnitte extremer Lernbereitschaft z. B. für Feinmotorik, Sprache, Sozialverhalten usw.

c) Sie beanspruchen ganzheitlich mehrere Funktionsbereiche bei gleichzeitiger Schwerpunktsetzung oder, wie Montessori sagt, Isolierung der Schwierigkeit wie z. B. Farb- oder Formunterscheidung.

d) Speziell für Behinderte ermöglichen sie ein Lernen in kleinsten Schritten, nach individuellem Lernrhythmus, individueller Lerndauer usw., was speziell für geistesschwache Kinder von Bedeutung ist.

e) Die Lernangebote Montessoris ermöglichen das Erlernen abstrakter Sachverhalte durch die Veranschaulichung und Konkretisierung in Handlungsprozessen. So kann z. B. das Dezimalsystem und das Rechnen mit den Einsatzzylindern oder den blauroten Stangen vorgeübt werden, ohne daß schon mit Zahlen operiert werden muß.

f) Durch die eingebaute Fehlerselbstkontrolle im Material wird das Kind unabhängig vom Erwachsenen und entwickelt so zunehmend eine autonome Urteilsfähigkeit und wissenschaftliche Haltung.

g) Der sachstrukturell systematische Aufbau des Materials führt zu einem systematischen und lückenlosen Lernaufbau und gibt dem Kind Anlaß, sein Anspruchsniveau an immer schwierigeren Aufgaben wachsen zu lassen.

h) Übungs-, Transfer- und Variationsmöglichkeiten des Materials ermöglichen die Sicherung des Gelernten und seine Anwendung auf neue Handlungsbereiche.

Festzuhalten wäre, daß die Montessori-Pädagogik von ihrem anthropologischen Ansatz her und in ihrer didaktisch-methodischen Realisierung grundsätzlich gute Voraussetzungen für die Bildung und Erziehung behinderter Kinder und auch für die integrative Erziehung hat, durch die Starke und Schwache, Behinderte und Nichtbehinderte und Kinder verschiedener Schichten bzw. Kulturen gemeinsam unterrichtet werden können. Zu beachten ist allerdings, daß einige Montessori-Materialien für bestimmte Behinderte modifiziert, vereinfacht oder erweitert werden müßten, etwa für blinde oder stark geistig behinderte Kinder, wie dies schon in der Praxis geschieht.

Ist Montessori-Pädagogik Sonderpädagogik?

Damit kommen wir zum letzten Teil, d. h. der Frage, ob die Montessori-Pädagogik mit Sonderpädagogik nun gleichzusetzen sei und ob sie trotz ihren guten Voraussetzungen den sonderpädagogischen Erfordernissen entspricht.

Vorauszuschicken ist die Einschränkung, daß eine grundlegende Ausbildung von Montessori-Erziehern zu Heilpädagogen bisher – abgesehen von einzelnen Ausnahmen – nicht möglich ist.

Hinsichtlich der einzelnen Behindertengruppen und Entwicklungsstufen hat die Montessori-Pädagogik unterschiedliche Bedeutung.

1. Für den Frühbereich von 0–3 Jahren liegt weder Montessori-Material noch ein empirisch geprüftes Konzept der Montessori-Pädagogik vor. Dennoch muß festgehalten werden, daß Montessori zur Bedeutung und Praxis der Früherziehung und zum frühen Lernen erstaunlich moderne Gedanken vortrug, die von Frau Dr. Montanaro in Rom bis heute fortentwickelt wurden.

2. Montessori-Pädagogik und die Integration 3–6jähriger. Hier liegt Montessoris sonderpädagogisch-integrative Stärke: Ein differenziertes Materialangebot und eine ausgebaute Theorie-Praxis-Verbindung bewirken beachtliche sonderpädagogische und auch integrative Effekte auf personaler und sozialer Ebene.

Eigene Untersuchungen in einem Montessori-Kinderhaus in einer Düsseldorfer Obdachlosensiedlung zeigten, daß extrem sozial Behinderte, soziokulturell und physisch vernachlässigte Kinder in den Bereichen Sprache und Mathematik, Naturwissenschaften und allgemeine Selbständigkeit so weit gefördert werden konnten, daß ein erfolgreicher Grundschulbesuch möglich wurde. Dieser Erfolg ist umso erstaunlicher, als wenige Jahre vorher in diesem Kindergarten noch 80 % der Kinder später in die Sonderschule gingen. Kohlbergs (1972) Untersuchungen über die Wirksamkeit der Montessori-Pädagogik bei soziokulturell benachteiligten Kindern konnten so bestätigt werden. Seine Ergebnisse nach einem Jahr Montessori-Pädagogik zeigten, daß schon nach vier Monaten mit IQ-Verbesserungen bis zu 17 Punkten und Steigerungen bei der Konzentrationsfähigkeit sowie Verbesserungen bei den Lernstrategien bzw. Problemlösungsfähigkeiten festgestellt werden konnten.

Die integrationsfördernden Möglichkeiten der Montessori-Pädagogik sind hinlänglich durch das Münchener Montessori-Modell bestätigt worden, so daß hier objektiverweise nur auf die Probleme hingewiesen werden muß. Dazu gehört die behindertengerechte Veränderung der Montessori-Materialien, dann die Anwendung ihrer Prinzipien auf die Behinderten und die Notwendigkeit einer heilpädagogisch umfassenden Zusatzausbildung der Mitarbeiter. Viele Einzelerfahrungen bestätigen die Beobachtung, daß bei heilpädagogischer Zusatzausbildung der Montessori-Erzieherin und einer zusätzlichen Assistentin in einer integrativen Kindergruppe die Montessori-Pädagogik wirksam angewandt werden kann, wenn das Verhältnis Behinderte und Nichtbehinderte 1:5 nicht überschritten wird.

Die bisherigen Erfahrungen der Montessori-Pädagogik als Heilpädagogik und als Integrationshilfe bei 3–6jährigen lassen sich in den Worten der Münchener Mitarbeiter wie folgt zusammenfassen: „Wir fühlen uns auf dem Gebiet der Montessori-Therapie und Kleingruppentherapie noch im Bereich der Forschung und Erprobung, wenngleich wir bereits mit den bisherigen Erkenntnissen vielen Kindern helfen konnten. "

Auch die gegenüber Montessori distanzierten Fachleute kommen um die Feststellung nicht herum, „daß viele Elemente der Montessori-Pädagogik für integrative Arbeit geeignet sind", wenn keine „orthodoxe Umsetzung stattfinden würde", wie dies leider immer wieder anzutreffen ist.

3. Montessori-Pädagogik für behinderte Schulkinder.

Anerkannt gründliche Untersuchungen z. B. von Neise und Suffenplan zur sonderpädagogischen Wirksamkeit der Montessori-Pädagogik liegen für die Erziehung geistig- und lernbehinderter Schüler vor. So konnte der Einsatz der Montessori-Pädagogik in den Bereichen Intelligenz und Motorik bzw. Feinmotorik und Sprache bei Vergleichsgruppenuntersuchungen höhere Effekte bewirken. Speziell bei Lernbehinderten gab es Verbesserungen in den Bereichen Rechnen und Rechtsschreiben sowie Lesen. Sie zeigten darüber hinaus ein höheres Anspruchsniveau, besseres Sozialverhalten und eine bessere Arbeitsdisziplin als die Schüler in Kontrollgruppen. Diese Ergebnisse bestätigen die Feststellungen Hellbrügges, daß das Sozialverhalten speziell zwischen Behinderten und Nichtbehinderten durch die Montessori-Pädagogik prosozial verbessert werden kann, d. h. Hilfsbereitschaft und Rücksicht, Geduld und Mitgefühl sowie Verständnis füreinander nehmen deutlich zu.

Gleichzeitig darf nicht übersehen werden, daß in integrierten Gruppen soziale Binnenkontakte zwischen Nichtbehinderten bzw. Leistungsstärkeren einerseits und den Behinderten bzw. Leistungsschwächeren andererseits im allgemeinen höher sind als die Leistungs- und Behindertengruppe übergreifenden Kontakte. Offenbar nimmt die Mehrbeachtung der Leistung als objektives Beurteilungs- und Entscheidungskriterium mit zunehmendem Alter der Schüler zu, ohne daß damit schon eine Schmälerung der integrativen Wirkung der Montessori-Pädagogik feststehen muß.

Ein Beispiel für Integration

In einer privaten kirchlichen und nach Montessori-Prinzipien arbeitenden Gesamtschule in Krefeld hat man sich die Integration normal intelligenter und körperbehinderter Kinder zur Aufgabe gesetzt. Ca. 90 von 970 Schülern sind körperbehindert, und sie zeigen darüber hinaus bis zu 100 verschiedene Krankheitssymptome. Als private Schule kann sie sich die Schüler selbst aussuchen, was sicherlich die Repräsentativität dieser Aussage einschränkt. Therapie oder gesonderte integrationsfördernde Maßnahmen finden in dieser Halbtagsschule nicht statt. Ca. 13 sozialpädagogische Hilfskräfte unterstützen die Lehrer und helfen den Behinderten sowohl im Unterricht als auch in den Pausen.

Unterrichtlich gesehen gibt es Binnendifferenzierung nach Inhalt und Lernform, Lerntempo und Lernziel, Lernmethoden und Lerndauer. Damit nähert sich die Schule grundsätzlichen Forderungen Montessoris und der Sonderpädagogik. In sozialer Hinsicht sind die Kontakte zwischen Behinderten und Nichtbehinderten innerhalb der Schule problemlos, dennoch sind die bereits oben erwähnten Binnenkontakte unter den Behinderten auch hier größer als zu den Nichtbehinderten. Ein Lehrer sagt sazu: „Behinderte wollen auch unter sich sein" (persönliche Beobachtung: Auf dem Schulhof keine Behinderten, im Schulgebäude zusammen in einem Raum).

Freundschaften und Kontakte über die Schule hinaus gibt es, doch sie sind abhängig von den persönlichen Initiativen, der Entfernung zwischen den Wohnungen und der Verfügbarkeit über Autos.

Ein überwiegender Teil der Behinderten verläßt die Schule vor dem Abitur mit dem Hauptschulabschluß bzw. der Fachoberschulreife.

In enger Verbindung mit dem zuständigen Arbeitsamt und der Berufsberatung sowie mit den ortsansässigen Betrieben konnten die behinderten Schulabgänger fast problemlos beruflich integriert werden.

Ein auch international bereits festgestelltes Problem ist die Leistungsbeurteilung, für die man mit Duldung der Behörden ein praktikables und schulspezifisches Arrangement gefunden hat.

Unter diesen Umständen kann man – wenn auch mit beträchtlichen Einschränkungen – von der Montessori-Pädagogik als einer Hilfe für die Integration auf der Sekundarstufe I und II sprechen.

Verallgemeinerungen sind problematisch

Diese für die Montessori-Pädagogik und die Integration generell erfreulichen Ergebnisse sollten nicht darüber hinwegtäuschen, daß es systematisch-empirisch kontrollierte Schulversuche nicht gibt und Verallgemeinerungen aus erfolgreichen Einzelversuchen problematisch sind. Zu viele subjektive Faktoren wie Engagement, Schulklima, Elterninteresse usw. spielen eine herausragende Rolle, und nicht überall stehen sozialpädagogische Hilfskräfte oder gut gefüllte Schulkassen zur Verfügung.

Generell kann man auch feststellen, daß die Montessori-Pädagogik von ihrem anthropologischen Ansatz und ihren didaktisch-methodischen Realisationsmöglichkeiten her offen ist für Behinderte, speziell aber sozial benachteiligte Kinder und auch für Kinder verschiedener Kulturen, was ihre weltweite Ausbreitung ja belegt. Besonders ihre Differenzierungsmöglichkeiten eröffnen beträchtliche Einzelförderungs- und Integrationschancen für lernbehinderte, verhaltensschwierige und bestimmte Grade geistigbehinderter Kinder. Die Modifizierbarkeit ihrer Materialien ermöglicht auch die Integration sehbehinderter und anderer schwerbehinderter Kinder. Jedoch werden diese integrationspädagogischen Wirkungen eingeschränkt durch ein heilpädagogisch nicht immer qualifiziertes Personal. Gerade in diesem Punkt zeigen sich auch international die größten Probleme. Dennoch möchte ich abschließend und positiv festhalten: Montessori-Pädagogik ist sowohl von der Theorie als auch von der bisherigen Praxis aus gesehen für die integrative und sonderpädagogische Arbeit geeignet, offen und flexibel anwendbar, wenn

a) beim Aufbau einer Montessori-Einrichtung zu einer integrativen Einrichtung zuerst mit nichtbehinderten und dann allmählich mit leichter behinderten Kindern die Montessori-Praxis eingeführt und eingeübt wird, so daß dann allmählich eine integrative Einrichtung entsteht;

b) das Verhältnis von Behinderten und Nichtbehinderten nach Maßgabe der Behinderungsart und -schwere 1:5 möglichst nicht überschritten wird;

c) heilpädagogisch qualifiziertes und engagiertes Personal sowie sozialpädagogische Hilfskräfte, Therapiemöglichkeiten und hinreichend Materialien zur Differenzierung und Individualisierung von Bildungsprozessen zur Verfügung stehen und

d) die soziale Integration des behinderten Kindes in eine Montessori-Einrichtung immer eine Einzelfallentscheidung zum Wohle des behinderten Kindes bleibt.

LITERATUR ZUR INTEGRATION:

H. Eberwein (Hrsg.), Behinderte und Nichtbehinderte lernen gemeinsam. Handbuch der Integrationspädagogik, Weinheim Basel, 1988

Th. Hellbrügge, Unser Montessori Modell, München 1977

Th. Hellbrügge/Mario Montessori, Die Montessori-Pädagogik und das behinderte Kind, München 1978

S. Bews, Integrativer Unterricht in der Praxis. Erfahrungen – Probleme – Analysen, Innsbruck 1992

Tiroler Arbeitskreis für Integration (TAFI), Pädagogik und Therapie ohne Aussonderung. 5. Gesamtösterreichisches Symposium „Schule ohne Aussonderung – Leben ohne Aussonderung" in Reutte/Tirol, Innsbruck 1990 Bestelladresse: Tiroler Arbeitskreis für Integration (TAFI), c/o Dipl.-Ing. Karl Sporschill, Riedgasse 19, 6020 Innsbruck

Weitere Informationen zur Literatur beim Verfasser, Adresse Dr. H.-J. Schmutzler, Frangenheimstraße 4, D-5000 Köln 41

Franz J. Mönks

Montessori-Pädagogik und Begabtenförderung

1. Einleitung

Im kürzlich erschienenen 9. Band der Reihe „Genie, Irrsinn und Ruhm", der „Die Wissenschaftler und Forscher" zum Gegenstand hat, können wir lesen: „Maria Montessori war sicher ein gesundes Hochtalent mit einer erstaunlichen inneren Festigkeit."[1] Blättern wir einige Seiten zurück, so lesen wir folgendes: „Maria Montessori, ein mathematisches Wunderkind, die erste weibliche Studentin Italiens und ein echtes Original der pädagogischen Theorie und Praxis."[2] Als Sensation und Wunder wurde in der Weltpresse ihre im Jahre 1900 in Rom eingerichtete Modellschule dargestellt. Sie stellte unter Beweis, daß Kindern, die nicht mehr für lern- und leistungsfähig gehalten wurden, mit geeignetem didaktischem Lehrmaterial Schritt für Schritt Eigenständigkeit beigebracht werden kann. Sie war imstande, unergründete und unbenutzte Fähigkeiten im Kinde zu wecken und zu fördern. Sie setzte sich voll ein für das benachteiligte und vernachlässigte Kind, d. h. wo die Not am größten war, da war sie zur Stelle. Gewiß würde sie heute genauso erfinderisch und gezielt auftreten, wo es im öffentlichen Bewußtsein immer deutlicher wird, daß das hochbegabte und talentierte Kind in einer benachteiligten Situation ist, da die schulische Meßlatte weitgehend vom Mittelmaß bestimmt wird.

In den folgenden Ausführungen wollen wir uns u. a. der Frage zuwenden „Was ist Hochbegabung?" und im weiteren „Welche Möglichkeiten der Begabtenförderung bietet die Montessori-Pädagogik?".

2. Was ist Hochbegabung?

Der deutsche Entwicklungspsychologe William Stern, der Anfang der dreißiger Jahre zur Emigration gezwungen wurde, schrieb im Jahre 1916, daß für 2 % Höchstbegabte und weitere 10 % Hochbegabte in der Volksschule „erweiterte Ausbildungsgelegenheiten" geschaffen werden müssen[3]. Stern ging nicht von der damals wie heute weitverbreiteten Auffassung aus, „die haben's ja, die werden sich schon durchsetzen". Aber wußte er, an welchen Verhaltensmustern und an welchen Lerneigenschaften ein hochbegabtes Kind zu erkennen ist? Auffallend war auf jeden Fall, daß er wahrscheinlich der erste war, der sehr genau wußte, daß intellektuelle Begabung für sich allein nicht bestimmend ist, „sondern die Stärke des Interesses und die Tüchtigkeit der Willenssphäre" sind genauso entscheidend. Weiterhin wies er darauf hin, daß Begabungen an sich immer nur Möglichkeiten der Leistung sind, unumgängliche Vorbedingungen, aber sie „bedeuten noch nicht die Leistung selbst"[4]. Damit hat Stern schon zu Anfang dieses Jahrhunderts, in dem viele seiner Kollegen noch Anhänger des biologischen Determinismus waren, klar erkannt, daß Hochbegabung nicht einseitige und erblich festgelegte hohe Intelligenz bedeutet, die in ausgezeichneten Leistungen zum Ausdruck kommt. Eine vom biologischen Determinismus geprägte Auffassung hat beispielsweise der bedeutende amerikanische Intelligenzforscher Terman zeitlebens vertreten. Erst im Jahre 1954 hat er sich distanziert von seiner Einfaktorentheorie, und zwar unter dem Gewicht von empirischen Daten seiner Längsschnittforschung, die deutlich machten, daß hohe Intelligenz wichtig und eine notwendige Voraussetzung ist, daß aber soziale Faktoren ebenso wie Persönlichkeitsfaktoren in entscheidendem Maße beitragen zur Realisierung von Begabungen[5].

Nach dem bisher Gesagten und zum besseren Verständnis des noch darzustellenden Mehrfaktorenmodells der Hochbegabung muß hier zunächst auf die Frage eingegangen werden „Was ist psychologische Entwicklung?".

Die *Entwicklungspsychologie* beschäftigt sich mit den Gesetzmäßigkeiten menschlicher Entwicklung. Dabei unterscheidet sie kognitive und soziale Entwicklung sowie Persönlichkeitsentwicklung. Bei der individuellen Entwicklung können innere wie äußere Faktoren eine hemmende und eine fördernde Rolle spielen. Die Entwicklungspsychologie stellt sich die Frage, welche sozialen und erzieherischen Bedingungen tragen bei zu einer optimalen Entwicklung des Kindes. Eine erzieherische Umwelt, die für das eine Kind förderlich ist, braucht es nicht zu sein für das andere. Es geht also um ein „richtiges" Zusammentreffen von individuellen Anlagen und Bedürfnissen mit verständnisvoller und fördernder Sozialumgebung. Daher definieren wir psychologische Entwicklung wie folgt:

Psychologische Entwicklung ist ein dynamischer und lebenslanger Prozeß. Die Interaktionen zwischen individuellen Anlagen und sozialer Umgebung bestimmen, welches Verhalten (Handeln) und welche Verhaltens- bzw. Handlungsmotive aktualisiert und manifestiert werden.

Menschliche Entwicklung ist nie vorhersagbar, sie ist nicht geradlinig. Sie wird wesentlich mitgeprägt von der eigenen Lebenswelt. Nicht alles, was ein Mensch von Natur „mitbekommen" hat, wird sich auch im Verhalten zeigen. So kann schlummernde musikalische Begabung verkümmern, wenn sie nicht aktualisiert wird, d. h. geweckt und gefördert wird. Schon das Neugeborene zeigt Erkundungs- und Wissensdrang, es sendet Signale des Behagens und Unbehagens. Entscheidend und prägend für die weitere Entwicklung des Kindes ist es, ob und wie adäquat die soziale Umgebung auf die kindlichen Signale eingeht. Bereits in den frühen Lebensjahren kann das Kind in seiner Entwicklung beeinträchtigt werden, wenn seine Wünsche und Bedürfnisse nicht richtig erkannt und demzufolge nicht entsprechend befriedigt werden. Optimale individuelle Entwicklung setzt voraus, daß das Kind in seiner Einmaligkeit begriffen und dementsprechend erzogen wird. Die von Theodor Litt erhobene Maxime von „Führen und Wachsenlassen" schafft für das Kind den notwendigen Raum, damit sich seine Möglichkeiten und Fähigkeiten voll entwickeln können.

Diese entwicklungspsychologischen Grundlinien sind für die gesunde Entwicklung eines jeden Kindes wichtig. Noch ganz abgesehen von der äußeren Erscheinungsweise, unterscheiden sich Menschen dadurch voneinander, daß sie unterschiedliche Anlagen besitzen, unterschiedliche Wißbegier und verschieden starken Aktivitätsdrang an den Tag legen. Da das hochbegabte Kind, ganz allgemein gesprochen, einen Entwicklungsvorsprung hat, paßt es nicht in altersspezifisches Denken und Handeln von Erziehern. Schon sehr früh sind diese Kinder den Altersgenossen weit voraus, interessieren sich für Sachverhalte, die im allgemeinen Verständnis gerade nicht altersspezifisch sind. Wie kann diesen Kindern in altershomogenen Klassen wirkliche Entwicklungshilfe geboten werden?

Diese Überlegungen, wie auch die Tatsache, daß sich die moderne Entwicklungspsychologie weitgehend von sogenannten altersabhängigen und altersbedingten Erklärungen distanziert, wobei das kalendarische Alter ein beschreibender und kein bedingender Faktor ist, erhebt sich die Frage: Wie kann das hochbegabte Kind am besten, d. h. vom Kinde her, beschrieben, begriffen und gefördert werden? Diese Frage der Definition und Förderung von Hochbegabung soll am Triadischen Interdependenzmodell dargestellt werden.

3. Triadische Interdependenz: ein Mehrfaktorenmodell der Hochbegabung

Wie schon erwähnt, hat William Stern bereits im Jahre 1916 darauf hingewiesen, daß intellektuelle Hochbegabung in ihrer Entwicklung wesentlich abhängig ist von anderen Persönlichkeitsmerkmalen wie Leistungswille und Durchhaltefähigkeit. Diese Distanznahme von einer zu jener Zeit gängigen Intelligenzauffassung ist äußerst bemerkenswert.

„Hochbegabt" ist ebenso wie „normalbegabt" ein beschreibender Begriff. Eine besondere Begabung kann sich auf dem motorischen, sozialen, künstlerischen und dem intellektuellen Gebiet zeigen. Oft treten diese

Begabungsformen gemeinsam auf, oft zeigen sie sich auch als besondere Talentiertheit auf einem der genannten Gebiete. z. B. Musik oder Mathematik. Jede Begabung, sei sie durchschnittlich oder außergewöhnlich, erfordert Begleitung und Förderung, damit sie sich entwickeln kann. Der am dringendsten benötigte Nährboden für die Entwicklung einer Anlage ist die soziale Umgebung. Besondere Begabungen erkennt man erst, wenn sie sich in besonderen Leistungen oder auffallenden Verhaltensweisen zeigen. Wir sprechen dann von einem hochbegabten Kind, wenn folgende Persönlichkeitsmerkmale anwesend sind: *überdurchschnittliche intellektuelle Fähigkeiten, Aufgabenzuwendung (task commitment) und Kreativität.*

Der Mensch ist seinem Wesen nach ein soziales Wesen. Das bedeutet, daß er für eine gesunde Entwicklung auf Umgang und Austausch mit der sozialen Umgebung angewiesen ist. Die drei wichtigsten Sozialbereiche, in denen das Kind aufwächst, sind *Familie, Schule und Freundeskreis.* Statt Freundeskreis sprechen wir auch von „Peers", was „Entwicklungsgleiche" bedeutet. Eine befriedigende Interaktion, ein fruchtbarer Umgang zwischen Person und sozialer Umgebung kann nur dann zustande kommen, wenn die betreffende Person auch hinreichende *soziale Kompetenz* besitzt. Soziale Kompetenz ist einerseits ebenfalls eine Gabe, die der Mensch von Geburt an in unterschiedlicher Ausprägung besitzt, andererseits kann jeder Mensch sich im Umgang mit anderen soziale Kompetenz erwerben. Gerade hochbegabte Kinder erfahren oft, daß sie keinen Anschluß finden bei ihren Alters- und Klassenkameraden – wegen des nicht selten krassen Entwicklungsunterschiedes – und dadurch im Erwerb von sozialer Kompetenz benachteiligt sind.

Die genannte soziale Dreiergruppe (Triade) von Familie, Schule und Freundeskreis bedarf im Zusammenhang des vorliegenden Beitrages keiner weiteren Erklärung. Sie sind soziale Einheiten, wie wir sie als aufwachsendes Kind vorfinden. Die Triade der Persönlichkeitsmerkmale soll jedoch näher erklärt werden.

Überdurchschnittliche intellektuelle Fähigkeiten bedeutet: die Intelligenz, meistens ausgedrückt in einem Intelligenzquotienten (IQ), gemessen mit einem Intelligenz- oder Leistungstest, liegt über dem Durchschnitt. Obgleich wir keine genaue Grenze angeben können, ab wann die Intelligenz im hier gemeinten Sinne über dem Durchschnitt liegt, gehen wir von einem IQ-Wert aus, der bei 130 oder höher liegt. Bei unseren Eltern- und Lehrerberatungen vermeiden wir lieber die Angabe von IQ-Werten, da sie oft als Zahl eine bleibende Exaktheit nahelegen, die es in Wirklichkeit wegen der Dynamik menschlicher Entwicklung gar nicht gibt. Zahlen haben als unveränderliche Größen nicht selten eine magische Kraft. Stattdessen sprechen wir lieber von Prozenträngen und betrachten die obersten 5 % bis 10 % als zur Gruppe der Hochbegabten zugehörig. Bei Leistungsversagern, d. h. bei Schülern, die Leistungen erbringen, die oft beträchtlich unter ihren intellektuellen Fähigkeiten liegen, kann es sehr benachteiligend sein, wenn ein IQ-Wert in die Akten eingeht.

Aufgabenzuwendung

In vorangegangenen Veröffentlichungen haben wir den Begriff „Motivation" verwandt, weil wir davon ausgingen, daß Motivation als Oberbegriff die Aufgabenzuwendung miteinschließt.[6] Aus der nachfolgenden Erklärung, was unter Aufgabenzuwendung zu verstehen ist, wird deutlich werden, daß dieser Begriff zutreffender ist. Aufgabenzuwendung im Sinne von „task commitment" besagt, daß man sich über einen längeren Zeitraum mit einer Aufgabe oder einem Aufgabengebiet eingehend beschäftigt. Ein ins Auge gefaßtes Ziel setzt voraus, daß man sich Gedanken macht über das angestrebte Ziel (kognitive Komponente), daß man sich gefühlsmäßig angesprochen und angezogen fühlt (emotionale Komponente), daß man das Ziel auch mit Einsatz und Willensstärke verfolgt (motivationale Komponente) und daß man erfinderisch ist in der Realisierung des verfolgten Zieles. Die motivationale Komponente umfaßt auch, daß man risikobereit ist und daß man eine Zukunftsperspektive hat, d. h. Pläne für erreichbare Ziele über einen weiteren Zeitraum hinweg machen kann. Dabei sind Zeiträume für Kinder natürlich wesentlich kürzer und auf nähergelegene Ziele gerichtet als die von Jugendlichen oder Erwachsenen.

Kreativität wurde bereits bei Aufgabenzuwendung genannt, muß jedoch eigens hervorgehoben werden, da hiermit ganz allgemein Lösungsverhalten von Aufgaben gemeint ist, das als originell, produktiv und individuell-selbständig bezeichnet werden kann. In der selbständigen Lösung von Aufgaben liegt der Anreiz zum kreativen Handeln.[7]

Die genannten und umschriebenen Persönlichkeitsmerkmale sind als Anlagefaktoren in verschieden starker Prägung beim Kinde anwesend. Ohne Begleitung und Förderung von seiten der sozialen Umgebung können sie sich nicht harmonisch entwickeln. Eine Förderung des Kindes, die nicht von seinen wirklichen Bedürfnissen ausgeht, d. h. anschließt bei seinem Entwicklungsniveau, erschwert oder verhindert eine optimale Entwicklung. Die Folge kann sein, daß das Kind auf einem niedrigeren Niveau steckenbleibt und einen derartigen Entwicklungsrückstand u. U. nie mehr einholen kann.

Im Triadischen Interdependenzmodell der Hochbegabung nehmen Familie, Schule und Freundeskreis einen zentralen Platz ein: In diesen Sozialumgebungen kann jedes Kind und vor allem das hochbegabte Kind entscheidend gefördert oder gehemmt werden. Daher sprechen wir erst dann von Hochbegabung, wenn die genannten Faktoren, d. h. beide Dreiergruppen, so ineinandergreifen, daß sich eine harmonische Ent-

Figur 1

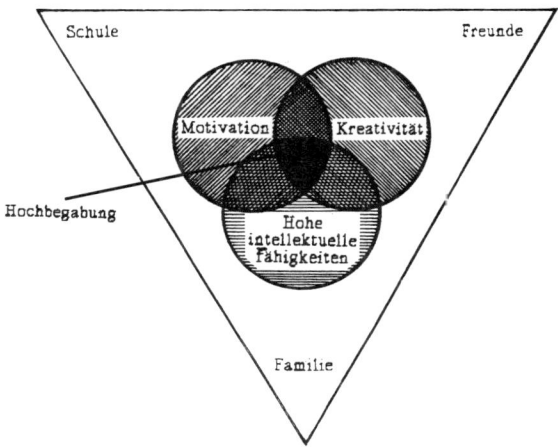

*Drei-Faktoren-Modell der Hochbegabung mit den drei Persönlichkeits-
merkmalen hohe intellektuelle Fähigkeiten, Motivation und Kreativität
und den drei Sozialbereichen Familie, Schule und Freundeskreis. Erst
bei einem guten Zusammenspiel der genannten sechs Faktoren kann
sich Hochbegabung entwickeln und zum Ausdruck kommen in besonderen Leistungen oder auffallenden Handlungen. Wesentliche Voraussetzung für eine wirkungsvolle Interaktion zwischen Person und Umgebung ist das Vorhandensein von sozialer Kompetenz.*

wicklung vollziehen kann. In Figur 1 wird das Modell schematisch dargestellt. Diese schematisierte und dadurch vereinfachte Wiedergabe
muß eigentlich dreidimensional gesehen werden; dann sieht man deutlicher, daß alle Elemente Einfluß aufeinander ausüben.[8]
Die vorausgegangenen Ausführungen bringen uns zu der Frage, wie
sieht die Begabtenförderung in der Montessori-Pädagogik aus?

4. Montessori-Pädagogik und Begabtenförderung

Anläßlich eines mehrmonatigen Studienaufenthaltes in den Vereinigten
Staaten im Jahre 1967, schrieb ich einen Beitrag für ein Fachbuch über
Kinderstudien mit dem Titel „Von Montessori bis zum Head-Start-Pro-
jekt". Head-Start, das im Jahre 1965 unter der Regierung Johnson eingeführt wurde, sollte als Vorschulprogramm den sozial und kulturell
benachteiligten Kinder einen besseren Schulstart ermöglichen. Kinder

der genannten Gruppen kamen gewöhnlich ohne vorschulische Erziehung in einem Kindergarten in die Volksschule und hatten zumeist einen schwerwiegenden Kenntnisrückstand. Dieser Rückstand verringerte sich nicht in den darauffolgenden Schuljahren, ganz im Gegenteil, es kam zu einem wachsenden Defizit, zu einer fortschreitenden Kluft zwischen den Lernerfolgen dieser Kinder und jener, die einen Kindergarten besucht hatten.

Ganz abgesehen von den geringen dauerhaften Erfolgen des Head-Start Programms, fiel auf, wie wenig dieses Programm von bestehenden pädagogischen und didaktischen Programmen ausgegangen war.

Bei einer näheren Analyse und bei einem Vergleich der amerikanischen Vorgehensweise mit der Montessori-Pädagogik wurde mir schnell deutlich, daß die letztere viel fortschrittlicher und umfassender war. Das Montessori-Prinzip der Entwicklungsfreiheit, die vom Kinde ausgehende erzieherische Unterstützung, das Prinzip der frühzeitigen Erkennung und Begleitung der Bedürfnisse des Kindes, das Prinzip der Normalisierung, wobei Entwicklungshindernisse abgebaut werden sollen und normale Entwicklung von der Umgebung ermöglicht bzw. gefördert werden soll – all dies war unbekannt oder nicht im Head-Start Programm zu entdecken.

1971 kam ich zu folgenden Schlußfolgerungen:

– Montessoris kindzentrierte Pädagogik hat nicht nur auf die Nöte des Kindes aufmerksam gemacht, sondern wirkungsvolle Mittel für eine kindgerechte Begleitung entwickelt;

– sie gründete ihr Handeln auf entwicklungspsychologische Einsichten und ging davon aus, daß eine anregende und kindfreundliche Umgebung entscheidend ist für das Entstehen wirklicher Selbständigkeit;

– dabei hatte sie die Überzeugung, daß menschliche Entwicklung kein willkürliches, sondern ein logisches Geschehen ist; hiermit ist sie im Einklang mit den großen Entwicklungspsychologen Piaget und Werner.

5. Exkurs in die Praxis

Als Vorbereitung auf diesen Beitrag habe ich eine Leiterin eines Montessori-Kindergartens, die schon fast 32 Jahre in der Montessori-Arbeit steht, interviewt. Sie stellt fest, daß sie bei einer neuen Berufswahl auf jeden Fall wieder Montessori wählen würde. Erziehung zur Selbständigkeit, freie Entscheidung in der Wahl der Aktivitäten und Durchhaltefähigkeit sind in ihrer Erfahrung wichtige Elemente. Ein Kind kann zwar frei wählen, aber es muß eine getroffene Vereinbarung über eine Aufgabe einhalten. Wenn die Arbeit dann zu schwierig für das Kind ist, wird die Aufgabe zunächst zurückgestellt, jedoch nicht aufgehoben.

Folgende Zitate aus einem amerikanischen Buch lege ich ihr vor.[9] Es handelt sich um einige Fragen an sechsjährige Knaben über schulische Sachen:

Frage: Wer hat dir das Lesen beigebracht?

– Normalschule: „Mein Lehrer."

– Montessorischule: „Niemand. Ich wollte das Buch lesen und dann habe ich es versucht."

Frage: Darfst du dich in der Schule beschäftigen, womit du willst?

– Normalschule: „Nein. Aber wir können jederzeit zur Toilette gehen, aber nicht öfter als viermal."

– Montessorischule: „Natürlich, ich tue das, was mir gefällt."[10]

Der ersten Antwort des Montessorikindes pflichtet die Leiterin bei, jedoch bei der zweiten Antwort fügt sie hinzu: „Wir helfen den Kindern bei ihrer Entwicklung, indem wir die Umgebung zu einer einladenden Lernerfahrung gestalten, eine Umgebung, die den Interessen und Bedürfnissen des Kindes enspricht. Dabei ist allerdings die Wahl von Material verpflichtend in dem Sinne, daß das Kind die Aufgabe zu Ende führen muß."

Die ablehnende Haltung von Maria Montessori gegenüber Phantasie (Märchen) und Kreativität hält sie für Zeichen jener Zeit, in der Montessori ihre Methode entwickelte. Sie ist fest davon überzeugt, daß sie (Montessori) heute ganz anders darüber denken würde. Hinweise hierfür konnte ich erbringen, da der Gründer des Psychologischen Institutes der Universität Nijmegen, Prof. Rutten, in den dreißiger Jahren über die Errichtung einer Ausbildungsschule für Kindergärtnerinnen verhandelte. Er sagte mir persönlich, daß sich Maria Montessori bei den Verhandlungen viel aufgeschlossener und flexibler zeigte als ihre Begleitpersonen.

Im weiteren Verlauf des Gespräches zur Kreativitätsförderung gibt die Leiterin ein Beispiel, das genau in der Linie des Montessori-Systems liegt. Beim Malen beispielsweise kann sie etwas vormachen, wobei sie den Kindern sagt: „Dies ist mein Baum! Nun kannst du deinen Baum malen!" In dieser Art der Unterrichtsgestaltung liegt nicht nur Anleitung zur Selbständigkeit, sondern auch Aufforderung zur Verwirklichung eigener Ideen.

Bei einer Leiterin, die 32 Jahre in der Klasse steht, kann man erwarten, daß sie Erfahrungen mit sehr begabten Kindern gemacht hat. Hierauf geht sie wie folgt ein: „Durch die vertikale Strukturierung der Gruppen, d. h. altersheterogen, und durch das große Angebot von kognitivem Material bieten wir dem Kind für sein sozial-emotionales Wachsen ebenso Raum wie für seine intellektuelle Entwicklung. Das Kind kann einerseits voll spielen, aber es kann sich auch mit anspruchsvollen kognitiven Aufgaben beschäftigen." Kinder, die von Anfang an in der Montessorischule sind, gehen ihrer Erfahrung nach problemlos von der

Unterstufe zur Oberstufe. In der Mittel- und Oberstufe, so sagt sie, trä-
ten immer wieder Probleme auf, wenn Kinder anfangen, sich zu langweilen, weil die Schule keine Herausforderung mehr bieten kann. Diese
Lücke könne natürlich einfacher gefüllt werden, wenn der Basisschule
eine weiterführende Schule angeschlossen sei. Ein weiteres Problem für
hochbegabte Kinder ergibt sich, wenn sie früher in eine höhere Gruppe
kommen – eine Art Überspringen einer Klasse – und sich dort dem
niedrigeren Niveau der älteren Kinder anpassen. Das ist offensichtlich
eine falsche Art der Anpassung.

Einen anderen wichtigen Vorteil bietet das Montessori-System, da durch
die Individualisierung des Lernstoffangebotes und des Lerntempos, das
das Kind im Grunde selber bestimmt, kein Zwang anwesend ist, um
Lernschritte mit den anderen Kindern zu vollziehen und dabei Schritt
für Schritt vorzugehen. Wenn ein Kind es schneller kann, so wird ihm
der Weg nicht versperrt, es wird nicht entmutigt, da es nicht „gezwungen" wird, sich zu langweilen. Und gerade Langeweile befällt viele begabte Kinder, die nicht entsprechend ihren Fähigkeiten gefördert und
herausgefordert werden.

Abschließend meint sie, daß der Lehrer in der Montessorischule nicht
die wichtigste Person ist, sondern er muß ständig die Kinder beobachten und die Lernumgebung des Kindes so gestalten, daß das Kind sich
entsprechend seinen Anlagen als soziales, kognitives und emotionales
Wesen entwickeln kann.

Die Diskussion zur richtigen Förderung aller Kinder in unseren Schulen, ob minder-, normal- oder hochbegabt, wird kräftig mitbestimmt
von Erfahrungen und Lernkonzepten, die in den Vereinigten Staaten
entwickelt wurden. Wir können gewiß viel davon lernen. Vor allem,
weil dort Strategien entwickelt wurden, die nicht nur die Identifizie-
rung, die Erfassung von begabten Kindern in den Schulen zum Gegenstand haben, sondern gleichzeitig entsprechende Programme für gezielte
Förderung anbieten. Im Grunde werden viele Anstrengungen gemacht,
damit in den Schulen eine gerechte Differenzierung praktiziert wird,
d. h. das Kind mit seinen Fähigkeiten und Entwicklungsbedürfnissen
steht zentral. Wir hier in Europa sollten jedoch nicht vergessen, daß bei
uns seit der reformpädagogischen Bewegung zu Anfang dieses Jahrhunderts[11] vor allem durch die Bemühungen und tatsächlichen pädagogischen Lösungen Maria Montessoris sehr viel in Bewegung gebracht
wurde und viel Bleibendes erreicht wurde. Wir müssen manche Auffassungen neu formulieren und der heutigen Diskussion anpassen. Pädagogik in der Schule kann man nicht mit Gesetzen und Verordnungen verändern, sondern ausschließlich dadurch, daß man die Menschen verändert. Und Menschen sind, wie jeder weiß, am schwierigsten und häufig
sogar am geringsten zu verändern.

6. Begabtenförderung konkret

Wenn man als Bezugsrahmen die Jahrgangsklasse mit dem entsprechenden Lernstoffangebot verwendet, dann können begabte bzw. hochbegabte Schüler wie folgt umschrieben werden: Es sind diejenigen Schüler, die mehr Lernstoff verarbeiten können, das auch schneller können und es auch wollen. Alle Förderungsmaßnahmen zielen darauf ab, begabten Schülern, nachdem sie als solche identifiziert wurden, eine größere Breite und Tiefe (enrichment) des Lernstoffangebotes zu vermitteln und – falls das nicht hinreichend ist – Akzeleration, d. h. das Überspringen von einer oder mehreren Klassen zu ermöglichen. Es geht also darum, das Niveau und das Tempo den Fähigkeiten der begabten Schüler individuell oder in Gruppen anzupassen.[12] In der schulischen Praxis versucht man das zu erreichen, indem *homogene oder heterogene* Lerngruppen gebildet werden. Bei homogener Gruppenbildung kann man Sonderklassen, z. B. D-Zug-Klassen, bilden, damit das hohe Tempo von gleich Befähigten nicht durch langsamere Schüler beeinträchtigt wird. Fähigkeitsgruppierung kann auch innerhalb einer Klasse oder zwischen Klassen erfolgen. Außerdem können für die unterschiedlichen Unterrichtsfächer Gruppen verschiedenen Alters, aber mit ähnlichen Fähigkeiten zusammengestellt werden. Eine weitere und zur Zeit viel diskutierte Methode ist das kooperative Lernen. Hierbei hilft der ältere und bessere Schüler dem jüngeren oder schwächeren. Nachteil ist, daß der begabte Schüler auf die Dauer hierbei keine Befriedigung erlebt, da er praktisch nicht an einer größeren Breite und Tiefe (enrichment) arbeitet und auch nicht schneller vorwärts kommt.

Das im vorigen Abschnitt und auch in vorhergehenden Abschnitten Gesagte wird in den Ohren eines Montessorilehrers keine Sensation des Neuen hervorbringen. Die Montessori-Pädagogik hat eigentlich ein „inhärentes Programm der Begabtenförderung". Die vertikale Altersgruppierung, die Erziehung zur Selbständigkeit und die damit einhergehende Ermöglichung des eigenen Lerntempos, das reichhaltige Lernstoffangebot und das Eingehen auf individuelle Neigungen – all das ist Begabtenförderung!

In einem bemerkenswerten Beitrag über „Begabungsförderung in unserer Volksschule"[13] werden eine Reihe von Vorschlägen erörtert, wie in der Volksschule Begabungsförderung realisiert werden kann. Dabei wird das „aktive Beobachten" des Lehrers betont, wird der „Werkunterricht", auch „Buffet-Konzept" genannt, als eine individualisierende Form des Lernens, und es wird vor allem die Differenzierung des Curriculums hervorgehoben. Hierzu heißt es dann: „Eine *Differenzierung des Curriculums* bedeutet, den Lehrplan individuell an die unterschiedlichen Begabungen und Lernvoraussetzungen anzupassen, angemessene Anforderungen zu stellen sowie Lern- und Fördermöglichkeiten bereitzuhalten. Mit andern Worten: individuelle Lern- und Arbeitsziele; individuelle Lernprogramme; Individualisierung bezüglich des Lerntempos sowie der Lernmethode bis hin zum eigenständigen Erarbeiten von Aufgabe- und Problemstellungen."[14] Diesem Wunschkatalog, den Waser aus schulpsychologischer Sicht aufstellte, kann in der Montessori-Schule nachgekommen werden.

Wenn wir uns dem jungen Kinde zuwenden, wie Maria Montessori das so ausführlich getan hat, und dabei jüngere wissenschaftliche Erkenntnisse hinzuziehen, dann wird noch deutlicher, wie die Montessori-Pädagogik die für eine frühe Begabtenförderung erforderlichen Einsichten in die Praxis umgesetzt hat.

Der amerikanische Wissenschaftler R. W. White beschrieb 1959 das *Kompetenzmotiv.* Nach White ist es ein angeborenes und grundlegendes Streben des Kindes, sich mit seiner Umgebung aktiv und wirkungsvoll auseinanderzusetzen. Hatte nicht bereits lange vorher Maria Montessori gesagt, daß das junge Kind ein spontanes Bedürfnis hat, seine Umwelt zu erobern, sich aktiv mit Menschen, Gegenständen und Material zu beschäftigen? Oder das Folgende: die moderne Entwicklungspsychologie sagt, daß der Umgang mit dem jungen Kind von folgendem erzieherischen Verhalten gekennzeichnet sein muß, damit sich das Kind richtig entwickeln kann: Der Erzieher muß *responsiv sein* und er muß *stimulierend auftreten.* Responsivität bedeutet, daß man auf die Signale des Kindes eingeht, daß man das Kind ernst nimmt. Stimulierung bedeutet, daß man die Umgebung des Kindes kindgerecht gestaltet und daß sie zur Erkundung einlädt.

Responsivität regt das explorierende und manipulierende Verhalten des Kindes an. Durch positives Reagieren auf das Tun des Kindes lernt das Kind einen Zusammenhang herzustellen zwischen seinem Verhalten (Handeln) und dem, was es damit bewirkt. Es baut somit allmählich eine „innere Kontrollüberzeugung" auf, etwas, das für das Selbstwertgefühl äußerst wichtig ist.

Stimulierung erhöht die sog. Habituationsschnelligkeit (Habituation = Abgewöhnen oder Erlöschen von Orientierungsreaktionen). Habituation ist Ausdruck eines kognitiven Basisprozesses, sie weist nämlich auf den Aufbau eines wahrgenommenen Objektes oder Reizes hin. Schnelles Habituieren weist auf schnelle Informationsverarbeitung hin. – Ohne die heutigen Begriffssysteme zu kennen, hat auch hier wieder Maria Montessori den richtigen Ansatz eines kindzentrierten Erziehers beschrieben und praktiziert. Mit großer Leidenschaft hat sie auf die Bedeutung der ersten Lebensjahre hingewiesen. Ihrer Ansicht nach können Erziehungsfehler in den ersten Lebensjahren und vor allem zwischen dem 3. und 6. Lebensjahr zu bleibenden Schäden führen.

Dieser Versuch, die mit der Montessori-Pädagogik verwobenen Aspekte der Begabtenförderung zu erörtern, ist gewiß nicht vollständig. Auch bei dieser Vergleichsstudie wurde ich in zunehmendem Maße fasziniert von dem Reichtum an Ideen und wirklichen Angeboten für eine adäquate Begabtenförderung, eine Faszination, die ich bereits vor gut zwanzig Jahren erlebte beim Vergleich des Head-Start-Projektes mit der Montessori-Pädagogik. Sogar die erste Stufe einer gezielten Begabtenförderung ist im Montessori-System enthalten: die ständige Beobachtung des Kindes, damit auch individuell richtige Erziehungshilfe angeboten werden kann. Bei einer wirklichen Begabtenförderung, die als solche auch expliziert wird, müßte die Beobachtung verfeinert werden, eine ganz gewiß nicht einfache Aufgabe bei einer Gruppenstärke von 33 Kindern, so wie das in den Niederlanden der Fall ist.

Es lohnt sich, die Montessori-Pädagogik gründlich und systematisch - systematischer als es im Rahmen dieses Beitrages möglich war – zu analysieren und das „verborgene" Curriculum für eine gezielte Begabtenförderung zugänglich zu machen. Ich selber wäre bereit, hieran mitzuarbeiten.

Anmerkungen

1   Genie, Irrsinn und Ruhm. Die Wissenschaftler und Forscher, hrsg. v. W. Lange-Eichborn/W. Kurth, Bd. 9, Ernst Reinhardt Verlag, München 1992, S. 149
2   ebd., S. 146
3   vgl. ebd., S. 109
4   W. Stern, Psychologische Begabungsforschung und Begabungsdiagnose. In: Der Aufstieg der Begabten, hrsg. v. P. Petersen, Teubner, Leipzig 1916, S. 109 f.
5   vgl. L. M. Terman, The Discovery and Encouragement of Exceptional Talent. In: American Psychologist, 9, 1954
6   vgl. F. J. Mönks, Hochbegabtenförderung als Aufgabe der Pädagogischen Psychologie, 1990
7   vgl. dazu auch: Renzulli, 1986. Nach Renzulli zeichnen sich Personen, die hochbegabt sind, durch kreatives und originelles Verhalten aus. Kreativität ist oft ein Sammelbegriff für Hochbegabung (vgl. S. 71).
8   vgl. Hochbegabtenförderung als Aufgabe der Pädagogischen Psychologie, a. a. O.
9   vgl. W. C. Crain, Theories of Development. Englewood Cliffs, Prentice-Hall Inc., NJ – USA 1980
10 ebd., S. 68
11 vgl. Handbuch der reformpädagogischen und alternativen Schulen in Europa, hrsg. v. Th. F. Klaßen/E. Skiera/B. Wächter, Pädagogischer Verlag Burgbücherei Schneider GmbH, Baltmannsweiler 1990
12 vgl. F. J. Mönks/K. A. Heller, Identification and Programming. In: International Encyclopedia of Education. Section Education of Children with Special Needs, hrsg. v. M. C. Wang, Pergamon, Oxford 1992 (in Druck)
13 Ch. Waser, Begabungsförderung in der Schule. In: Neue Züricher Zeitung, Nr. 60, 12. März 1992
14 ebd.

W. C. Crain, Theories of Development. Englewood Cliffs, Prentice-Hall Inc., NJ – 1980

Genie, Irrsinn und Ruhm. Die Wissenschaftler und Forscher, hrsg. v. W. Lange-Eichbaum/W. Kurth, Bd. 9, Ernst Reinhardt Verlag, München 1992

Handbuch der reformpädagogischen und alternativen Schulen in Europa, hrsg. v. Th. F. Klaßen/E. Skiera/B. Wächter, Pädagogischer Verlag Burgbücherei Schneider Gmbh, Baltmannsweiler 1990

F. J. Mönks, Hochbegabtenförderung als Aufgabe der Pädagogischen Psychologie. In: Psychologie in Erziehung und Unterricht, 37. Jg. 1990

F. J. Mönks/K. A. Heller, Identification and Programming. In: International Encyclopedia of Education, Section Education of Children with Special Needs, hrsg. v. M. C. Wang. Pergamon, Oxford 1993 (in Druck)

F. J. Mönks, Van Montessori tot Head-Start-Project. In: J. de Wit/H. Bolle/R. Jessurun Cardozo-van Hoorn, Psychologen over het kind, Wolters-Noordhoff, Groningen 1971

F. J. Mönks / I. H. Ypenburg, Unser Kind ist hochbegabt. Ernst Reinhardt Verlag, München 1993

J. S. Renzulli, The three-ring conception of giftedness. A developmental model for creative productivity. In: Conceptions of Giftedness, hrsg. v. R. J. Sternberg / J. E. Davidson, Cambridge University Press, Cambridge 1986.

W. Stern, Psychologische Begabungsforschung und Begabungsdiagnose. In: Der Aufstieg der Begabten, hrsg. v. P. Petersen, Teubner, Leipzig 1916

L. M. Terman, The Discovery and Encouragement of Exceptional Talent. In: American Psychologist, 9

Ch. Waser, Begabungsförderung in der Schule. In: Neue Züricher Zeitung, Nr. 60, 12. März 1992

R. W. White, Motivation Reconsidered: The Concept of Competence. In: Psychological Review, 66, 1959

Gerd Lau

Un-erhörtes hörbar machen

Anregungen für eine Selbstfindung in Mehrsprachigkeit

1. Von Pädagogik zur Ausländerpädagogik – und wieder zurück

Die Zeit, in der Maria Montessori ihre „metodo" schrieb, lag vor dem
Ersten Weltkrieg. Und es bedurfte nur weniger Jahre, bis Übersetzungen in dreizehn anderen Sprachen vorlagen. Dies zeigte das Ausmaß der
Vernetztheit bereits der damaligen Welt. Daß von der Erzieherin der
Krieg in seiner alten Form als Beweis sowohl für Weltverbundenheit als
auch für die Zerstörtheit der Seele aufgeführt wurde, mag vielen von uns
als sehr modernes Denken erscheinen. Was ist eigentlich hinzugekom-
men an Lebensumständen in diesem Zeitraum von 1914 bis 1993, der
drei Generationen umfaßt? Und was hat Erziehung daraus zu lernen?
Wir werden rasch an den weiteren Krieg denken, in dem sich Deutschland und Österreich in tiefe Schuld verstrickten. An ihr wuchs der Wille
zur antifaschistischen Grundhaltung. Wir werden an den marktwirt-
schaftlichen Reichtum denken und an die Ausdehnung von Bildungs-
chancen auf neue Schichten. Dies schien zur Fortentwicklung langsam
wachsender Strukturen zu ermutigen, ja zu berechtigen. Aber entging
unserem Blick nicht weitestgehend, wie sich die Wanderung von Millionen von Menschen auf das Bildungswesen auswirken würde?
Vor wenigen Jahren noch galten jene alten, nationalistischen Deu-
tungsmuster: Minoritätenprobleme wurden einzelnen Staaten zur Lösung zugewiesen (Spanien und „seine" Basken; Österreich und „seine"
Südtiroler in Italien; etc.) Aber mit der Zunahme von Migration in der
ganzen Welt hat sich die Lage verändert. Gleichzeitig erleben wir das
Wiederaufleben nationaler bzw. ethnischer Konflikte vor allem im osteuropäischen Raum, und schon erblicken wir uns selbst, vor dem Spie-
gel stehend, im Zerrbild gestriger Parteien. Wieder ist die Frage aufgeworfen, ob nicht Bildungswege zu eng geworden sind, so eng, daß der
Unfrieden in gefährlichem Ausmaß zunimmt.
Dieser Beitrag will von der Würde jedes Menschen handeln, die in seinem Spracherwerb liegt; von der Einsicht, daß jeder Sprachverlust eine
Verletzung dieser Würde ist; und er will Mut machen, Un-erhörtes
nicht nur zuzulassen, sondern sich diesem Un-erhörten in der Erziehung
mit Liebe zuzuwenden.

2. Beispiele staatlicher Lehrplanung

Mitte der achtziger Jahre wurde in Österreich der Lehrplan der Volksschule durch die „Verbindliche Übung Lebende Fremdsprache" erweitert. Die Bildungs- und Lehraufgaben muteten fortschrittlich an: „Der Fremdsprachenunterricht in der Grundschule hat die Aufgabe,
– die Motivation zur Beschäftigung mit einer Fremdsprache grundzulegen, zu vertiefen und
– die Kommunikationsfähigkeit in der Fremdsprache anzubahnen.
Beide Zielstellungen stehen in engem Zusammenhang und beeinflussen einander."[1]
Zur selben Zeit aber waren die Veränderungen in den Klassen bereits unübersehbar: „Das scheinbar übersichtliche Bild unserer Schülerschaft faltet sich in Verwerfungen. Wer hätte vor einer Generation von ‚Unteneinsteigern' gesprochen, von ‚Seiteneinsteigern' oder von muttersprachlichem Zusatzunterricht?"[2] Für diesen Wechsel sollte es aber damals noch keine Lehrplan-Revision geben! In einem Nachsatz des (hauptsächlich natürlich für Englisch!) neu eingeführten Lehrplanes hieß es zwar: „... Darüber hinaus soll über das Kennenlernen einer anderen Sprachgemeinschaft eine offene, aufgeschlossene Haltung anderen Völkern und Kulturen gegenüber angestrebt werden."[3] Doch die Mittel flossen in eine andere Richtung: Zu Tausenden erhielten LehrerInnen „Liftkurse" in Englisch; zu Hunderttausenden wurden Bücher für die Schülerhand verkauft. War unsere Gesellschaft denn nicht ohnedies schon seit Jahrzehnten offen und aufgeschlossen gegenüber dem englischen Volk oder der amerikanischen Kultur gewesen?
Andere Länder erledigten zuerst die eigentlichen Lehrplanaufgaben: Richtlinien für den Zweitsprachenunterricht wurden verfaßt, und die Lehrwerksentwicklung wurde finanziert. (In Deutschland bereits ab 1980 mit einem Modellversuch, dem das opulente Lehrwerk „Sprich mit uns!" zu verdanken ist, welches auf rein verlegerischer Basis nicht entstanden wäre.)
„Sprachbegegnung in der Grundschule" wird zu einem vieldiskutierten Thema der nächsten Jahre werden. Der Sprachwissenschaftler Mario Wandruszka hat sich verschiedenen Aspekten der Mehrsprachigkeit gewidmet und mit seiner Kategorisierung einen Raster geschaffen, der bildungspolitisch relevant ist:
„Motivation – Konvention – Identifikation, diese drei Begriffe gelten aber keineswegs nur für die Lautgestalt des einzelnen Wortes, sondern entsprechend auch für die von Sprache zu Sprache verschiedene Gliederung und Ausgestaltung des Wortschatzes, für die unterschiedlichen lexikalischen Strukturen unserer Sprachen."[4] Was sind „unsere Sprachen" in der Schule? wird folglich zu fragen sein. Sind es die Sprachen, die in Lehrplänen erscheinen dürfen, oder sind es eben „unsere Spra-

chen" im Klassenraum, in der Schulgemeinschaft. Daran entzündet sich nun die Frage, ob wir eine Ausländerpädagogik brauchen bzw. ein interkulturelles Lernen oder ob wir einfach eine „Pädagogik" brauchen. Vor fast hundert Jahren erkannte Maria Montessori die Brotstücke in den Händen der Heimkinder als ihr Spielzeug im Sinne von „Lernzeug". Die Heimleiterin hatte das Verhalten der Kinder als Unart aufgefaßt. Gibt es vielleicht eine historische Parallele dazu, wenn wir heute Mehrsprachigkeit im Klassenzimmer orten? Darf, wie die Neue Zürcher Zeitung fragt, Babylon die Sünde verlieren?

Um dies zu erkunden, wurde beispielsweise ein flächendeckender Versuch zur Schulentwicklung in Nordrhein-Westfalen eingerichtet: Jede Volksschule soll in den Stufen 1 und 2 je 20 Minuten, in den Stufen 3 und 4 je 45 Minuten wöchentlich Sprachbegegnung inszenieren. Die zeitliche Verteilung auf das Schuljahr ist aber ebensowenig starr aufzufassen wie die Frage, welche Sprache(n) vorkommen soll(en). All dies entscheidet die Lehrerkonferenz. Es können z. B. auch verschiedene Sprachen in verschiedenen Klassen sein. Nach der Probezeit von fünf Jahren soll dann eine Auswertung erfolgen. Ein positiver Schulversuchseffekt ist nicht als Fehlerquelle zu erwarten, weil der Versuch flächendeckend verläuft.

In einem solchen Versuch wäre die Erkundung anderer Schriftsysteme ebenso gedeckt wie ein musikalischer Schwerpunkt. Dabei würden, wie oftmals beobachtet wurde, Lernchancen neu eröffnet, bei denen die zweisprachigen Kinder eine Führerrolle übernehmen können: „Die musikalische Ursprünglichkeit und Spontaneität der ausländischen Schüler tragen mit dazu bei, unsere deutschen Schüler zu reaktivieren, die häufig – bedingt durch das Vorbild älterer Geschwister oder der Eltern – schon mit 9 oder 10 Jahren nur noch Musikkonsumenten sind."[5]

Aber auch auf der Ebene der Einstellung zum Sprachlichen sind vor allem durch praktische Begegnung jene Bewußtseinserweiterungen zu erwarten, die aus Wandruszkas Beobachtungen heraus zu fordern sind:

„Diese naive Identifikation der Dinge mit ihren Namen gibt uns die – trügerische – Gewißheit, mit unseren Worten von den Dingen selbst zu reden, die Dinge selbst zu beschwören. Also, in drei Sätze zusammengefaßt:

1. Die Gestalt eines Wortes kann mit seinem Gehalt durch eine mehr oder weniger deutlich erkennbare, objektivierbare phonetische Motivation verbunden sein.

2. In den meisten Wörtern aller unserer Sprachen sind Gestalt und Gehalt nur mehr durch Konvention miteinander verbunden.

3. Jede Gestalt, ob motiviert oder konventionell, wird mit ihrem Gehalt verbunden durch unsere selbstverständliche, unbewußte subjektive Identifikation der Dinge mit ihrem Namen."[6]

Wenden wir uns aber vorerst den Schattenseiten zu, die bei zu kurz greifenden bildungspolitischen Konzepten zu gewärtigen sind.

3. Gefahren der Verdunkelung von Mehrsprachigkeit

Maria Montessori kennzeichnet, wie gefährdet Kinder sind, wenn sie einen Teil ihrer Sprachfähigkeit brachliegen lassen müssen: „Durch seine leidenschaftliche Liebe zur Ordnung und zur Arbeit liefert das Kind den Beweis dafür, daß es viel intelligenter ist, als wir erwartet hatten. Offensichtlich verstellt sich das Kind bei der gewöhnlichen Erziehung instinktiv durch Verbergen seiner Fähigkeiten, um sich dem Urteil des Erwachsenen anzupassen, der es unterdrückt."[7]
Mehrsprachige Kinder müssen diese Anpassung an eine einsprachige Schule in verschiedenem Maße vollziehen. Im Extremfall entwickeln sie eine völlige Ablehnung der Primärsprache. Dann gilt Montessoris kritische Bemerkung über die Anpassung und die Folgen im Unterbewußten eben dort, wo ihre Person primär verankert war: in der Familien-Sprache als erster, primärer Ort des praktischen Bewußtseins. „Das Kind vollbringt die grausame Anstrengung, sich selbst zu verbergen, indem es in seinem Unterbewußten ein ganzes Leben begräbt, das sich entfalten möchte und dessen Bestrebungen fehlgeschlagen sind. Mit einer solchen verborgenen Bürde gliedert es sich in die Irrtümer der Welt ein."[8]
Wechselt ein Kind die Sprachgemeinschaft, so ist unweigerlich eine Zeitlang jene Panik gegeben, die Montessori in anderem Zusammenhang so beschreibt: „Im Schulkind, das stets entmutigt und getadelt wird, entsteht der Zustand des Mißtrauens in sich selbst und der Panik, der als Schüchternheit bezeichnet wird. Diese finden wir beim Erwachsenen wieder in Form der Verzagtheit, der Nachgiebigkeit und in der Unfähigkeit zu moralischem Widerstand."[9]
Man sollte nun eine solche Formulierung nicht zu absolut sehen, so als ob es unweigerlich zu migrationsbedingten Defekten kommen müßte. Denn es liegt ja in der Erzieher Hand, Ermutigung und Lob zu geben selbst ohne Worte in der fremden Sprache des Kindes; dann wird die Zeit der Panik entscheidend verkürzt. Aber erst wenn sich das Bildungswesen von seinem monolingualen Charakter löst, findet das eingewanderte Kind eben auch sprachliche Nischen für seine Primärsprache. Da wird es nicht immer gleich eine Lehrperson in seiner Sprache geben. Aber es gilt, diese Nischen hier und da und immer häufiger einzurichten. Auch Montessori mußte – weil sie eine Frau war – die Sezierübungen für ihr Medizinstudium nachts durchführen: Koedukation ist schließlich heute keine Frage der Gesellschaft mehr... Dies läßt uns hoffen, daß auch Mehrsprachigkeit nicht mehr lang als babylonische Sünde aufgefaßt wird.
Der Ist-Stand soll aber nicht übersehen werden. Stölting führt uns Beispiele vor, wie wenig Aufnahmebereitschaft unsere Einwanderungsgesellschaften erweisen:
„Welche Traumata mögen diejenigen Migrantenschüler erlitten haben,

die trotz dieser schlechten Voraussetzungen den ‚Anschluß an das deutsche Schulsystem' gefunden haben?

‚Ja, wenn ich zurückdenke an meine ersten Tage in Deutschland, in der Schule, möchte ich (sic!) nie wieder erleben.' (Regelklassen-Schülerin aus Kroatien, Interview)."[10]

Und es folgt der Fall jenes Immigranten mit pedantischem Charakter, jenes Stadium vor der „Sprachlosigkeit aus Fehlerangst", die dann bereits Persönlichkeitsbedrohung ist.[11]

In abgeschwächter Form war diese Problematik ja schon vor einer Generation ein Thema der bildungs- und sprachpolitischen Auseinandersetzung, als nämlich der schichtspezifische Sprachgebrauch langsam im Unterrichtsdialog Aufnahme fand. Wandruszka faßte damals zusammen: „Die Schule orientiert sich an einer transregionalen und transsozialen Norm. Hier haben Kinder der Unterschichten bekanntlich die größten Schwierigkeiten ... Daraus entstehen Hemmungen, Verklemmungen, Überanpassungen, Minderwertigkeitsgefühle, wenn man die Hochsprache immer nur als die bessere statt einfach als eine andere Sprache darstellt."[12]

Die Öffnung erfolgte damals durch eine völlige Neuformulierung der Lehrpläne im Bereich des Sprechens sowie durch die Aufnahme von immer mehr Mundartbeispielen in die Lesebücher. Nicht unähnlich geht es heute zu. Auch der Lehrplanzusatz „Deutsch für Kinder mit nichtdeutscher Muttersprache" bemüht sich um die Primärsprachenkenntnisse der Kinder. Inwieweit aber einsprachige österreichische LehrerInnen dieser Vermittlungsaufgabe gewachsen sein können, bleibt natürlich fraglich.

Der Lehrplan „Muttersprachlicher Unterricht" hat ja (mit Ausnahme Schwedens) in ganz Europa nur Gültigkeit für freiwillig besuchte Lehrveranstaltungen. Daher bleibt die „Festigung der Muttersprache/ Primärsprache als Grundlage für den Bildungsprozeß überhaupt sowie für den Erwerb weiterer Sprachen" eine unsichere Grundlage für den Regelunterricht.[13]

4. Mut machen zur Mehrsprachigkeit

Im Jahre 1989 verabschiedete die Deutsche Forschungsgemeinschaft den Forschungsschwerpunkt FABER (Folgen der Arbeitsmigration für Bildung und Erziehung). Solche Programme können Vorzeichen für bildungspolitische Weichenstellungen sein. Die Erziehungswissenschaftlerin Ingrid Gogolin, Mitautorin des FABER-Antragstextes, formulierte 1992 Thesen zu diesem Thema und postulierte u. a. : „Bildung für sozial privilegierte Migranten war bislang streng getrennt und unterschieden von der Bildung der sozial Schwachen und, soweit es die offiziellen

Bildungsangebote betrifft, in eigenen Einrichtungen organisiert (Auslandsschulen, ethnische Privatschulen, „exterritoriale" Schulen für Kinder von Militärs, Europaschulen, Botschaftsschulen, Werksschulen). Mit der Zunahme der Migration auch bei sozial begünstigten Gruppen wird diese Trennung, die bisher wenig diskutiert wurde, an Berechtigung und an Selbstverständlichkeit verlieren."

Eine Veränderung der Curricula bahnt sich also an. Und nicht von ungefähr wird auch oft von schulautonomen Entscheidungen gesprochen. Auch in anderen Gesellschaftsbereichen kommen immer mehr Mutmacher zu Wort. Die Wiener „Tschuschenkapelle" z. B. singt nicht um den heißen Brei herum: „Mit dem Bekenntnis zum Begriff ‚Tschusch', so die Hoffnung, will man den innewohnenden Vorurteilen beikommen. Für Slavko Ninic, den Kopf der Band, sind bei Konzerten Humor und Ironie die Zauberworte. ... Ein rhythmisch ungewohntes Lied aus Makedonien tritt neben Songs anderer am Balkan lebender Völker ... Weisen aus Dalmatien treffen auf orientalische Töne, griechische Lieder und Rembetiko-Klänge."[14] Eine solche Aufwertung des Immigrantenschicksals kennen wir auch aus der amerikanischen Geschichte: Die französischsprechenden Cajons in Louisiana wanderten vor 200 Jahren kollektiv vom Norden des Kontinents in den Süden, bekamen dort von den englischsprechenden Immigranten einen Necknamen, den sie heute mit Stolz tragen. Ihre aus der Normandie stammende Musiktradition lebt einerseits selbständig weiter, verbindet sich andererseits aber auch kreativ mit Jazz-Elementen.

Solche musikalischen Bewältigungsprozesse stehen in Verbindung mit Berendts Vorstellungen: „Im Deutschen ist ‚Sound' nirgendwo so offensichtlich präsent wie in ‚gesund' – was ja, wenn man der Sprache nachhorcht, sagen will: Der ist ge-sund, der ‚im Sound' ist. Man sollte dieser Verwandtschaft von Sound und Ge-sundheit nachdenken. An diese Stelle gehört auch die Verwandtschaft von ‚Sound' und ‚singen' – die um so deutlicher wird, sobald man das Perfekt bildet: ge-sungen. Singen also ist – ge-sund, nicht bloß in dem oberflächlichen Sinn, der diesen Satz als Reklame-Slogan für Fischer-Chöre geeignet erscheinen läßt, sondern in dem wahrhaft ‚ur-sprünglichsten', den unsere Sprache besitzt: dem nämlich ihrer Wurzeln und Urworte."[15]

Dieses Wahrnehmen und sich Bekennen zu allen Melodien der Person, auch zu den Sprachmelodien der Familiensprachen, die den Mitschülern unbekannt sind, wird in die Curricula aufzunehmen sein. Der Kampf der Sinti und Roma beispielsweise um einen Minderheitenstatus ist die Geschichte jahrhundertelanger Sprachunterdrückung. Nur als Geiger durften sie in der Gesellschaft erscheinen, ihre Stimme hatte kein Recht. Wem wäre ihr Wort gefährlich geworden?

In neueren Lehrplänen für muttersprachlichen Unterricht dürfen solche Anliegen schon vorkommen: „...selbständiges Erzählen und Nacherzählen", „Hinführen zu sinngemäßem Übertragen von Inhalten der Muttersprache ins Deutsche und umgekehrt" werden genannt.[16] Und auch aus den FABER-Projekten seien einige genannt, die sprachpolitische Aufklärung verheißen: „Spracheinstellungen von Jugendlichen in multilingualen Kontexten", Hans. H. Reich, Universität Koblenz-Landau, Projektbeginn 1993; „Bilinguale Kinder in monolingualen Schulen", Ingrid Gogolin und Ursula Neumann, Univ. Hamburg; „Bewältigungs- und Abwehrstrategien bei erfolgreichen Jugendlichen der Zweiten Generation", Franz Hamburger, Univ. Mainz. Selbst die historische Dimension dieses Themas ist bereits Forschungsinhalt, was bezeichnend dafür ist, wie lange das Suchen schon anhält: „Schulsprachenpolitische Konzeptionen für ausländische Schüler in Bremen 1970–1980", Wilfried Stölting-Richert, Univ. Oldenburg; Antje-Katrin Menk, Univ. Bremen. Wir nähern uns jetzt immer mehr jenen konkreten Möglichkeiten, im Unterrichtsalltag Un-erhörtes hörbar zu machen.

5. Wir lernen voneinander
Europa und die Welt

Eurozentrismus wäre als Erziehungsgrundsatz ungeeignet. Aber manche Entwicklungsprogramme für Pädagogen sind an politische Programme gebunden, die für sich selbst gesehen nicht schlecht sein müssen, z. B. das EG-Programm ERASMUS. „Andere Sprachen in ihren Grundzügen rasch kennenzulernen, das wird vermehrt eine wichtige Kulturtechnik in Europa werden, weil die Verwendung von Englisch als Lingua franca nicht der einzige Weg zur Verständigung sein kann. Hier wartet ein interessantes Neuland. Wir haben als Touristen freiwillige Erkundungen auf der bunten Sprachenkarte Europas gemacht. Nun wird es professionell gefordert."[17] Nicht gefordert kann natürlich werden, daß Lehrer sich jene Sprachen aneignen, die von ihren Schülern in die Klasse eingeführt werden. Das Kontinuum reicht von Sprachengenies, die leicht überall etwas auflesen, bis zu unseren eigenen Gehemmtheiten. Je mehr wir Lehrer den Schülern sprachlich entgegenkommen können und wollen, desto motivierter werden sich die Schüler zeigen. Aber daneben warten Aufgaben, die von einer Klasse und Schule unbedingt zu leisten sind: Man muß sich bewußt machen, wer (auf Schüler- wie auf Lehrerseite!) welche Sprachen spricht und auch schreibt. Da daraus Hilfen abzuleiten sind, muß das Ergebnis immer wieder im Schulhaus öffentlich gemacht werden: Dolmetscher-Kontakte von seiten der Schulbehörde, mehrsprachige Eltern und Familienangehörige, etc. Schulen sind dann meist überrascht, wie viele Sprachen aufscheinen, aber auch, wieviel Hilfe gefunden wird. Eine neu eingetroffene fremdsprachige Familie kann dann eben rasch Hilfe erhalten.

Eine viel weitergehende Konzeption wäre Tandem: Das ist eine Methode, die zum gegenseitigen Sprachenlernen entwickelt wurde. Wenn hierfür Erfahrungen fehlen, so helfen andere Stützpunkte im Sprachkontakt: An der Schule kann eine „Sprachenbörse" eingerichtet werden, wofür sich unterschiedliche Formen eignen. Zwei- oder fremdsprachige Bücher, Übersetzungs-Wörterbücher und Sprachlehrwerke samt Kassetten in der Bibliothek; Treffpunkte und Clubs für bestimmte Sprachen; Neigungsgruppen ebenso wie eben der muttersprachliche Unterricht selbst. Hinzu kommen Informationen über andere Spracheninstitutionen sowie über Kurzwellenprogramme und Spezialsendungen in Rundfunk und Fernsehen. All dies erleichtert einen raschen Sprachkontakt; all dies ist der Schatz, aus dem selbstverantwortliches Lernen schöpfen kann.

Auch Verbindungen zu innovativen Projekten helfen: „Lernen für Europa" (LEFEU) ist ein Beispiel hierfür. Mit Mitteln des Bundes und des Landes Nordrhein-Westfalen wurde ein Modellversuch geschaffen zur Erprobung schulischer Maßnahmen, die dazu dienen, junge Menschen auf eine mehrsprachige und multikulturelle europäische Zukunft vorzubereiten. Einzelne Ziele sind Spracherhalt und natürliche Mehrsprachigkeit, innovative Vorhaben und Initiativen aus der Praxis (auch auf der Primarstufe!). Ganz wesentlich wird dabei die Koordination des muttersprachlichen Unterrichts mit dem Regelunterricht sowie Verbesserung von Akzeptanz und Qualität des muttersprachlichen Unterrichts sein, wie es im Antragstext steht.

6. „Der Bereich des Gehörten ist Tiefe" (Berendt)

Alle diese Entwicklungen realisieren sich in beiden Spracherscheinungsformen: im Gesprochenen, im Geschriebenen. Wir konzentrieren uns nun auf Erstgenanntes: „Das Feld des Gesehenen ist Oberfläche. Der Bereich des Gehörten ist Tiefe. Das Auge tastet Flächen ab. Nichts aber kann durch das Ohr wahrgenommen werden, was nicht eindringt. ... Der hörende Mensch also hat mehr Chancen, in die Tiefe zu dringen, als der sehende."[18] Diese Chancen beginnen früher in der Lebensgeschichte, nämlich bereits im Mutterleib. Und es ist eine Eigenheit des Hörens, daß es nicht unterbrechbar ist. Unsere Augen können wir schließen, unsere Ohren nicht.

Wie sehr Gehörtes unser Leben bestimmt, wird leicht übersehen/überhört. Wie sehr wir unser Leben durch Gehörtes zu beeinflussen versuchen, erleben wir in privaten Diskussionen, welche Musik zu welchem Zeitpunkt angenehm ist: Aufgelegt wollen wir sein – und erreichen es

146

durch das Auflegen dieser oder jener Schallplatte, durch das Einlegen dieser oder jener Cassette. Die Kraft des Om und des Amen wirkt auf Organismen, und die Musiktherapie hat ihren Rang vor der Lesetherapie. Gehörte Sprache ist der Ausgangspunkt jedes Menschen für alle weiteren Zeichensysteme, die er erwerben wird: Die gehörte Sprache ist ein Zeichensystem, und zwar das primäre des Menschen.

Die sprachliche Zuwendung der Eltern wird vom Kind mit Aufmerksamkeit beantwortet. Und bald beginnt jene lebenslange Aufnahme von Mitteilungen, die unser persönliches Sprachvermögen aufbauen, in allen seinen individuellen Ausprägungen. Dabei haben Klangformen einen entscheidenden Anteil: „Es gibt nicht nur eine primäre, sondern auch eine sekundäre phonetische Motivation. Im Deutschen ist ‚zucken‘, ‚zücken‘ primär die intensivere Form von ‚ziehen‘: das Schwert ‚ziehen‘ – das Schwert ‚zücken‘.“

„Solche lautlich ausdrucksvollen Wörter sind ganz unregelmäßig über unsere Sprachen verteilt.“[19] Haben sie nicht einen entscheidenden Anteil, daß frühkindlich Motivation angeregt wird? Haben sie nicht in späteren Entwicklungsphasen immer noch Bedeutung für unsere Einstellung zur eigenen Sprachentwicklung, sowohl der Muttersprache wie der Fremdsprachen?

Im Verlauf der sprachlichen Sozialisation erfolgen unweigerlich Wort-Erklärungsversuche, die morphologisch oder onomatopoetisch fundiert sind. Einige davon gehen in die Familiengeschichte als Anekdoten ein, hierzu ein Beispiel: Ingo war vier Jahre alt, als er einen Urlaubsfreund namens Anton hatte, ein Bauernbub und zudem älter, was ihn zu Ingos Idol machte. Beim Osterfest marschierte die Dorfmusik auf, und Anton zeigte sich in einer neuen Rolle: Er spielte die ersten Takte auf der Trommel, ehe die Blasmusik einsetzte. Daheim trumpfte Ingo mit seiner Erkenntnis auf: „Jetzt weiß ich, warum Anton Anton heißt: Weil er den An-Ton für die Kapelle gibt.“ (Gelächter der Erwachsenen.)

Aber diese Geschichte geht in der Erwachsenen-Welt weiter: Wie ungenau Erwachsene einen solchen produktiven Versuch wahrnehmen, erwies sich in der Nacherzählung dieser Begebenheit: „… und dann sagte er: Weil er ‚an Ton‘ (= mundartlich für „einen Ton“) mit der Trommel spielt.“

– „Anton“ als Name war der Ausgangsreiz;
– daraus wurde „der An-Ton“ als kindliche Wortschöpfung für „Einsatz der Blaskapelle“;
– hierauf folgte der Hörfehler der Erwachsenenwelt „einen Ton“.

Bedienten sich diese Fehlleistungen nicht einer sehr natürlichen Fähigkeit des Menschen, die auch beim Spracherwerb wesentlich ist: Der produktiven Energie zur Worterklärung? Man vergleiche hierzu die Volksetymologien des 19. Jahrhunderts: „Berlin“ erhielt als Wappen einen Bären (ein „Bärlein“); Kartographen tauften einen Berg „Ameisenberg“, weil er „am moos“ liegt, etc.

Wir wollen der Frage nachgehen, wie in der Schule gehört wird. Geht dort nicht die Eigenständigkeit im Hören zu stark zurück? Oft darf man nicht hören, wenn man gerade will. (Aber: Die Kopfhörer werden immer kleiner, sind schon fast unbemerkbar.) Unzählige Male muß man hören, wenn man gerade nicht will. Seltsamerweise ist ein Kassettenmitschnitt im Unterricht ein kaum diskutiertes Thema.

7. Schulentwicklung im Bereich des Hörens

„Ein Ausgangspunkt war mein Interesse am Hören: meine Erfahrung, daß sich der moderne Mensch zu einer solchen Hypertrophie des Optischen verstiegen hat, daß er nicht mehr adäquat hören kann. Ich wollte ein Buch über das Hören schreiben, aber – und mich selber hat das zunächst gewundert – es ist auch ein spirituelles Buch geworden."[20] Diese Aussage steht in Zusammenhang mit der Entstehungsgeschichte von Nada Brahma (Die Welt ist Klang), dessen Erfolg alle überraschte, vor allem den Autor selbst, der ja seine Bekanntheit als Jazzhistoriker gewonnen hatte und den Text eigentlich für sich selbst schrieb.

Es wäre hier müßig, lange darüber zu sprechen, daß im Unterricht die vortragende Lehrerstimme immer noch zu sehr dominiert. Der eigentliche Zweck ist eine Reflexion unseres Umgangs mit Hörbarem auf Tonträgern. Daher würden Radio, Fernsehen oder Kino als Quelle, nicht als Hilfsmittel aufzufassen sein.

Hilfsmittel: Schallplatten und CDs (inklusive Computerspielen), Tonfilme, Videobänder, Tonbänder, Audio-Kassetten sowie die dazugehörenden Abspielgeräte bis hin zum Sprachlabor und Tonstudio.

Die Audio-Kassette wurde schon vor zwanzig Jahren in den Markt eingeführt und hat das Tonband rasch völlig abgelöst. Als Arbeitsmedium blieben Kassetten im Unterricht aber wenig geachtet, ja selbst heute dienen Kassettenaufnahmen meist der Präsentation in platt frontalunterrichtlicher Situation. Dabei treten unangenehme Stimmungen auf:

– L schaltet ein, muß aber zumeist die Aufmerksamkeit unabhängig vom Medium gewinnen: „Hört bitte gleich von Beginn an zu!" (Zusätzlicher Körperspracheneinsatz wie Handzeichen, hypnotisierender Blickkontakt, Innehalten, ostentativer Tastendruck, …)
– Nun folgt oft durch Leersekunden ein Spannungsabfall.
– Wie häufig kommentiert L dann auch noch: „Schade, jetzt konnte man nichts verstehen, weil ein Sessel gerückt wurde", trifft aber beim Zurückspulen kaum jemals exakt die entscheidende Stelle, weil beim Rücklauf der Ton fehlt. (Sehr selten findet man Geräte, die einen Rücklauf in das Abspielen hinein ermöglichen. Mit ihnen ist allerdings exzellent zu arbeiten, denn man kann das zwitschernde Lautbild und die Pausen leicht interpretieren.)

148

– Während des Zuhörens gibt es für S kein Ausweichen. Lautstärke, Klangfarbe, Stops werden ausschließlich von L bestimmt.
– Während längeren Zuhörens beginnen immer mehr Augenpaare, im Raum herumzuirren. Eine Schulklasse ist eben keine disziplinierte Konzertgemeinde, wohlvorbereitet auf ein Streichquartett. (Hinzu kommt: Es fehlen ja die Musiker, die man beobachten könnte. Eine Videoaufnahme eines Konzertes kann durchaus attraktiv sein, auch für eine Klasse.)
– Und schon gar nicht eignet sich der Klassenraum per se für Hörspiele. Denn in der Gruppe in sich zu gehen ist ein Widerspruch. In der Gruppe will man sich vielmehr austauschen, vielleicht auch schon in der ersten Minute einer gehörten Szene. Die Spannung wächst. Wer betätigt das Stop? Und wann? Und kann man es fordern, ohne bei L oder Mitschülern in Ungnade zu fallen?
– Selbst wenn alles ideal verliefe: Was tut L, wenn sieben SchülerInnen die Tonbandaufzeichnung gerne privat hätten, weil sie begeistert sind? Auf eine solche Weitergabe ist L kaum eingerichtet. Die Motivation verebbt.
– Wenn S zu Übungszwecken eine Tonkopie benötigt, gilt dasselbe. Listening comprehension findet eben nur in der Schule statt...

Das Fazit dieser Beobachtungen: Wir sollten lernen, flexibler mit dem Medium Tonkassette umzugehen. Noch dazu, wo immer mehr Schüler ihre Walkmen in die Schule mitbringen! Für die Vermittlung von Deutsch als Zweitsprache spielen Tonträger eine wichtige Rolle in der Hör- und Ausspracheschulung.

8. Die phonetische Selbstkontrolle bedeutet:
   Hörfehler selbst entdecken lernen

Ausländische Kinder, die hier Deutsch lernen, sind einem Sprachbad ausgesetzt. Ihre Wirklichkeitsbewältigung hängt davon ab, daß sie sich äußerst rasch zu artikulieren lernen, und das birgt die Gefahr der Flüchtigkeit. Man kann dann von Fossilisierung sprechen, wenn sich Fehler verfestigen. Nun kann einerseits die Diskussion über kompensatorische oder emanzipatorische Erziehungsprobleme entflammen, ob sich denn ein Ausländer völlig anpassen sollte, also seinen Akzent ständig bekämpfen muß. Dieselbe Auseinandersetzung lebt ja im Schulraum auch bezüglich regionaler Eigenheiten, dialektaler Bindungen, schichtspezifischen Ausdrucks.

Hier geht es um die Frage, wie bei gegebenem Willen des Lernenden zu phonetischer Korrektheit eine Lernstrecke aufgebaut werden kann, so daß er möglichst eigenständig im Sprachbad schwimmt, ohne sich Fehler einzuüben bzw. ohne an Fehlern zu scheitern. Denn was alltagssprachlich von ihm vernommen wird, ist durchkreuzt von Störgeräuschen, erscheint durcheinandergesprochen, ja kann sogar fehlerhaft sein. All dies nachträglich zu korrigieren kann nicht Aufgabe der Zweitsprachenvermittlung sein, denn sie würde auf Dauer chancenlos hinterherlaufen. Daher wird es darauf ankommen, dem Lernenden eine eigene Strategie zu vermitteln, Selbstkontrolle zu üben.

Ein Baustein ist dabei die detaillierte phonetische Kontrolle. Zunächst einige Fehlertypen; ganz vom Hörbild aus betrachtet, also unter Ausschluß von Lesefehlern.

- Ein Phonem bzw. eine Phonemkombination des Deutschen kommt in der Herkunftssprache nicht vor und muß neu gelernt werden, also unter Ausschluß von Lesefehlern.
- Kürze und Länge sind bedeutungsunterscheidend im Deutschen, nicht aber in der Herkunftssprache, z. B. „zehren" und „zerren".
- Offenes bzw. geschlossenes Aussprechen eines Phonems ist gebunden an Länge bzw. Kürze, z. B. „Ofen" und „offen".
- Wechsel der Tonhöhe im Verlauf eines Satzes wird vermieden, so daß Frageintonation im Aussagesatz mißlingt, z. B. „Dein Onkel ist gestern gekommen?"
- Oder ein Fugen-„s" blieb überhört („Behelf(s)ausfahrt") bzw. wird zuviel gesprochen („Besensstiel").

Das vom Lehrer zu schaffende Hilfsmittel ist nun: In einer vom interpersonellen Kontakt entlasteten Situation soll der Lernende selbst erfahren, ob sein Fehler ein Hörfehler oder ein Aussprachefehler ist. Dazu ist oftmalige Wiederholung des Hörvorbilds nötig. Kann dies eine menschliche Stimme ohne Ermüdung oder Veränderung leisten? Dazu ist Übung mit oder ohne Beobachtung der Sprechwerkzeuge nötig. Wie kann eine solche Übungssituation aufgebaut werden?

Als Medium sind alte Spulenmagnetophone gut brauchbar, denn man kann händisch beide Spulen um ca. eine Umdrehung zurückbewegen, und das sind dann genau die zwei oder drei Sekunden, auf die sich der Lernende konzentrieren soll. Mehr als zehn Silben soll die Übungssequenz nicht haben, so daß ohne Langzeitgedächtnis geübt werden kann. Ebenso brauchbar sind feingesteuerte Kassettenrekorder, die mittels Memory-Taste kürzeste Rückläufe exakt bewältigen.

Übungsinhalt ist entweder ein bereits bekannter geübter Text, z. B. ein Dialog, zu dem Situationsverständnis besteht und der in Partnerarbeit gelernt wurde. Oder der Lehrer bereitet für einen spezifischen Fehler des Lernens eine Übungsreihe vor und spricht sie auf Band.

Der Lehrer (oder ein helfender Mitschüler) sitzt vor dem Tonband. Der Lernende ist mit Blickwinkel neunzig Grad zu ihm, so daß zunächst kein Blickkontakt aufgenommen wird. Nun erfolgt das wiederholte Abspielen des sprachlichen Vorbilds, gefolgt von Nachsprechübungen des Lernenden. Mißlingt das Nachsprechen zu oft, wendet sich der Lehrer dem Lernenden zu und hilft mit dem Vorzeigen der Artikulationsstelle u. dgl. Dann soll der interpersonale Kontakt wieder aufgelöst werden, so daß sich der Lernende wieder ausschließlich dem Lautbild widmen kann. Keinesfalls soll in dieser Phase schriftliches Material zugrundeliegen, denn es gilt, das Selbstvertrauen aufzubauen, richtig zu hören.

Die Phase der phonetischen Kontrolle ist sehr anstrengend, daher genügen zehn Minuten pro Lernenden durchaus. Im Klassenraum kann ohne weiteres ein normales Arbeitsgeräusch herrschen, denn durch die Beschränkung auf kurze Sätze ist die Verstehensseite entlastet.

Für jeden Schüler, der Deutsch als Zweitsprache lernt, ist es ein schönes Andenken, eine persönliche Kassette zu behalten, auf die immer wieder gesprochen, gelesen, gesungen wird. So kann er später wiederfinden, welchen Weg er mit wessen Hilfe zurückgelegt hat. Auf diese persönliche Kassette sollte nach einer phonetischen Kontrollübung das erfolgreiche Ergebnis gesprochen werden. So wird die persönliche Kassette ein bleibendes Tagebuch des Zweitsprachenerwerbes.

Eine besondere Bedeutung hat diese Übungsform für den Erwerb emphatischen Sprachausdrucks. Die Unsicherheit beim Zweitsprachenerwerb belastet viele Kinder. Dazu kommen vorpubertäre und pubertäre Stimmungen, Hemmungen. Und die Folge kann sein, daß der Ausdruck in der fremden, deutschen Sprache sehr zurückgenommen wirkt. Aus dieser Reserviertheit kann der Lehrer die Kinder herauslocken, indem er einen durchaus übertriebenen Ausdruck der Empörung, der Freude, sich stufenweise steigernd auf das Tonband spricht. Dazu ist Konzentration und Spannkraft nötig, wie man sie im Klassenrahmen nicht wiederholt aufbringen könnte. Auch käme man in eine lächerliche Rolle, mehrmals das Schauspiel ekstatischer Freude oder blinder Wut auf sich zu nehmen. Hier kann das Medium entlasten.

Sollte sich bei Tonbandarbeit eine Unterscheidungsschwäche des Lernenden nicht legen, so kann man eine Übungsreihe einfügen: Viermal wird eine Lautform ausgesprochen, einmal dabei falsch. Der Schüler muß angeben können, das wievielte Mal die falsche Lautform war. Z. B. Lehrer „Ofen – Ofen – offen – Ofen" – Schüler „Das Dritte!", oder Lehrer „die Öfen – die Öfen – die Öfen – die Ofen" – Schüler „Das Vierte!"

Auch diese Übungsform kann dazu dienen, die Leistung der Zweisprachigkeit für österreichische Kinder erlebbar zu machen, indem man einmal einen türkischen oder serbokroatischen Text vom ausländischen Kind aufs Tonband sprechen läßt und anschließend die Probleme des Nachsprechers spürt. Daß die phonetische Kontrolle auch im Fremdsprachenunterricht Englisch ihren Platz hat oder hätte, versteht sich von selbst.

9. Wie kommen selbst erstellte Medien in Umlauf?

Es gibt spezielle Methoden, um Schulen zu einer Art Selbsterkenntnis zu führen. So vieles bleibt ja sonst im verborgenen. Aber eine falsche Selbsteinschätzung kann keine Basis für erfolgreiche Weiterentwicklung sein. Als z. B. eine sicherlich fortschrittliche Schule den Guide to Institutional Learning (GIL) anwandte, um ihr Zeitprofil zur Unterrichtspraxis zu erheben, klafften bezeichnenderweise die Werte von Ideal und Realität in keinem anderen Bereich so sehr auseinander wie bei „Eigenaktivitäten, selbst gewählte Aufgaben".[21]

Dies läßt aufhorchen. Was können die Gründe sein, daß ein Kollegium von jenem Ideal so weit entfernt bleibt, das es besonders hoch bewertet? Ist es denn wirklich so, daß die in der Freiarbeit benötigten Materialien überwiegend „vom Kollegium selbst herzustellen" sind?[22] Vielleicht übersehen wir im altgewohnten pädagogischen Alltag die Menge von Schülerarbeiten, welche Ausgangsmaterial für Eigenaktivitäten sein könnten:

– Aufsatz-Texte (Welche Schule führt eine Mappe von Schüler-Texten in der Bücherei oder eine Sammeldatei im Computer?);
– Zeichnungen, Fotos, Malerei (Welche Schule dokumentiert per Dia oder Farb-Folie die ausdrucksstärksten Kreationen?);
– und eben auch Kassetten-Aufnahmen von Gelesenem und Gesungenem in verschiedenen Sprachen bzw. andere Hörerlebnisse! (Welche Schule hat eine brauchbare Datei für Hörbares?)

Wenn nun eine Schule Un-erhörtes hörbar machen will, wenn sie sich nicht damit begnügt, nur „bei evidenten Mißständen in Form von Appellen ‚nachzusteuern'", wie sieht dann der „planvolle Prozeß pädagogischer Kommunikation und Reflexion" aus, wenn es um Mehrsprachigkeit geht?[23] Aus dem Scheitern der Sprachlabors vor zwei Jahrzehnten können wir zumindest ableiten, wie es nicht geht: Die Technik war weder fehlertolerant noch Schülerhänden gewachsen; die Inhalte waren nicht flexibel gestaltbar; die menschliche Begegnung wurde vermißt.

Was beim Fremdsprachenunterricht schon störte, würde beim Zweitsprachenerwerb zur Zerstörung von Individuen: Nicht fertige Unterrichtsstrecken führen ausländische Kinder zum Deutschen hin, sondern liebevolle LehrerInnen. Nicht Vokabelprogramme motivieren zum Spracherwerb, sondern das Erleben von Sprache und Handeln. Und Perfektion fördert den Lernwillen kaum; aufbauender für die Schüler ist es, die Mühe eines Erwachsenen mit einer neuen Sprache zu erleben: Dann wird die eigene Leistung erinnerbar.

Daraus ergibt sich die Forderung nach einem schülerzentrierten Sprachunterricht, „der Sprachlernen als Selbstentdeckung und als Erprobung der eigenen Fähigkeiten begreift".[24] Die Lehrwerke stellen sich darauf bereits durch Zusätze ein: Spiele und Kärtchen werden angeboten. Aber können Lehrer damit umgehen, so, daß auch gesprochen wird? „Wenn böse Zungen recht hätten, daß die Lehrerfortbildung eigentlich über neue Schulbücher liefe – man könnte sich getrost zurücklehnen und warten: Es sind viele Neuerscheinungen in „Deutsch als Zweitsprache" zu erwarten, denn die Öffnung der Grenzen in Europa vollzog sich vor allem in jenen Ländern, wo Deutsch als Fremdsprache Chancen hat. Wenn andere böse Zungen recht hätten, daß man ein fortschrittliches Lehrwerk nie ohne Einführungsseminare auf den Markt bringen dürfe – man müßte einen völlig neuen Seminartyp schaffen: Das Sprachenlernen läuft immer mehr individualisiert ab, wofür unser Unterrichten aber noch nicht eingerichtet ist."[25]

„Gefordert ist ein Unterricht, der ein offenes, flexibles Angebot zuläßt, darüber hinaus ist eine stark differenzierende Vorgangsweise im Unterricht notwendig."[26] Diese Forderung ist auch im Hörverstehensbereich erfüllbar; und die Sprech-Produktionen der Lernenden werden wirksamer, wenn sie technisch wiederholbar sind. Es wird überraschen, wie billig die Einrichtung des Tonstudios im kleinen ist.

10. Die Hör-Werkstatt – das Tonstudio im kleinen

Für die Hör-Werkstatt gelten dieselben Regeln wie für andere Arbeitsmittel, die zur Selbsttätigkeit anregen sollen: Die Entnahme und das Zurückstellen, die Ordnung und Pflege sind selbst Erziehungsziele. Ein kleiner Unterschied liegt natürlich in der Unanschaulichkeit der Kassetten bzw. der darauf gespeicherten Information. Hier kann teilweise durch Farbmarkierungen oder Aufkleber geholfen werden, so daß auch Vorschulkinder sich zurechtfinden. Die Geräte sind, obwohl selten für den Schulgebrauch konstruiert, bedienungssicher geworden. Die Kinder können leicht damit umgehen und müssen nur davor geschützt werden, daß ungewollte Überspielungen passieren. Hierfür genügt es, aus den Kassetten grundsätzlich das Plastikteilchen für die Aufnahme zu entnehmen und es fallweise durch einen Klebestreifen zu ersetzen.

10. 1 Technischer Teil (Gesamtkosten ca S 1.000, DM 140):

Kassetten-Recorder mit Doppellaufwerk, erhöhter Überspielgeschwindigkeit und nach Möglichkeit mit fein steuerbarer Rücklauftaste.
Kopfhörer; externes Mikrophon.
Kinder-Walkman mit Kopfhörer und kleinen Plastikboxen (das sind Lautsprecher, die für Kleingruppenarbeit stark genug sind).
Transformator für Walkmen (um die Abhängigkeit von Batterien zu vermeiden).

10. 2 Ausstattung für Lagerung und Verwendung:

Numerierte Kassetten und Kassettenbehälter.
Namenskärtchen für Entlehner.
Plakate mit den verschiedenen Übungsformen (mehrsprachig, mit dem Grundwortschatz für die Hör-Werkstatt).
Übersichts-Plakat der Aufnahmen.

10. 3 Ausstattung für die Vorbereitung des Unterrichts:

Einlegezettel-Vorrat; Kopiervorlagen für leere Einlegezettel.
Kartei über die Kassetten bzw. Aufnahmen (oder PC-Datenbank).
Kassettenaufnahmen, die nicht für die Lernenden bereitstehen.
Mit dieser Grundausstattung verbinden sich nun die Arbeitsmittel, welche den Lernenden selbst gehören: die eigenen Walkmen, die Kassetten-Recorder daheim, der vielsprachige Liederschatz. Und mit dieser Grundausstattung kann von jedem Film und Video, aber auch von jeder Unterrichtssituation eine Tonaufzeichnung gemacht werden.

11. Lautbilder, Tonfarben, Klangwelten

Die ersten Schritte im Einsatz dieser Mittel sollten an das Gewohnte anschließen: Akustische Typen werden dankbar sein, Liedstrophen nicht nach einem geschriebenen Text zu lernen, sondern durch wiederholtes Hören, und zwar auch daheim. Dies gilt auch für die Lieder im frühen Fremdsprachenunterricht. Bald wird es Gewohnheit, statt schriftlicher Lernunterlagen auch Hörbares nach Hause zu bringen. Nach dieser Eingewöhnungsphase finden die Lernenden auch in der Klasse selbst immer öfter Aufgaben vor, die mit Hören, auch wiederholtem Hören, verbunden sind. Ob es nun tönende Geschichten sind (siehe Literaturverzeichnis!) oder Spiele mit Geräuschen, das Erleben von Tonfarben wird zum eigenen Experiment anregen. Beim Aufnehmen gibt es wenig Probleme: Bald ist das Mikrophon verstanden. Nur das Überspielen der gelungenen Abschnitte, das Auslassen der mißlungenen wird die Hilfe des Lehrers erfordern. Sobald sich eine Tradition in der Technik-Bedienung gebildet hat, werden die Arbeitsformen erweitert. Wohlgemerkt, wir bleiben noch einsprachig.
Bald können alle verstehen, wie die Poster mit den schematischen Darstellungen zu verstehen sind: ZEICHNUNGEN für
– nur hören   – etwas aufnehmen
– hören und handeln   – hören und die Antworten aufnehmen
– etwas überspielen   – zu Bildkarten etc. etwas aufnehmen etc.

Nur hören

Hören und handeln

Etwas überspielen

156

Etwas aufnehmen

Hören und die Antworten aufnehmen

157

Zu Bildkarten etc. etwas aufnehmen

Nun folgen die Ausflüge in die anderen Sprachen: „Türkische Volksmusik ist in der Regel für einen von mitteleuropäischen Harmonie- und Melodieformen geprägten Hörer ein ungewohntes Klangerlebnis. Nur schwer vermag er sich in diese fremdartige Klangwelt einzuhören. In Jahrhunderten ist in der Türkei eine eigenständige, von Vorderasien und vom Orient beeinflußte Volksmusik entstanden."[27] Eine solche Volksmusik nicht zu erschließen, wäre ein Versäumnis in jenen Klassen, wo türkische Kinder leben. Und wir verdanken diesem Vorhaben eine Arbeitstechnik, die so naheliegt und doch lange übersehen wurde: Dasselbe Band an derselben Stelle in anderer Richtung zu bespielen. Was im Vokabelheft die andere Spalte war, was im zweisprachigen Text die andere Seite war, das ist nun auf der Kassette die Rückspur.

Erstmals erschien dies mit den internationalen Liedern (Linnemann, Kassette), indem auf der Rückspur nur die Melodie ohne Text ist. Sobald das Lied endet, dreht man die Kassette um und findet nur die Melodie wieder. (Manche Recorder haben ein „reverse play", man braucht dann die Kassette nicht herauszunehmen.) Diese Aufnahmetechnik kann aber neben der Liedwelt auch in anderen Bereichen fruchtbar sein: Scherzfrage und Antwort; Dialektaufnahme und Standardsprache; Geschichte und Worterklärung für schwierige Wörter (sonst in Fußnoten der Bücher), Lerninhalt und ergänzende Erklärung; Einsatz beim Zweitsprachenerwerb.

Die Klangwelt einer fernen Musikkultur, die Phonetik einer anderen Sprache müssen oft durch langsame Annäherung vermittelt werden. Der Refrain „Ay ay ay ay, canta y no llores" bietet sicherlich einen mitreißenden Impuls, um sich in das spanische Lied „Cielito Lindo" einzuschwingen. Überhaupt spricht vieles dafür, zuerst Refrain-Lieder auszuwählen, denn sie ermutigen dazu, kleine Passagen mitzusingen, noch lange bevor der ganze Text bewußt wird.

Was die Regelklasse in solchen Begegnungen gewinnen kann, wird vielfach in der Literatur über interkulturelles Lernen bestätigt: „Bei der unterrichtlichen Arbeit zeigte sich häufig, daß unsere ausländischen Schüler musikalisch viel spontaner und besonders rhythmisch präziser reagieren als deutsche Schüler. Der Grund mag darin zu sehen sein, daß in vielen ausländischen Familien mehr gesungen und musiziert wird (besonders in türkischen, griechischen und portugiesischen Familien)."[28] Wenn nun die Hörwelt im Klassenraum weit geworden ist, wenn die Kinder mit Recorder, Walkman, Kopfhörer, Boxen und Mikrophon vertraut sind, übernimmt die Zweitsprachenvermittlung diese Tradition. (Nicht anders als in anderen individualisierenden Arbeitstechniken.) Denn dieser Zweitsprachenerwerb vollzieht sich in einem Ausmaß bis zur halben Wochenstundenzahl neben oder sogar unabhängig vom Regelunterricht. Die Lerngruppen selbst sind wiederum heterogen nach Herkunftssprache, Alter und Sprachstand: „Vor allem in der Grundstufe I ist auf Grund der unterschiedlichen Vorerfahrungen der Kinder individualisierenden Unterrichtsformen der Vorrang zu geben." Sobald die „Vermittlung verschiedener Arbeits- und Lerntechniken, die in zunehmendem Maße zu selbständigem Bildungserwerb befähigen", gelungen ist, besteht die „Methodische Stützung für das ungesteuerte Lernen (Lernen außerhalb des Unterrichts, Spracherfahrung)"[29]. Und gerade das Lernen außerhalb des Unterrichts müßte der Beweis sein, daß der Unterricht selbst erfolgreich war.

12. Texte am laufenden Band

Was wünschen sich die Lernenden einer neuen Sprache? Reduktion des Sprechtempos, Einschränkung des Wortschatzes, Hilfen durch Übersetzung. Sind wir uns bewußt, in wie geringem Maße wir all dies den ausländischen Kindern bieten können, die in unseren Klassen sitzen? Wir, die wir erwachsen sind und unsere Lebensform selbst gestalten können. Die Kinder aber leben im Wachstum, das nur gelingt, wenn sie sich nicht verhärten müssen. Sie leben in zwei (und oft noch mehr) Sprachen, die ihr Bewußtsein unterschiedlich prägen, und sie lernen, daß das Schulleben ihre Familiensprache kaum kennt, oft vernachlässigt, fast immer als Stütze für den Lernfortschritt vergißt. In dieser Situation Un-Erhörtes hörbar zu machen kann eine Hilfe sein. Es geht nämlich um die „Schaffung von Sprechanlässen, die für die Kinder motivierend sind und ihren Mitteilungsbedürfnissen entsprechen", und das Ziel des Zweitsprachenunterrichts ist die „explizite Schulung des Verstehens und der rezeptiven Sprachfähigkeiten ..."[30].
Wenn aus verständlichen Gründen der Regelunterricht einsprachig deutsch abläuft, spricht dennoch nichts dagegen, in den Differenzierungsphasen andere Sprachen zuzulassen. Aus dem interkulturellen Lernen für Erwachsene kennen wir das „Geschichten erzählen (Kreativität)" mit Symbolkärtchen als Ausgangsmaterial, eventuell noch ergänzbar durch Symbole der Herkunftsländer.[31] Was spricht dagegen, daß solche und ähnliche Aufgaben in der Muttersprache ausländischer Kinder gelöst werden? Und diese Geschichten können auch auf eine Kassette gesprochen und dann im muttersprachlichen Unterricht ausgewertet werden. Und diese kann sodann ins Deutsche übertragen werden, so daß sie auf der Rückspur einer Kassette Aufnahme findet. Wenn solche Verbindungen von Deutsch und Muttersprache gelingen, finden die nachfolgenden Lernenden bereits einen Schatz vor, in welchem neben der sprachlichen Verständlichkeit auch die interkulturelle Verarbeitung erfolgt ist.
Ebenso können auch Bilder aus Spielen oder Lehrwerken lebendige Impulse für die Wortschatzarbeit geben, z. B. „Vertragen und nicht schlagen": Wird eine Situationsbeschreibung durch eine Kleingruppe, so

160

In Partnerarbeit wird sprechend das Mosaik gelegt.

Das fertige Mosaik wird auf Kassette gesprochen.
Die Auswertung führt zur phonetischen Selbstkontrolle.

spontan und chaotisch sie auch sein mag, auf Kassette aufgenommen, so sind viele weitere Selbstarbeitsaufträge denkbar. Lösungsmöglichkeiten in deutsch oder albanisch zu diskutieren, führt möglicherweise zu verschiedenen Ergebnissen. Auch diese Ergebnisse können, übersetzt, Impulse für interkulturelles Lernen werden. Auch wenn es sich hier nur um kurze Einspielungen im Klassenplenum handeln wird, bleibt die muttersprachliche Seite für die ausländischen Kinder erhalten, kann daheim mit der Familie thematisiert werden und führt zur Absicherung des Wortschatzes.

Wenn unsere europäische Gesellschaft Mut zur Mehrsprachigkeit hat, so werden solche Übungen mit Tonaufzeichnungen selbstverständlich werden. Viel zu sehr ist der Spracherwerb ja auf Schriftliches abgeglitten, wovon diverse Modetrends im Sprachkursangebot profitieren, die Hörspuren in den Vordergrund stellen.

Aber auch in der Förderpädagogik wird auf die Hörseite verwiesen. Im Begleittext zum „Akustischen Wahrnehmungstraining und Training der intermodalen Zuordnung" (Kowarik) wird angedeutet, daß die Übungen die Rechtschreibung durch genaues Hören verbessern sollen. Denn häufig seien wahrnehmungsbezogene Teilleistungsschwächen – wie beispielsweise eine akustische Wahrnehmungsschwäche, auch in Verbindung mit einer intermodalen Schwäche – als Ursachen einer Lese-Rechtschreibschwäche anzusehen.

Diese Einstimmung in neue Lernweisen könnte enden in einem Ausblick, in einer Vorausschau. Dann verfielen wir aber wieder der Dominanz des Optischen. Versuchen wir, dem Anliegen treu zu bleiben: Es spricht vieles dafür, daß Harmonie zwischen Kindern entsteht, wenn sie viele Melodien singen lernen, wenn sie andere Sprachen als Sprechmelodien aufzunehmen lernen, so daß in ihrem Bewußtsein nicht Angst vor Dissonanz aufkommt. Bei den Einsprachigen die Angst vor dem Klang des Unbekannten als Dissonanz, bei den Mehrsprachigen die Angst vor der Unverbundenheit ihrer Sprachwelten. Gegenseitig Anklang finden kann schon eine große Energie auslösen.

Anmerkungen

1   Lehrplan der Volksschule, Österreichischer Bundesverlag und Jugend und Volk, Wien 1987 (Verordnung des Bundesministers für Unterricht, Kunst und Sport vom 3. Juli 1986, BGBl. Nr. 441/1986), S. 294

2   G. Lau, Mehrsprachigkeit im Klassenzimmer. Über die Lage der Lehrer zu einer Zeit, da sich Zölle und Sprachenvielfalt reziprok verhalten. In: Stuttgarter Arbeiten zur Germanistik (Festschrift für Univ.-Prof. Dr. Josef Donnenberg, hrsg. v. G. Bärnthalter/J. Sampl), Akademischer Verlag, 1991, S. 135.

3   Lehrplan der Volksschule, a. a. O., S. 294

4   M. Wandruszka, Interlinguistik: Umrisse einer neuen Sprachwissenschaft, Piper, München 1971, S. 19

5   G. Linnemann, Wir singen eure Lieder. Lieder aus Südeuropa und Deutschland (Unterricht für ausländische Schüler 5), Landesinstitut für Schule und Weiterbildung, Soest 1982 (mit Kassette), S. 5

6   Interlinguistik, a. a. O., S. 16

7   P. Oswald/G. Schulz-Benesch, Grundgedanken der Montessoripädagogik, 11. Aufl., Herder, Freiburg 1991, S. 121

8   ebd., S. 121

9   ebd., S. 122

10 W. Stölting, Affektive Faktoren im Fremdsprachenerwerb. In: Gesteuerter Zweitsprachenerwerb, hrsg. von E. Apeltauer, Hueber Verlag, München 1987, S. 101

11 ebd., S. 101 f.

12 Interlinguistik, a. a. O., S. 114

13 Interkulturelles Lernen. – Der neue Lehrplan; Organisationsregelungen (Übertragung der Schulversuche ins Regelschulwesen ab dem Schuljahr 1992/93), Nr. 1, hrsg. v. Zentrum für Schulversuche und Schulentwicklung, Abt. I, Klagenfurt, Juni 1992, S. 21

14 Die Stimme – von und für Minderheiten, 7, hrsg. v. Bürgerinitiative Demokratisch Leben, Innsbruck 1992, S. 24

15 J.-E. Berendt, Nada Brahma. Die Welt ist Klang, 2. Aufl., Rowohlt, Hamburg 1985, S. 169

16 Interkulturelles Lernen, Muttersprachlicher Unterricht, a. a. O., S. 24

17 Mehrsprachigkeit im Klassenzimmer, a. a. O., S. 134

18 Nada Brahma, a. a. O., S. 16

19 Interlinguistik, a. a. O., S. 17

20 Nada Brahma, a. a. O., S. 15

21 L. Horster, Wie Schulen sich entwickeln können. Der Beitrag der Organisationsentwicklung für schulinterne Projekte, Soester Verlagskontor 1991, S. 187

22 ebd., S. 168

23 ebd., S. 175

24 Affektive Faktoren im Fremdsprachenerwerb, a. a. O., S. 107

25 Mehrsprachigkeit im Klassenzimmer, a. a. O., S. 128

26 Interkulturelles Lernen, a. a. O., S. 22

27 Wir singen eure Lieder, a. a. O., S. 15

28 ebd., S. 5

29 Interkulturelles Lernen, a. a. O., S. 25

30 ebd., S. 22

31 H. Rademacher/M. Wilhelm, Spiele und Übungen zum interkulturellen Lernen, Verlag für Wissenschaft und Bildung, Berlin 1991, S. 41

J.-E. Berendt, Nada Brahma. Die Welt ist Klang, 2. Aufl., Rowohlt, Hamburg 1985

Die Stimme – von und für Minderheiten, 7, hrsg. von Bürgerinitiative Demokratisch Leben, Innsbruck 1992

Gesteuerter Zweitsprachenerwerb, hrsg. v. E. Apeltauer, Hueber Verlag, München 1987

L. Horster, Wie Schulen sich entwickeln können. Der Beitrag der Organisationsentwicklung für schulinterne Projekte, Soester Verlagskontor, 1991

Interkulturelles Lernen. – Der neue Lehrplan; Organisationsregelungen (Übertragung der Schulversuche ins Regelschulwesen ab dem Schuljahr 1992/93), Nr. 1, hrsg. v. Zentrum für Schulversuche und Schulentwicklung, Abt. I, Klagenfurt Juni 1992

M. John/A. Lichtblau, Schmelztiegel Wien. Einst und jetzt. Zur Geschichte und Gegenwart von Zuwanderung und Minderheiten. Aufsätze, Quellen, Kommentare mit Einleitung von Erich Zöllner, Wien 1990

G. Lau, Erstmals DaZ-Lehrpläne an Österreichs Schulen. In: IDE (Informationen zur Deutschdidaktik. Zeitschrift für den Deutschunterricht in Wissenschaft und Schule) 4, 1992, S. 61 ff. (zuerst erschienen in: Mitteilungen des Österreichischen Lehrerverbandes Deutsch als Fremdsprache (ÖDaF) 2, 1992, S. 19 ff.

G. Lau, Mehrsprachigkeit im Klassenzimmer. Über die Lage der Lehrer zu einer Zeit, da sich Zölle und Sprachenvielfalt reziprok verhalten. In: Stuttgarter Arbeiten zur Germanistik (Festschrift für Univ.-Prof. Dr. J. Donnenberg, hrsg. v. G. Bärnthaler/J. Sampl), Akademischer Verlag, 1991, S. 19 ff.

J. Lehmann/U. Grassau/M. Heßler/B. Krischer/M. Knief/S. F. Schormann, Deutsch als Zielsprache. Dokumentation (Arbeitspapiere 3), Pädagogisches Zentrum Berlin, 1992

Lehrplan der Volksschule, Österreichischer Bundesverlag und Jugend und Volk, Wien 1987 (Verordnung des Bundesministers für Unterricht, Kunst und Sport v. 3. Juli 1986, BGBl. Nr. 441/1986)

K. Liebe-Harkort, Muttersprachen und Regelunterricht. In: Deutsch lernen 2, Schneider Verlag, Mainz – Hohengehren 1992, S. 167 ff.

Österreichische Lyrik – und kein Wort Deutsch. Anthologie der Wenigerheiten, hrsg. v. G. Nitsche, Haymon Verlag, Innsbruck 1990 (mit einer CD-Schallplatte erhältlich)

P. Oswald/G. Schulz-Benesch, Grundgedanken der Montessoripädagogik, 11. Aufl., Herder, Freiburg 1991

H. Rademacher/M. Wilhelm, Spiele und Übungen zum interkulturellen Lernen, Verlag für Wissenschaft und Bildung, Berlin 1991

F. Reinhardt, Menschen- und Figurenschatten-Spiele. Modelle – Szenen – Experimente, Don Bosco Verlag, München 1986

W. Stölting, Affektive Faktoren im Fremdsprachenerwerb. In: Gesteuerter Zweitsprachenerwerb, hrsg. v. E. Apeltauer, Hueber Verlag, München 1987

M. Wandruszka, Interlinguistik: Umrisse einer neuen Sprachwissenschaft, Piper, München 1971

B. Weisgerber, Sprachreflexion durch Sprachbegegnung. In: Grundschule, Heft 1, 1992

MEDIEN

Sehen:

D. Bruna, Lottino, Otto Maier Verlag, Ravensburger

Memory, Otto Maier Verlag, Ravensburger Nr. 605 5 750

Papa Moll. Geschichtenkiste, Schubi Lehrmittel AG., Schaffhausen, Bestell Nr. 12012

Theora, Quips, Otto Maier Verlag, Ravensburger, 1978

F. O. Schmaderer, Leselotto, Otto Maier Verlag, Ravensburger, Ravensburg 1979, Nr. 605 5 406 4

A.-M. Tausch/I. Langer/H. Köhler/M.-L. Bödiker, Vertragen und nicht schlagen (ich – du – wir), Otto Maier Verlag, Ravensburger, 1977

C. Töpert, MixMax, Otto Maier Verlag, Ravensburger, 1972, Nr. 601 5 408 2

Lieder:

M. Buchner/U. Davids/A. Özen, Kinderlieder und Folkloretänze aus der Türkei (Handreichungen für den Schulsport 6), Landesinstitut für Schule und Weiterbildung, D-W-4770 Soest

Die Maschine und ihre Musik, hrsg. v. Bundesministerium für Unterricht und Kunst, Universitätsstraße 70, A-9020 Klagenfurt

G. Linnemann, Wir singen eure Lieder. Lieder aus Südeuropa und Deutschland (Unterricht für ausländische Schüler 5), Landesinstitut für Schule und Weiterbildung, D-W-4770 Soest 1982 (mit Kassette)

I. Merkt, Deutsche türkische Kinder; türkische deutsche Lieder, B. Schott's Söhne, Wergo Schallplatten GmbH, Mainz 1982

K. Pahlen, So singt die Jugend der Welt, Edition Melodie, Music and Books, Musik-Center Zürich, PF 260, CH-8049 Zürich

L. Wittmann, Hallo mein Schatz. Kinderlieder zum Mitsingen. Deutsch-türkische Freundschaft, L. Wittmann, Zum Nordhang 9, D-W-5804 Herdecke

Kombination Hören – Sehen:

F. Nathan, Loto sonore, Eveil nathan, Paris 1990

Tönende Geschichten, Schubi Lehrmittel AG, Schaffhausen 1990

Rainer Gauß

„Hilf mir, es selbst zu tun!"

Eine notwendige Forderung für den gemeinsamen Unterricht inländischer und „fremdsprachiger" ausländischer Kinder

1. Einwanderungsland Österreich

Seit Beginn der sechziger Jahre holen europäische Industriestaaten zur Deckung ihres Bedarfs ausländische Arbeitskräfte ins Land. Die Internationalisierung des Wirtschafts- und auch des Arbeitsmarktes hat bisher weit mehr als 20 Millionen Menschen nach Westeuropa gebracht.[1] Gemeinsam ist all diesen Migranten, daß sie in den Ländern, in denen sie arbeiten, weniger Rechte haben als Einheimische, sich am unteren Ende der sozialen und der beruflichen Hierarchie befinden und über keine Lobby verfügen, die sich für sie ernsthaft engagiert.

Die wichtigsten Einwanderungsländer sind Deutschland (4,9 Millionen Arbeitsmigranten), Frankreich (3,8 Millionen), Großbritannien (1,8 Millionen), Schweiz (1 Million) und die Beneluxländer mit 1,6 Millionen Arbeitsmigranten. Die größten Kontingente an Arbeitskräften stellen die Türkei (1,6 Millionen), Italien, Portugal, das ehemalige Jugoslawien, Spanien, Marokko und Algerien.

Wer in einer Zeit wachsender Ausländerfeindlichkeit, einer Zeit, die für den unfreiwilligen Auszug aus der Heimat „Schlag"-Worte wie „Scheinasylanten", „Wirtschaftsflüchtlinge", „Sozialschmarotzer" gebraucht, Gefühle für die Not anderer hat, wird betroffen sein, wenn er die „andere" Seite hört:

Die Träume vom besseren Leben
vor dem Automaten in den Fabrikhallen stehend
und in der Hand den lauwarmen Kaffeebecher haltend.
Als Sieger werden wir nicht zurückkehren,
weil unser Auszug ohnegleichen war.
Wir wollten in die Zukunft schauen
und unser tägliches Brot sehen,
vom Weltgenuß war keine Rede.
Natürlich hegten wir den Wunsch,
uns zu verbessern,
und darum suchten wir ein unverbotenes Glück
und wurden Gastarbeiter.
(Kundeyt Surdum)[2]

Auch Österreich benötigt seit den sechziger Jahren ausländische Arbeitskräfte. Diese kommen vor allem aus der Türkei und dem ehemaligen Jugoslawien. Es steht außer Frage, daß diese Arbeitskräfte aus unserem Wirtschaftsleben nicht wegzudenken sind; ja mehr noch, manche Wirtschaftszweige könnten ohne ausländische Arbeitskräfte nicht überleben.

Dazu gehören Beherbergungsbetriebe und Gaststätten (33,6 % aller hier Beschäftigten sind AusländerInnen), Krankenhäuser, Pflegeheime, Reinigungsbetriebe usw. (30,7 %), Betriebe der Land- und Forstwirtschaft (28,3 %), Betriebe der Textilindustrie (28,7 %) und der Lederverarbeitung (26,9 %).[3]

Flüchtlinge stellten in den achtziger Jahren keine bedeutende Größe in der Statistik der ausländischen Wohnbevölkerung dar, auch wenn Massenmedien, vor allem solche mit kleinem Format, Österreich (fälschlicherweise) von „Millionenheeren von Flüchtlingen" bedroht sehen.

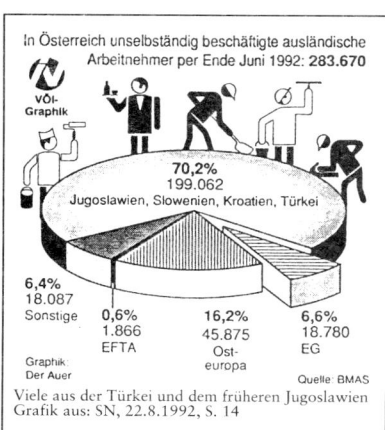

Viele aus der Türkei und dem früheren Jugoslawien
Grafik aus: SN, 22.8.1992, S. 14

Runder Tisch Europa...   *Karikatur: Helmut Hütte*

Am Arbeits-Markt
Karikatur: T. Wizany

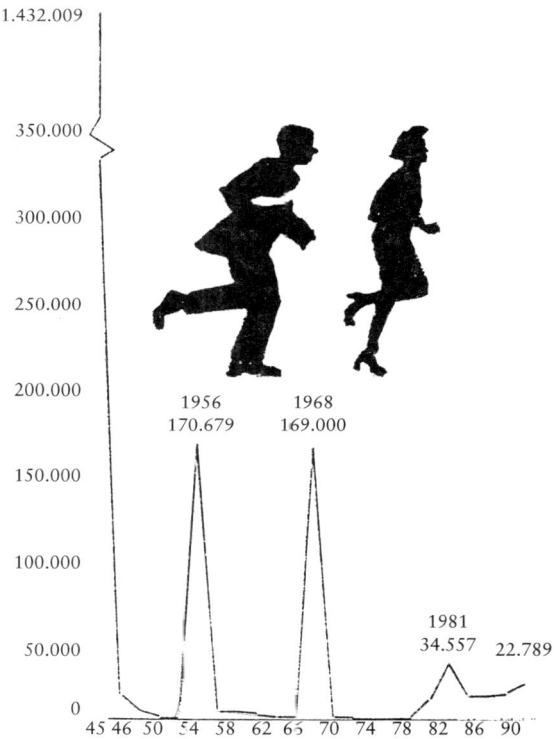

FLÜCHTLINGE NACH ÖSTERREICH
1945 – 1990

1.432.009

350.000

300.000

250.000

200.000   1956   1968
                 170.679   169.000

150.000

100.000

                                        1981
50.000   34.557   22.789

0

45 46 50 54 58 62 65 70 74 78 82 86 90

Quelle: Journal für
Sozialforschung,
1991, H. 2, S. 191

Wie auch andere europäische Länder versucht Österreich in den letzten Jahren, den Zustrom von Asylwerbern, auch solchen, die aus Kriegsgebieten kommen, durch restriktive Asylgesetze, Einreiseverbote, Visazwänge und Maßnahmen des Grenzschutzes „einzudämmen".[4] Auch weiterhin wird die Zahl der Flüchtlinge also nicht wesentlich den Anteil der in Österreich lebenden Ausländer beeinflussen.

Insgesamt lebten 1991 in Österreich 517.000 AusländerInnen, zum größten Teil ausländische Arbeitskräfte und ihre Familien. Damit stieg der Ausländeranteil von 4 % im Jahre 1981 auf 6,6 % 1991 und erreichte europäischen Durchschnitt. (Zum Vergleich: 1990 betrug der Ausländeranteil in Westdeutschland 8 %, in der Schweiz 1991 rund 15 %).[5]

Seit dem Zweiten Weltkrieg kamen rund 2,6 Millionen Menschen als Aussiedler, Flüchtlinge oder Transmigranten nach Österreich. 550.000

benutzten Österreich nur als Transitland. Fast 1,4 Millionen wanderten nach einiger Zeit weiter oder in die Heimat zurück, 680.000 von ihnen aber blieben für immer hier, darunter 350.000 Menschen mit nichtdeutscher Muttersprache.

Allein zwischen 1980 und 1991 wurden 108.000 AusländerInnen Österreicher.

Rund 12 % der heutigen Wohnbevölkerung Österreichs wurde außerhalb der Grenzen geboren.[6]

Österreich war und ist also, so wie auch Länder wie die Schweiz oder Deutschland, „de-facto-Einwanderungsland". De-facto, weil die offizielle politische Anerkennung dieser Tatsache nicht stattfand. Und heutzutage wird entschiedener als je zuvor das Faktum der Einwanderung geleugnet, ja mancher rechte Politiker propagiert offen Ausländerfeindlichkeit, schürt Ängste von Inländern, produziert Vorurteile. Denn:

Fremde sind Leute
die später gekommen sind als wir:
in unser Haus, in unseren Betrieb,
in unsere Straße,
unsere Stadt, unser Land.
Die Fremden sind frech:
die einen wollen so leben wie wir,
die anderen wollen nicht so leben
wie wir.
Beides ist natürlich widerlich.
Alle erheben dabei Ansprüche
auf Arbeit,

auf Wohnungen und so weiter
als wären sie normale Einheimische.
Manche wollen unsere Töchter
heiraten,
und manche wollen sie sogar
nicht heiraten,
was noch schlimmer ist.

Fremdsein ist ein Verbrechen,
das man nie wieder gutmachen
kann.

Gabriel Laub
(früherer Asylant aus der Tschechoslowakei,
heute österreichischer Literaturpreisträger)

Rassismus und Nationalismus sind für viele bedeutende Pädagogen und Pädagoginnen Geißeln der Menschheit. Als solche hat sie auch Maria Montessori beim richtigen Namen genannt.[7] Wie könnte es bei ihr auch anders sein. Nach ihrem Exodus aus dem faschistischen Italien wurde sie nach ihrer Heimat gefragt. Sie antwortete: „Meine Heimat ist ein Stern, der Erde heißt und um die Sonne kreist."

Engstirnigen Nationalismus, wir erleben gerade eine Renaissance dieser Menschheitsgeißel, bezeichnet sie als „Absurdität". Sie fordert mehrfach die Entwicklung hin zur einen Menschheit. Diese Entwicklung muß bewußt (und vor allem durch Erziehung) in Angriff genommen werden. Sie sieht die Gefahr der Selbstvernichtung, universeller Katastrophen, die ihre Wurzel im Egoismus des Menschen haben, sieht die gesamte Menschheit vom Untergang bedroht. Menschliches Verstehen, Solidarität sind nötig, beides fehlt ihr in der heutigen Zeit. Ungebrochen ist aber ihr Vertrauen in die Macht der Erziehung zu Frieden, zu einem Zusammenleben ohne Vorurteile, zu Ehrfurcht vor dem anderen. Forderungen der Friedenserziehung, der „Interkulturellen Erziehung", dem neuen Unterrichtsprinzip an Volks- und Hauptschulen, könnten aus der Feder von Maria Montessori stammen.

2. Folgen der Migration für die Schule

Damit die empirischen Voraussetzungen pädagogischer Reflexion deutlich werden, war es notwendig, die Entstehung der multikulturellen Gesellschaft, die sich aus und durch Migration entwickelt, nachzuzeichnen. Das Bestehen multikultureller Gesellschaften wird auch durch die verschiedensten EG-Kommissionen nicht geleugnet.
Schon vor fast dreißig Jahren machte der berühmte Schweizer Dichter Max Frisch aufmerksam: „Arbeitskräfte haben wir gerufen, Menschen sind gekommen."
Und eben diese Menschen wollen auch hier leben, nach Möglichkeit so wie wir. Diese Menschen haben Bedürfnisse wie wir – nach sozialer Sicherheit z.B., nach menschengerechten Wohnungen, nach Teilnahme am politischen Leben. Sie wollen auch mit ihren Familien, mit ihren Kindern hier bei uns zusammensein.

Fremdsein in Österreich   Zeichnung: Hakan Gürses

Das Verweigern von Menschenrechten, der Verstoß gegen Grundsätze der Gleichheit aller vor dem Gesetz wird heute als selbstverständlich angesehen, ja kann mit Zustimmung vieler „echter" ÖsterreicherInnen rechnen. (Z. B. erweist sich als stimmenbringend, AusländerInnen im Wohnungswesen zu benachteiligen, obwohl diese durch ihre Arbeit und Steuern, die sie entrichten, dieses Wohnungswesen nicht unerheblich mittragen.)

Kinder dieser ArbeitsmigrantInnen besuchen in jährlich wachsender Zahl unsere Schulen, vor allem die Pflichtschulen. Schulen sind die oft einzigen Stätten menschlicher Begegnung zwischen Inländern und Ausländern. (Daß auch hier geborene Kinder von Ausländern Ausländer bleiben, ist ein eigenes Kapitel. Dies ist in vielen europäischen Staaten nicht so, in denen die Geburt die Staatsbürgerschaft „verleiht".)

Die De-facto-Einwanderung wurde so wie in vielen anderen Bereichen öffentlichen Lebens auch im schulischen Bereich nicht ernst genug genommen. Lange Jahre, für Zehntausende Kinder die entscheidenden Jahre ihrer „Sozialisation", versuchte man staatlicherseits die Kinder von Eingewanderten schulisch mit „Erste-Hilfe"-Programmen zu versorgen. Lange Jahre glaubte man, die multikulturell und mehrsprachig zusammengesetzte Schülerschaft wäre eine vorübergehende Erscheinung in unseren Klassen.

Die unzureichenden Maßnahmen deklarierte man als Schulversuche. Für die Betroffenen, SchülerInnen, ausländische wie inländische, und LehrerInnen, kann es nicht tröstlich sein zu erfahren, daß die Bildungspolitik anderer europäischer Staaten auch viel zu spät auf das Faktum der Einwanderung reagierte. Für Deutschland wurden Ende der achtziger Jahre zur Begründung eines breiter angelegten wissenschaftlichen Projektes – FABER (Folgen der Arbeitsmigration für Bildung und Erziehung) – Thesen formuliert, die auch für Österreichs Bildungspolitik von größter Bedeutung sind.[8]

1. These
Der durch Migration hervorgerufene Wandel gesellschaftlicher Voraussetzungen betrifft nicht bloß kulturelle Enklaven der Migranten, sondern die kulturelle Gesamtlage der Gesellschaft.

2. These
Die Reaktionen auf Migrationsprozesse lassen Leistungsmöglichkeiten und Leistungsschwächen des Bildungswesens besonders deutlich erkennen.

3. These
Die Reaktionen auf Migrationsprozesse haben exemplarische Bedeutung für die Fähigkeit des Bildungswesens, sich dem Wandel gesellschaftlicher Voraussetzungen anzupassen.

4. These

Durch die Migration werden die Institutionen problematisiert, die sie dem nationalstaatlichen Selbstverständnis des Bildungssystems verdanken.

5. These

Die Herausforderung des Bildungswesens durch Migrationsfolgen ist kein Problem einzelner Staaten. Es handelt sich um einen einheitlichen Problemzusammenhang, der über die nationalen Bildungssysteme hinausreicht.

6. These

Erforderlich ist die Neudefinition des bildungspolitischen Handlungsfeldes, geographisch und sozio-kulturell. Bildungspolitik und Bildungsplanung stehen vor der Aufgabe, mittelfristige Integrationsstrategien zu entwickeln, die der kulturellen Pluralisierung der Gesellschaft Rechnung tragen, ohne Gleichheitsgesetze zu verletzen.

Ein Blick in Tageszeitungen, die Erinnerung an ausländerfeindliche Parolen während des Wiener Wahlkampfes zeigen es: Das „Ausländerthema" betrifft nicht länger „kulturelle Enklaven der Migranten", sondern vielmehr die „kulturelle Gesamtlage der Gesellschaft", wie dies in These 1 formuliert wird. Politiker verschiedener Parteien warnen vor „Überfremdung", sehen „das Boot voll", Österreichs Identität gefährdet und von „Umvolkung" bedroht. Parteien geben sich ein „inländerfreundliches" Profil, denn ausländerfeindlich ist niemand. Das „Ausländervolksbegehren" ist der vorläufig letzte Schritt dieser Entwicklung. Wie in Handel und Wirtschaft werden seit dem Wiener Landtagswahlkampf 1990/91 „Höchstbelastungsquoten" genannt, die für das Verhältnis der inländischen zu den ausländischen SchülerInnen gelten sollen. Der Ausländeranteil dürfe 30 % pro Klasse nicht übersteigen, sonst sei das Fortkommen der inländischen Kinder nicht mehr gesichert. (Wenige Wochen nach Ende des Wiener Wahlkampfes tönte es 1992 zur Gemeinderatswahl in Salzburg bereits ähnlich.) Inländische Eltern reagierten schon vor Jahren auf die Entwicklung der „Überfremdung" in unseren Schulklassen: Nach Möglichkeit schickten sie die eigenen Kinder in Schulen mit weniger oder keinen fremden Kindern, in Privatschulen also, in Höhere Schulen. Der Exodus aus der Hauptschule in Ballungsbieten, die sich zur „Ausländerschule" entwickelte, wurde vor vielen Jahren schon von Kennern der Verhältnisse vorausgesagt und wird nunmehr auch in Darstellungen des Bundesministeriums für Unterricht bestätigt.[9] Und: Diese Entwicklung hält an. Die Schule ist wegen ihrer ausländischen SchülerInnen wieder ins Gerede gekommen.
Die Anwesenheit vieler Zehntausender Kinder mit nichtdeutscher Mut-

tersprache hat mit Sicherheit die Schule in ihrer Gesamtheit verändert. Wie steht es nun um die „Fähigkeit des Bildungswesens, sich dem Wandel gesellschaftlicher Voraussetzungen" anzupassen, wie dies in These 3 aufgezeigt wird?

Erst Ende der achtziger Jahre, damals gab es bereits mehr als 40.000 Kinder mit nichtdeutscher Muttersprache in unseren Pflichtschulen[10], sprach die damalige Unterrichtsministerin auf der ersten gesamtösterreichischen Tagung zu diesem Thema vom „Einwanderungsland Österreich" und von notwendigen Konsequenzen der Bildungspolitik[11].

Leitet man aus vorliegenden Daten schulischen Erfolgs/Mißerfolgs ausländischer Kinder ab, wie flexibel auf die gewandelten Anforderungen das Schulsystem insgesamt reagiert hat, dann hat die „Öffnung der Schulen" für diese „anderen" Kinder nicht genügt, trotz des nicht bestrittenen Engagements vieler einzelner LehrerInnen und auch Schulaufsichtsbeamter.

Von den im Schuljahr 1989/90 erfaßten 47.662 nichtösterreichischen Schülerinnen und Schülern waren 18.383 jugoslawischer und 18.115 türkischer Staatsangehörigkeit. (Dies sagt an sich nichts über die Beherrschung der deutschen Unterrichtssprache aus!)[12]

Gastarbeiterkinder unterschieden sich – wie leider nicht anders zu erwarten – von den übrigen ausländischen SchülerInnen (vor allem aber von Angehörigen der deutschen Staaten, damals der drittgrößten Ausländergruppe) deutlich. Deutlich unterschieden sie sich auch von den inländischen Kindern. Gastarbeiterkinder waren überrepräsentiert in Sonderschulen (drei- bis viermal häufiger als es ihrem Anteil an allen SchülerInnen zukommt) und in Hauptschulen, und hier wieder in III. Leistungsgruppen, vertreten und waren unterrepräsentiert in der Allgemeinbildenden Höheren Schule. Diese besuchten beispielsweise 23,9 % der „sonstigen" ausländischen Kinder, aber nur 5,5 % der jugoslawischen und 2,5 % der türkischen SchülerInnen.

GesamtschülerInnenzahl 1989/90
(neue Gesamtdaten liegen nicht vor):

Österreich:
SchülerInnen:...................1,135.371
davon AusländerInnen..........47.662
davon:
Vorarlberg: 7.039
Wien:.................................21.569
Salzburg: 2.992
Tirol: 3.684
Niederösterreich:.................5.803
Oberösterreich.....................4.296

Prozentanteil ausländischer SchülerInnen/ausgewählte Schultypen:

	Gesamt	VS	HS	SOSCH	POLY	AHS
Vorarlberg	12,7	15,2	16,5	37,1	17,2	4,7
Wien	11,6	14,5	25,3	30,7	5,4	5,4
Salzburg	3,8	4,9	4,8	9,3	5,6	2,4
Tirol	3,6	4,2	4,4	14,1	6,6	2,3
Niederöst.	2,9	3,5	3,6	13,9	3,4	1,5
Oberöst.	2,1	2,7	2,8	6,0	2,6	1,1
Österreich	4,2	5,0	5,7	15,1	5,3	2,6

In den übrigen Bundesländern lag der Ausländeranteil bei 1 % oder darunter.

Der Autor der statistischen Untersuchung, kein Pädagoge also, kritisiert abschließend das „repressive österreichische Schulsystem".[13] Während Franz Hamburger nach einer umfassenden Analyse des deutschen Bildungssystems zur Auffassung kommt, daß die Schule sich als „Marginalisierungsinstanz" für ausländische Heranwachsende erwiesen hat[14], beschreibt ein Migrantendichter aus Tirol die Chancen der hier aufwachsenden Angehörigen der 2. oder 3. Ausländergeneration so[15]:

Kismet ? – Schicksal?

Damals
kam der Vater
„Hilfsarbeiter"
mußte ich hinschreiben.

Heute
kam sein Sohn
„Hilfsarbeiter"
mußte ich wieder hinschreiben
Kismet?

Die schlechtere schulische Qualifikation und die bis Mitte der achtziger Jahre gesetzlich fixierten Schranken auf dem Lehrstellenmarkt waren wohl die entscheidenden Ursachen dafür, daß ausländische Jugendliche sehr oft kaum bessere berufliche Aussichten vorfanden als ihre Eltern und häufig von Arbeitslosigkeit betroffen waren. Erst als in Österreich immer weniger inländische Jugendliche offene Lehrstellen zu übernehmen bereit waren, fand ein Umdenken statt, und man rief von seiten der Wirtschaft nach der „Reserve" der jugendlichen AusländerInnen.[16] Bildungspolitik, die in die Zukunft sieht und dafür plant, muß mit folgenden Fakten rechnen, die Wirtschaftswissenschaftler und Bevölkerungsstatistiker vorgelegt haben:[17]

175

- Die österreichische Bevölkerung wird weiter altern, die Bereitschaft von Herrn und Frau Österreicher, mehr Kinder zu bekommen, weiter sinken,
- der größere EWR-/EG-Wirtschaftsraum wird noch mehr einheimische Berufstätige veranlassen, anderswo Geld zu verdienen und Karriere zu machen (schon jetzt sind es rund 400.000, die dies tun).
- Österreich wird seine Grenzen in einer Welt, in der sich immer mehr Menschen zur Flucht aus angestammten Lebensräumen entschließen, nicht ganz „dicht" machen können.
- Mit dem Fortdauern von Zuwanderung ist also weiterhin zu rechnen. Notwendige Arbeitskräfte werden nach übereinstimmender Meinung dieser Wirtschaftsforscher weiterhin aus jenen Ländern kommen, die auch bisher die Hauptentsendeländer waren (oder aber aus anderen südost- und osteuropäischen Ländern). Für Menschen aus dem EG-Raum ist aus verschiedenen Gründen eine Tätigkeit in Österreich nicht so attraktiv, um massenhafte Zuwanderung aus diesen Ländern auszulösen.
- Alle Erhebungen der letzten Jahre zeigen aber, daß gerade die Zuwanderer aus dem Osten und aus den traditionellen Gastarbeiter-Entsendeländern in Österreich nicht unbedingt willkommen sind. (Deutsche, Schweizer, Italiener, Spanier, Franzosen, Engländer usw. stehen uns angeblich ja kulturell näher...)[18]

Eine Hochrechnung der Wiener Schulreformkommission kommt zu dem Ergebnis, daß die Hauptschulen im Raume Wien im Jahr 2000 einen Prozentanteil von 85 % ausländischen Kindern haben werden, der Anteil ausländischer Kinder an allgemeinen Sonderschulen wird in den nächsten Schuljahren die 50–%–Marke überschreiten.[19]

Auch Schulen in anderen Teilen Österreichs müssen sich auf Dauer darauf einrichten, Kindern mit anderer Muttersprache als Deutsch, mit „anderer" Kultur (als unserer, was immer das sein mag) und „anderen" Religionen (dem Islam z. B.) gleiche Rechte wie „unseren" Kindern zu gewähren.

Doch blicken wir zum Abschluß noch nach dem „gemeinsamen" Europa. Es kann selbstverständlich keine Expertise über Vor- und Nachteile des Beitritts Österreich zu einem gemeinsamen Europa von mir erstellt werden. Es können hier nur einige mögliche Konsequenzen aufgezeigt werden, wie sie kürzlich der Grazer Sprachwissenschaftler Sornig[20] formuliert hat. Konsequenzen, wie sie sich aus dem Zusammenrücken der Nationen für deren Verständigung miteinander ergeben müßten. Sicher wird das gemeinsame Europa durchgehender und vielfältiger als bisher mehrsprachig sein müssen, allerdings wird diese Mehrsprachigkeit im Sinne einer „generell interkulturellen Kommunikationsfähigkeit" verstanden werden müssen. Mehr Sprachen als bisher sollen/werden akzeptierte Kommunikationssprachen Europas sein, darunter hoffentlich auch solche, die bisher nicht als Prestigesprachen galten. (Wie wäre es mit „Türkisch für Europa"? Es befinden sich, siehe den ersten Abschnitt, doch so viele Migranten aus der Türkei hier!)

Die Minister für Unterricht und Kultur der EG-Länder sind sich durchaus bewußt, daß die europäische Einigung auf die heutigen meist monolingualen und monokulturellen Bildungssysteme großen Einfluß haben wird. Das europäische Parlament hat mehrfach seit 1989 gefordert:

Stimulierung der Anwendung mehrerer Unterrichtssprachen in der Schule,
Berücksichtigung der kulturellen und sprachlichen Spezifika der SchülerInnen,
Berücksichtigung der kulturellen und sprachlichen Kompetenzen der Migrantenkinder und Entwicklung und Förderung ihrer Sprachen und Kulturen,
Entwicklung spezieller Curricula unter Berücksichtigung dieser Vorstellung.
Schule soll nicht nur mehrsprachig, mehrkulturell sein, sondern grenzüberschreitend, auch die Grenzen Europas überschreitend.[21]

3. Eine Schule für alle Kinder! (Oder nicht?)

Die sogenannte ausländerpädagogische Literatur der siebziger Jahre befaßte sich vor allem damit, die (angeblichen) Defizite ausländischer Kinder und – damit in Verbindung – die Belastung unserer Schule durch diese „Mängelwesen" darzustellen. Sie lieferte und liefert noch immer die zur Erklärung von Schulproblemen vieler ausländischer Kinder naheliegenden, damit aber nicht richtigen, Erklärungen. Die pädagogische Alltagstheorie verweist auf die sprachlichen Defizite, ohne zu bedenken, wie entlarvend oberflächlich hier in der Regel Einsprachler die Mehrsprachigkeit dieser Kinder nach den eigenen Einsprachenkenntnissen beurteilen! Ganz im Stile der Debatte, die vor allem Anfang der siebziger Jahre über die Angehörigen der sogenannten Unterschicht geführt worden ist, wird von „Anregungsarmut im Elternhaus", von der „Bildungsferne vieler ausländischer Eltern", von „anderen Normen und Wertsystemen", „Kommunikationsproblemen zwischen Elternhaus und Schule aufgrund kultureller/sozialer/sprachlicher Distanz" gesprochen. Modelle kompensatorischer Erziehung ausländischer Kinder, die durchaus gut gemeint waren, waren die Folge dieser Sichtweise.

Vor allem wurde nach Möglichkeiten gesucht, wie man diesen fremdsprachigen Kindern möglichst schnell Deutsch beibringen könnte. Anpassung an das „Inländerniveau" und damit Behebung der Schulstörung durch Beseitigung scheinbarer individueller Defizite waren das

Ziel. Selbstverständlich gilt auch heute noch, daß die deutsche Sprache möglichst schnell und umfassend erlernt werden muß.

Doch heute ist auch von einer erforderlichen Anpassung der Schule, ja einer Umorientierung der Schule selbst die Rede. (Siehe auch die Thesen des FABER–Projektes: Schule muß sich neuen Aufgaben öffnen, Schule hat „Rücksicht auf die Eigenart der SchülerInnen" zu nehmen, denn Unterrichtsprinzipien gelten noch immer für alle SchülerInnen.)

Zumindest in der Theorie steht fest: Die „ausländerpädagogische" Sichtweise, die Sichtweise also, die sich nur auf den Ausländer konzentriert und von ihm etwas verlangt, ist falsch.

Denn: Sogenannte „Ausländerprobleme" – und hierher gehören die Schulprobleme ausländischer Kinder – sind immer auch solche, die durch Inländer verschärft oder sogar ausgelöst werden. Die neuere deutschsprachige Literatur beschreibt, wie die angloamerikanische dies schon seit mehreren Jahrzehnten tut, das Ausländerproblem als Inländerproblem, als eines der Abwehr der Inländergesellschaft, als Problem der Ausgrenzung, der Verweigerung von Inländerrechten und der Gleichberechtigung vor dem Gesetz und im sozialen Bereich.[22] „Wir lassen Ausländer herein, um sie aus der Inländergesellschaft nach Möglichkeit draußen zu halten", beschreibt Rainer Bauböck die Situation treffend.

Daß in unserem traditionellen Unterrichtsgeschehen vielfach Kinder „draußenbleiben", soll an einem in vielen Variationen erlebten Beispiel verdeutlicht werden.

Exkurs I:
Beschreibung einer typischen Unterrichtssituation in einer dritten Klasse Volksschule, April 1991:
Die Volksschule liegt in guter Salzburger Wohngegend, hatte bisher meist nur wenige Ausländerkinder. In der dritten Unterrichtsstunde wird im Rahmen des Sachunterrichtes die „Feste Hohensalzburg" besprochen. Die Beteiligung am gut vorbereiteten Frontalunterricht ist gut, fast die Hälfte aller Kinder bringt mündliche Beiträge. Nach rund dreißig Minuten kommt die tüchtige und engagierte Lehrerin zu den hospitierenden StudentInnen, weist auf zwei Schüler in den ersten Bankreihen, die bisher (3. Stunde!) noch nie „dranwaren" (aber auch sonst nicht auffielen), und sagt: „Jetzt haben auch wir Kinder aus Jugoslawien. Seit drei Monaten. Sie verstehen natürlich kein Wort." (!!) Der Unterricht wird darauf fortgesetzt. Weiter beteiligen sich etliche Kinder am abwechslungsreichen Unterricht. Aber eben nicht alle Kinder...

LehrerInnen, die die Wende zum „interkulturellen Lernen" genommen haben (es sind leider noch nicht genug), haben sich wahrscheinlich folgende Fragen gestellt: Was vermissen fremdsprachige Kinder wohl am

178

herkömmlichen Unterricht, welche Defizite hat dieser Unterricht, der „anderssprachige" SchülerInnen nicht „mitkommen" läßt? Wie muß Schule, wie muß Unterricht sich ändern, damit alle Kinder „dem Unterricht folgen können" und nicht nur gezwungen sind, folgsam zu sein? (Wenn wir Verantwortlichen gezwungen wären, eine Woche Unterricht auf Türkisch über uns ergehen zu lassen, würden wir alle den eigenen Unterricht umstellen...)

Exkurs II:
Beschreibung des Physik-/Chemieunterrichts in einer Hauptschulklasse
Ort: Wiener Hauptschule mit technisch-naturwissenschaftlichem Schwerpunkt (Ausländeranteil 70 %). Die Deutschkenntnisse der Kinder, deren Eltern zumeist aus dem ehemaligen Jugoslawien und der Türkei stammen, sind sehr unterschiedlich. Es gibt auch sogenannte „Seiteneinsteiger", also Kinder, die erst seit kurzem in Österreich sind, daneben aber auch ausländische Kinder, deren Deutschkenntnisse sich von denen der Inländer nicht unterscheiden.
Die Klasse wird von zwei Lehrern betreut.
Durchgängiges Prinzip des gesamten Unterrichts ist, SchülerInnen zu selbständigem Wissenserwerb durch eigene, produktive Arbeit zu veranlassen. Die Direktion konnte durch „Sponsoraktionen" Firmen dazu veranlassen, alle für den Unterricht notwendigen Geräte in ausreichender Zahl der Schule zu überlassen. Der Unterrichtsstoff wurde von den Lehrern in Aufgaben und Problemstellungen formuliert (und zwar Grund- und Erweiterungsstoffe). Dazu wurden Formulierungen in einfachem Deutsch gewählt, um die Sprachbarrieren möglichst klein zu halten. Frontalunterricht gibt es nur in geringem Ausmaß, der Großteil des Unterrichts dient der Arbeit in Gruppen, der Partner- oder Alleinarbeit.
Aufgaben und Problemstellungen werden dabei auch oft variiert, um Behaltensleistungen zu verbessern und den Transfer zu ermöglichen. Die Lehrer sind Lernhelfer, Unterrichtsorganisatoren und Berater. „Erkennen und Denken" statt „Auswendiglernen und Vergessen" – dazu sind auch angeblich uns so fernstehende, kopftuchtragende Mädchen fähig, versichern die Lehrer, die diesen schülerzentrierten Unterricht vorbereiten und begleiten, übrigens mit Lob von wissenschaftlichen Instituten bedacht.[23]

Dieser Unterricht, der die Aktivitäten auf Schülerseite verlagert, der weit mehr als herkömmlicher Frontalunterricht die SchülerInnen zu Arbeit und Kommunikation zwingt, erfüllt auch eine wesentliche Forderung der Zweitsprachendidaktik: Jeder Unterricht, auch der Fachunterricht also, muß Deutschunterricht sein.
Die Parallelen zum Physikunterricht an einer Oberstufenklasse einer Höheren Schule in den Niederlanden, den ein niederländischer Montes-

sori-Lehrer vor kurzem in Salzburg auf einem Seminar vorstellte, waren für mich verblüffend.

(In Beantwortung einer Anfrage meinte er übrigens, daß gerade wegen der Schwierigkeit des Stoffes der Unterricht so zu planen ist, daß die Schüler selbständig arbeiten müssen!)

Auch andere LehrerInnen haben wie diese Physiklehrer ihren Unterricht neu organisiert und strukturiert. Sie haben „neue Strategien zur Bewältigung des Unterrichtsalltags" entwickelt und damit oft nichts anderes getan, als alte Forderungen an guten Unterricht zu realisieren:

„Hilf mir, es selbst zu tun" stand und steht mit im Vordergrund ihrer Unterrichtsplanung.

Mit Hilfe des beschriebenen Unterrichts können noch weitere Merkmale herausgestellt werden, die Unterricht für alle Kinder (schon immer!) haben sollte:

– Ausgehen von Schülerinteressen,
– SchülerInnen ernst nehmen, sie dort abholen, wo sie stehen (z. B. sie haben wenig Deutschkenntnisse…),
– Unterrichtsdifferenzierung, ja Individualisierung des Unterrichts, Schaffen einer anregenden Lernumgebung,
– Abgehen vom Frontalunterricht und vom Unterricht durch das Schulbuch (allein),
– Erbringen praktischer Leistungen, Abgehen vom Abprüfen.

Die Situation von Kindern, die hier in Österreich Deutsch lernen müssen, unterscheidet sich in vielem grundsätzlich vom Lernen einer Fremdsprache wie z.B. Englisch in unseren Schulen.

Zur Integration – der schulischen und der gesellschaftlichen im Aufnahmeland – ist möglichst schneller Erwerb möglichst guter Deutschkenntnisse notwendige Voraussetzung. Das Lernen der deutschen Sprache geschieht teils ungesteuert – z.B. durch Medien, auf der Straße, in der Pause usw. – und gesteuert im Deutschunterricht.

Noch einmal ist herauszustreichen, daß jeder Unterricht Deutschunterricht sein muß, soll Unterrichtzeit nicht sinnlos vergeudet sein. Dies mitzubedenken, wenn Unterricht geplant wird, bedeutet für die LehrerInnen eine erhebliche Umstellung. Andererseits ist es überaus lohnend für die Kinder: Ausländische Kinder in „aufnahmebereiten" Klassen machen oft verblüffende Fortschritte in Deutsch. Eindeutig steht der Zusammenhang zwischen Deutschlernen und deutschsprachigen FreundInnen fest. Umgekehrt erschwert der Mangel an Deutschkenntnissen die Akzeptanz in der Klasse. Das ist ja der Ansatz des interkulturellen Lernens: Für Fortschritte in der Zweitsprache Deutsch sind die einheimischen MitschülerInnen, die LehrerInnen mitverantwortlich – durch positive Zuwendung trotz scheinbarer Sprachlosigkeit auf der anderen Seite, durch Erkennen der großen Leistungsfortschritte, die oft in kurzer Zeit in der Verwendung des Deutschen eintreten, usw.

Zwischen dem Mitteilungsbedürfnis bei Kindern mit nichtdeutscher Muttersprache und ihren Ausdrucksfähigkeiten in Deutsch klafft oft eine große Diskrepanz. Dies kann Quelle von Unzufriedenheit, von Frustration und auch von Aggression sein. Vor allem dann, wenn die deutschsprachige Umwelt nicht auf irgendeine Weise positiv herausstellt, welche sichtbaren/hörbaren Fortschritte „fremdsprachige" Kinder machen. Wenn gar noch Ausgrenzung, Spott die Folge von „Versprechern" ist, dann sind diese Kinder in ihrer psychischen Entwicklung gefährdet (mangelndes Selbstwertgefühl, Furcht vor Blamage, Rückzug, Sprachlosigkeit, Aggression auch gegen die eigene Herkunft). LehrerInnen müssen immer berücksichtigen, daß die tatsächliche Leistungsfähigkeit dieser SchülerInnen viel höher ist als die (deutsch)sprachliche.

Forderungen neuzeitlicher Pädagogik liefen immer darauf hinaus, Unterricht so zu planen, daß die „tatsächliche Leistungsfähigkeit" zum Ausdruck kommt und nicht die, die man sprachlich bieten kann. Durch die Anwesenheit fremdsprachiger Kinder gewinnen alte Forderungen neue Bedeutung.

Fremdsprachige Kinder lernen Deutsch, indem sie förmlich in ein „Sprachbad" getaucht werden. Um nicht unterzugehen, benötigen sie regelmäßige und systematische Förderung in der neuen Sprache.

Gleichzeitig sollen sie aber auch vom ersten Tag an dem Regelunterricht folgen können, die Fachsprachen verstehen, wo doch die Sprache der Schulbücher für viele einheimische Schulkinder oftmals nur schwer zu entschlüsseln ist. So sagen es zumindest Schulbuchkritiker.

Aber auch die Förderung der Muttersprache ist notwendig, soll der mehrsprachig Aufwachsende nicht von sprachlicher „Fossilisierung" sowohl in der Muttersprache als auch in der Zweitsprache bedroht sein. Auch allgemeine kognitive Retardierung gilt als ziemlich gesichertes Forschungsergebnis, wird auf die Förderung der Muttersprache verzichtet.

Schulen, die für Kinder von EG-Bediensteten geschaffen wurden, nehmen die Aufgabe jetzt schon wahr, Kinder in der Muttersprache und in zwei bzw. drei Fremdsprachen im Laufe von 10 Pflichtschuljahren zu fördern. Es steht außer Frage, daß für diese Kinder Mehrsprachigkeit positive berufliche Auswirkungen haben wird.

Niemand stellt hier den Unterrichtsertrag für alle in Frage. (Wie in Kärnten die Diskussion, nein besser, der Schulstreit um die zweisprachig geführte Schule ausgegangen ist, muß nicht neuerlich dokumentiert werden. Mit dem Slogan „Mut zur Zweisprachigkeit" wird derzeit an der Pädagogischen Akademie in Klagenfurt geworben, die zweite Landessprache zu erlernen…)

Allein die Forderung nach gemeinsamem Unterricht inländischer und fremdsprachiger ausländischer Kinder stellt die LehrerInnen vor neue und sicher auch schwierige Aufgaben. Hinzu kommt die Forderung nach Erhaltung der Muttersprache und Berücksichtigung kultureller und sprachlicher Unterschiede auch im Regelunterricht.

All dies zeigt die Heterogenität der Schulklassen heute, die im übrigen ja nie „homogen", auch nicht kulturell homogen waren.

Konzepte „Interkultureller Didaktik", aber auch Unterrichtspraktiker, die Unterricht für diese heterogenen Klassen planen, greifen immer auf Prinzipien zurück, die auch (sicher nicht ausschließlich) durch Maria Montessori vertreten worden sind.

Das Bild einer multikulturellen, mehrsprachigen Schule zeichnet u. a. Pommerin wie folgt:[24]

Ein gut ausgebildetes und gleichberechtigtes Team ausländischer und einheimischer LehrerInnen unterrichtet Kinder unterschiedlicher sozialer und sprachlicher Herkunft gemeinsam …

Sprachhomogene Klassen hat man längst aufgegeben zugunsten multinationaler Lerngruppen. Natürlich wird der gemeinsame Unterricht ergänzt durch ein breites Differenzierungsangebot, das den Bedürfnissen, aber auch Schwächen heterogener Schülergruppen gerecht wird …

Bilinguale Unterrichtsmaterialien, wie Glossare, zweisprachige Kinder- und Jugendliteratur oder Fachtexte und Nachschlagewerke, Spielesammlungen und Wortkarten für den Deutschunterricht und den Sachunterricht, Rechendominos und in mehreren Sprachen abgefaßte Arbeitsaufträge, Regeln und Erklärungen, die im Klassenzimmer auch zeitweilig ausgestellt und den SchülerInnen immer zugänglich sind …

Team–teaching wird … bestimmte Differenzierungsverfahren erleichtern: beispielsweise die Klärung sprachlicher Unsicherheiten, Erstellen zweisprachiger Texte, systematischer Sprachvergleich oder bilinguale Übungsphasen …

Es ist zu hoffen, daß das bisherige Ziel österreichischer Bildungspolitik, inländische und ausländische Kinder gemeinsam zu unterrichten, nicht aufgegeben wird, auch wenn derzeit wieder verstärkt Modelle segregierenden Unterrichts gefordert und tatsächlich teilweise eingeführt werden.

Wer den gemeinsamen Unterricht will, der muß noch weit stärker als bisher Montessori-Prinzipien reflektieren und für den Unterricht in heterogenen, multikulturellen, mehrsprachigen Klassen adaptieren. Manche LehrerInnen haben ein Stück gemeinsamen Unterrichts, wie ihn Pommerin beschreibt, in der eigenen Praxis ohnehin schon teilweise vorweggenommen.

1 Die folgenden statistischen Ausführungen stützen sich auf: Kultur- und Sprach-
 vielfalt in Europa, hrsg. v. I. Gogolin u. a., Münster 1991; H. Faßmann /
 R. Münz, Einwanderungsland Österreich? Gastarbeiter – Flüchtlinge – Immigranten, Wien 1990 (in der Zwischenzeit mehrfach ergänzt)
2 Kundeyt Surdum zählt zu den bedeutendsten Migrantendichtern. Die hier abge-
 druckten Gedichte stammen aus: N. Walter / K. Surdum, Landlos. Türken in
 Vorarlberg, mit einem Nachwort von K. Greussing, Salzburg 1991
3 G. Biffl, Auswirkungen des Ausländerzustroms auf den Arbeitsmarkt. In: Mo-
 natsberichte, 10. Heft, 1992, S. 526 ff.
4 vgl. hierzu z. B. Torschluß. Wanderungsbewegungen und Politik in Europa,
 hrsg. v. A. Hohenwarter / K. S. Althaler, Wien 1992; v. a. die Beiträge von Sen-
 senig, Brandl, Grussmann und Rohrböck
5 vgl. Statistische Nachrichten, 47. Jg., Neue Folge, H. 7, S. 524 ff.
6 vgl. Einwanderungsland Österreich, a.a.O., S. 12 f.
7 vgl. M. Montessori, Frieden und Erziehung, Herder, Freiburg 1973, S. 28,
 S. 103; vgl. M. Montessori, Kosmische Erziehung, Herder, Feiburg 1988, S. 93 ff.
8 Die Thesen wurden abgedruckt in: Deutsch lernen 1/1990, S. 70 ff.
9 vgl. Perspektiven der Hauptschulentwicklung. Beiträge zur Entwicklung der
 österreichischen Mittelstufe unter Berücksichtigung der Hauptschulsituation,
 Wien 1990
 Ausführlich ist diese Entwicklung dargestellt in: R. Gauß, Von der Ausländerpädagogik zum Interkulturellen Lernen. In: Erziehung und Unterricht 4/1991,
 S. 242 ff.
10 Genauere statistische Daten zur Situation der Kinder mit nichtdeutscher Muttersprache an allen Schulen Österreichs (also auch den AHS usw.) fehlten bis Anfang der 90er Jahre. Auch ein Indiz dafür, daß das „Ausländerproblem" ein „Inländerproblem" ist. Die Daten des Statistischen Zentralamtes aus 1991 erfassen
 SchülerInnen nur nach Staatsbürgerschaft – ein Faktum, das wenig über die
 Sprachbeherrschung des Deutschen aussagt. Dennoch muß auf diese zurückgegriffen werden, da bisher noch keine Daten über die Sprachbeherrschung in re-
 präsentativer Form erhoben worden sind.
11 Bundesministerin Hilde Hawlicek anläßlich der Eröffnung des Kongresses „Interkulturelles Lernen – Zweisprachigkeit", Wien November 1988, vgl. auch
 Kongreßbericht in broschierter Form, Wien 1989, S. 2
12 B. Heiler, Ausländische Schüler in österreichischen Schulen im Schuljahr
 1989/90. In: Statistische Nachrichten, 46. Jg., Neue Folge, H. 5, 1991, S. 424 ff.
 Neuere Daten zur Gesamtlage ausländischer SchülerInnen wurden seither nicht
 veröffentlicht.
 Inoffiziell spricht man derzeit davon, daß sich, bedingt durch die Kriegswirren
 im ehemaligen Jugoslawien, rund 65.000 ausländische Kinder in unseren Schulen befinden.
 Eine nichtveröffentlichte Studie im Auftrag des BMUK weist im Schuljahr
 1991/92 in den Unterstufen der AHS 4 260 und in der Oberstufe 2 598 SchülerInnen mit nichtdeutscher Muttersprache aus.
13 Ausländische Schüler in österreichischen Schulen, a.a.O., S. 432

14 vgl. F. Hamburger, Auf dem Weg zur Wanderungsgesellschaft – Migrationspro-
    zeß und politische Reaktion in der Bundesrepublik Deutschland. In: Deutsch ler-
    nen 1/1989, S. 23 ff.
15 vgl. I. Güven, Einer neuen Heimat entgegen? Gedichte. In: AusländerInnen. Inte-
    gration oder Assimilation, hrsg. v. Gesellschaft für politische Aufklärung, Inns-
    bruck 1991, S. 147 ff.
16 vgl. hierzu A. Gächter, Die Nachkommen der Einwanderer und die Entwicklung
    des Arbeitsmarktes. In: Erziehung heute, H. 2 1992, S. 14 ff.
17 Auswirkungen des Ausländerzustroms auf den Arbeitsmarkt, a.a.O.
18 vgl. z.B. Ergebnis einer repräsentativen Umfrage des „profil", 25. 2. 1991,
    S. 24 ff.
    Auch SchülerInnen zeigen in einer Studie des IFES-Institutes im Auftrag des
    BMUK nur sehr geringe Bereitschaft, mit SchülerInnen östlicher Länder in Kon-
    takt zu treten oder deren Sprache zu erlernen...(„Interkulturelles Lernen" – Um-
    frage unter Schülern, Eltern und Lehrern, Wien 1991)
19 M. Pinterits (zuständig für die Beschulung von Ausländern in Wien). In: Intercul-
    tural Learning 2/1992, S. 3 f.
20 K. Sornig, Ein mehrsprachiges Europa: Utopie oder Herausforderung. In: Erzie-
    hung und Unterricht, H. 3/4, 1990, S. 245 ff.
21 vgl. H. Everts / J. Teunissen, Eine Schule für europäische Bürger. In: Kultur- und
    Sprachvielfalt in Europa, hrsg. v. I. Gogolin u. a., Münster 1991, S. 161 ff.
22 vgl. hierzu z.B. Ethnizität. Wissenschaft und Minderheiten, hrsg. v. E. J. Diet-
    rich / F. O. Radtke, Opladen 1990
23 Ein ausführlicher Bericht über den Physikunterricht an der Hauptschule Schäf-
    fergasse 3, 1040 Wien (Lehrer: Prof. Mag. Johann Fibi, HD Heinrich Koch),
    wird im Sammelband „Interkulturelles Lernen an Pädagogischen Akademien",
    hrsg. v. Gauß / Harasek / Lau, Wien 1993 erscheinen. Der Schulversuch wird
    vom Institut für Experimentalphysik, Abt. der Didaktik für Physik, Graz betreut
    (Univ.-Prof. Dr. Hohenester).
24 vgl. G. Pommerin, Didaktik des Deutschen als Fremdsprache. In:. Zur Didaktik
    interkultureller Pädagogik, hrsg. v. Michelle Borelli, Teil 1: Systematik – Ge-
    schichtsdidaktik – Geschichtsunterricht – Sprachdidaktik – Deutschdidaktik (In-
    terkulturelle Erziehung in Praxis und Theorie, Bd. 13), Hohengehren 1992,
    S. 108 ff.

Berichte aus den Arbeitskreisen

Anneliese Walk

Montessori-Pädagogik im Kindergarten

Berichte vom Versuchskindergarten Liefering

Die angesprochene Zielgruppe für diesen Arbeitskreis waren interessierte Eltern, Kindergärtnerinnen aus den verschiedensten pädagogischen Bereichen und Kindergarten-Leiterinnen.
Ziel des Arbeitskreises war, einen Einblick in die Kindergartenarbeit der Montessori-Pädagogik zu vermitteln. Dies geschah durch geeignete und ausgewählte Übungen, das Kennenlernen von Montessori-Materialien, Dias aus der Praxis und Dokumentationen über die Projektarbeit in verschiedenen Kindergartengruppen.

1. Grundsätzliches über Montessori-Pädagogik

Der Alltag im Montessori-Kindergarten ist gekennzeichnet durch eine prinzipiengebundene Arbeitsweise und genaue Kenntnis der von Maria Montessori beschriebenen Entwicklungsstufen.

1.1 Grundgedanken der Montessori-Pädagogik

Durch das genaue Beobachten einer Übung oder Lektion können einzelne Prinzipien erfahrbar gemacht werden. Aus diesem Grunde wurde eine Übung mit den Tastbrettern und Tasttäfelchen demonstriert.
Mit Hilfe dieses Materials erfolgt eine Sensibilisierung des Tastsinns. Die Oberflächenbeschaffenheit (grob – fein) kann so in Gegensatzpaaren und in der Graduierung erkannt und benannt werden.
Während dieser Übung stellten die Teilnehmer genaue Beobachtungen an und brachten diese dann in der anschließenden Diskussion ein. Dabei gelang das Herausarbeiten wichtiger Prinzipien wie:
- Polarisation der Aufmerksamkeit
- Vorbereitete Umgebung
- Freiheit der Wahl
- Sensible Phasen
- Schulung der Bewegungen
- Belohnung, Bestrafung
- Disziplin

186

Die Arbeit mit dem rosa Turm

1.2 Umsetzen der erarbeiteten Montessori-Prinzipien

Anhand von Dias wurden diese theoretischen Überlegungen in konkreten Lernsituationen gezeigt, erläutert und diskutiert. Dabei ging es neben den Übungen des täglichen Lebens und den vorbereitenden Übungen in den Bereichen Mathematik und Sprache schwerpunktmäßig um das Sinnesmaterial.

1.3 Herausarbeiten von wesentlichen Unterschieden zur traditionellen Kindergartenpädagogik

Den gravierendsten Unterschied macht wohl des Erziehers Sichtweise vom Kind aus. Er sieht es als ein menschliches Wesen, das die Freiheit besitzt, sich selbst zu entwickeln. Die Realisierung dessen erfolgt über ein reichhaltiges Angebot an Entwicklungsmaterial (so möchte Montessori ihr Material verstanden wissen) einerseits und eine behutsame Begleitung und Unterstützung durch den Erzieher andrerseits.

Hier wird gerade eine Lektion mit den Einsatzzylindern gegeben.

Aus dieser Sicht ergibt sich zwangsläufig ein neues Rollenverständnis für die Kindergärtnerin, nämlich Vermittler zwischen Kind und Material bzw. Lernprozessen verschiedenster Art zu sein.

2. Kennenlernen von Montessori-Materialien

Im Sinne einer „Vorbereiteten Umgebung" waren alle Montessori-Materialien und die Materialien für die Übungen des täglichen Lebens bereitgestellt. Zum Kennenlernen und Ausprobieren war Zeit und Raum vorgesehen.

Durch das individuelle Erläutern und Erklären der Materialien in Kleingruppen (vier ausgebildete Montessori-Erzieherinnen standen zur Verfügung) bekamen die Teilnehmer einen Einblick in die Didaktik, die in jedem Material steckt. Sie konnten somit die Bedeutsamkeit einer gründlichen Einführung, wie sie in den Montessori-Ausbildungskursen geschieht, besser verstehen. Es tauchte auch immer wieder die Frage nach einer Montessori-Ausbildung auf. Dieses Thema kam dann im Schlußplenum (siehe Punkt 4) noch einmal zur Sprache.

3. Die „Kosmische Erziehung" im Kindergarten

Sie ist als Überbau und verbindendes Element in der Montessori-Pädagogik zu sehen und setzt verschiedene Schwerpunkte in den diversen Entwicklungsstufen des Kleinkindes bis hin zum Erwachsenen. Projektorientiertes Arbeiten ist bestens für eine Umsetzung der „Kosmischen Erziehung" geeignet. Aus diesem Grunde haben die drei Kindergärtnerinnen Dokumentationen über zwei Projekte gestaltet, die im Laufe des letzten Jahres in den Gruppen entstanden sind. Schwerpunkt dabei war der Erfahrungsbereich der Sinne.

Exemplarisch soll hier die Dokumentation über das Projekt „Meine Hände" grob skizziert werden.

3.1 Eigenschaften und Funktionen der Hand

Durch den Vergleich von Händen können die Kinder Eigenschaften (groß – klein, jung – alt usw.) feststellen.

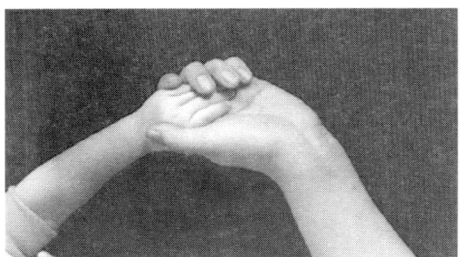

Weiters wird den Kindern durch eine Reihe von Übungen bewußtge-
macht, welche Tätigkeiten eine Hand ausführen kann und daß sie auch
in der Lage ist, Geräusche zu erzeugen und Gefühle auszudrücken.

3.2 Die Hand kann Sinneseindrücke vermitteln

Durch "Be-greifen" von Gegenständen können über den Tastsinn Sinnes-
eindrücke gewonnen werden. Eigenschaften von Dingen werden dadurch bewußt erlebt (z. B. rauh – glatt, kalt – warm, rund – eckig,
weich – hart, naß – trocken, groß – klein, dick – dünn, schwer – leicht,
lang – kurz).
Für das Erfahrbarmachen dieser Eigenschaften kann fast das gesamte
Sinnesmaterial und können Teile des Mathematikmaterials zum Einsatz
kommen (z. B. Tastbretter und Tasttäfelchen, geometrische Körper, geometrische Kommode, rosa Turm, braune Treppe, Gewichtsbrettchen,
Einsatzzylinder und rote Stangen).

3.3 Bildnerisches Gestalten mit Händen

Wie die folgenden Fotos dokumentieren, entsteht mit Hilfe von Hand-
und Fingerabdrücken ein Riesenbilderbuch (70 mal 50 cm). Den Text
dazu erfinden die Kinder selbst, die Kindergärtnerin schreibt ihn auf,
und durch Stempeln wird er in die Endform gebracht.

3.4 Spielen mit der Hand

Die Kindergärtnerinnen zeigten eine Reihe von Beispielen, wie mit der bloßen Hand Schattentheater gespielt werden kann, wie Klatschspiele entstehen, Geschicklichkeitsspiele und Zaubereien durchgeführt werden. Die mit Hand- und Fingerpuppen verkleidete Hand kann Theaterstücke aufführen und die bemalte Hand in Rollenspielen agieren.

4. Schlußplenum: Aufzeigen von Möglichkeiten des Einstiegs in die Montessori-Pädagogik

Im Anschluß an die vorangegangenen Ausführungen kamen eine Reihe von Anfragen zu den Themen Montessori-Ausbildung und Material-beschaffung. Ebenso wurde der Wunsch nach Literaturhinweisen geäußert. Es entwickelte sich noch eine rege Diskussion, und die Kindergärtnerinnen wurden über ihre Art des Einstiegs in die Montessori-Pädagogik befragt.

Literaturhinweise siehe nachfolgender Beitrag.

Inge Strotzka / Wilhelm Weinhäupl

Montessori-Pädagogik in österreichischen Grundschulen

Erfahrungs- und Evaluationsbericht über den Schulversuch „Selbsttätiges und individuelles Lernen in freien Arbeitsphasen" an der Volksschule Liefering II – Salzburg

1. Ziele des Projekts

Das Projekt „Montessori-Grundschulklassen" an der Volksschule Liefering II, Salzburg hat sich zum Ziel gesetzt, die Einsatzmöglichkeit von Montessori-Unterrichtsmaterial im Hinblick auf die individuelle Förderung der Kinder und eine differenzierte Unterrichtsgestaltung unter Zugrundelegung des geltenden Lehrplanes und bei Einhaltung des vorgeschriebenen Unterrichtsausmaßes in der Volksschule zu erproben.

Dabei soll der Klassenraum der „vorbereiteten Umgebung" im Sinne Montessoris entsprechen, d. h. ein Raum sein, dessen Ausstattung die Kinder zum sinnvollen Tun stimuliert und ihrer Aktivität und ihren geistigen Bedürfnissen Rechnung trägt. Die Arbeitsweise soll der Praxis der Montessori-Schulen weitestgehend angeglichen werden. Eine solche Unterrichtsführung geht von der Annahme aus, daß Kinder verschieden viel Zeit brauchen, verschieden lange und verschieden häufige Übungen benötigen, um etwas zu können, unterschiedlich viel positive Verstärkung brauchen, um des eigenen Könnens und Wissens sicher zu sein und verschieden starke Leistungsmotivation gegenüber den Aufgaben der Schule haben. Leistungen sollen individuell bewertet und Lernzielkontrollen als Diagnoseinstrument angewendet werden.

Das war die Zielvorgabe, wie sie in der Projektbeschreibung der Einreichfassung formuliert worden ist. Im Laufe des Bestehens hat der Schulversuch aufgrund verschiedener Faktoren eine bestimmte Ausprägung erfahren, deren Entwicklung im folgenden beschrieben werden soll.

Solche bestimmende Faktoren sind:

- Die spezifische österreichische Schulsituation und Schultradition
- Der österreichische Lehrplan, vor allem die Neufassung aus dem Jahre 1986
- Das zunehmende Interesse bei der Elternschaft für Fragen der Schule im allgemeinen und für alternative Formen im besonderen

- Ein expandierender Markt für didaktische Materialien zum individuellen Lernen in der Schule
- In der immer schwieriger werdenden beruflichen Situation für LehrerInnen scheinen Lehrerfortbildungsangebote, die aus modellhaften Schulversuchen erwachsen, besonders attraktiv zu sein, weil nach wie vor großes Interesse für solche Kurse besteht.
- Die gegenwärtige Form der Leistungsbeurteilung im Grundschulbereich ist weiter unbefriedigend, und allgemein akzeptierte Alternativen sind noch nicht entwickelt.
- Es war nie beabsichtigt, dogmatisch und einseitig Montessori-Prinzipien zu verwirklichen, sondern es wurde laufend versucht, Entwicklungen, Erfahrungen und Elemente anderer pädagogischer Richtungen (Freinet-Pädagogik, Dalton-Plan etc.) einzubeziehen und in Weiterentwicklung der Kosmischen Erziehung Montessoris projektorientiertes Lernen im Rahmen der freien Arbeitsphasen auszubauen.

Als Erhebungsgrundlage für die folgenden Ausführungen dienten:
- Regelmäßige Unterrichtsbeobachtungen durch den Versuchsbetreuer
- Protokolle von pädagogischen Konferenzen
- Ergebnisse didaktischer Besprechungen
- Schriftliche Rückmeldungen und Kurskritiken
- Rückmeldungen bei Hospitationen
- Aussagen von Schülern
- Elternbefragungen (persönliche und systematische)

Methodische Grundlage für die Gestaltung des Berichts:
- Arbeitsweisen der Handlungsforschung

2. Schülerebene

2.1 Persönliche Erlebensweisen

Der Schwerpunkt des Modells liegt in der täglichen Freiarbeit mit einer Dauer von zwei Unterrichtseinheiten.

Während dieser Freiarbeit erlebt sich das Kind als ein in hohem Maße für sein Tun verantwortliches Individuum. In einer didaktisch "vorbereiteten Umgebung" findet das Kind ein reichhaltiges Angebot von attraktiven Lernmaterialien. Das Kind hat die Freiheit, sich für eine Arbeit zu entscheiden. Dabei wird es von der Lehrerin nicht allein gelassen. Die Arbeitsweise wird erklärt, dem Entscheidungsschwachen wird geholfen. Das lernende Kind erfährt sich dabei in zweifacher Weise als handelndes und entscheidendes Wesen. Es übt sich täglich in der Entscheidung, wie es die Freiarbeit gestaltet, zugleich fordert die Arbeit mit dem didaktischen Angebot unentwegt Entscheidungen.

Ein Großteil dieser Entscheidungen ist auf der Ebene der konkreten Handlung möglich. Über das unmittelbare Tun bildet das Kind die Basis für ein brauchbares abstraktes Wissen.

Sich-entscheiden-Können und Sich-entscheiden-Müssen fördert so die Entwicklung, aber auch die Kontrolle des Willens und schafft gleichzeitig die wesentlichen Elemente für den intellektuellen Aufbau.

2.2 Förderung, Forderung, Überforderung

Mit der Gestaltung der vorbereiteten Umgebung überträgt der/die LehrerIn die didaktisch-methodische Vermittlung der Lehrinhalte auf entsprechende selbstlehrende Arbeitsmittel. Diese Abkoppelung der Lernprozesse von der unmittelbaren Lehrtätigkeit ermöglicht eine weitestgehende Individualisierung des Lernens im Sinne des Grundschullehrplanes. An die unterschiedlichen Eingangsvoraussetzungen kann ohne Bruch angeschlossen werden, unterschiedliches Lerntempo bedingt keine Lücken bzw. Leerläufe, auf besondere Interessen oder Schwächen kann Rücksicht genommen werden.

Die niedrigen Zahlen der Absenzen, Elternrückmeldungen und Schüleraussagen lassen den Schluß zu, daß die konsequente Berücksichtigung der Individuallage die Anstrengungsbereitschaft und Schulfreude erhöht und Phänomene wie Unlust und Schulangst in erkennbar geringerem Maß auftreten.

2.3 Soziale Effekte

Die weitgehende Berücksichtigung der Entscheidungsfreiheit schließt auch die Wahl der Sozialform mit ein. Die SchülerInnen lernen, für entsprechende Aufgaben die richtigen Partner zu wählen bzw. auch Angebote abzulehnen. Im Vergleich zum konventionellen Unterricht, wo Gruppenbildungen meist vom Lehrer gesteuert werden, bietet diese Form die Möglichkeit der individuellen Partnerwahl. Den Arbeitsprozeß negativ beeinflussende Gruppenprozesse können so weitgehend vermieden werden.

Gruppendynamische Effekte wie Außenseiterbildung müssen vom Lehrer beobachtet und erforderlichenfalls thematisiert werden.

2.4 Lernvoraussetzungen

Während der ersten Jahre des Bestehens des Schulversuches zeigte das besondere Bemühen um die Individualität des Kindes den Effekt, daß sich besonders Eltern von lernschwachen bzw. verhaltensgestörten Kindern um die Aufnahme in die Versuchsklassen bemühten. In der Folge waren die Lernvoraussetzungen mit denen in Regelklassen nur mehr bedingt vergleichbar. Die Versuchsklassen tendierten dazu, zu „Sonderschulklassen" am Regelschulstandort Liefering zu werden.

Vermehrte Aufklärung der Eltern vor der Schülereinschreibung und die Führung der städtischen Kindergärten in Liefering nach der Methode Maria Montessoris führten in den vergangenen Jahren zu einer weitgehenden Akzeptanz des Versuchsangebotes auch bei Eltern, bei deren Kindern gute Schulleistungen zu erwarten sind.

Seit mehreren Jahren ist die Nachfrage im Schulsprengel selbst so groß, daß zwei Klassen pro Jahrgang geführt werden. SchülerInnen aus anderen Schulsprengeln werden nur zu einem geringen Teil aufgenommen. Auf diese Weise konnte die Zusammensetzung der Schülerpopulation in den Versuchsklassen den Regelbedingungen weitgehend angeglichen werden.

2.5 Schulübertritte

Traditionell ist Liefering II ein Schulstandort mit einem vergleichsweise niedrigen Anteil an Übertritten in die AHS (ca. 20 % der Gesamtpopulation). SchülerInnen, die nach der 4. Klasse aus dem Schulversuch in die AHS wechselten, klagten bei Befragungen über die Anonymität im Schulbetrieb und den oft geringen Anspruch an die Qualität der Lernleistungen in den Realien (Unterstreichen, Auswendiglernen,...). Die Rückmeldung aus den Hauptschulen bestätigen die Annahme, daß SchülerInnen aus diesem Versuchsmodell durch Selbständigkeit, Eigeninitiative und Eigenverantwortlichkeit bei der Organisation von Arbeitsaufträgen hervortreten. Sowohl in der AHS als auch in der HS gab es keine Klagen über schwache Schulleistungen der Kinder, die aus den Versuchsklassen kamen. Seit der Weiterführung des Modells an der Hauptschule Liefering zeigt sich eine deutliche Tendenz, auch SchülerInnen mit „AHS-Niveau" im Mittelstufenbereich in der Pflichtschule zu belassen.

Übertritte nach der 4. Schulstufe aus dem VS-Schulversuch

	HS Liefering (Schulversuch)	andere HS Schwerpunkt HS	AHS
Schuljahr 1990/91	10	3	7
Schuljahr 1991/92	16	4	3
Schuljahr 1992/93	17	-	2

3. Lehrerebene

3.1 Didaktische Aspekte

Die Individualisierung des Lernangebotes erfordert grundlegende Umstellungen in der Unterrichtsplanung und -arbeit.
Die Arbeitsmaterialien Maria Montessoris bilden die Basis für die Freiarbeit. Sie repräsentieren die Lerninhalte der jeweiligen Schulstufe und folgen einem exakten didaktischen Plan, der das Kind Stufe für Stufe vom Einfachen zum Komplexen führt und dabei bei jedem Schritt die Schwierigkeit isoliert. Das Kind hat auf diesem Weg die Möglichkeit, über konkretes Tun zu Einsichten zu gelangen und von sich aus den Übergang zur Abstraktion zu vollziehen. Innerhalb dieses didaktischen Rahmens, der sich im Materialangebot der vorbereiteten Umgebung manifestiert, bewegt sich die Entscheidungsfreiheit des Kindes.
In den Bereichen Deutsch und Mathematik entscheidet das Kind nur innerhalb eines begrenzten Rahmens, was es lernt.
Wann an einer Aufgabe gearbeitet wird, in welcher Sozialform das geschieht, wie lange Wiederholungen nötig sind und ob Hilfe nötig ist, entscheidet das Kind.
Neben diesen didaktischen Vorgaben, die inhaltliche Entwicklungen für das Kind im wesentlichen festlegen, entstanden schon während der ersten Versuchsjahre projektartige Arbeitsweisen, die heute zum fixen Bestand der Freiarbeit zählen.
Projekte zielen vor allem auf das interessensorientierte Arbeiten, bei dem die erworbenen Kulturtechniken ihre sinnvolle Anwendung finden.
Zusammenfassend können die didaktischen Materialien Maria Montessoris und die projektorientierte Arbeitsmethode als die beiden bestimmenden Elemente für die Freiarbeit bezeichnet werden.
In diesem Rahmen ist die nachrangige Bedeutung von Lernspielen zu betonen. Selbsttätigkeit, freie Platzwahl, hoher Aufforderungscharakter und Lustbetontheit erwecken oft beim Laien und auch beim Kind den Eindruck, lediglich „gespielt" und nicht „gearbeitet" zu haben. Die didaktischen Lernangebote unterscheiden sich von herkömmlichen Lernspielen durch ihren lernzielorientierten Aufbau, d. h. sie verfolgen den Aufbau von grundlegenden Begriffen und sie ermöglichen die Entwicklung von Einsichten.
Spiele im herkömmlichen Gebrauch dienen in der Regel lediglich der lustbetonten Übung und Wiederholung.

3.1.1 Die Bedeutung des Montessori-Materials im Schulversuch

Eine zentrale Fragestellung im Schulversuch war die Überlegung, inwie-

196

weit Montessori-Material bei der Realisierung des österreichischen Grundschullehrplanes hilfreich und zielführend ist. Der Vergleich von Schülerleistungen einer Klasse (in der Regel ca. 20 SchülerInnen) mit anderen Klassen ist grundsätzlich problematisch. Von den Versuchsklassen der letzten Jahre kann jedenfalls mit Sicherheit ausgesagt werden, daß die Lernziele der jeweiligen Schulstufe und die Leistungsnorm, die vom Lehrplan vorgegeben wird, durchwegs erreicht worden sind, obwohl gerade an der Volksschule Liefering II wegen der Sozialstruktur des Schulsprengels die Leistungsfähigkeit, Begabung und die Lernvoraussetzungen der SchülerInnen eine große Streuung aufweisen.

In diesem Zusammenhang sind auch die Ergebnisse einer Elternbefragung (s. Anhang 1) interessant, die 1987 durchgeführt wurde, und zwar bei jenen Eltern, deren Kinder mehr als 1 Jahr bereits weiterführende Schulen (Hauptschule, AHS-Unterstufe) besuchten. Von den ursprünglich 36 SchülerInnen waren nur mehr 27 Adressen bekannt. 14 Fragebögen kamen ausgefüllt zurück, d. h. die Rücklaufquote war 53 %. Bis auf eine Mutter, die meinte, der Übergang von der Montessori-Klasse zur allgemeinbildenden höheren Schule sei nur schwer zu bewältigen, vermerkten die angesprochenen Väter und Mütter nur Positives: Die vier Jahre im Schulversuch hätten ihre Kinder selbständig, sicher und kooperativ gemacht. Die Buben und Mädchen hätten viele Interessen entwickelt und wüßten jetzt, wie man am besten lernt. Auffallend war auch ein Faktor, der als Indikator für Erreichung sozialer Erziehungsziele gelten kann: Die ehemaligen SchülerInnen der Montessori-Klassen wurden sehr häufig zu KlassensprecherInnen oder StellvertreterInnen gewählt.

Im folgenden sollen der Einsatz und die Funktion von Montessori-Materialien im Bereich Erstschreiben bzw. Erstlesen verdeutlicht werden. Dieses Beispiel steht exemplarisch für die in diesem Modell charakteristischen didaktischen Pläne zum Aufbau der Kulturtechniken.

3.1.2 Montessori-Materialien im Bereich Erstschreiben und Erstlesen

3.1.2.1 Indirekte Vorbereitung: Sinnesmaterialien

Das Sinnesmaterial, das eigentlich im Kinderhaus angeboten wird, ist auch Bestandteil der Ausstattung einer ersten Klasse. Es dient im Erstschreib- und -leseprozeß zur Sensibilisierung des Tastsinns, zur Entwicklung der Grob- und Feinmotorik, zum Erkennen und Unterscheiden von Formen und zur Entwicklung des visuellen Gedächtnisses.

Dieses Material erweckt aber auch auf der Grundstufe II das Interesse der SchülerInnen. Die geometrische Kommode, die konstruktiven Dreiecke, die geometrischen Körper, die neben dem oben erwähnten Ziel als direktes Lernziel das In-Beziehung-Setzen von geometrischen Flächen und Körpern haben, werden unter dem Aspekt der Vorbereitung auf die Geometrie auf der vierten Schulstufe wieder eingesetzt.

Die Sinnesmaterialien kommen in der ersten Klasse zwar zum Einsatz, aber die Kinder sind bereits in einem Alter, in dem die Polarisation der Aufmerksamkeit nicht mehr in dem Maß erfolgt wie beim Einsatz in der sensiblen Periode (ab ca. drei Jahren). Wenn die Vorschulklasse von einem Montessorilehrer oder einer Montessorilehrerin geführt wird, so haben die Sinnesmaterialien große kompensatorische Bedeutung. Die bei kleinen Kindern beobachteten zahlreichen Wiederholungen einer Übung kommen beim älteren Kind nicht mehr so häufig vor, außer bei entwicklungsverzögerten Kindern. Ab dem Schuljahr 1992/93 werden Kinder aus den Montessori-Kindergartengruppen in Liefering Schüler der ersten Klassen sein und Beobachtungen ermöglichen, wie sich intensive Beschäftigung mit dem Sinnesmaterial im Vorschulalter auf das Erlernen des Schreibens und Lesens auswirkt.

3.1.2.2 Direkte Vorbereitung

a) *Metallene Einsatzfiguren: 2 Ständer mit je fünf quadratischen Metallrahmen und Einsätzen in geometrischen Formen mit Knöpfchen zum Anfassen.*

Sie dienen der verstärkten Übung der Feinmotorik und der Koordination von Auge und Hand und helfen, zu einer korrekten Handhabung des Schreibgerätes und zu einer richtigen Schreibhaltung zu gelangen.

Dieses Material kommt in den ersten Klassen unterschiedlich häufig zum Einsatz, und die Verwendung hängt stark von der jeweiligen Vorliebe des Lehrers bzw. der Lehrerin dafür ab.

Häufige Verwendung führt nach Beobachtungen zu einer lockeren Schreibhand. Signifikante Aussagen über eine bessere Schreibhaltung lassen sich allerdings nicht machen. Die Schüler kommen bereits mit ausgeprägten Fehlhaltungen des Schreibgerätes in die Schule, und Korrekturen sind schwierig und mit Hilfe eines einzigen Materials schwer möglich.

b) *Sandpapierbuchstaben: Holzbrettchen, auf denen die Buchstaben des Alphabets, auf Sandpapier ausgeschnitten, aufgeklebt sind.*

Mit Hilfe dieses Materials lernt das Kind die Form der Buchstaben und die dazu gehörenden Laute kennen. Das Material dient somit gleichzeitig dem Schreiben- wie dem Lesenlernen.

Der Erstschreib- und -leseprozeß und in diesem Zusammenhang der

Einsatz der Sandpapierbuchstaben erfolgte in den einzelnen Versuchs-
klassen in verschiedenen Varianten. Die Unterschiede ergaben sich aus
der Wahl der Ausgangsschrift, aus der Entscheidung, ob mit oder ohne
Fibel gearbeitet wird, und aus der Art des Einsatzes einer ABC-Mappe.
In allen Versuchsklassen erfolgte der Buchstabenerwerb individuell.
Wurde eine Fibel verwendet, dann wurde hauptsächlich das Angebot an
Übungen für Lautschulung und zur Analyse und Synthese von Wörtern
ausgewählt. In den letzten Jahren wurde keine Fibel mehr bestellt. Zu
Beginn des ersten Schuljahres wird bei jedem Kind festgestellt, welche
Buchstaben es bereits kennt und welche es noch lernen muß. Die erlern-
ten Buchstaben werden im Buchstabenhaus einer ABC-Mappe ange-
malt, die die Schüler zu Schulbeginn erhalten. Die Kinder können völlig
frei entscheiden, mit welchen Buchstaben des Alphabets sie beginnen
wollen. Der Ausgang des Interesses für bestimmte Buchstaben ist sehr
unterschiedlich. Der Anfangsbuchstabe des eigenen Namens wird häufig gewählt, eine bestimmte Buchstabenform oder ein Bild in der Buchstabenmappe können als Anregung dienen.
Die freie Wahl, das Sich-Entscheiden für eine Sache, wirken so motivierend, daß eine bestimmte Reihenfolge beim Buchstabenerwerb, wie sie
in Fibeln üblich ist, in den Hintergrund tritt.
In den beiden ersten Klassen dieses Schuljahres wurden allerdings die
ersten fünf Buchstaben gemeinsam erarbeitet, die Lehrerinnen sehen
rückblickend aber keinen Vorteil darin. Erfahrungen bei Erstklassern
zeigen im allgemeinen, daß die Kinder zu Schulbeginn hochmotiviert
sind, vor allem schnell lesen zu lernen. Läßt man Schülern die freie
Wahl dazu, unter Umständen auch unter Vernachlässigung anderer Gegenstände, wirkt sich das nicht nachteilig aus. Schüler, die nicht gehindert wurden, sich in der Freiarbeit fast ausschließlich mit Schreib- und
Lesematerialien zu beschäftigen, waren signifikant bessere Leser. Bei
der freien Wahl der Materialien geschieht Schreiben und Lesen tatsächlich „explosionsartig", wie Maria Montessori in der „Entdeckung des
Kindes" beschreibt.[1] Wenn die SchülerInnen mit der Buchstabenmappe
arbeiten, ist der Lernablauf bei allen Buchstaben gleich. Diese Systema-
tik hilft schwächeren Schülern, während gute Schüler, wenn sie bereits
lesen können, die Buchstabenmappe nicht vollständig durcharbeiten
müssen. Die Erarbeitung der Buchstabenform erfolgt über die Sandpapierbuchstaben; sie sind das Basismaterial im Schreib- und Leseunter-
richt einer Montessoriklasse. Meist werden Groß- und Kleinbuchstaben
parallel eingeführt, es wird aber auch nur mit Großbuchstaben begonnen. Der Einsatz dieses Materials ist auch in Regelklassen sehr gut
möglich, setzt aber einen individuellen Unterricht (offene Lernformen)
voraus. Übungen zur Lautschulung und zur Analyse und Synthese von
Wörtern ergänzen die Arbeit mit den Sandpapierbuchstaben.
Die Entscheidung für die Ausgangsschrift beim Schreiben fiel in den

letzten vier Schuljahren zugunsten der gemischten Antiqua aus. In den ersten Versuchsjahren wurde die Schreibschrift eingeführt, teils gemeinsam, teils individuell. Die gemischte Antiqua geht auf die vorhandene Schreibkompetenz der Schüler besser ein und ermöglicht früh das Verfassen eigener Texte. Sie unterstützt auch den Leselernprozeß.[2] Die Kinder, die mit gemischter Antiqua zu schreiben begannen, verfaßten sehr früh ihre eigenen Geschichten, während sonst der Text dem Lehrer bzw. der Lehrerin diktiert wird und er oder sie ihn für den Schüler niederschreibt. Der Übergang von der gemischten Antiqua zur Schreibschrift erfolgte stets problemlos. Ausgangsschrift für das Lesen war aber in allen Klassen die gemischte Antiqua.

c) *Bewegliche Alphabete: zwei Kästen, die das gesamte Alphabet in gestanzten Buchstaben in geringen Exemplaren enthalten*

Wenn das Kind bereits einige Buchstaben kennt, kann es dazu übergehen, lautgetreue Wörter zu analysieren und den gehörten Lauten die Buchstaben zuzuordnen. Es „schreibt" mittels des beweglichen Alphabets Wörter und kleine Sätze auf, wenn die Schreibkompetenz noch nicht vorhanden ist. Dabei analysiert das Kind die einzelnen Wörter, was eine grundlegende Leistung und eine wesentliche Voraussetzung für den Schriftspracherwerb ist. Neuere Untersuchungen bestätigen diese Zusammenhänge.[3] Da das bewegliche Alphabet nur Kleinbuchstaben enthält – Lernziel ist ausschließlich die Darstellung des gehörten Lautes durch einen Buchstaben –, kommt es in einigen Klassen gar nicht zum Einsatz. Die Lehrer befürchten bei Schülern im Schulalter negative Auswirkungen auf die Großschreibung der Namenwörter. Als Alternative werden Magnetbuchstaben, Setzkasten, Stempelkasten und die Schreibmaschine verwendet. Teilweise wird bei der Wortanalyse nur mit Großbuchstaben gearbeitet, um diesem Problem auszuweichen. Diskussionen in den Arbeitsgruppen der Versuchsklassen um den Einsatz dieses Materials haben zur Sensibilisierung für das Problem Rechtschreiben in den Montessori-Klassen geführt und die Bedeutung der phonetischen Durchgliederung von Wörtern als Basisleistung für die Rechtschreibung wieder in den Vordergrund gerückt.

3.1.2.3 Erstes Lesen

a) *Lesespiel mit Gegenständen: Eine Dose mit konkreten Gegenständen, deren Namen lautgetreu geschrieben werden*

Das Kind erfährt beim Umgang mit diesem didaktischen Material, daß ein geschriebenes Wort eine Gruppe von Lauten enthält, die durch graphische Zeichen dargestellt werden, und bemerkt, daß ein geschriebenes Wort eine Bedeutung hat.

Auch dieses Spiel kommt unterschiedlich zum Einsatz, je nach dem Bedürfnis des Schülers. Der Lehrer/die Lehrerin fordert das Kind zum immer schnelleren Lesen der aufgeschriebenen Wörter auf, und man kann das Aha-Erlebnis, wenn dem Kind die Wortbedeutung klar ist, gut beobachten. Das oft von Lehrern beklagte Phänomen, daß der Leselernprozeß zu Beginn gut voranschreitet, dann aber die große Hürde des Zusammenlautens kommt, wurde in den Montessori-Klassen nur selten beobachtet. Probleme ergaben sich bei schwächeren Schülern dann später beim Lesen von Texten. Denn der Übergang vom Lesen einzelner Wörter zum Lesen von zusammenhängenden Texten bereitet diesen Kindern Schwierigkeiten. Zusätzliches Leselernmaterial, das eigens dafür konzipiert bzw. ausgewählt worden ist, wird dafür zur Verfügung gestellt.

Lautes Vorlesen gehört zu den schwierigsten intellektuellen Handlungen, daher müssen Leseanfänger still lesen, fordert Maria Montessori.[4] Die Beobachtung dieser Einsicht hat dazu geführt, daß in den Montessori-Klassen ausschließlich leise gelesen wird. Wird in höheren Klassen ein Text laut vorgelesen, so geschieht das nur nach gründlicher Vorbereitung. Bei Schulveranstaltungen zeichnen sich Schüler aus den Versuchsklassen häufig als gute Vorleser aus.

b) *Phonogramme: Dosen mit Gegenständen, deren Namen Buchstabenverbindungen aufweisen, und die entsprechenden illustrierten Namenskärtchen*
Phonogrammbüchlein: Heftchen mit einer Wortsammlung mit Lautverbindungen sch, pf, ck, ch, nk, ng, st, sp, tz, au, ei, eu, ie

Intensive Übungen mit "Phonogrammen" auf der ersten Schulstufe sollen Rechtschreibfehler verhindern helfen.

In den ersten Klassen wurden Phonogrammbüchlein in der freien Arbeitsphase erstellt, teils wurden die Phonogramme gemeinsam erarbeitet. Fehlerhafte Schreibungen wie „scht" bzw. „schp" und ähnliches kamen nach Aussagen der LehrerInnen in den höheren Schulstufen seltener vor. Die Übungen mit Namenskärtchen, die Gegenständen zugeordnet werden, wurden vernachlässigt, weil es nicht immer leicht war, die passenden Gegenstände zu finden.

c) *Spiel zum Lesen von Wörtern und Übungen mit klassifizierten Karten: Namen von Kindern, Gegenständen, Farben, Eigenschaften u. s. w. in Schachteln, die die Kinder entsprechend zuordnen.*

Der Lehrer/die Lehrerin stellt dieses Material nach den gegebenen Erfordernissen selbst her. Sehr beliebt sind Sammlungen von Gegenständen aus verschiedenen Sachbereichen mit Wortkärtchen, z. B. Arztkoffer mit Inhalt, Puppengeschirr, kleine Tiere und ähnliches. Neben phonetischen Wörtern gibt es nach bestimmten orthographischen Schwierigkeiten ausgewählte Wortgruppen. Bei der Arbeit damit wird das Kind auf die spezifischen Probleme der Rechtschreibung aufmerksam gemacht. Dieses Spiel wurde auch zum ganzheitlichen Lesen von Wörtern verwendet, und in jeder Klasse kamen so einige Kinder auf dem ganzheitlichen Weg zum Lesen. Maria Montessori kennt im Erstleseprozeß nur die synthetische Methode.

Die oben angeführten klassifizierten Karten fanden erst in der zweiten Schulstufe Verwendung.

d) *Lesen von Sätzen: Auf Streifen geschriebene Sätze, auf denen Handlungen beschrieben werden, die die Kinder ausführen sollen*

Das Ausführen der Aufträge wirkte sich sehr motivierend auf andere Schüler aus. Als Variante wurden diese Aufträge als Gruppenspiel ausgebaut. Dazu wurden von den Lehrern Spielpläne, die mit passenden Auftragskarten kombiniert sind, entworfen. Sobald die Kinder lesen können, wird in die Wort- und Satzlehre eingeführt, so daß der Leselernprozeß auch mit dem Sprachverständnis eng verbunden ist.

Nach Ansicht der LehrerInnen im Schulversuch reichen die Montessori-Materialien aus, um schreiben und lesen zu lernen. Trotzdem gibt es hauptsächlich als Übungsangebot Ergänzungen, die nach den von Maria Montessori geforderten Kriterien, nämlich Fehlerkontrolle, Ästhetik, Aktivität, Begrenzung[5] selbst hergestellt werden. Auch das reichhaltige Angebot des Marktes wird geprüft und eingesetzt.

e) *Selbstgefertigtes und im Handel erhältliches Material*

Material zur Lautschulung: Kartenspiele, Stöpselkarten u. ä. zur Identifikation, Diskrimination und Lokalisation von Lauten.

Material zum ganzheitlichen Lesen: Domino, Memory, Quartettspiele u. ä., die bewußt so konzipiert sind, daß sie zu Partner- und Gruppenarbeit auffordern.

Materialien für die Synthese und Analyse: Setzkästen, Schreibmaschine, Holzbuchstaben

Den freien, von den Kindern erstellten Texten kommt in der ersten Schulstufe besondere Bedeutung zu. Die Produkte der Schüler werden im täglichen Sesselkreis vorgelesen, die Kinder legen eigene Geschichtenhefte an, Schülerzeitungen werden hergestellt. Die Freinet-Druckerei könnte bei diesen Arbeiten eine wichtige Rolle spielen. Für alle Versuchsklassen gibt es nur eine einzige Druckerei mit kleinen Lettern, in einer ersten Klasse sind aber große Lettern erforderlich.

Wie schon erwähnt, ist das stille Lesen im Elementarunterricht eine wichtige Komponente der Leseerziehung. In jeder Klasse gibt es daher eine Leseecke mit einer Klassenbibliothek und einem differenzierten Literaturangebot. Aufbauende „Lese-Bücher" in verschiedenen Schwierigkeitsgraden, wie sie in England in den Grundschulen angeboten werden, sind in Österreich viel zuwenig erhältlich (die „Regenbogenkiste", die bei den Schülern sehr beliebt ist, ist eine positive Ausnahme). In Fortbildungskursen wurde versucht, solche Büchlein selbst herzustellen. Die Produkte waren aber zu wenig professionell, und der Aufwand war zu groß.

Zuletzt soll noch angeführt werden, daß der Projektunterricht in den letzten Jahren zum wichtigen Bestandteil des Erstlesens geworden ist, wobei diesem Umstand das reichhaltige Angebot an kindgemäßen attraktiven Sachbüchern entgegenkommt. Das starke Interesse an der Sache bewirkt auch eine höhere Lesemotivation.

3.1.3 Aspekte für die österreichische Schulsituation

Aus dem Einsatz der Montessori-Materialien am Beispiel des Erstlese- und Erstschreibunterrichts ergeben sich für die konkrete österreichische Schulsituation folgende Aspekte:

a) Seit 1986 hat Österreich einen modernen Grundschullehrplan, der dem Schüler/der Schülerin für den Erwerb der Kulturtechniken Lesen und Schreiben 2 Jahre Zeit läßt. Um diese Chance, die der Lehrplan bietet, zu nützen, genügt es selbstverständlich nicht, wenn das Lerntempo für die ganze Klasse reduziert wird. Die methodische Konsequenz ist eine Individualisierung und Differenzierung innerhalb der Klasse, um auf die Kompetenzen und Voraussetzungen der SchülerInnen optimal eingehen zu können. Dazu bietet sich im besonderen das offene Lernen an, wie es im Lehrplan als Lehr- und Lernform eigens angeführt ist. Im Schulversuch sind dazu täglich zwei Unterrichtseinheiten als freie Lernphase vorgesehen.

b) Trotz der an sich günstigen Voraussetzungen, die der österreichische Grundschullehrplan für das Lesen- und Schreibenlernen schafft, gibt es aufgrund der spezifischen Situation, die durch das Schulpflichtgesetz geregelt ist, im Vergleich zu anderen westeuropäischen Ländern (z. B. Niederlande, Großbritannien) Probleme. Um die Montessori-Materialien für das Erstlesen, Erstschreiben optimal einsetzen zu können, müßte der Schuleintritt für Kinder vorverlegt werden, und zwar zumindest auf das 5. Lebensjahr. Nach den gründlichen Beobachtungen Maria Montessoris entwickelt sich nämlich die motorische Grundvoraussetzung für das Schreiben ab dem 4. Lebensjahr, und die Kinder dieses Alters zeigen auch besondere Lernfähigkeit (sensible Phase). Gerade jene Materialien, die motorische Aktivitäten provozieren bzw. die im akustischen Bereich differenzieren helfen, würden im Lebensalter von 6 Jahren mehr Effizienz bringen, was sich dann später gerade beim Rechtschreiben positiv auswirken würde.

c) Die Erfahrungen im Schulversuch haben aber gezeigt, daß es auch für Kinder, die älter als 6 Jahre sind, nützlich ist, wenn beim Lese- und Schreib-Lernprozeß Montessori-Materialien zur Verfügung stehen. Entsprechend der Theorie Maria Montessoris ist der Einsatz eines Materials außerhalb der „sensiblen Periode" nicht mehr so effizient, aber es bringt doch lernunterstützende Effekte. Ganz besonders gilt dies für SchülerInnen mit Schreibschwierigkeiten und Teilleistungsstörungen.

Charakteristisch für den Schulversuch an der Volksschule Liefering II (Stadt Salzburg) ist die konsequente Entwicklung von analogen Materialien im Sinne Maria Montessoris, die beinahe den gesamten Prozeß des elementaren Lese- und Schreibunterrichts abdecken. Viele dieser Materialien wurden auch im Rahmen von Lehrerfortbildungskursen entwickelt, wobei die dabei tätigen LehrerInnen nicht nur ein Material für ihren Unterreicht erhielten, sondern auch an dieser Arbeit Einsichten in die Prinzipien Maria Montessoris bekamen.

Im Rahmen dieser Entwicklungsarbeit wurde selbstverständlich der immer größer werdende Markt an Materialangeboten beobachtet und wurden diese Angebote auf ihre Brauchbarkeit und pädagogische Qualität hin überprüft.

d) Die Erfahrungen im Schulversuch Liefering II haben eindeutig gezeigt, daß es längerfristig wünschenswert wäre, wenn eine Änderung im Eingangsstufenbereich unseres Schulwesens dahingehend herbeigeführt werden könnte, daß ein Schuleintritt schon vor dem 6. Lebensjahr sehr sensibel stattfinden könnte. Als wichtige Rahmenbedingung dazu wäre das von Maria Montessori geforderte Mischsystem von Jahrgangsstufen gleichzeitig vorzusehen.

Auch was die Schulbuchaktion in Österreich anlangt, wäre eine Umgestaltung dieser an sich wertvollen Einrichtung anzustreben, und zwar in die Richtung, daß KlassenlehrerInnen bzw. Schulen ein Budget zur Verfügung gestellt wird, mit dem sie nicht nur Lehrbücher, sondern auch andere Materialien in autonomer Entscheidung finanzieren können. Wie schon erwähnt, ist beim Ankauf bzw. beim Einsatz von Montessori-Materialien, wenn er von nicht ausgebildeten LehrerInnen vorgenommen wird, äußerste Vorsicht geboten. Dieses didaktische Material versteht sich nicht von selbst, es bedarf erfahrungsgemäß einer gründlichen Einschulung, damit alle Möglichkeiten, die in den Materialien stecken, optimal genützt werden.

Die Lehrerinnen erlernen den sachkundigen Umgang mit Montessori-Material

3.1.4 Projektartiges Lernen in der Freiarbeit

Wie schon erwähnt, hat sich im Laufe der Entwicklung der Schulversuchsarbeit das projektartige Lernen als ein Charakteristikum entwickelt. Im folgenden wird beispielhaft zum Thema „Wohnen" die Arbeitsmöglichkeit in einer Kurzbeschreibung vorgestellt.
Zur Zeit wird praktisch ein Großteil des Sachunterrichts in Form von Projekten abgedeckt. Die Arbeitszeit an den Projekten findet in den freien Arbeitsphasen statt, wobei auch Projekttage oder -wochen je nach Thema und Schulstufe stattfinden.
Es hat sich als günstig erwiesen, wenn verschiedene Themen wie z. B. „Körper" nicht über vier Schuljahre verteilt wie "Blitzlichter" immer wieder auftauchen, sondern als kompaktes Projekt intensiv bearbeitet werden. Für die Kinder ist es so wesentlich leichter, Zusammenhänge und fachübergreifende Vernetzungen innerhalb eines Themas zu erkennen und zu durchschauen.

Projekt „WOHNEN":
In einem ersten Schritt wurde gemeinsam mit den Kindern das Arbeitsfeld im Sesselkreis entwickelt. Hierzu diente ein Brainstorming-Plakat. Schüler wie Lehrer sammelten hier alle Interessensgebiete zu diesem

Thema. Diese Ideenbörsen sind praktisch mit einer Sachanalyse zu vergleichen. Daraus wurden verschiedene Fragenkomplexe erarbeitet. Die Kinder wählten – je nach Interesse und Begabung – ihr Themengebiet aus. Auch die Sozialform (Einzel-, Partner- oder Gruppenarbeit) wurde von den Kindern – oft erst nach einigen Diskussionen – selbst gewählt. Die freie Wahl der Sozialform sowie der Schwerpunktbereiche wirkte sich äußerst positiv auf die Lernmotivation und die Leistungsbereitschaft aus. In der Zwischenzeit wurde intensiv verschiedenstes Material zum Thema gesammelt, bestellt, hergestellt und ausgeliehen.

Neben einem breitgefächerten Literaturangebot wurden zu verschiedensten Schwerpunkten Arbeitsmaterialien von der Lehrperson angeboten:
– Zuordnungskarten (Text – Bild) zu Wohnkulturen
– ein Puzzle über die einzelnen Arbeitsabläufe beim Bau eines Hauses
– eine Mappe mit Arbeitsanregungen zu den unterschiedlichen Berufen, die mit dem Bereich Wohnen in Verbindung stehen
– ein Zeitstreifen, damit die Kinder erfahren können, wie Menschen zu verschiedenen Zeiten gewohnt haben
– ein Wohnungsplan mit 5 verschiedenen kleinen Einrichtungsgegenständen, die die Kinder den jeweiligen Räumen ihres Hauses zuordnen
– ein Arbeitsprogramm, um den Kindern die sozialen Zusammenhänge in diesem Bereich aufzuzeigen
– eine Bildwand, bei der die Kinder zeigen und beschreiben können, in welchem Haus sie gerne wohnen möchten und warum
– ein Planspiel „Umfahrungsstraße"
– verschiedenste Anregungen im mathematischen Bereich (Maßstabsberechnungen, Einrichtungskalkulationen u. s. w.)
– Anregungen zur Gestaltung von Texten

Die verschiedenen Fragestellungen wurden von den Kindern innerhalb von drei Wochen bearbeitet und so aufbereitet, daß sie den anderen Kindern im Sesselkreis gut und attraktiv präsentiert werden konnten.

3.2 Lehrerqualifikation

Die Neudefinition des Lehrers/der Lehrerin als OrganisatorIn von individuellen Lernprozessen läßt folgende Qualifikationen als notwendig erscheinen:
– Techniken der Schülerbeobachtung und Möglichkeiten der Interpretation
– Hohe Sicherheit in den didaktischen Grundlagen der jeweiligen Fächer
– Grundkenntnisse in der Organisation von individuellen Lernprozessen im Klassenverband.

Die im Schulversuch tätigen LehrerInnen verfügen über eine grundlegende Montessori-Ausbildung (Montessori-Zertifikat). Diese Qualifikation wurde während der Freizeit erworben. Die Ausbildungskosten trugen die LehrerInnen selbst.

3.3 Belastungen

Die zusätzlichen Arbeiten, die aus der Beteiligung am Schulversuch erwachsen, können der Beilage entnommen werden (s. Anhang 2).
Da für die Mehrarbeit im Schulversuch keinerlei Entschädigung vorgesehen ist, erscheint die Einforderung von schriftlichen Evaluationsberichten von seiten der LehrerInnen als nicht vertretbar.

3.4 VersuchslehrerInnen als Multiplikatoren

Aufgabe der Lehrer und Absicht des Pädagogischen Institutes des Bundes in Salzburg sind es, unter den idealtypischen Bedingungen eines Schulversuches (Modellbeschreibung, Arbeit im Rahmen eines Teams, wissenschaftliche Begleitung, umfassende Materialausstattung) praktische Modelle für einen Unterricht nach den pädagogischen Grundprinzipien des Volksschullehrplanes zu entwickeln und diese im Rahmen von Fortbildungsveranstaltungen interessierten VolksschullehrerInnen anzubieten.
Wie sehr dieses Angebot den Bedürfnissen der Lehrerschaft entspricht, zeigt die über Jahre hinweg anhaltend hohe Teilnehmerfrequenz (pro Semester zwischen 50 und 80 TeilnehmerInnen an den Blockkursen).
Die folgende Auflistung der Themenschwerpunkte soll einen Einblick in die Entwicklungsarbeit der beteiligten LehrerInnen ermöglichen.

Zusammenstellung der angebotenen Themen im Rahmen der Blockkurse am Pädagogischen Institut Salzburg in den letzten 10 Jahren:
Lesen und Schreiben lernen – Elementares Rechnen – Wie beginne ich mit der Freiarbeit in meiner Klasse? – Sinn-volles Lernern – Lernen durch Märchen, Lernen mit Märchen – Behandlung der schriftlichen Rechenverfahren – Sachrechnen – Beurteilen oder verurteilen? (Leistungsbeurteilung) – Geometrie – Kreatives Arbeiten mit dem ABC – Kreatives Schreiben – Das kleine Einmaleins – Grundprinzipien der Montessori-Pädagogik – Rechtschreiben Grundstufe I – Soziale Aspekte der Montessori-Pädagogik – Lernen in der Schuleingangsphase – Aufbau der schriftlichen Rechenoperationen – Rechtschreiben Grundstufe II – Lesenlernen ohne Fibeltrott – Rechtschreiben für lernschwache Kinder – Eingangsstufe – SU/Warum gibt es Sommer und Winter – Verfassen von Texten – Arbeit mit dem Grundwortschatz – Das Bundesland Salzburg.

Projekte:

Wasser – Hurra, wir gehen in die Luft – laut/leise – Umwelterziehung – Bewegter Klang/Klänge bewegen – Das Denken lernen – Die Umwelt vor Ort erforschen – Lese- und Schreibabenteuer – Projekte zum Sachrechnen – Unser Bildungsheim als Forschungsobjekt – Heimatgemeinde – Feste feiern – Umwelterziehung – Gewürze – Mein Körper – Zeit – Wohnen.

Eine Reihe dieser Themen wurden wegen ihrer grundlegenden Bedeutung und als Reaktion auf Teilnehmerwünsche wiederholt angeboten.

3.5 Leistungsbeurteilung im Schulversuch

Von der ersten bis zur vierten Schulstufe erhalten die SchülerInnen ein Pensenbuch, in dem die aus dem Lehrplan abgeleiteten, relevanten Lernziele angeführt sind (s. Anhang 3). Wegen der Schulübertritte am Ende der vierten Schulstufe ist es notwendig, daß neben dem Pensenbuch zu Semester- und Jahresende in der vierten Klasse auch Ziffernzeugnisse ausgegeben werden.

Diese lernzielorientierte Form der Leistungsbeurteilung erfolgt aus folgenden Gründen:
–   Informationen über die Gesamtheit der zu erreichenden Ziele eines Unterrichtsjahres
–   detaillierte Auskunft über Leistungsstand und Lernfortschritt
–   Vermeidung der Rivalisierung durch Notenvergleich
–   Förderung einer adäquaten Selbsteinschätzung durch die Beobachtung der eigenen Lernfortschritte
    Die Pensenbücher wurden von LehrerInnenteams erstellt und im Laufe des Bestehens des Schulversuches mehrmals überarbeitet.Hiebei wurde auf folgende Bereiche besonderes Augenmerk gelegt:
–   Beschränkung der Auswahl auf jene Ziele, die den didaktischen Aufbau eines Gegenstandes dokumentieren
–   Beschreibung von Qualifikationen mit unterschiedlichem Anspruchsniveau
–   Übertragung der Fachtermini in eine für Kinder und Eltern verständliche Sprache
–   Im Bereich Sachunterricht zeigte die Erfahrung, daß es weder sinnvoll erscheint noch administrierbar ist, alle Leistungsanforderungen in Feinzielen darzustellen. Es wurde daher folgender Weg gewählt: Aus mehreren hundert SU-Feinzielen wurden jene Arbeitsweisen und Arbeitstechniken abgeleitet, die als formale Bildungsziele in jedem Bereich anzustreben sind. An welchen konkreten Inhalten sie das Kind erworben hat, wird im Anschluß daran kurz aufgeführt.

Um das Kind zu einer kritischen Reflexion seiner Leistungen zu führen, hat es sich bewährt, in regelmäßigen Abständen (jedenfalls vor Seme-

208

ster- und Jahresschluß) anhand des Pensenbuches den Lernfortschritt zu besprechen.

Ebenso zeigte es sich als vorteilhaft, an eigens dafür vorgesehenen Elternabenden die Inhalte des Pensenbuches zu klären.

Problembereiche aus der Sicht der LehrerInnen:

- Nach mehreren Reduktionen nach wie vor zu große Zahl an Lernzielen
- Ab welcher Qualität einer Leistung wird ein Lernziel als erreicht abgehakt? Individuelle Unterschiede zwischen den einzelnen Lehrern.
- Finden von Lernzielformulierungen, die für den pädagogischen Laien verständlich sind.
- Höherer Zeitaufwand, da auch während des Schuljahres der Leistungsstand jedes Kindes zu protokollieren ist.
- Die Notwendigkeit der Ziffernbeurteilung in der vierten Schulstufe bedeutet einen Bruch im pädagogischen Konzept.

Vorteile an der Sicht der LehrerInnen:

- Die vorformulierten Ziele reduzieren den Spielraum für eine Beeinflussung des Leistungsbildes durch ein subjektives Lehrerurteil.
- Das Pensenbuch ist eine übersichtliche Grundlage für die Jahresplanung.
- Das Fehlen der Ziffernbeurteilung führte zum Verschwinden des Rivalisierens und der Hierarchien, welche aufgrund von Bewertungen durch Rangsymbole (Noten) entstehen: Der Wegfall der Noten macht für die Kinder den Blick frei für das, was sie und die anderen wirklich können. Der pädagogisch wertvolle und motivierende unmittelbare Leistungsvergleich durch das Kind selbst wird wirksamer.
- Das Pensenbuch ist eine fundierte Grundlage für Elterngespräche.

Die Frage, ob und wie weit diese Form der Leistungsbeurteilung von den Eltern angenommen wird, versuchten Studenten der Pädagogischen Akdademie des Bundes in Salzburg im Rahmen einer Hausarbeit zu klären. Die Ergebnisse dieser Arbeit werden im Abschnitt 4. Elternebene vorgestellt.

4. Elternebene

4.1 Eltern mit neuem Rollenverständnis

Im Vergeich zur Elternschaft, deren Kinder die Regelschule besuchen, lassen sich bei den Eltern aus den Versuchsklassen markante Unterschiede in der Auffassung von Schule feststellen. Eltern aus den Versuchsklassen verstehen die Schule vornehmlich als Dienstleistungseinrichtung und verbinden damit ihr Recht und ihre Pflicht, Art und Qualität mitzugestalten. Diese Einstellung äußert sich in vermehrter Teilnahme an Schulveranstaltungen, wie z. B. regelmäßige Elternabende, Schulfeste, Experten im Rahmen von Projekten, in der Durchsetzung von Ausstattungswünschen beim Schulerhalter, im Engagement für die Erhaltung des pädagogischen Modells in der Mittelstufe.

Diese intensive Form der Schulpartnerschaft erforderte Lernprozesse, sowohl auf Eltern- als auch auf Lehrerseite. Insbesondere waren in Konfliktfällen Kompetenzen, Einfluß- und Entscheidungsbereiche zu klären bzw. neu zu definieren.

Das gemeinsame Engagement von Eltern und Lehrern zeigte auch Wirkung über den unmittelbaren Bereich des Schulversuches hinaus. 1989 wurde der „Verein zur Förderung der Montessori-Pädagogik" gegründet, in den heute nahezu alle Initiativen zur Umsetzung und Verbreitung der Montessori-Pädagogik im Raum Salzburg eingebunden sind.

4.2 Einschätzung der für die Eltern relevanten Schulversuchsaspekte

Unter Pkt. 2.1.1. wurden die Ergebnisse einer Elternbefragung zur Wirkung des Montessori-Unterrichtes über die Grundschulzeit hinaus vorgestellt.

Eine Untersuchung zur Akzeptanz der anderen Form der Leistungsbeurteilung wurde im Rahmen einer Hausarbeit an der Pädagogischen Akademie durchgeführt.

Titel: Lernzielorientierte Leistungsbeurteilung im Rahmen der Montessori-Schulversuche in Salzburg

Verfasser: Gertraud Schattauer und Thomas Jelinek

Themensteller: Prof. Dr. Wilhelm Weinhäupl

Der Fragebogen und die detaillierte Auswertung können dem Anhang entnommen werden (s. Anhang 4).

Zusammenfassung der Ergebnisse:

Die Fragebögen wurden im Wintersemester 1991/92 an die Eltern der zweiten, dritten und vierten Klassen im Schulversuch an der Volksschule Liefering II und an die Eltern der ersten und zweiten Versuchsklasse an der Hauptschule Liefering verteilt. Insgesamt kamen 128 Fragebögen zur Verteilung. Der Rücklauf betrug mit 81 Fragebögen 63 %.

Folgende Stichworte stehen für die Motive der Eltern, ihre Kinder in diesen Schulversuch anzumelden:

- Kein Lernstreß, selbständiges Arbeiten, keine Schulangst, gute Lernmethode, Eigenverantwortlichkeit, kein Leistungsdruck durch Noten, freie Entfaltung, gute Hilfsmittel, Freude am Lernen auch ohne Noten, Zeit den Lernstoff wirklich zu begreifen, Teamarbeit, weniger Konkurrenz, angstfreies Lernen, Beachtung kindlicher Bedürfnisse, Erziehung zu einer kooperativen Einstellung, Berücksichtigung individueller Fähigkeiten, kindgerechte Leistungsbeurteilung, sich in der Schule wohl fühlen,...

- Für 14 % der Befragten war die Leistungsbeurteilung in Form des Pensenbuches der überragende Beweggrund, ihr Kind im Schulversuch anzumelden. Die andere Methode des Lernens und Unterrichtens hätten für diese Entscheidung nicht gereicht.

- Entgegen den selbstkritischen Erwartungen der Verfasser der Pensenbücher waren 75 % der Eltern der Meinung, daß die Pensenbücher verständlich formuliert seien.

- 82,5 % stellten fest, daß das Pensenbuch besser über die Leistungen des Kindes informiere als die herkömmlichen Ziffernnoten.

- 90 % stimmten der Feststellung mit Nachdruck zu, daß sie alle Lernziele lesen.

- Die Erwartung der LehrerInnen, daß der Vorschlag einer Kürzung des Pensenbuches hohe Zustimmung finden würde, wurde nicht erfüllt. Lediglich 7,8 % waren sehr der Meinung, daß ein gekürztes Pensenbuch gleich gut informieren würde.

- Das Bedürfnis nach Quantifizierung der Leistungen sollte mit der Frage, ob die Eltern die erreichten Lernziele zählten, festgestellt werden. 71,2 % verneinten diese Frage. Ebenso stellten 70,4 % fest, daß sie nicht das Bedürfnis hätten, die „Hakerl" in Noten umrechnen zu können.

- Die Akzeptanz dieser anderen Form der Leistungsbeurteilung im sozialen Umfeld konnte nur von einem Viertel bestätigt werden. 12,5 % waren der Meinung, daß Bekannte und Verwandte dafür kaum Verständnis zeigen, für 62,5 % trifft diese Feststellung teilweise zu.

- Nur 13,6 % der Kinder wünschen sich neben dem Pensenbuch auch eine herkömmliche Benotung.

- 45 % glauben, daß das Pensenbuch die Selbsteinschätzung ihres Kindes fördert.

- 82,3 % stimmten der Feststellung zu, daß ihr Kind auch ohne Noten Freude am Lernen entwickelt hat.

- Daß das Pensenbuch genau über die Leistungsschwächen des Kindes informiert, waren 79 % der Befragten der Meinung.

- Folgende Ergebnisse beziehen sich auf Meinungen von Eltern, deren Kinder neben dem Pensenbuch auch eine Ziffernbeurteilung erhalten (4. Schulstufe und HS).

- 51,2 % waren der Meinung, daß Noten Mißerfolge stärker erleben lassen.

- Lediglich 17 % der Eltern glauben, bei ihrem Kindern vor einer Schularbeit besondere Nervosität feststellen zu können.

- 40 % waren der Meinung, daß Noten mit ihrer Einführung auf der 4. Schulstufe einen besonderen Stellenwert bekommen.

- 82 % würden eine Leistungsbeurteilung mittels Pensenbuchs auch in weiterführenden Schulen begrüßen. 7,5 % sind nicht dieser Meinung.
- Für 68 % hat das Pensenbuch größere Bedeutung. 31,4 % messen dem Ziffernzeugnis größere Bedeutung bei.
- Der Feststellung, daß das Ziffernzeugnis allein über den Leistungsstand informiere, konnten nur 6 % zustimmen. Für 72,8 % trifft dies nicht zu.
- 65,6 % waren der Meinung, daß das Pensenbuch allein über den Leistungsstand ausreichend informieren würde. Für die gegenteilige Meinung gab es kein Votum.

Zusammenfassend kann festgestellt werden, daß diese Form der Beurteilung durch Pensenbücher wider den Erwartungen eine sehr hohe Akzeptanz bei den Eltern findet. Einschränkend muß bemerkt werden, daß diese Ergebnisse nicht repräsentativ gewertet werden dürfen, da die befragten Eltern sich freiwillig für dieses Modell entschieden haben, durch Veranstaltungen über die Problematik der Ziffernbeurteilung einen höheren Informationsstand aufweisen und daher mit Eltern aus Regelschulen nur bedingt vergleichbar sind.

5. Schulökologische Ebene

5.1 Ausstattung, Unterrichtsmaterialien

Für die Grundausstattung an Montessori-Materialien wurden zu Versuchsbeginn ca. ÖS 120.000,– vom BMUK zur Verfügung gestellt. Alle weiteren Anschaffungen und baulichen Maßnahmen (Verbindungstüren zwischen Klassen, Umgestaltung eines ungenützten Raumes), die durch die Aufstockung der Montessori-Klassen notwendig wurden, hat der Schulerhalter getragen.

Als Erfahrungswert kann gelten, daß sich die Kosten für eine Grundausstattung an selbstlehrenden Arbeitsmitteln für eine Klasse auf ca. ÖS 40.000,– belaufen. Die beiden folgenden Argumente lassen den scheinbar hohen Aufwand als gerechtfertigt erscheinen.
- Der Großteil der Materialien ist täglich in Verwendung. Herkömmliche Lehrmittel, deren Anschaffungskosten ebenfalls nicht gering sind, werden in der Regel nur kurz in der Klasse verwendet – meist als Anschauungs- und Demonstrationsmaterial. Teilt man die Anschaffungskosten durch die Dauer des unmittelbaren Einsatzes im Unterricht, so erscheinen die Ausgaben für Arbeitsmittel für die Hand des Kindes als wesentlich günstiger.
- Die Lebensdauer, insbes. der qualitativ sehr hochwertigen Montessori-Materialien, ist sehr hoch. Der Großteil der Erstanschaffung aus dem Jahre 1979 ist heute noch in den Versuchsklassen im Einsatz.

5.2 Aufnahme von Schülern, Klassenzusammensetzung

Die Schulleitung ist bestrebt, die Aufnahme von Schülern so zu gestalten, daß der Unterschied zu den Schülerpopulationen in den Regelklassen möglichst gering ist. Die Tendenz, daß wegen des „besonderen" Angebotes Schüler aus allen Stadtteilen die Versuchsklassen besuchen, konnte nach der vermehrten Öffentlichkeitsarbeit beobachtet werden. Um diesem, auch an anderen Schulen mit besonderem Status (z. B. Übungsvolksschulen) zu beobachtenden Effekt entgegenzuwirken, gelten für die Aufnahme folgende Regeln:
- Vorrang für Schüler aus dem Schulsprengel Liefering II
- Schüler, deren Geschwister schon den Schulversuch besuchen
- Schüler aus angrenzenden und anderen Schulsprengeln, so von der zuständigen Schulleitung die Zustimmung erteilt wird bzw. ein Austausch möglich ist.

Für das kommende Schuljahr zeigte die für den Standort Liefering II übliche Sprengelflucht eine stark abnehmende Tendenz. Diese Veränderung könnte auf die rege Aufklärungstätigkeit in den Kindergärten Laufenstraße und Staufeneggstraße zurückzuführen sein. In beiden Kindergärten werden die Gruppen nach der Montessori-Methode geführt.

6. Besondere Begleitmaßnahmen

6.1 Überregionale Zusammenarbeit, interne Fortbildung

Als Spezifikum in der Entwicklung und Verbreitung der Methode des individuellen Lernens ist die enge Kooperation der Versuchslehrer von Liefering mit der Familie Zobl in Krimml und Kollegin Gabi Deifel in Bruck zu nennen. Beide Standorte im Pinzgau realisieren die Montessori-Methode im Rahmen der geltenden Regelbestimmungen. Sie wirken über Fortbildungsangebote des Pädagogischen Institutes des Bundes in Salzburg als Multiplikatoren für die Gebirgsgaue. Ihre Funktion als Impulsgeber reicht jedoch über die Landesgrenzen hinaus. Besonders zu erwähnen sind die Kurs- und Hospitationskontakte mit den Pädagogischen Instituten in Kärnten und Tirol. Gemeinsam arbeiten die Kolleginnen aus dem Pinzgau und die KollegInnen aus Liefering II in Fortbildungsangeboten des Pädagogischen Institutes des Bundes in Salzburg. Die regelmäßigen Blockkurse in Strobl wurden schon an anderer Stelle erwähnt.

Die intensive Beanspruchung als Referenten in der Fortbildung erfordert ein hohes Maß an Eigenqualifikation. Der Hauptteil davon erfolgt auf Eigeninitiative. In den vergangenen Jahren wuchs das Bedürfnis nach gemeinsamen Fachrunden, in denen vor allem didaktische Probleme diskutiert werden. Im laufenden Schuljahr fanden neben den regelmäßigen pädagogischen Konferenzen der Versuchslehrer sechs solche Fachrunden abwechselnd in Bruck und in Salzburg statt.

6.2 Wissenschaftliche Begleitung

Der überwiegende Teil der Aufgaben der wissenschaftlichen Begleitung liegt in der Unterstützung der Versuchs- und Fortbildungsarbeit auf der Basis einer wissenschaftlichen Didaktik und der Humanwissenschaften und weniger in der vergleichenden Beobachtung und Dokumentation des Versuchsverlaufes.

Im besonderen sind folgende Aufgaben zu nennen:

– Ausarbeitung bzw. Weiterentwicklung des Versuchsmodells
– Koordination der Arbeiten am Pensenbuch
– Schülerbeobachtung und Arbeitsmittelerprobung in den Klassen (wöchentlich eine Freiarbeit)
– Pädagogische und didaktische Beratung von LehrerInnen
– Koordinationsgespräche mit der Direktion
– Referent bei Elternabenden
– Intervention bei Konflikten und in pädagogischen Krisensituationen
– Ausarbeitung von selbstlehrenden Arbeitsmitteln
– Betreuung von Hospitationen (ca. 8–10 pro Schuljahr)
– Referent und Gruppenbetreuung bei den einschlägigen Blockkursen
– Öffentlichkeitsarbeit
– Teilnahme an den regelmäßigen pädagogischen Konferenzen und didaktischen Gesprächsrunden

6.3 Reports, Berichte und Ergebnisdarstellungen

Abschließend noch ein Überblick über weitere Informationsquellen über die Arbeit im Schulversuch:

Selbsttätiges und individuelles Lernen in freien Arbeitsphasen, hrsg. v. H. Haberl, Veröffentlichung des Pädagogischen Institutes des Bundes in Salzburg, 1986.

A. Anning, Fallstudie an der Volksschule Liefering II Salzburg, Bericht an den Europarat August 1985 – CDCC-Projekt Nr. 8 – „Primary Education".

Film des ORF im Auftrag des Bundeministeriums für Unterricht und Kunst, Titel: Schüler lernen selbständig, Dauer: 25 Minuten

T. Hirschmann „Hilf mir, es selbst zu tun". Die Methode Maria Montessoris und ihr Einfluß auf das Postfrustrationsverhalten, Diplomarbeit zur Erlangung des Magistergrades an der Naturwissenschaftlichen Fakultät der Universität Salzburg, 1992.

Materialbank von Planungsergebnissen aus Fortbildungsveranstaltungen, zugänglich für KursteilnehmerInnen am Pädagogischen Institut des Bundes in Salzburg.

7. Schlußbemerkung

Abgesehen von der Akzeptanz, die der Schulversuch bei den Eltern hat, erscheint sein Fortbestehen wegen seiner hohen Impulswirkung für die Verbreitung der schülerorientierten Lernformen des VS-Lehrplanes als gerechtfertigt.

Verfasser des Berichtes:

Inge Strotzka – Leiterin der Volksschule Liefering II
Dr. Wilhelm Weinhäupl – wissenschaftlicher Begleiter

Beiträge von:

Dr. Herbert Haberl – Direktor des Pädagogischen Institutes des Bundes in Salzburg
Helmut Roth – Lehrer im Schulversuch

Anhang:

1 – Fragebogen: Wirkungen des Montessori-Unterrichts über die Grundschulzeit hinaus
2 – Beschreibung der Tätigkeiten, die von LehrerInnen im Schulversuch erfüllt werden müssen und das normale Ausmaß der dienstlichen Verpflichtungen überschreiten
3 – Pensenbuch Mathematik 2. Schulstufe
4 – Fragebogen bezüglich Akzeptanz der anderen Form der Leistungsbeurteilung bei Eltern. Entnommen aus: Hausarbeit an der Pädagogischen Akademie des Bundes in Salzburg „Lernzielorientierte Leistungsbeurteilung im Rahmen der Montessori-Schulversuche in Salzburg"
Verfasser: G. Schattauer, T. Jelinek – 1992

Quellen:

Fragebogen und Auswertung bezüglich Akzeptanz der anderen Form der Leistungsbeurteilung bei Eltern. Entnommen aus: Hausarbeit an der Pädagogischen Akademie des Bundes in Salzburg „Lernzielorientierte Leistungsbeurteilung im Rahmen der Montessori-Schulversuche in Salzburg"
Verfasser: G. Schattauer / T. Jelinek – 1992

A. Anning, Spontaneous and individual learning in free-choice periods (Montessori)
A case study of the project at the Volksschule Liefering II, Salzburg, submitted by Austria as their contribution towards CDCC-Project Nr. 8 „Primary Education" – August 1985. Verfügbar im Pädagogischen Institut des Bundes in Salzburg.

Anmerkungen

1   vgl. M. Montessori, Entdeckung des Kindes, Herder, Freiburg 1977, S. 245 ff., S. 276
2   vgl. H. Brügelmann, Kinder auf dem Weg zur Schrift, Konstanz 1983; G. Spitta, Von der Druckschrift zur Schreibschrift, Frankfurt a. M. 1988
3   vgl. W. Schneider, Möglichkeiten der frühen Vorhersage von Leseleistungen im Grundschulalter. In: Zeitschrift für Pädagogische Psychologie, 3. Jg., H. 2, 1989, S. 157ff.; vgl. die Salzburger Untersuchungen von H. Wimmer / T. Zwicker / D. Gugg, Schwierigkeiten beim Lesen und Schreiben in den ersten Schuljahren. In: Zeitschrift für Entwicklungspsychologie und Pädagogische Psychologie, Bd. XXIII, H. 4, 1991, S. 280 ff.
4   Entdeckung des Kindes, a.a.O., S. 266 f.
5   ebd., S. 116 ff.

LITERATURVERZEICHNIS

H. Holtstiege, Modell Montessori. Grundsätze und aktuelle Geltung der Montessori-Pädagogik, 4 Aufl., Herder, Freiburg 1986

Maria Montessori, Entdeckung des Kindes, 8. Aufl., Herder, Freiburg 1987

Mario Montessori, Erziehung zum Menschen. Montessori-Pädagogik heute, Fischer TB-Verlag, Frankfurt November 1989, Nr. 3069

Elternfragebogen über Schülerleistungen in weiterführenden Schulen

Liebe Eltern!
Ihr Kind hat vor einiger Zeit an der Volksschule Liefering II eine Schulversuchsklasse (Montessori-Klasse) besucht und ist in der Zwischenzeit schon mehr als ein Schuljahr in einer weiterführenden Schule gewesen. Es wäre für uns nützlich, wenn sie folgende Fragen beantworten. Die Auswertung erfolgt selbstverständlich anonym. Wir danken Ihnen schon im voraus für Ihre Bemühungen und Mithilfe!

1. Welche Schule besucht Ihr Kind derzeit? Hauptschule ☐
                                           AHS ☐
                                Sonderschule ☐

2. Für Hauptschule: welche Leistungsgruppe in Deutsch ☐
                                           Englisch ☐
                                           Mathematik ☐

3. Für AHS: welche Noten in Deutsch
                         Englisch
                         Mathematik

4. Mögliche Auswirkungen der Schulversuchszeit auf die Schulleistungen*)

sehr positiv	positiv	negativ	sehr negativ	ohne Auswirkungen

5. Mögliche Auswirkungen auf das Lernverhalten

	sehr selbständig	selbständig	unselbständig	sehr unselbständig	ohne Auswirkungen
beim Lernen zu Hause					
bei der Hausübung					
bei der Zeiteinteilung zu Hause					

*) Zutreffendes Feld ankreuzen

6. Mögliche Auswirkungen auf das Verhalten innerhalb der Klassengemeinschaft

sehr positiv	positiv	negativ	sehr negativ	ohne Auswirkungen

7. Ist Ihr Kind Klassensprecher oder Klassensprecher-Stellvertreter? ja/nein

8. Mögliche Auswirkungen im Verhalten gegenüber Lehrern

sehr selbst-bewußt	selbstbewußt und sicher	ängstlich	sehr ängstlich und unsicher	ohne Auswirkungen

9. Mögliche Auswirkungen auf die Entfaltung von Interessen (Hobbys)

sehr positiv	positiv	negativ	sehr negativ	ohne Auswirkungen

10. Mögliche Auswirkungen auf die Gestaltung der Freizeit (selbständig und einfallsreich)

sehr positiv	positiv	negativ	sehr negativ	ohne Auswirkungen

11. Gab es nach dem Schulübertritt besondere Umstellungsschwierigkeiten? ja/nein
Wenn ja, kurze Beschreibung der Schwierigkeiten:........................
....
....

12. Bitte geben Sie uns möglichst viele zusätzliche Informationen über Ihre Erfahrungen mit dem Montessori-Schulversuch, und zwar aus Ihrer Sicht von heute (sollte der Platz auf dieser Seite nicht ausreichen, legen Sie bitte Blätter bei):

ANHANG 2

Beschreibung der Tätigkeiten, die von den Lehrern im Schulversuch erfüllt werden müssen und das normale Ausmaß der dienstlichen Verpflichtungen überschreiten:

1. Für die Gestaltung freier Arbeitsphasen ist die Anschaffung und vor allem Neuerstellung verschiedener Unterrichtsmaterialien (z. B. Arbeitsprogramme, Aufgaben- und Arbeitskarten mit konkreten Aufträgen und Möglichkeit der Selbstkontrolle u. ä. m.) erforderlich, wozu nicht nur ein erhöhter Zeitaufwand anfällt, sondern nicht selten auch Unkosten entstehen, die nicht vergütet werden können.

2. Freie Arbeitsphasen sind dadurch gekennzeichnet, daß Schüler die Beschäftigung aus einem Angebot auswählen und damit ihren Lernbedürfnissen besser nachkommen können. Die Schaffung dieser Lernvoraussetzungen bedeutet eine wesentliche Umgestaltung der Vorbereitungszeit des Lehrers.

3. Um den Überblick über die Lernarbeit einzelner Schüler nicht zu verlieren, ist eine laufende Protokollierung der Schüleraktivitäten und eine vermehrte Nachbereitung und Reflexion über den Unterrichts-alltag erforderlich.

4. Durch die starke innere Differenzierung der Lernarbeit, bei der die vielfältigsten Produkte und Ergebnisse entstehen, ist eine vermehrte individuelle Korrekturarbeit notwendig.

5. Im Schulversuch sind lernzielorientierte Zeugnisse vorgesehen. Die Unterlagen dafür waren auszuarbeiten. Die Eintragungen sind aufgrund des aktuellen Leistungsstandes der Schüler vorzunehmen.

6. Damit die Montessori-Materialien optimal genützt werden (wegen der hohen Kosten konnten in der Regel nur Einzelanschaffungen gemacht werden) sowie zur Planung schulstufenübergreifender Aktivitäten (z. B. Projekte) sind laufend Besprechungen mit den anderen Kollegen des Schulversuches notwendig (ca. 2 Stunden wöchentlich).

7. Ein wichtiger Bestandteil des Schulversuches ist die intensive Zusammenarbeit mit den Eltern und die laufende Information über die Besonderheiten der unterrichtlichen Gestaltung im Schulversuch. In jeder Klasse wird daher in der Regel ein Elternabend pro Monat angesetzt; darüber hinaus kommt es zu vermehrten Einzelkontakten, schon allein deswegen, weil das Versuchszeugnis zu zusätzlichen Aussprachen mit dem Klassenlehrer anregt.

8. Zur Weiterentwicklung des Projektes ist eine ständige Auseinandersetzung mit Fachliteratur und eine intensive Fortbildung, die über das normale Ausmaß hinausgeht, erforderlich.

9. Eine wesentliche Aufgabenstellung des Schulversuches ist die Einbindung in die Lehrerfortbildung. Hospitationen und Nachbesprechungen, die nicht durch Honorare des Pädagogischen Institutes vergütet werden, bedeuten eine Mehrbelastung der Lehrer.

Auszug aus dem Pensenbuch für die 2. Schulstufe (Volksschule Liefe-ring II) im Unterrichtsgegenstand MATHEMATIK

Hinweise zu den Eintragungen im Beurteilungsheft:
Lehrstoff, der von den Schülern sicher beherrscht wird, wird abgehakt. Lehrstoff, der im ersten Semester noch nicht durchgenommen wurde, wird mit einem waagrechten Strich gekennzeichnet.

MATHEMATIK

1. Mengenverständnis

	I. Sem.		II. Sem.	
	m.M.	o.M.	m.M.	o.M.[1]
Kann Mengen nach Merkmalen bilden und benennen	✓	✓	✓	✓
Kann einfache Relationen erfassen	✓	✓	✓	✓
Kann Schnittmengen bilden	✓	✓	✓	✓
Kann Mengendiagramm lesen	✓	✓	✓	✓

2. Zahlenverständnis

Kennt gerade und ungerade Zahlen	✓	✓	✓	✓
Kann Mengen von 1–100 bilden und benennen				
Kann Mengen von 1–100 in Teilmengen gliedern (Zehnermengen)	✓	✓	✓	✓
Kennt die Zahlen von 1–100 und kann sie schreiben	✓	✓	✓	✓
Kann Orientierungsübungen im Zahlenraum bis 100 durchführen	✓ ✓	✓ ✓	✓ ✓	✓ ✓
Kann Gesetzmäßigkeiten von Zahlenreihen erkennen	✓	✓	✓	✓
Kennt die Kategorien E Z H T [2]	—	—	—	—

---

1 m.M.: mit Materialien o.M.: ohne Materialien
2 Dieser Lernbereich geht über die Lehrplanforderung hinaus.

3. Grundrechnungsarten

	I. Sem.		II. Sem.	
	m.M.	o.M.	m.M.	o.M.[1]
Kann Additionen im Zahlenraum 1–100 ohne Zehnerübergang	✓	✓	✓	✓
Kann Additionen im Zahlenraum 1–100 mit Zehnerübergang	✓	/	✓	✓
Kann Subtraktionen im Zahlenraum 1–100 ohne Zehnerübergang	✓	✓	✓	✓
Kann Subtraktionen im Zahlenraum 1–100 mit Zehnerübergang	✓	/	✓	✓
Kann Additionen von zweistelligen Zahlen im Zahlenraum 1–100	—	—	✓	/
Kann Subtraktionen von zweistelligen Zahlen im Zahlenraum 1–100	—	—	✓	/
Kann die Malreihen von 10	✓	✓	✓	✓
5	✓	/	✓	✓
2	✓	✓	✓	✓
4	✓	/	✓	✓
3	✓	/	✓	✓
6	✓	—	✓	/
Kann Messen ohne Rest als Umkehraufgaben der Malreihen von 10	✓	✓	✓	✓
5	✓	/	✓	✓
2	✓	✓	✓	✓
4	✓	/	✓	✓
3	✓	/	✓	✓
6	✓	—	✓	/
Kann Teilen ohne Rest im Rahmen der gelernten Malreihen	✓	/	✓	/

1 m.M.: mit Materialien   o.M.: ohne Materialen

4. Maße

	I. Sem. m.M.	I. Sem. o.M.	II. Sem. m.M.	II. Sem. o.M.[1]
Kennt die Maßbeziehungen 1:100 S – g	✓	✓	✓	✓
kg – dag	✓	╱	✓	✓
m – cm	✓	✓	✓	✓
Kennt die Zeitmaße	✓	✓	✓	✓
Kennt die Zählmaße	✓	✓	✓	✓
Kann Strecken messen	✓	✓	✓	✓

5. Geometrie

	m.M.	o.M.	m.M.	o.M.
Kann einfache Raumbeziehungen erfassen	✓	✓	✓	✓
Kennt Flächen und kann sie vergleichen	✓	✓	✓	✓
Kennt Körper und kann sie vergleichen	✓	✓	✓	✓
Erkennt Symmetrie	✓	✓	✓	✓

6. Textaufgaben

	m.M.	o.M.	m.M.	o.M.
Kann Textaufgaben mit einem Rechenschritt lösen	✓	✓	✓	✓
Kann Textaufgaben mit 2 Rechenschritten lösen	—	—	╱	╱

1 m.M.: mit Materialien   o.M.: ohne Materialien

Elternfragebogen zum Pensenbuch

Auszug aus der Hausarbeit: Lernzielorientierte Leistungsbeurteilung im Rahmen der Montessori-Schulversuche – Pädagogische Akademie des Bundes in Salzburg/Wintersemester 1991/92
Bitte kreuzen Sie auf der Bewertungsskala an, ob für die folgenden Aussagen **sehr**, **mittel** oder **nicht** zutreffen

Mein Kind ist	männlich	o
	weiblich	o
Anzahl der Kinder in Montessoriklassen		
	ein Kind	o
	zwei Kinder	o
	drei Kinder	o
Davon in der Volksschule		
	ein Kind	o
	zwei Kinder	o
	drei Kinder	o
Davon in der Hauptschule		
	ein Kind	o
	zwei Kinder	o
	drei Kinder	o

A. *ALLGEMEIN*

1. Warum haben Sie sich entschieden, Ihr Kind in eine "Montessori-Versuchsklasse" gehen zu lassen (Kurze Erklärung bitte)

	Diese Aussage trifft		
2. Würden in den Montessori-klassen herkömmliche Noten gegeben, so hätte ich mein Kind hier nicht angemeldet.	sehr(1)	mittel (2)	nicht(3) zu
	o	o	o

B. *PENSENBUCH*

	sehr	mittel	nicht
3. Das Pensenbuch ist verständlich formuliert	o	o	o
4. Das Pensenbuch informiert uns besser über die Leistungen unseres Kindes als die herkömmlichen Ziffernnoten	o	o	o

5. Es ist nötig, daß der/die LehrerIn das Pensenbuch an einem Elternabend erklärt ○ ○ ○

6. Ich lese alle Lernziele im Pensenbuch ○ ○ ○

7. Ich lese jene Lernziele, die mein Kind nicht erreicht hat ○ ○ ○

8. Ich lese die Lernziele, der „wichtigsten" Fächer ○ ○ ○

9. Ein gekürztes Pensenbuch würde mich sicher gleich gut informieren ○ ○ ○

10. Ich zähle die Lernziele, die mein Kind pro Fach erreicht hat ○ ○ ○

11. Ich bespreche das Pensenbuch mit meinem Kind ○ ○ ○

12. Mein Kind vergleicht sein Pensenbuch mit Mitschülern ○ ○ ○

13. Ich vergleiche mein Kind mit Kindern, die aus einer anderen Schule mit herkömmlicher Benotung kommen ○ ○ ○

14. Manchmal würde ich gerne die „Hakerl" in Noten umrechnen können ○ ○ ○

15. Bekannte und Verwandte zeigen kaum Verständnis für diese andere Art der Benotung ○ ○ ○

16. Mein Kind wünscht sich manchmal neben dem Pensenbuch auch eine herkömmliche Benotung ○ ○ ○

17. Unser Kind zeigt mehr Interesse
    an seinen Leistungen als an
    Beurteilungen dieser durch
    andere Personen   o   o   o

18. Das Pensenbuch fördert die Selbst-
    einschätzung unseres Kindes   o   o   o

19. Unser Kind zeigt auch ohne
    Noten Freude am Lernen   o   o   o

20. Das Pensenbuch informiert uns
    genau über Leistungsschwächen
    unseres Kindes   c   o   o

21. Das Pensenbuch informiert uns
    genau über Leistungsstärken
    unseres Kindes   o   o   o

22. Wir haben den Eindruck, daß
    der Lehrer/die Lehrerin unser
    Kind genau kennt   o   o   o

23. Über die Lernfortschritte unseres
    Kindes können wir uns im
    Pensenbuch gut informieren   o   o   o

Nur von Eltern auszufüllen, deren Kind in die 4. Klasse an der Volksschule Liefering II geht bzw. diese besucht hat

---

Wie reagierte Ihr Kind, als in der 4. Klasse Volksschule zum ersten Mal
im herkömmlichen Sinn benotet wurde? (Antwort bitte ausformulie-
ren.)

---

24. Die Kinder vergleichen sich seit
    der zusätzlichen Notenbeurteilung
    mehr als vorher   o   o   o

25. Die Mißerfolge werden stärker
    erlebt als ohne Notenbewertung   o   o   o

26. Mein Kind ist bei Schularbeiten
besonders nervös   O   O   O

27. Noten bekommen einen be-
sonderen Stellenwert   O   O   O

28. Ich würde das Pensenbuch
auch in weiterführenden Schulen
begrüßen   O   O   O

29. Mein Kind möchte auch in einer
weiterführenden Schule mit einem
Pensenbuch beurteilt werden.   O   O   O

Nur von Eltern zu beantworten, deren Kind in die Hauptschule (Montessoriklasse) geht.

---

30. Welche Leistungsinformation hat zu Semester- und Jahresschluß
für Sie größere Bedeutung?
Pensenbuch   O   Zeugnis   O

31. Ich zeige das Zeugnis meinem
Kind   O   O   O

32. Das Ziffernzeugnis allein informiert
uns ausreichend über den Leistungs-
stand unseres Kindes   O   O   O

33. Das Pensenbuch allein informiert
uns ausreichend über den
Leistungsstand unseres Kindes   O   O   O

Wir danken Ihnen recht herzlich für die ehrliche Beantwortung des Fragebogens, Sie haben uns damit sehr geholfen.

226

Wilhelm Weinhäupl

Montessori-Pädagogik in der Hauptschule

Bericht über den Schulversuch „Selbsttätiges und individuelles Lernen in freien Arbeitsphasen" an der Hauptschule Liefering in Salzburg

1. Rahmenbedingungen

1.1 Zielsetzung des Schulversuchs

Wesentlicher Impuls für die Einrichtung dieses Schulversuches war der Wunsch vieler Eltern, deren Kinder den Versuch „Selbsttätiges und individuelles Lernen in freien Arbeitsphasen" an der Volksschule Liefering II besuchten, dieses Modell an der Mittelstufe weiterzuführen.

Im Rahmen des Versuchskonzepts wird versucht, folgende Ziele zu verwirklichen:
- Anhebung der Qualität des Lernens und Verbesserung der erziehlichen Möglichkeiten durch differenzierten Unterricht anstatt einer differenzierenden Organisation
- Förderung der Selbständigkeit und Eigenverantwortlichkeit
- Hinführung zur Studierfähigkeit durch das Vertrautwerden mit der Organisation von Lernprozessen
- Stabilisierung der sozialen Beziehungen durch geringe Fluktuation der Bezugspersonen und -gruppen
- Verringerung der Disziplinprobleme

Mittel zur Erreichung dieser Ziele:
- Verlagerung eines Teils der Unterrichtsstunden der Fächer Deutsch, Mathematik, Englisch (D, M, E) und der Realien in Freie Arbeitsphasen (siehe Stundentafel)
- Ersatz des Leistungsgruppenunterrichts durch Individualisierung des Lernangebotes
- Einsatz von zwei LehrerInnen in mehr als zwei Drittel der Freiarbeit
- Führung des gebundenen Unterrichts in D, M und E in Halbgruppen
- Einsatz der LehrerInnen aus D, M und E mit einem möglichst hohen Anteil ihrer Lehrverpflichtung in einer Klasse
- Entwicklung von Lernangeboten für individuelles Lernen

- Änderung der Leistungsbeurteilung: Lernzielorientierte Rückmeldung (Pensenbuch), direkte Leistungsvorlage, Ziffernnoten nur zu Semester und Jahresende
- Verringerung der Stundentafel um zwei Wochenstunden

Als übergeordnete Ziele werden in der Versuchsbeschreibung zweierlei angesprochen: „…einerseits Entscheidungshilfen für allfällige spätere bildungspolitische Gesetzesänderungen bereitzustellen; andererseits für die Lehrerfortbildung Impulse zu setzen. Durch entsprechende Maßnahmen sollen alle auf das Regelschulwesen übertragbaren methodischdidaktischen Modelle, Materialien sowie pädagogische Erfahrungen an andere Lehrer weitergegeben werden, um damit einen Beitrag zur Weiterentwicklung der Hauptschule zu liefern."

1.2 Stundentafeln für die 5. bis 7. Schulstufe

Wochenstundentafel (nur für Gegenstände mit Freiarbeit)
Fünfte Schulstufe (Modifikation für das 2. Versuchsjahr)

Wochenstunden gem. Lehrplan		gebundener Unterricht[1]		fachorientierte Freiarbeit (FA)[3]		FA für Schüler	FA für Lehrer (gerundet)
D	5 =	2	+	1	+	2	3
E	5 =	3	+	1	+	1	2 ⟩ + 1[4]
M	5 =	2	+	1	+	2	3
GW	2 =	1	+	–	+	1	2
BU	3 =	1	+	–	+	2	3
Summe 20 =		9	+	3[2]	+ 8[2]		14[5]

Erläuterungen:

1 Im gebundenen Unterricht für D, E und M ist die Klasse in Halbgruppen geteilt.

2 8 Stunden der FA für Schüler werden auf 7 reduziert; dazu kommen 3 Stunden fachorientierter FA, was ein Gesamtausmaß von 10 Wochenstunden FA (= 2 pro Tag) für die Schüler ergibt.

3 Während der fachorientierten Freiarbeit (D, E u. M je eine Unterrichtseinheit) ist die selbsttätige Arbeit der Schüler an das jeweilige Fach gebunden. Diese Freiarbeit wird vom jeweiligen Fachlehrer/in betreut. In den verbleibenden sieben Freiarbeitsstunden werden die Schüler von jeweils zwei Lehrer/innen betreut (14 L-WStd.) Zusammen ergeben sich daraus 17 L-WStd. für die Freiarbeit. Diese Modifikation zum Einreichmodell des Vorjahres ermöglicht die Einsparung einer Lehrerwochenstunde.

4 1 Lehrer-Wochenstunde der FA wird in der Lehrerkonferenz einem/r Lehrer/in unter Berücksichtigung der Fachkombination zugeteilt. Im Regelfall wird diese Unterrichtseinheit dem Klassenvorstand zugesprochen werden.

228

5 Die Unschärfen, die sich aus den Rundungen ergeben, können in der Praxis durch die Fächerkombination oder durch die Vergabe einer frei zuteilbaren Stunde ausgeglichen werden.

Stundenplan fiktiv 5. Schulstufe

	Montag	Dienstag	Mittwoch	Donnerst	Freitag	Samstag
1	R	FA	FA	FA	FA	
2	ME	FA	FA	FA	FA	
3	E1/M2	D1/M1	E1/M2	GW	E1/D2	
4	E2/M1	BU	E2/D1	R	E2/D1	
5	FA	LÜ		BE	ME	
6	FA	LÜ		BE		
7			WE			
8			WE			
9			LÜ			
10						
11						

Sechste Schulstufe

Wochenstunden gem. Lehrplan			gebundener Unterricht[1]		fachorientierte Freiarbeit (FA)[3]		FA für Schüler	FA für Lehrer (gerundet)
D	5	=	2	+	1	+	2	3
E	4	=	2	+	1	+	1	2
M	4	=	2	+	1	+	1	2
GS	3	=	1	+	–	+	2	3
GW	2	=	1	+	–	+	1	2
BU	2	=	1	+	–	+	1	2
PC	2	=	1	+	–	+	1	2
Summe 22		=	9	+	3[2]	+	9[2]	16[4]

Erläuterungen:

1 Im gebundenen Unterricht für D, E und M ist die Klasse in Halbgruppen geteilt

2 9 Stunden der FA für Schüler werden auf 8 reduziert; dazu kommen 3 Stunden fachorientierter FA, was ein Gesamtausmaß von 11 Wochenstunden FA für die Schüler ergibt

3 In der fachorientierten FA – je 1 Unterrichtseinheit in D, E und M – ist eine Fachlehrkraft alleine in der Klasse. In der übrigen FA (16 Wochenstunden) sind jeweils 2 Lehrer/innen eingesetzt. Somit ergeben sich 19 Lehrerwochenstunden in der FA.
(Siehe auch Erläuterungen zur 5. Schulstufe, Punkt 3)

4 Die Unschärfen, die sich aus den Rundungen ergeben, können in der Praxis durch die Fächerkombination oder durch die Vergabe einer frei zuteilbaren Stunde ausgeglichen werden.

7. Schulstufe

	LPL	geb. U.	fachgeb. FA	FA/Sch.	FA/Lehrer Basis 16 Std.	FA/Lehrer gerundet
D	4	1*	1	2 = 22 %	3,5	3
E	3	2*		1	1,8	2
GS	2	1		1	1,8	2
GW	2	1		1	1,8	2
M	4	1*	1	2	3,5	3
BU	2	1		1	1,8	2
PC	2	1		1	1,8	2
	19	8	2	9	16	16

reduziert auf
8 Einheiten = 16 Einheiten/Lehrer

Der Förderunterricht entfällt aufgrund des intensiveren Einsatzes der LehrerInnen in Freiarbeit und gebundenem Unterricht.

Mehrbedarf an Lehrerstunden:

Würden an einer Schule drei Klassen parallel nach diesem Modell geführt, so ergäbe sich pro Klasse ein Mehrbedarf von ca. 7 Lehrerwochenstunden. Im konkreten Fall an der Hauptschule Liefering wird neben den Modellklassen in den Parallelklassen in Leistungsgruppen unterrichtet, daraus erhöht sich der Mehrbedarf auf ca. 10 Lehrerwochenstunden.

(Die genaue Aufschlüsselung kann der Versuchsbeschreibung entnommen werden.)

Die Stundentafel für die 8. Schulstufe wurde im Wintersemester 92/93 ausgearbeitet und von der Konferenz der Versuchslehrer beschlossen. Bei der Diskussion der Stundentafeln für die 6. und 7. Schulstufe zeigte sich bei der Frage, ob Freiarbeit oder gebundener Unterricht mehr zu gewichten sei, eine starke Präferenz zugunsten der Freiarbeit.

Die nunmehr zweijährige Erfahrung bestätigt die pädagogische Sinnhaftigkeit der Veränderung des Grundkonzeptes durch den Unterausschuß des Kollegiums des Landesschulrates. In der Einreichfassung war für die gebundenen Stunden der Fächer D, M und E ein Assistenzlehrersystem vorgesehen. Diese Assistenzlehrer wären nur wenige Wochenstunden in diesen Klassen zum Einsatz gekommen. Dem Prinzip der Konzentration der pädagogischen Verantwortung auf wenige Personen kommt die jetzt praktizierte Führung des gebundenen Unterrichts in Halbgruppen wesentlich näher.

2. Die Freiarbeit

2.1 Freiheit und Lenkung

Das wesensbestimmende Element des Versuches ist die Freiarbeit. Sie muß einen inhaltlichen und organisatorischen Rahmen bieten, in dem
- die Jugendlichen ihre individuelle Selbständigkeit entwickeln, sie lernen, soziale Verantwortung zu übernehmen,
- den SchülerInnen – mindestens im Ausmaß wie im herkömmlichen Unterricht – Kenntnisse, Einsichten und Fertigkeiten vermittelt werden.

Bei der Frage, wie nun diese Freiarbeit zu gestalten sei, zeigte sich eine Polarität in den Auffassungen, wie sie Weinert schon 1974 beschrieb.

„Glauben die einen, daß man schon dann von Individualisierung des Unterrichts sprechen darf, wenn das Lehrangebot von den Lernvoraussetzungen der einzelnen Schüler ausgeht, auf die unterschiedlichen Lerngeschwindigkeiten Rücksicht nimmt und damit die Kinder in der ihnen gemäßen Weise zu bestimmten Lernzielen führt, so fordern die anderen, daß dieser Begriff nur verwendet werden sollte, wenn der Unterricht den einzelnen Schülern ein großes Maß an Selbstbestimmung bei der Auswahl der Lernziele und bei der Organisation der Lernprozesse einräumt. Während manche die programmierte Unterweisung für eine typische Form individualisierter Instruktion halten, bemängeln andere gerade an diesem Lehrverfahren die geringen Möglichkeiten individueller Gestaltung des Lernens."[1]

In den vergangenen zwei Jahren hat sich gezeigt, daß in einem so vielgestaltigen Geschehen, wie Unterricht es ist, diese beiden scheinbaren Gegensätze im Sinne der oben genannten Ziele sich sinnvoll ergänzen.

Da für die Freiarbeit der Lehrplan mit seinen inhaltlichen Forderungen seine Gültigkeit hat und auch die vorgeschriebenen Schularbeiten absolviert werden müssen, hat es sich als sinnvoll erwiesen, für die grundlegenden Bereiche der Fächer Mathematik, Englisch und Deutsch individualisierende Lehrgänge zu entwickeln. Zusätzlich finden die SchülerInnen ein vielfältiges Angebot an Übungsmaterialien (Lehrbücher, Arbeitsblätter, käuflich erworbene didaktische Materialien etc.). Dienen diese Lehrgänge der Erreichung klar definierter inhaltlicher Ziele (z. B.: Analyse des Wortbaues zur Verbesserung der Rechtschreibung, richtige Verwendung von Adverb und Adjektiv im Englischen, Einsichten in die Division mit Brüchen), so bilden die fachspezifischen und fachübergreifenden Projekte die Möglichkeit für selbstgesteuertes und selbstbestimmtes Lernen. Besonders in projektorientierten Lernangeboten erleben die SchülerInnen, wie sie die in vorstrukturierten Lernsequenzen (Lehrgängen) erworbenen Arbeitstechniken und Lösungsstrategien sinnvoll nutzen können.

Beide Angebote, Projekte und Lehrgänge, dienen dem übergeordneten formalen Ziel, in bewußter Form das Lernen zu lernen.

Eine Bestätigung der bisherigen Entwicklung findet sich bei Weinert im oben erwähnten Aufsatz. „Ich sagte bereits, daß diese extremen Standpunkte meiner Meinung nach weder theoretisch noch praktisch begründet sind. Unterricht sollte immer und auf jeder Altersstufe Möglichkeiten der Selbstorganisation des Lernens durch die Schüler enthalten; Unterricht sollte aber auch immer und auf jeder Altersstufe effektiv vorgeplante Lehrprogramme anbieten." Diese müssen, so schränkt er weiter ein, die SchülerInnen allmählich mit der Organisation von Lernprozessen und mit den eigenen Lernmöglichkeiten vertraut machen.

Ähnlich argumentierte 1990 Daan Lockhorst, Leiter einer Montessorischule (Mittelstufe) in Holland bei einem Vortrag in Salzburg. Nachdem er die besondere sozialerzieherische Funktion des Projektunterrichts beschrieben hatte, führte er aus:

„Wenn ich beurteilen muß, ob eine Schule eine Montessori-Schule ist, ist die erste Frage, die ich mir stelle: ‚Welche Wahlmöglichkeiten haben die Schüler?'

In diesem Zusammenhang muß ich unmittelbar ein mögliches Mißverständnis klären. Eine Montessori-Schule gibt den Schülern nur sehr wenig inhaltliche Wahl. Die Schüler können nicht wählen, was sie lernen wollen. Es gibt ein Programm, und das ist genau vorgeschrieben.

Entwicklung der Jugendlichen bedeutet auch die Einführung in die Kultur, in welcher sie geboren sind. Es gibt kein Detail, das nicht zu einer Totalität gehört. Jeder Mensch, obwohl einmalig, gehört zur Gesellschaft der Menschheit. Aufwachsen in der Kultur schafft Verpflichtungen, zum Beispiel die Verpflichtung, gründlich die Kultur zu studieren. Der Inhalt des Lernprogramms wird in der Montessorischule erstens bestimmt von der Kultur und nicht von der persönlichen Laune des Schülers. Die Idee, daß unsere Schüler lernen dürfen, was sie wollen, ist ein grundlegendes Mißverständnis, ein Vorurteil, das man leider noch immer hört. Selbstverständlich geben wir unseren Schülern innerhalb des Rahmens der Kultur soviel Freiheit wie möglich, aber nur innerhalb dieses Rahmens. Das soll man gut verstehen.

Viel mehr Wahlmöglichkeiten gibt die Form des Unterrichts. Wenn die Totalität der Aufträge einmal deutlich festliegt, dürfen die Schüler selbst wählen, wie sie arbeiten, wann und wo sie arbeiten, mit wem sie arbeiten und wen sie um Hilfe fragen."[2]

2.2 Gestaltung der Freiarbeit

Für die konkrete Gestaltung der Freiarbeit im Schulversuch ergaben sich folgende Aufgaben:

- Übertragung der Lehrinhalte und ihre didaktische und methodische Aufbereitung auf eine vorbereitete Umgebung
- Übertragung der Verantwortung für den Lernfortschritt in die persönliche Verantwortung jedes Schülers/jeder Schülerin
- Vermittlung eines brauchbaren Überblicks über die bearbeitenden Bereiche
- Schaffung von Freiräumen für selbstgesteuertes Lernen

In der ersten Aufbauphase des Schulversuches konzentriert sich der überwiegende Teil der Arbeitskapazitäten auf die Planung der Lernangebote für die „vorbereitete Umgebung". Allein 7 bis 8 Planungstage, ohne Ausfertigung der Materialien, pro Hauptfach und Semester gingen dafür auf. Nach dem Vorbild von Montessoriklassen wurden im Klassenraum Zonen für die Fächer D, M, E und die Realien geschaffen. Dort finden sich in offenen Kästen und Regalen die (noch näher zu beschreibenden) Lehrgänge, Informations- und Übungsmaterial und Angebote zu laufenden Projekten.

Um den SchülerInnen den Überblick zu ermöglichen und um ihnen die eigenverantwortliche Organisation des Lernens zu erleichtern, erhalten sie zu Beginn eines Unterrichtsabschnittes(4–8 Wochen) in jedem Hauptfach eine Lernzielvorausschau. Darauf sind die zu erreichenden Ziele erklärt und die konkreten Aufträge genannt, die verbindlich zu bearbeiten sind. In den Realien erhalten sie ähnliche Anweisungen, die für eine bestimmte Zeit ein Pflichtpensum vorgeben.

Beim Schüler liegt es dann, die bestehenden Angebote zu nutzen, die Arbeiten zeitlich zu verteilen, Freiräume für interessensorientiertes Lernen zu füllen.

Die Praxis der ersten beiden Jahre zeigte, daß es diese Organisationsform möglich machte, die Steuerung von Lernprozessen von der unmittelbaren Anwesenheit des/der Lehrers/Lehrerin abzukoppeln. Die SchülerInnen lernten auch an Aufgaben zu arbeiten, wenn die betreffende Fachlehrkraft nicht anwesend war. (Es sind ja immer nur höchstens 2 LehrerInnen während der Freiarbeitsstunden im Einsatz.) Andererseits verstanden sie es bald, die Arbeiten so aufzuteilen, daß sie die betreffenden LehrerInnen zu Rate ziehen konnten. Die Anwesenheit von zwei Lehrpersonen während mehr als zwei Drittel der Freiarbeitszeit erleichterte wesentlich die individuelle Betreuungstätigkeit.

Wöchentlich ist in den Fächern D, M und E im Rahmen der Freiarbeit eine Einheit vorgesehen, während der nur der/die jeweilige FachlehrerIn anwesend ist. In dieser fachorientierten Freiarbeit sollten sich die Aktivitäten der SchülerInnen an diesem Fach orientieren. Mit der Einführung dieser fachorientierten Freiarbeit wurde zweierlei bezweckt: Zum einen konnte den Sparwünschen der Schulbehörde entgegengekommen werden (Einsparung: 3 Lehrerwochenstunden), zum anderen ist sichergestellt, daß jeder/e SchülerIn einmal pro Woche in jedem dieser Fächer während der Freiarbeit arbeitet.

Probleme und bisher erfolgreiche Lösungsansätze

– Probleme:
  Der hohe Anspruch, alle Lehrplanziele gewissenhaft im Unterricht auch anzubieten, hatte zur Folge, daß die SchülerInnen in der jeweiligen Lernzielvorausschau mit der gesamten Fülle der Lehrplanforderungen konfrontiert wurden.
  Die Verlagerung des Problems der Stoffreduktion und der inhaltlichen Konzentration auf die SchülerInnenebene bewirkte eine Verschlechterung der Lernmotivation. Die Schüler konnten die vorgegebenen Pensen nicht erfüllen, Freiräume für projektorientiertes Arbeiten waren nicht vorhanden bzw. waren stark eingeschränkt.

– Lösungen:
  * Reduktion der verpflichtenden Arbeitsaufträge auf die strukturellen Grundlagen eines jeden Faches; Entlastung durch die Herausnahme von Übungsangeboten, die nicht unmittelbar auf dieses Konzept abgestimmt sind (großteils Arbeitsblätter, die aus verschiedenen Materialbanken übernommen wurden)
  * Nutzung der Möglichkeit, im Sinne der Definition der österreichischen Lehrpläne als Rahmenlehrpläne Schwerpunkte auszuwählen – insbesondere in den Realien
  * Abstimmung des Umfanges des Arbeitsangebotes zwischen den einzelnen Fächern; gleichmäßige Verteilung bzw. temporäre Schwerpunktsetzungen
  * Bewußte Forcierung des projektorientierten Unterrichts, dabei lassen sich drei organisatorische Varianten im Rahmen dieses Modells verwirklichen, ohne den Schulbetrieb über die Klasse hinaus zu belasten:
    a) Wenige SchülerInnen interessieren sich für ein Thema (fachorientiert oder fachübergreifend) und bearbeiten dieses während der Freiarbeit;
       verschiedene Themen aus verschiedenen Fächern werden nebeneinander bearbeitet
    b) Die gesamte Klasse hat ein Projektthema gewählt; Bearbeitung geschieht in Gruppen während der Freiarbeit
       Die Varianten a) und b) schaffen für die LehrerInnen außerhalb des Unterrichtes keine zusätzlichen Belastungen
    c) Projektwoche:
       Der Regelunterricht wird ausgesetzt; möglichst viele Fachbe-

reiche beschäftigen sich mit einem Thema. Auch diese sehr anspruchsvolle Form belastet die Organisation des Schulbetriebes wesentlich geringer, da sich die Mehrzahl der Fächer in der betroffenen Klasse auf wenige LehrerInnen verteilt.

2.3 Freiarbeit und gebundener Unterricht

Die Aufteilung der Wochenstunden auf Freiarbeit und gebundenen Unterricht in den jeweiligen Fächern ist den obigen Ausführungen zu entnehmen.

Aus Mangel an Erfahrung und dem Bedürfnis, Unsicherheitsfaktoren möglichst gering zu halten, wurde anfangs dem gebundenen Unterricht mehr die Funktion der Erarbeitung neuer Lerninhalte zugedacht. Die Hauptaufgabe der Freiarbeit sollte im individuellen Üben und Vertiefen liegen.

Schon nach relativ kurzer Anlaufzeit zeigte die Praxis eine Verschiebung in der Unterrichts- und Planungsarbeit. Die Freiarbeit erhielt immer mehr die Aufgabe der Auslösung individueller Lernprozesse. Den differenzierten Ansprüchen, die die Erarbeitung neuer Inhalte und Einsichten an die Lernorganisation stellt, konnte in der Freiarbeit wesentlich besser entsprochen werden. In der derzeitigen Praxis übernimmt der gebundene Unterricht, der ja in heterogenen Halbgruppen erfolgt, zu einem beträchtlichen Anteil die Übung und Vertiefung der in der Freiarbeit vermittelten Inhalte.

2.4 Lehrgänge für die Freiarbeit auf Materialbasis

Das Konzept der individuellen Lehrgänge in Form von didaktischen Materialien orientiert sich am Angebot der vorbereiteten Umgebung in Montessoriklassen. Ein Großteil dieser Materialien entspricht einem klar definierten didaktischen Konzept und Weg, auf dem die Kinder wie auf einer „aufsteigenden Leiter" ihr begriffliches Wissen erweitern und über das konkrete Tun Einsichten in Zusammenhänge erwerben.

Die Elemente der Materialien repräsentieren die einzelnen Stufen auf dieser didaktischen Leiter. Die Aufgabe des/der LehrerIn ist dabei, den richtigen Umgang zu vermitteln bzw. das jeweilige Material dem Kind zum richtigen Zeitpunkt anzubieten.

Materialien nach den Prinzipien Montessoris verstehen sich nicht von selbst, sondern sie bedürfen der vermittelnden Tätigkeit des/der LehrerIn. Dieses Konzept fordert vom Pädagogen hohe Kompetenz in folgenden Bereichen:

– Sensibilität für die Entwicklungsbedürfnisse des Kindes (sensible

Phasen)
– Sicherheit in der Feststellung des Iststandes der Lernentwicklung bei jedem Kind als Grundlage für die Bereitstellung des richtigen Materials
– Kenntnis des inneren Aufbaus und der richtigen didaktischen Abfolge der Arbeitsmaterialien
– Sicherheit in der methodischen Präsentation der Materialangebote

Für das HS-Modell schien es sinnvoll, das didaktische Konzept Montessoris weiterzuführen, doch war es notwendig, Vermittlungsweisen zu finden, die den SchülerInnen selbsttätiges zielorientiertes Lernen ermöglichen, auch wenn die entsprechende Fachlehrkraft während der Freiarbeit nicht anwesend ist.

Die höhere Lesekompetenz der HauptschülerInnen ließ die Form von Lehrgängen als adäquat erscheinen. Sie verfolgen einen klar strukturierten Aufbau, vermitteln Lernprozesse über konkretes Tun, wo immer möglich, geben unmittelbare Rückmeldung durch Selbstkontrolle und erlauben jedem einzelnen, den Fortschritt nach seinem individuellen Tempo zu gestalten. Aufgabe der beteiligten LehrerInnen ist es, diese Lehrgänge zu entwickeln, auszugestalten, sie in der Klasse vorzustellen und vor allem die SchülerInnen auf ihrem Lernweg zu begleiten, d. h. festzustellen, wie weit die angestrebten Ziele von den einzelnen SchülerInnen erreicht werden können, wieweit zusätzliche Hilfen zu geben und Erweiterungsangebote zur Verfügung gestellt werden müssen.

Den Ausgangspunkt für den Aufbau eines Lehrganges bildet die Analyse der Lernstruktur eines Themenbereiches. Der Einblick in die begrifflichen Grundlagen und deren Verknüpfungen ermöglicht die „Analyse" der relevanten Lernschritte und in der Folge den systematischen Aufbau mit der bei Montessori bewährten Isolation der Schwierigkeit auf jeder Stufe. Die Arbeit an den Lehrgängen orientiert sich auch an der kognitiven Psychologie nach Gagne. Auch der sieht in der Klärung der strukturellen Zusammenhänge eines Lerngegenstandes die Voraussetzung jeder Planungsarbeit.

Zur Veranschaulichung werden Ausschnitte aus zwei Lehrgängen vorgestellt. Der Lehrgang zur Bildung der Frage im Englischen zeigt sehr deutlich den Versuch, Regelwissen über die systematische Arbeit mit Flußdiagrammen aufzubauen und zu verinnerlichen.

Der Ausschnitt aus dem Lehrgang „Gleichungen" zeigt, wie mathematische Grundeinsichten auf der Handlungsebene grundgelegt werden können.

2.4.1 Die Bildung der Frage im Englischen

Ohne Zweifel ist es notwendig, neben der grundlegenden Verankerung der Fragemuster durch das kommunikative Angebot im Unterricht ein Regelwissen aufzubauen, das dem bewußten Zugriff des/der Lernenden zugänglich ist. Weiters zeigte die Praxis, daß die Dichte der grammatikalischen Regeln in Lehrwerken die Schüler erheblich überfordert.

Aus diesen Überlegungen heraus wurde versucht, das Regelgefüge in einem Flußdiagramm darzustellen, in dem jene Voraussetzungen, die für die richtige Lösung von Bedeutung sind, klar ersichtlich werden, und wo aufgrund von Ja/Nein-Entscheidungen der entsprechende Lösungsweg gefunden werden kann.

Flußdiagramm

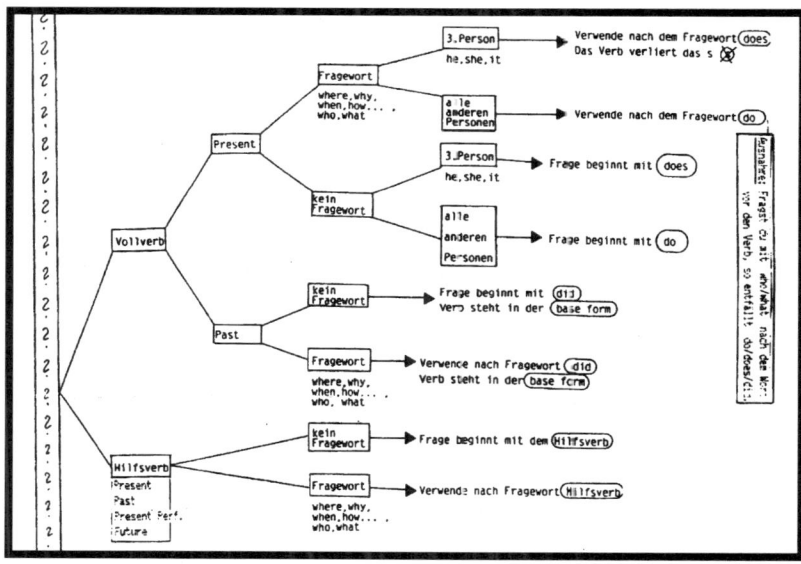

Aus diesem Diagramm wird ersichtlich, über welche Voraussetzungen der/die SchülerIn verfügen sollte, bzw. welche zu wiederholen oder im Laufe des Lehrgangs neu zu erwerben sind:

Vollverb – Hilfsverb unterscheiden können;
Zeiten kennen – regelmäßige und unregelmäßige Verben;
Fragewörter und ihre Bedeutung kennen;
3. Person und Subjekte erkennen
Verfügt der/die SchülerIn über diese Kenntnisse, so findet er/sie entlang der Entscheidungslinien zur Regel, wie im konkreten Fall die Frage zu

bilden ist. Folgende Sätze helfen den Gebrauch des Diagramms zu erproben
The cat drinks milk
The girls are at school
The children went skating
The film begins at... .
Fish & Chips are very popular in Britain

Das vollständige Flußdiagramm schon zu Beginn des Lehrganges vorzugeben, wäre eine Überforderung. Es dient vielmehr den VerfasserInnen des Lehrganges, den Aufbau entsprechend den Anforderungen zu ordnen. Die SchülerInnen erhalten zu jedem Abschnitt des Lehrgangs den relevanten Auszug aus dem Gesamtdiagramm. Erst gegen Ende des Lernvorganges soll das vollständige Diagramm helfen, den Denkprozeß bzw. Entscheidungsprozeß zu reflektieren und in weiterer Folge zu automatisieren.

Teil I aus dem Lehrgang verdeutlicht den Aufbau:
– In einer vorgeordneten Übung werden die Begriffe Vollverb, Hilfsverb und Modalverb wiederholt und gefestigt
– Erst dann sind vom Kind die Karteikarten 1–6 zu bearbeiten
– Kontrollblätter ermöglichen die selbständige Überprüfung
– Zur ersten Orientierung dient ein Auszug aus dem Flußdiagramm
– Auf Karte 6 folgen Übungsangebote
– Karte 7 dient der Lernzielkontrolle und ist dem/der LehrerIn zu zeigen.

Flußdiagramm 1. Ausschnitt

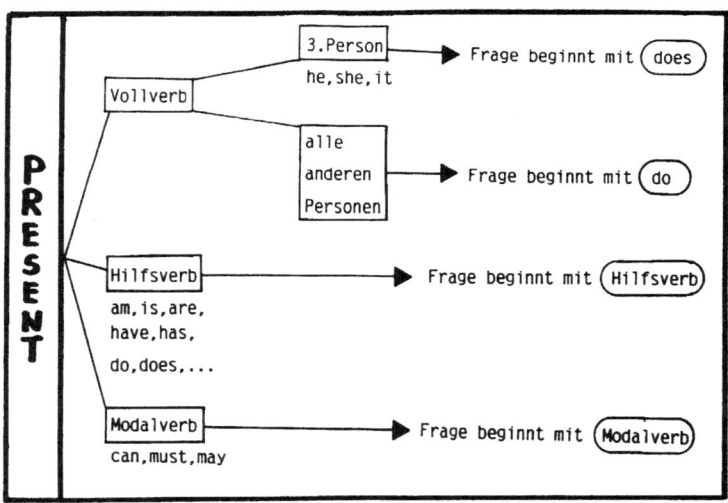

① PART I: QUESTIONS IN THE PRESENT — HELPING VERB

Example

	I	am	at school.
Am	J		at school?
	We	are	children.
	He	is	a popstar.
	She	is	a nice girl.
	They	are	clowns.

am
is
are

② PART I: QUESTIONS IN THE PRESENT — FULL VERBS → DO

Example

	They	like	skiing.
Do	they	like	skiing?
	I	go	to school.
	You	talk	English.
	We	write	a letter.
	They	read	a book.

do

PART I: QUESTIONS IN THE PRESENT   FULL VERB ⟶ DOES

Example		He	likes	swimming.
	Does	*he*	*like*	*swimming?*
		She	collects	stamps.
		The cat	drinks	milk.
		Simon	plays	volleyball.
		Carol	listens	to the radio.

does

PART I: QUESTIONS IN THE PRESENT   DO DOES

Example		They	like	skiing.
	Do	*they*	*like*	*skiing?*
		He	likes	skiing.
	Does	*he*	*like*	*skiing?*
		We	work	in the garden.
		Susan	plays	Bingo.
		You	speak	English.
		The dog	drinks	water.

do
does

PART I: QUESTIONS IN THE PRESENT   JUMBLED   (5)

		Susan	likes	her dog.
		The children	are	at school.
		She	reads	a text.
		Ann and Nelly	make	a model plane.
		You	want	a new car.
		It	is	cold.

am
is
are
do
does

PART I: QUESTIONS IN THE PRESENT   MODAL VERBS   (6)

Example

		He	can	play	tennis.
	Can	*he*		*play*	*tennis* ?
		I	may	borrow	your pen.
		They	must	do	their homework.
		Judy	can	speak	Chinese.
		Dad and I	must	go	shopping.
		We	may	go	to the cinema.

can
may
must

241

```
PART I:  QUESTIONS IN THE PRESENT :  LERNZIELKONTROLLE        (7)

    * Conny loves Steve.
    _____

    * I must clean my room.
    _____

    * The cat is on the tree.
    _____

    * "THE CRAZY DOGS" are my favourite pop group.
    _____

    * We may go to the zoo.
    _____

    * Sally and Sheila read comics.
    _____

    * You can switch on the lights.
    _____
```

Ähnlich sind die folgenden Teile des Lehrgangs aufgebaut.
Organisation des Einsatzes:
Über die Lernzielvorausschau wird das Kind informiert, welcher Teil
des Lehrgangs im kommenden Unterrichtsabschnitt zu bearbeiten ist.
Der Lehrgang selbst steht nur in einem Exemplar zur Verfügung, die
Eintragungen erfolgen mit abwischbarem Folienstift, die Schüler orga-
nisieren selbst, wer wann damit arbeitet.

2.4.2 Gleichungen

Im folgenden beschreiben Lernziele den didaktischen Weg durch diesen
Lehrgang.
Die Auftragskärtchen 1–12 sollen den Versuch, die Wirksamkeit hand-
lungsorientierten Lernens auch für weiterführende mathematische Bereiche zu nutzen, verdeutlichen.
Ausgewählte Beispiele aus dem weiteren Aufbau demonstrieren das An-
steigen des Anspruchsniveaus.

Gleichungen – Didaktischer Weg
Das Thema ist als KARTEI-Lehrgang angelegt. Die benötigten Materialien sind jeweils auf den Kärtchen angeführt.

242

Es sind: – Waage (mit zwei Waagschalen)
– Perlen und Papierschachtel
– Gleichungsrahmen (+ Wäscheklammern)

Lehrgang:
– Handelndes Finden einer Unbekannten
(die – bestimmte – Anzahl von Perlen in einer verschlossenen Papierschachtel soll durch Herstellen des Gleichgewichtes, d. h. durch Auffüllen der zweiten Waagschale, bestimmt werden.)
(Kärtchen 1–7)
– Handelndes Bestimmen einer Unbekannten
(Das Gleichgewicht der Waagschalen besteht bereits. Die Variable, d. h. der Inhalt einer verschlossenen Schachtel, ist zu bestimmen.)
(Kärtchen 8–10)
– Ableiten der Umformungsschritte aus dem Handeln mit der Waage
(Kärtchen 11)
– Schriftliches Lösen von Gleichungen mit einem Umformungsschritt (Zusatz: mit zwei Umformungsschritten) mit optischer Unterstützung (Operationskästchen!)
(Kärtchen 12–19)
– Schriftliches Lösen von Gleichungen mit einem (bzw. zwei) Umformungsschritt(en) ohne optische Unterstützung mit Probe
(Kärtchen 20–23)
– Handelndes Lösen ähnlicher Gleichungen mit anderem Anschauungsmittel (= Gleichungsrahmen)
(Kärtchen 24–26)
– Sachsituationen mit Hilfe von Variablen ausdrücken; die aufgestellten Gleichungen lösen
(Kärtchen 27–37)
– Kärtchen (mit Zahlen bzw. Variablen) mit Rechenzeichen verbinden und zu Gleichungen zusammenstellen; Sachsituationen dazu finden (selbstgefundene Beispiele an andere Schüler zur Lösung weitergeben!)
(Kärtchen 38)
– Sachsituationen durch Formeln ausdrücken
(Kärtchen 39–40)
– Aus Formeln unbekannte Größen errechnen, wenn die anderen Größen bekannt sind.
(Kärtchen 41–45)

Lehrplanforderungen

Gleichungen:

Kann einfache Gleichungen mit einer Variablen lösen

Kann Gleichungen beim Lösen von Sachsituationen anwenden

Kann zu vorgegebenen Gleichungen Texte finden

Kann zum Beschreiben von Rechengängen und von Sachsituationen Formeln aufstellen

Kann zu Formeln Sachverhalte finden

Kann Formeln umformen durch
– Umkehren von Rechenoperationen
– Verwendung der elementaren Äquivalenzen

Kann aus einer Formel eine Größe berechnen, wenn alle anderen Größen gegeben sind

GLEICHUNGEN

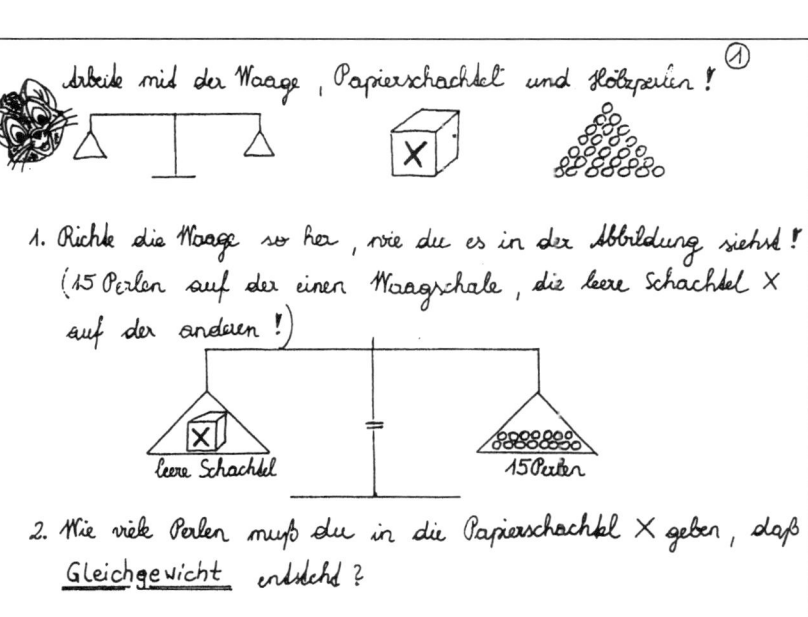

Arbeite mit der Waage, Papierschachtel und Holzperlen! ①

1. Richte die Waage so her, wie du es in der Abbildung siehst!
   (15 Perlen auf der einen Waagschale, die leere Schachtel X
   auf der anderen!)

   leere Schachtel   15 Perlen

2. Wie viele Perlen mußt du in die Papierschachtel X geben, daß
   <u>Gleichgewicht</u> entsteht?

Arbeite wieder mit der Waage, Papierschachtel **X** und Holzperlen !

1. Richte die Waage so her, wie du es in der Abbildung siehst ! (20 Perlen auf der einen Waagschale, 9 Perlen und die leere Schachtel **X** auf der anderen !)

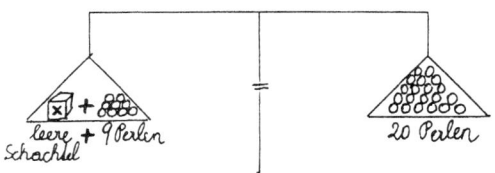

leere + 9 Perlen
Schachtel

20 Perlen

2. Wie viele Perlen mußt du in die Papierschachtel **X** geben, daß Gleichgewicht entsteht ?

Arbeite wieder mit der Waage, Papierschachtel **X** und Holzperlen !

1. Richte die Waage so her, wie du es in der Abbildung siehst !

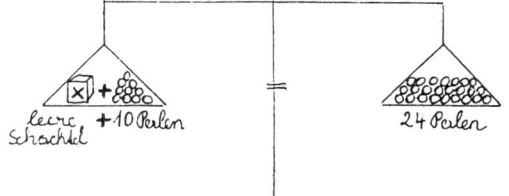

leere + 10 Perlen
Schachtel

24 Perlen

2. Wie viele Perlen mußt du in die Papierschachtel **X** geben daß <u>Gleichgewicht</u> entsteht ?

Du brauchst nun wieder die Waage, Holzperlen und die Papierschachteln A₁! ④

1. Richte die Waage nun so her :

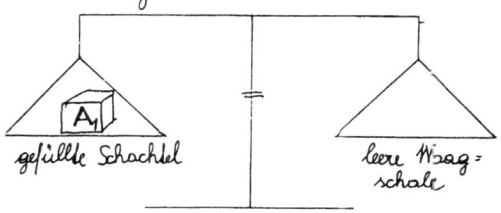

gefüllte Schachtel   leere Waag=
                            schale

2. Wie kannst du nun feststellen, wie viele Perlen in der Schachtel sind, ohne sie zu öffnen?

3. Um festzustellen wie viele Perlen in der Schachtel A₁ sind, muß ich

---

Du brauchst nun wieder die Waage, Holzperlen und die Papierschachtel A₂! ⑤

1. Richte die Waage nun so her

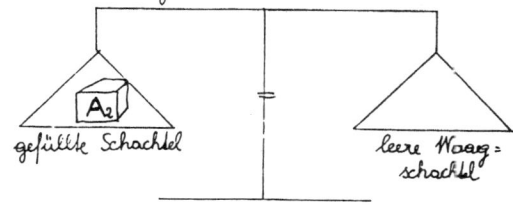

gefüllte Schachtel   leere Waag=
                            schachtel

2. Wie kannst du nun feststellen, wie viele Perlen in der Schachtel sind, ohne sie zu öffnen?

3. Um festzustellen wie viele Perlen in der Schachtel A₂ sind, muß ich

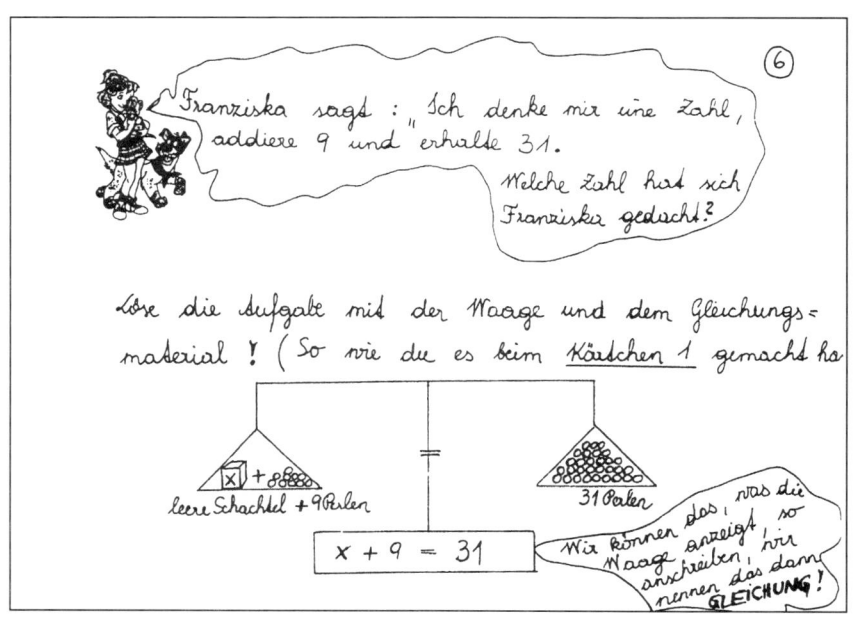

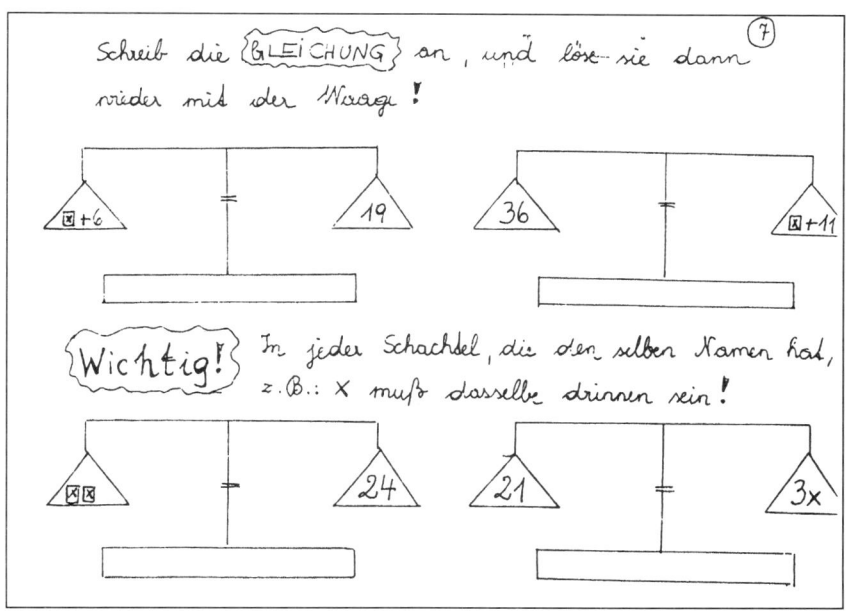

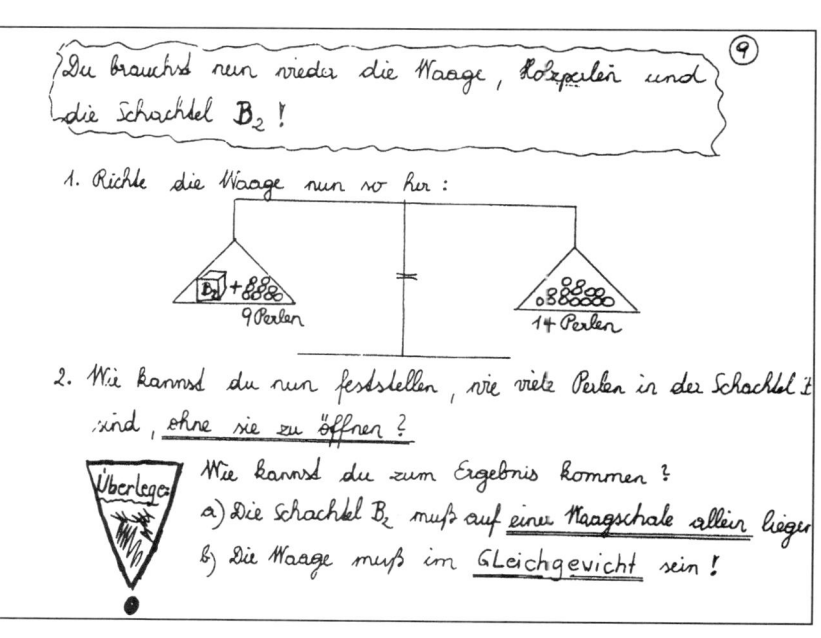

Du brauchst nun wieder die Waage, Holzperlen und die Schachtel B₁!

1. Richte die Waage nun so her:

gefüllte Schachtel + 15 Perlen   38 Perlen

2. Wie kannst du nun feststellen, wie viele Perlen in der Schachtel B₁ sind, <u>ohne sie zu öffnen</u>?

Überlege: Wie kannst du zum Ergebnis kommen?
a) Die Schachtel B₁ muß auf <u>einer Waagschale allein</u> liegen!
b) Die Waage muß im <u>Gleichgewicht</u> sein!

Du brauchst nun wieder die Waage, Holzperlen und die Schachtel B₂!

1. Richte die Waage nun so her:

B₂ + 9 Perlen   14 Perlen

2. Wie kannst du nun feststellen, wie viele Perlen in der Schachtel B₂ sind, <u>ohne sie zu öffnen</u>?

Überlege: Wie kannst du zum Ergebnis kommen?
a) Die Schachtel B₂ muß auf <u>einer Waagschale allein</u> liegen!
b) Die Waage muß im <u>Gleichgewicht</u> sein!

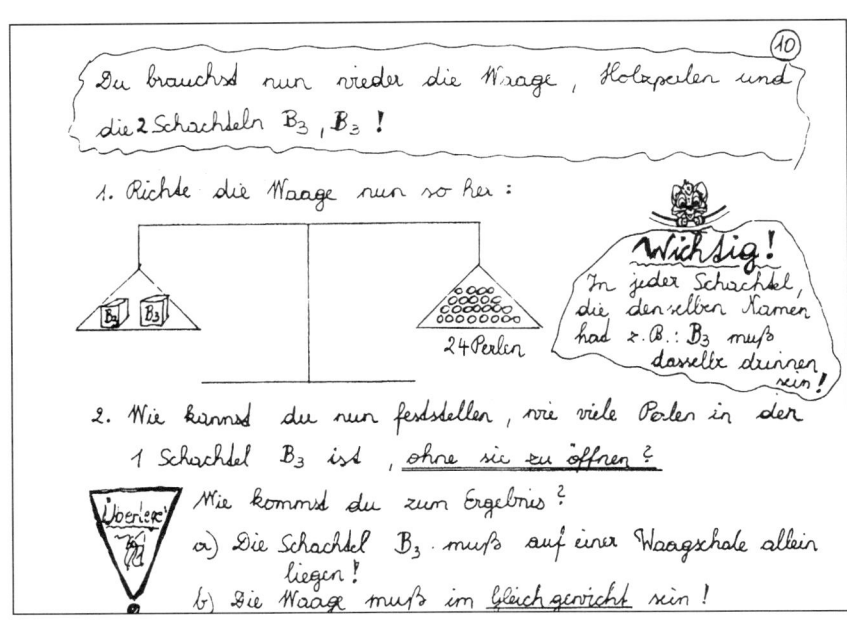

Du brauchst nun wieder die Waage, Holzperlen und die 2 Schachteln B_3, B_3 !

1. Richte die Waage nun so her :

B_3 B_3

24 Perlen

Wichtig! In jeder Schachtel, die denselben Namen hat z.B.: B_3 muß dasselbe drinnen sein!

2. Wie kannst du nun feststellen, wie viele Perlen in der 1 Schachtel B_3 ist, <u>ohne sie zu öffnen</u>?

Überleg! Wie kommst du zum Ergebnis?

a) Die Schachtel B_3 muß auf einer Waagschale allein liegen!

b) Die Waage muß im <u>Gleichgewicht</u> sein!

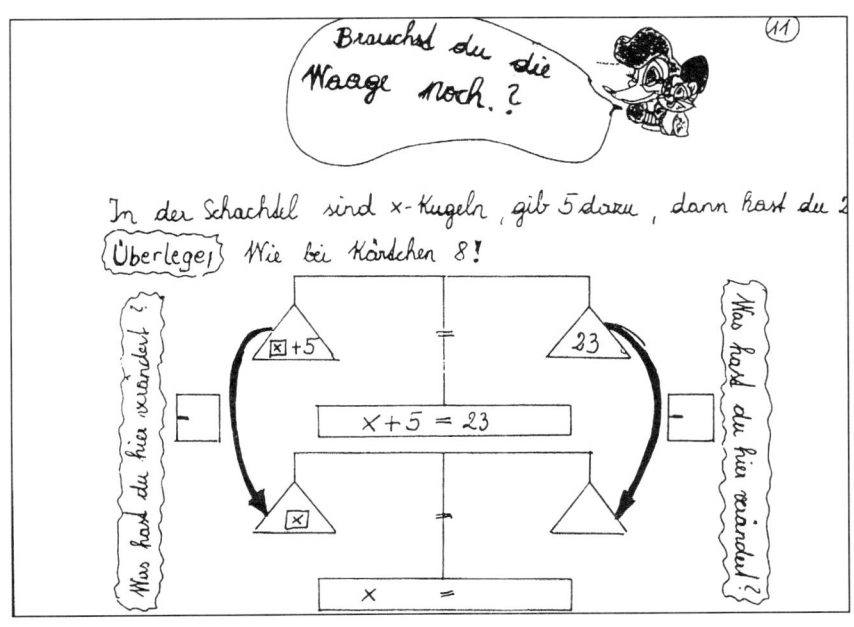

Brauchst du die Waage noch?

In der Schachtel sind x-Kugeln, gib 5 dazu, dann hast du 2

Überlege! Wie bei Kärtchen 8!

Was hast du hier verändert?

$x + 5$ 23

$x + 5 = 23$

x

x $=$

Was hast du hier verändert?

Löse auf dieselbe Weise!

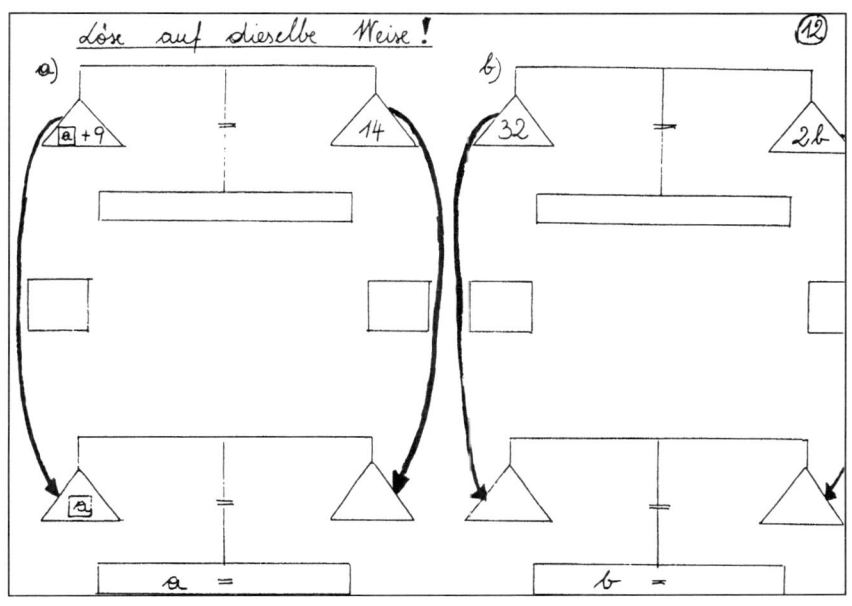

a) $\boxed{a} + 9 \quad | \quad 14$

$\boxed{a} \quad | \quad \triangle$

$a =$

b) $32 \quad | \quad 2b$

$b =$

Noch ein paar schwierigere Aufgaben!

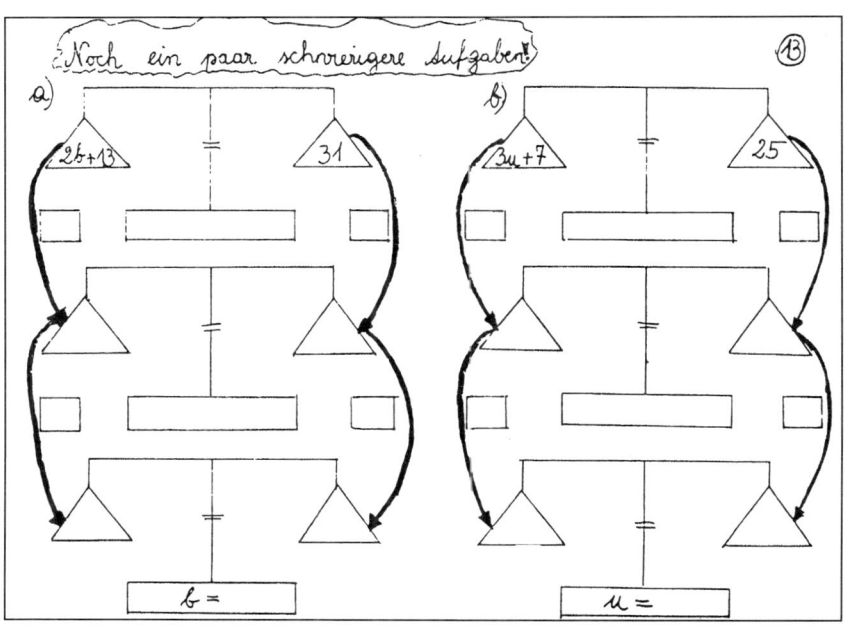

a) $2b + 13 \quad | \quad 31$

$b =$

b) $3u + 7 \quad | \quad 25$

$u =$

(27)

Schreibe den Text als Gleichung an und löse sie!

a) 3 kg Äpfel kosten 64,50 S. Wieviel kostet 1 kg Äpfel?

b) Die Fahrtkosten von 1569,60 S für einen Schulausflug der 2 c werden gleichmäßig auf die 24 Schüler aufgeteilt

Welchen Betrag hat jeder Schüler zu bezahlen?

(28)

1. Ein Heft und ein Lineal kosten zusammen 15,60 S, das Heft kostet 5,80 S. Wie hoch ist der Preis des Lineals?

2. Ein Ordner und ein Paket Klarsichthüllen kosten zusammen 94,89 S, der Ordner kostet 24,90 S. Wie hoch ist der Preis der Klarsichthüllen?

(31)

• Für eine Taxifahrt werden 36 S Grundgebühr und für jeden gefahrenen Kilometer 10,00 S verrechnet.

Herr Rasch bezahlt für eine Fahrt a) 86 S und

b) 105 S.

Berechne die Länge der Wegstrecke s !

(36)

1. Wenn du zum Doppelten einer Zahl 6 addierst, erhältst du 66.

• 2. Wenn du zur Hälfte einer Zahl 3 addierst, erhältst du 6.

• 3. Bei einem Rechteck ist die Länge um 6 cm größer als die Breite. Der Umfang beträgt 50 cm. Wie breit ist das Rechteck ?

Schreibe mit Hilfe der Variablen als Gleichung an!

1. Der Preis des Tankinhalts (T) setzt sich zusammen aus dem Literpreis (11,10 S) mal der Anzahl der Liter (L).

2. Die Telefonkosten (T) setzen sich zusammen aus der Grund= gebühr (G) und der Sprechgebühr (S).

• 3. In einer Klasse ist die Anzahl der Knaben (K) um 5 kleiner als die Anzahl der Mädchen (M).

• 4. Auf einem Bauernhof ist die Anzahl der Kühe (K) dreimal so groß wie die Anzahl der Schweine (S).

㊶

Jede Formel ist eine Gleichung!
Du kannst sie daher auch genauso wie eine Gleichung behandeln!

$\square \left(\begin{array}{l} A_\square = l \cdot b \\ \boxed{} = l \end{array} \right) \square$

$\square \left(\begin{array}{l} A_\square = l \cdot b \\ \boxed{} = b \end{array} \right) \square$

$\square \begin{array}{l} \left. \begin{array}{l} u_\square = 2 \cdot l + 2 \cdot b \\ \boxed{} = 2 \cdot l \\ \boxed{} = l \end{array} \right\} \end{array} \square$

$\square \begin{array}{l} \left. \begin{array}{l} u_\square = 2 \cdot l + 2 \cdot b \\ \boxed{} = \quad 2 \cdot b \\ \boxed{} = \quad b \end{array} \right\} \end{array} \square$

Ein Schwimmbecken (25 m / 12 m) faßt 900 m³ Wasser. (4)
Kannst du in dieses Schwimmbecken einen Köpfler machen?

3. Leistungsbeurteilung

Die Leistungsbeurteilung folgt im wesentlichen den pädagogischen Überlegungen, die für eine lernzielorientierte Beurteilung (Pensenbuch) sprechen.
Diese sind im Bericht über den Versuch an der Volksschule Liefering II ausführlich dargestellt. Ebenso können dem Bericht die Ergebnisse einer Elternbefragung zur Ermittlung der Akzeptanz dieses Pensenbuches entnommen werden.

Zur besonderen Situation an der Hauptschule kann folgendes festgestellt werden:

– Während des Semesters werden Schülerleistungen nicht benotet. Bei Schularbeiten und schriftlichen Lernzielkontrollen erhalten die SchülerInnen eine schriftliche bzw. mündliche Rückmeldung über die Qualität ihrer Leistung.
– Zu Semester werden Pensenbücher ausgegeben (siehe Auszug aus dem Pensenbuch im Anhang zu diesem Beitrag)
– Zusätzlich sind die im Pensenbuch erreichten Ziele in einem Zeugnis als Noten (zu Semester- und Jahresabschluß) darzustellen. Diese zusätzliche Form der Beurteilung bedeutet einen Widerspruch, da sich die lernzielorientierte Beurteilung (Pensenbuch) als grundsätzliche Alternative zur Ziffernnote versteht. Auch ein erheblicher Teil der Eltern wollte ausschließlich die Beurteilung mittels Pensenbuch. Die derzeit zu praktizierende Mischform ist ein Kompromiß, der von einer Elterndelegation mit der zuständigen Schulbehörde hergestellt worden ist.

- Zur Vermittlung der Qualität der errichteten Lernziele kann der/die SchülerIn eine Sammlung präsentativer Beispiele seiner Arbeit anlegen – direkte Leistungsvorlage.

Als Ergebnis der bisherigen Erfahrungen kann festgehalten werden:

- Es ist möglich, die Lehrplanforderungen in Form von Lernzielen so darzustellen, daß sie vom Adressatenkreis verstanden werden (siehe Elternbefragung) und unterschiedliche Leistungsstandards daraus abgelesen werden können.
- Als unterschiedlich schwierig erwies sich die möglichst kompakte Darstellung der Anforderungen.
- Die Ausgabe des Pensenbuches führt zu einer Transparenz der Lernangebote und -anforderungen; wesentlich besser als bei einem Zeugnis mit Ziffernnoten können sich so die Eltern informieren, welche Inhalte vom Lehrplan vorgeschrieben und welche davon tatsächlich und in welchem Umfang bearbeitet wurden.

Daraus erwuchs die Notwendigkeit, alle Lehrplanvorgaben im Unterricht tatsächlich auch anzubieten. Wie dieses Bemühen um Vollständigkeit auf die Grundmotivation der Schüler wirkte, und welche Lösungen für die unmittelbare Praxis gefunden wurden, ist unter 2.2 ausführlicher dargestellt.

Die Realitätsferne der zur Zeit gültigen Lernplanvorgaben in ihrer quantitativen Gesamtheit wird in dieser Frage offensichtlich.

Bei einer zukünftigen Überarbeitung des Lehrplans ist eine den Fachbereichen übergeordnete Kommission zur Reduktion der Stoffforderungen auf ein für den/die SchülerIn tatsächlich zu bewältigendes Ausmaß dringend zu empfehlen.

Die Konzentration auf einen realisierbaren Umfang würde das Bemühen um eine ernsthafte Umsetzung der Lehrplananforderungen von seiten der Lehrerschaft erleichtern und damit erhöhen.

Im konkreten sehen die Lehrer in der Versuchsgruppe die Lösung des Problems im allgemein üblichen (aber im ehrlichen Bemühen kaum hilfreichen) Verweis auf den Rahmencharakter des Lehrplans.

4. Lehrerebene

4.1 Bildung der Klassenteams

Bei der Zusammenstellung des LehrerInnenteams für die jeweiligen Klassen wird darauf geachtet, daß diese neben den drei Hauptfächern zusätzlich möglichst viele Stunden ihrer Lehrverpflichtung in dieser Klasse unterrichten.

Da dieses Organisationsmodell hohe Anforderungen an die Kooperationsfähigkeit stellt, wurde bei der Auswahl der TeamkollegInnen folgende Regelung gefunden:

- Persönlichen Preferenzen wird entsprochen, wenn dies ohne Benachteiligung anderer möglich ist
- In der Regel sollte jede/r mit jeder/m im Team arbeiten können
- Die begründete Ablehnung von Teampartnern wird akzeptiert (war bisher kein Problem)

4.2 Kooperation Eltern – LehrerInnen

Wie in der Volksschule Liefering II entspricht die Teilnahme der Eltern am Schulgeschehen nicht mehr üblichen Erfahrungen[3]. Es ist in Quantität und Qualität wesentlich intensiver. Insbesondere zeigte es sich im 1. Versuchsjahr, daß der Weg, Probleme mit größerer Tragweite auf informellem Weg zu lösen, zu erheblichen zeitlichen und persönlichen Belastungen führte. Aus dieser Erfahrung heraus wurde einvernehmlich an der Hauptschule ein „Montessori-Beirat" eingerichtet, dem in allen für den Versuch relevanten Fragen die Entscheidungsbefugnis übertragen wurde.

Zusammensetzung: 2 LehrervertreterInnen aus dem Versuchsteam
1 LehrervertreterIn aus der Lehrerschaft für den Regelbereich
3 ElternvertreterInnen

mit beratender Stimme:
Direktor (Vorsitz)
wissenschaftlicher Betreuer

4.3 LehrerInnenqualifikation

Da für die Anforderungen im Schulversuch derzeit noch auf keine Fort- bzw. Ausbildungsangebote zurückgegriffen werden kann, findet die Qualifikation im Rahmen der Planungsseminare und Plenarsitzungen statt.

Als Quellen der Kompetenzerweiterung dienen:

- Persönliche Auseinandersetzung mit den Grundfragen des Versuchsmodells (Erfahrung in der Klasse, Diskussionen, Literatur)
- Beiträge der didaktischen Betreuer
- Ständige Begleitung durch den wissenschaftlichen Betreuer

Anzumerken ist, daß bei den Planungstagen die grundsätzliche didaktische und methodische Arbeit geleistet wird. Die Aufbereitung und Ausarbeitung für die jeweilige Klasse tragen und organisieren die LehrerInnen eigenständig. Ebenso organisieren die LehrerInnenteams der jeweiligen Klassen wöchentlich ein Organisationsgespräch außerhalb der Unterrichtszeit.

Da diese Vielfalt an neuen Aufgaben und die zusätzlichen Belastungen der Aufbauarbeit nicht abgegolten werden, wurde von den LehrerInnen keine zusätzliche Berichts- und Evaluationsarbeit, wie es an sich für eine wissenschaftliche Begleitung im Sinne der Handlungsforschung sinnvoll und notwendig wäre, eingefordert.

In Gesprächen konnte bei allen beteiligten KollegInnen trotz der höheren Belastung ein deutlich gestiegenes Maß persönlicher Berufszufriedenheit festgestellt werden.

4.4 Schülerebene – Klassenzusammensetzung – Aufnahme

Die persönlichen Erlebnisweisen der SchülerInnen, die Frage der individuellen Förderung und soziale Effekte in einem nach den Prinzipien der Freiarbeit organisierten Unterricht wurden im Bericht über den Schulversuch an der Volksschule Liefering II dargestellt. Diese Feststellungen haben auch für die Hauptschule Gültigkeit.

Festgestellt kann weiters werden, daß durch die Umgestaltung der Organisationsstruktur und die Individualisierung des Lernens die Hauptschule auch für Schülergruppen attraktiv wurde, die bei einem Fehlen dieses Angebotes in die AHS (Gymnasium) abgewandert wären. In jeder der bisher eröffneten Klassen trifft dies bei bis zu einem Drittel der SchülerInnen zu.

Am Schulstandort selbst zeigt die Entwicklung der Übertritte vom Schulversuch an der Volksschule in den Schulversuch an der Hauptschule das zunehmende Vertrauen der Elternschaft in dieses Angebot.

4.5 Aufgaben der Projektleitung

Die Projektleitung umfaßt im besonderen folgende Tätigkeiten:
*   Entwicklung von Lernangeboten für individuelles Lernen (Planungsseminare der LehrerInnen des jeweiligen Fachbereichs)
*   Mitarbeit in einer Klasse (Hospitation, Beobachtung, Evaluation von Lernangeboten u. ä.) regelmäßig pro Woche
*   Erstellung des Pensenbuches für die jeweilige Jahrgangsstufe, Mitarbeit bei der Gestaltung der direkten Leistungsvorlage
*   Beratungsgespräche bzw. Leitung von pädagogischen Konferenzen zur Behandlung aktuell auftretender Fragen, die sich aus den neuen Aufgaben für die LehrerInnen ergeben, z. B. Organisation von differenzierten Lernprozessen, Zusammenarbeit der LehrerInnen im Team,

Neudefinition der Aufgaben des Klassenvorstandes u. ä.

* Begleitende Untersuchungen in Zusammenarbeit mit dem Schulpsychologischen Dienst, dem Zentrum für Schulversuche bzw. anderen Einrichtungen.

* Beratungen der Schulleitung in organisatorischen und personellen Angelegenheiten

* Weiterentwicklung und Adaption des Versuchsmodells aufgrund zwischenzeitlicher Erfahrungen

* Betreuung von Hospitationen (Vor- und Nachbesprechungen)

* Elternarbeit (laufende Information über die Arbeit im Schulversuch, Entwicklung der Modelle der Zusammenarbeit).

Anmerkungen

1   F. E. Weinert, Instruktion als Optimierung von Lernprozessen, Teil 1: Lehrmethoden. In: Pädagogische Psychologie 2, Funk–Kolleg, Fischer TB, 1974, S. 814

2   unveröffentlichtes Manuskript eines Vortrages

3   s. der Beitrag „Montessori-Pädagogik in österreichischen Grundschulen", Kap. 4. 1

Auszug aus dem Pensenbuch für Hautpschulen, 6. Schulstufe, im Unterrichtsgegenstand Deutsch

◣ **BEURTEILUNGSHEFT**

HAUPTSCHULE LIEFERING

A - 5 0 2 0   S A L Z B U R G

L A U F E N S T R A S S E   4 9

SCHULVERSUCH "SELBSTTÄTIGES UND INDIVIDUELLES LERNEN IN FREIEN ARBEITSPHASEN"

◣ Schuljahr _____

◣ Klasse _____

◣ Name/Vorname _____

◣ Geb. am _____

1.SEMESTER

◣ Schulleiter _____

◣ Klassenvorstand _____

◣ Salzburg, am _____

2.SEMESTER

◣ Schulleiter _____

◣ Klassenvorstand _____

◣ Salzburg, am _____

© '92 Design by Rapplmaishei

Semester 1   Semester 2

Liebe Schülerin, lieber Schüler!

Dieses Beurteilungsheft ersetzt das übliche Zeugnis mit Ziffern. Wenn Du bisher gewohnt warst, daß Deine Leistungen und Lernfortschritte durch Noten beurteilt wurden, wirst Du etwas umdenken müssen.

Auf den folgenden Seiten findest Du zu jedem Unterrichtsgegenstand eine Liste mit Lernzielen, z.B.: der/die Schülerin...

▲   erfaßt unterschiedliche grammatische Zeitformen

Wenn Deine Lehrerin/Dein Lehrer nun meint, Du hättest dieses Ziel erreicht, dann wird es abgehakt:

▲   erfaßt unterschiedliche grammatische Zeitformen

Hast Du das Lernziel nicht erreicht , wird dies so gekennzeichnet:

▲   erfaßt unterschiedliche grammatische Zeitformen

Wurde der betreffende Lerninhalt noch nicht durchgenommen, sieht das folgendermaßen aus:

▲   erfaßt unterschiedliche grammatische Zeitformen

Das Beurteilungsheft soll Dir helfen, vor allem Deine **eigenen** Fähigkeiten zu nutzen. Deshalb informiert es Dich darüber, wo Deine Stärken liegen, und wo Du Dich noch etwas anstrengen solltest. Da das Beurteilungsheft zwei Semester umfaßt, zeigt es Dir am Ende des 2.Semesters auch, wo Du im Laufe des Jahres besondere Fortschritte gemacht hast.

Wenn Du Fragen haben solltest, wende Dich bitte an Deine Lehrerinnen und Lehrer - sie werden Dir sicher gerne weiterhelfen.

Ein erfolgreiches Schuljahr wünschen Dir Deine Lehrerinnen und Lehrer!

261

▲ DEUTSCH

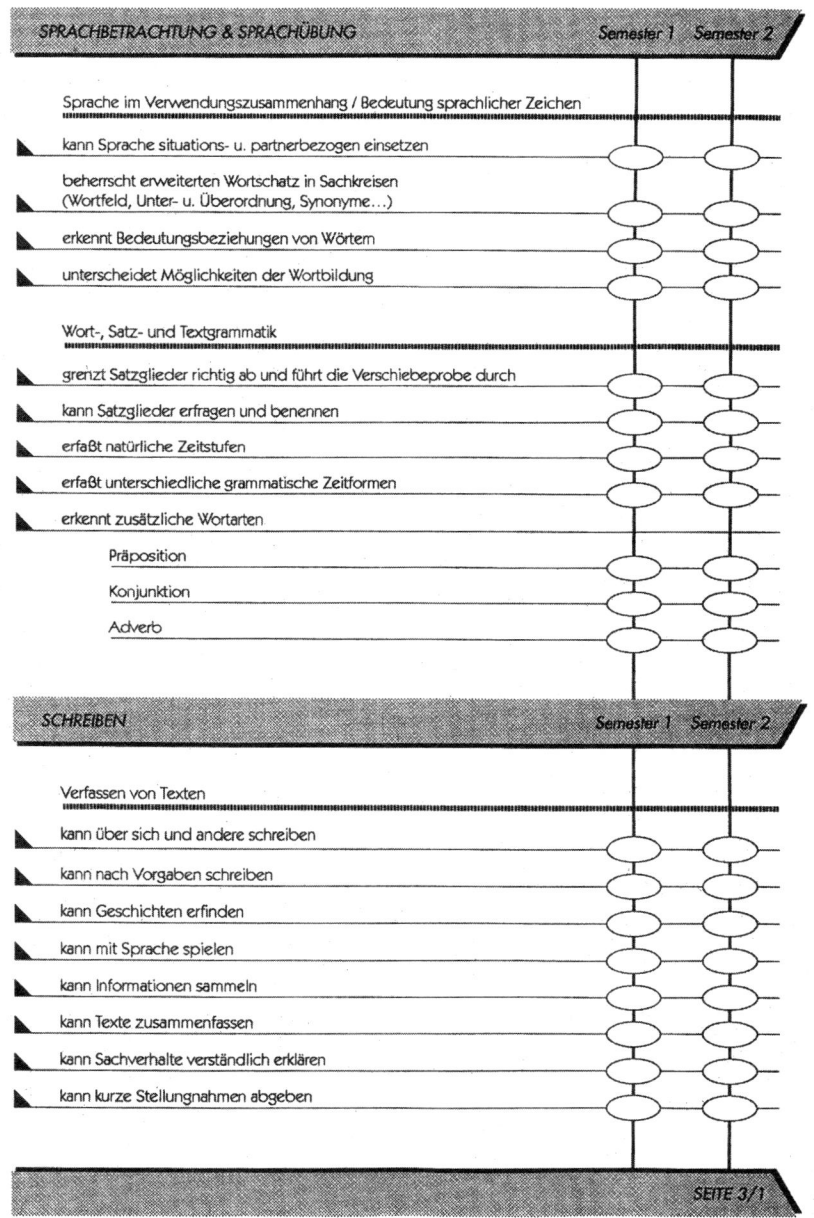

Semester 1   Semester 2

Sprache im Verwendungszusammenhang / Bedeutung sprachlicher Zeichen

▲ kann Sprache situations- u. partnerbezogen einsetzen

▲ beherrscht erweiterten Wortschatz in Sachkreisen
(Wortfeld, Unter- u. Überordnung, Synonyme…)

▲ erkennt Bedeutungsbeziehungen von Wörtern

▲ unterscheidet Möglichkeiten der Wortbildung

Wort-, Satz- und Textgrammatik

▲ grenzt Satzglieder richtig ab und führt die Verschiebeprobe durch

▲ kann Satzglieder erfragen und benennen

▲ erfaßt natürliche Zeitstufen

▲ erfaßt unterschiedliche grammatische Zeitformen

▲ erkennt zusätzliche Wortarten

    Präposition

    Konjunktion

    Adverb

SCHREIBEN   Semester 1   Semester 2

Verfassen von Texten

▲ kann über sich und andere schreiben

▲ kann nach Vorgaben schreiben

▲ kann Geschichten erfinden

▲ kann mit Sprache spielen

▲ kann Informationen sammeln

▲ kann Texte zusammenfassen

▲ kann Sachverhalte verständlich erklären

▲ kann kurze Stellungnahmen abgeben

SEITE 3/1

262

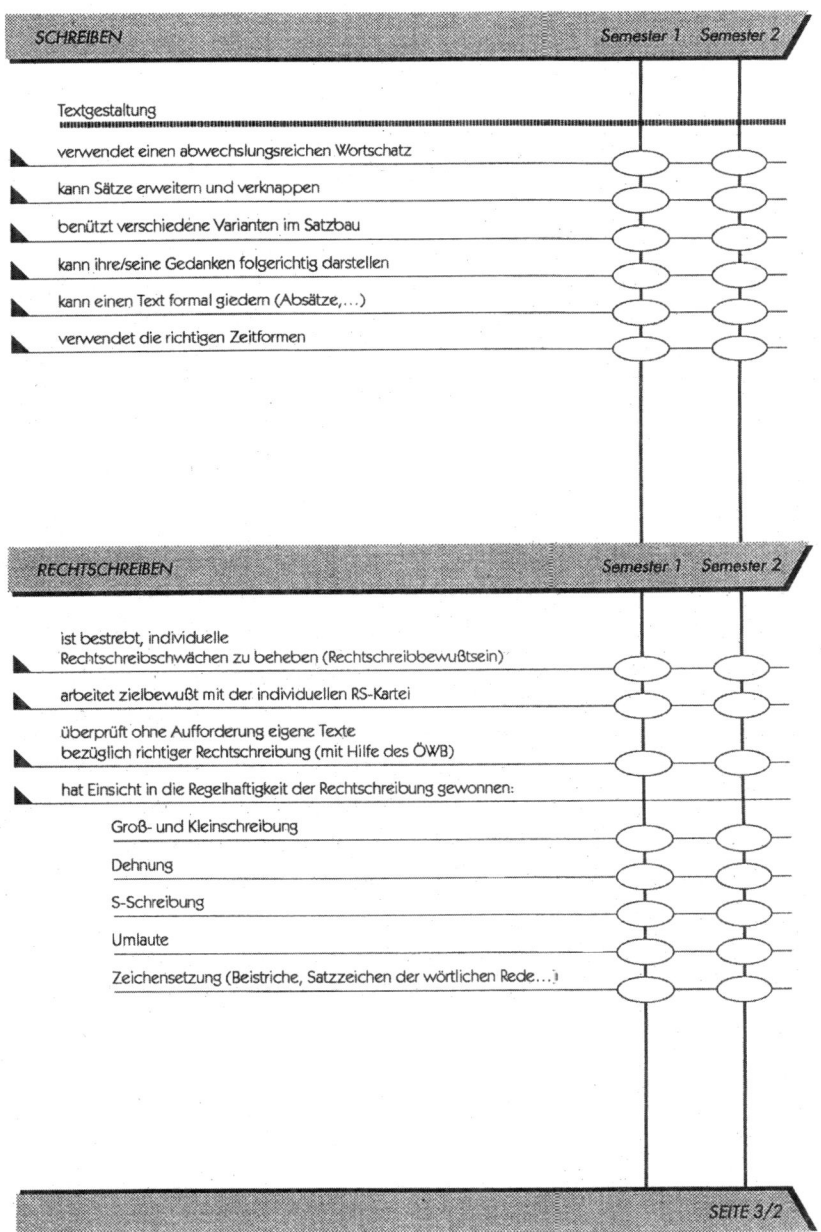

SCHREIBEN Semester 1 Semester 2

Textgestaltung

► verwendet einen abwechslungsreichen Wortschatz

► kann Sätze erweitern und verknappen

► benützt verschiedene Varianten im Satzbau

► kann ihre/seine Gedanken folgerichtig darstellen

► kann einen Text formal gliedern (Absätze,...)

► verwendet die richtigen Zeitformen

RECHTSCHREIBEN Semester 1 Semester 2

► ist bestrebt, individuelle
Rechtschreibschwächen zu beheben (Rechtschreibbewußtsein)

► arbeitet zielbewußt mit der individuellen RS-Kartei

► überprüft ohne Aufforderung eigene Texte
bezüglich richtiger Rechtschreibung (mit Hilfe des ÖWB)

► hat Einsicht in die Regelhaftigkeit der Rechtschreibung gewonnen:

Groß- und Kleinschreibung

Dehnung

S-Schreibung

Umlaute

Zeichensetzung (Beistriche, Satzzeichen der wörtlichen Rede...)

SEITE 3/2

263

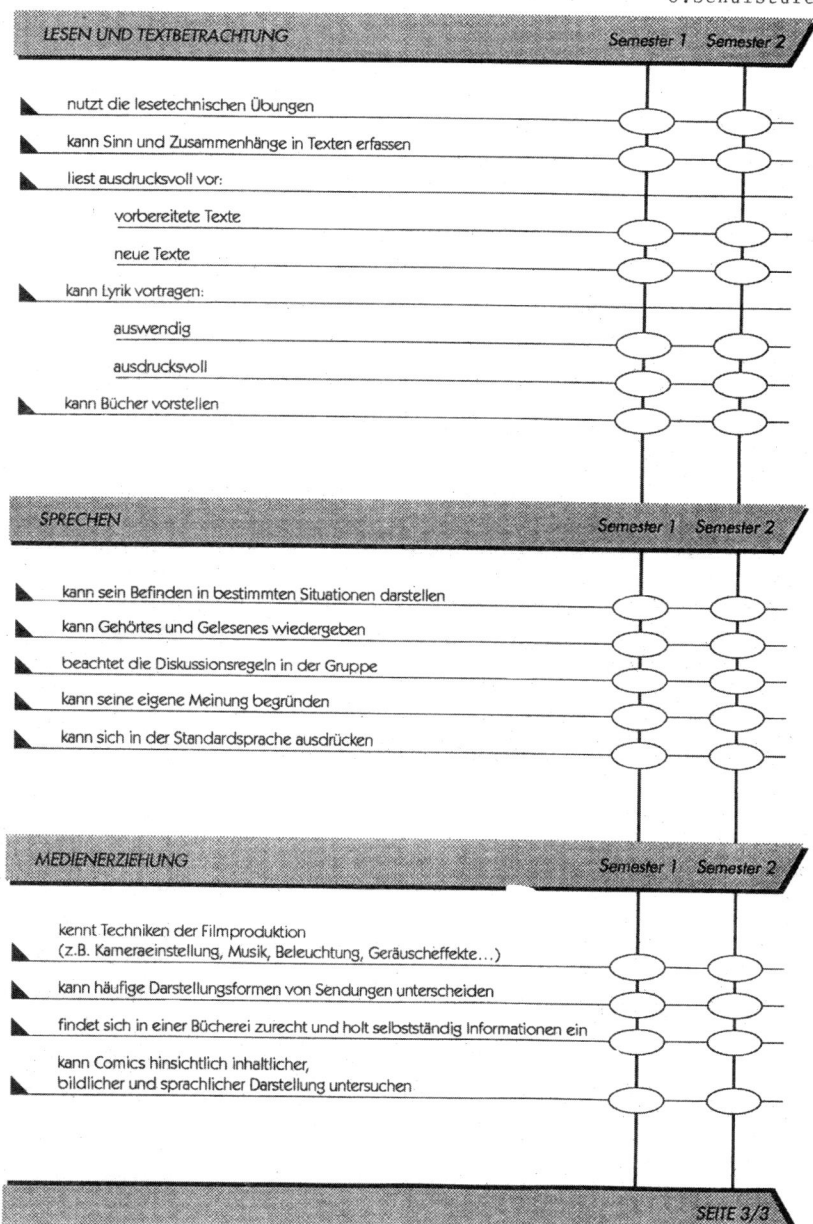

LESEN UND TEXTBETRACHTUNG — Semester 1 — Semester 2

▶ nutzt die lesetechnischen Übungen

▶ kann Sinn und Zusammenhänge in Texten erfassen

▶ liest ausdrucksvoll vor:

    vorbereitete Texte

    neue Texte

▶ kann Lyrik vortragen:

    auswendig

    ausdrucksvoll

▶ kann Bücher vorstellen

SPRECHEN — Semester 1 — Semester 2

▶ kann sein Befinden in bestimmten Situationen darstellen

▶ kann Gehörtes und Gelesenes wiedergeben

▶ beachtet die Diskussionsregeln in der Gruppe

▶ kann seine eigene Meinung begründen

▶ kann sich in der Standardsprache ausdrücken

MEDIENERZIEHUNG — Semester 1 — Semester 2

▶ kennt Techniken der Filmproduktion
(z.B. Kameraeinstellung, Musik, Beleuchtung, Geräuscheffekte...)

▶ kann häufige Darstellungsformen von Sendungen unterscheiden

▶ findet sich in einer Bücherei zurecht und holt selbstständig Informationen ein

▶ kann Comics hinsichtlich inhaltlicher,
bildlicher und sprachlicher Darstellung untersuchen

SEITE 3/3

Ulrich Steenberg

Kompromiß oder Wagnis?

Gedanken zur Montessori-Pädagogik am Gymnasium

Der Verfasser, 1978–1988 Didaktischer Leiter im Montessori-Zentrum Krefeld, leitete zu diesem Thema einen Arbeitskreis bei den Krimmler Montessori-Tagen. Der nachfolgende Beitrag – gekürzte Fassung eines Beitrages im Lehrer-Journal 5/86 – gibt ansatzweise die Struktur des Gespräches wieder.

Be-Denkliches

Gerade Lehrerkollegen sind es, die am liebsten den großen Koffer öffnen und die Regale der vorbereiteten Umgebung einer Montessori-Sekundarschule leerräumen würden. Denn Freiarbeit, so scheint ihnen, heißt zunächst einmal, eine Fülle an Material bereitzustellen. Weil wir aber nicht wollen, daß Freiarbeit zu einer Methode degeneriert, weil wir nicht wollen, daß Freiarbeit in den Sog pädagogischer Moden gerät, sperren wir uns von ganzem Herzen gegen einen solchen „Materialfetischismus" und heben je und je hervor:
1. Freiarbeit ist die Folge einer Sicht von Kind und Welt, wie sie uns überzeugend bei Maria Montessori in Theorie und Praxis begegnet.
2. Wer Freiarbeit praktizieren will, so, wie wir sie verstehen, sollte bereit sein, zunächst einmal sein Selbstverständnis als Lehrer zu überprüfen.
Ganz bewußt steht daher am Anfang des vom Verfasser entwickelten Kurses „Montessori-Pädagogik in der Sekundarstufe" ein Vortrag zum Thema „Was es bedeutet, sich auf Montessori-Pädagogik einzulassen".
Natürlich wollen wir, daß auch die Eltern von ganzem Herzen ja sagen zur Montessori-Pädagogik bis zum Abitur. Aus diesem Grunde bieten wir jedes Jahr einen Kurs „Montessori für Eltern" an.
Für Grundschuleltern, die ihre Kinder bei uns anmelden wollen, soll an acht Abenden der Schulalltag von Kindern bei uns lebendig werden: Freiarbeit mit Eltern. Es ist kaum zu glauben, mit welcher Begeisterung Erwachsene Freiarbeit machen. Die Kinder würden sicherlich sehr staunen...

Freiarbeit in den Klassen 5–8

In den Jahrgängen 5–8 wird der Stundentafel ein Potential von acht Stunden wöchentlich entnommen: so „finanzieren" wir die Freiarbeit.

Dabei wird darauf geachtet, daß die Fächer über die Jahre hinweg ungefähr den gleichen Prozentsatz an Stunden abgeben. Natürlich tritt in den Fachkonferenzen hin und wieder die Frage auf, ob man diese Abgabe denn eigentlich verantworten könne, schließlich bedeute dies ja einen Verlust an Fachunterricht. Diese Frage, sie wird vornehmlich von Kollegen gestellt, die noch nicht das Glück hatten, eine Klasse führen zu dürfen, fällt auf die Fragesteller zurück: Was tust du, was tut die Fachkonferenz für die Gestaltung der „vorbereiteten Umgebung"? Wenn die Schüler der Klassen 5–8 unverhältnismäßig viel mehr für Deutsch, Englisch, Mathe, Biologie, Geschichte etwa arbeiten, als dies für Kunst oder Musik oder Physik z. B. der Fall ist, dann liegt dies deutlich am Angebot, nicht an den Schülern.

Der Kreativität der Fachkonferenzen kann nachgeholfen werden, wenn man die ob der Beziehung „abgegebene Stunden-Freiarbeitsangebot" nachdenklich gewordenen Kollegen einmal einen schöpferischen Besinnungstag als schulinterne Maßnahme der Lehrerfortbildung einlegen läßt. Die Ergebnisse sind erstaunlich.

Der Klassenlehrer

Die Leitung der Freiarbeit (FA) liegt beim Klassenlehrer. Er, der in mindestens zwei anderen Fächern den Unterricht in der Klasse erteilt, versteht sich in der FA zunächst einmal als begleitender Beobachter, ist aber gleichzeitig Garant der für die FA vereinbarten Arbeitsordnung:

- Er ist verantwortlich für die innere und äußere Ordnung der Umgebung.
- Er ist Gesprächspartner bei sachlichen und menschlichen Problemen.
- Er berät mit Blick auf die individuelle Leistungsfähigkeit seine Schüler bei der Auswahl der möglichen Arbeiten.
- Er hält die Verbindung zu den Fachlehrern der Klasse und trägt Sorge dafür, daß das Angebot in der „vorbereiteten Umgebung" angemessen ist.
- Er regt die Entwicklung neuer Materialien an, erstellt selber welche, gliedert aus, rückt an den richtigen Platz.
- Er registriert sofort alle eingehenden fertigen Arbeiten, begutachtet ihre äußere Form (ein herausgerissenes Blatt z. B. wird er nicht akzeptieren), leitet diese Arbeiten unmittelbar an die Fachlehrer weiter.
- Er pflegt in umfassendem Sinn die Kultur der Freiarbeit, weil er weiß, daß er Diener des Kindes sein muß, „denn es gibt kein größeres Hindernis für die Entfaltung der kindlichen Persönlichkeit als einen Erwachsenen, der mit seiner ganzen überlegenen Kraft gegen das Kind steht" (Maria Montessori).

Was aber geschieht, wenn der Schüler seinem Klassenlehrer mit einer Frage zur lateinischen Grammatik kommt, der Lehrer aber nie Latein gelernt hat?

Offene Türen

Hier gilt das Prinzip der offenen Türen. FA wird über die Woche jeweils in Doppelstunden angeboten. Diese Stunden liegen in der Regel am Anfang oder in der Mitte des Vormittags. Soweit der Plan dies zuläßt, liegt die FA oft mehrerer Jahrgänge parallel.

Die Türen der Klassen sind offen: der Lehrer weiß, daß im Raum schräg gegenüber jemand ist, der Latein kann, und so geht der Schüler halt dorthin und kehrt nach Lösung seines Problemes zurück. Daran wird deutlich: FA ist nicht unbedingt an die Anwesenheit eines bestimmten Lehrers gebunden – wer arbeiten will, tut dies der Sache und nicht des Lehrers wegen.

Deutlich wird ebenfalls: FA und Bewegung hängen eng zusammen. Natürlich darf der Schüler aufstehen, er muß ja sein Arbeitsmaterial holen, um Rat fragen, einfach zwischendurch mal ein paar Schritte gehen. Und die Grenzen seiner Bewegungsfreiheit enden nicht an der Türe des Klassenraumes: Es wird da gearbeitet, wo die Bedingungen am günstigsten sind: ein Theaterstückchen kann man eben nicht im Klassenraum einüben – der Flur oder die Bühne unten im Forum bieten den Raum. In der Klasse braucht man schließlich Ruhe, da wird konzentriert gearbeitet, alleine, zu zweit, in kleinen Gruppen.

Ja, kann man denn die Schüler so ohne weiteres laufen lassen?

Freiarbeit lebt aus dem Vertrauen. Wenn Schüler sich in freier Wahl eine Arbeit zu-muten, dann sollten wir sie ihnen in der Regel auch zu-trauen.

Vorbereitete Umgebung

Es sollte deutlich geworden sein, daß die vorbereitete Umgebung in einer Montessori-Schule mehr umgreift als nur mit Arbeitsmaterialien angefüllte Regale. Aber das darf nicht dazu verleiten, die Bedeutung des Materials zu unterschätzen. Es ist und soll bleiben ein „Schlüssel zur Welt". Neidvoll blicken wir auf Kinderhaus und Grundschule, finden sich doch dort hervorragende Materialien aus der Tradition Maria Montessoris. Leidvoll haben wir erfahren müssen, daß es nicht reicht, den Markt einfach abzugrasen, die Regale mit allem, was neben guten Beispielen auch Arbeitsaufgaben enthält, vollzustopfen. Nebenbei: finanziert wird das Material über eine freiwillige „Elternhilfe".

Inhalte der Freiarbeit

Das Material – Bücher, Lektüren, Karteien, Aufgabensammlungen, Versuchsreihen, Modelle usw. – muß für die FA aufgeschlüsselt werden: Den Schülern müssen hinreichende Hilfen für ihre Arbeitsplanung und ihre Arbeitsdurchführung zur Verfügung stehen. Soweit dies möglich ist, muß eine Fehler- oder Erfolgskontrolle dem Material beigegeben werden, und schließlich soll das Material schön sein. Eine abgegriffene Sammlung von losen Blaumatrizenabzügen – das hat mit Ästhetik nichts zu tun. Aber auch da holt uns der Alltag oft ein. Neue Ideen und Materialien wachsen besonders aus den Montessori-Sekundar-Kursen hervor, denn im Unterschied zu den Diplom-Kursen für Kinderhaus und Grundschule muß es uns in der Sekundarstufe darum gehen, nicht nur das für uns bedeutsame Montessori-Material zu beherrschen, sondern es weiterzudenken. Schier unerfüllbar wäre eine solche Aufgabe, wenn wir hinsichtlich der Inhalte der Freiarbeit nicht zu klaren Aussagen übereingekommen waren.

Vorweg: natürlich gestehen wir jedem Schüler, der der Faszination eines Erlebnisses nachgehen, der durch ein Ereignis, ein Wort angeregt, forschen, arbeiten will, diesen Freiraum in vollem Umfang zu, helfen mit Informationen aus, so gut wir können.

Beziehung zum Fachunterricht

Grundsätzlich aber verstehen wir die FA inhaltlich als Korrelativ zum Fachunterricht. Die noch längst nicht abgeschlossene Diskussion über die wechselseitige Beziehung von Fachunterricht und FA hat bislang ergeben:

- Unsere gesamte Arbeitsplanung geht aus von einem „standortbezogenen Lehrplan". Er gibt den didaktischen Rahmen ab für Fachunterricht und FA.
- Dieser Plan wird, entsprechend formuliert, den Schülern als Wegweiser auch ihrer Jahresplanung für die FA und als Orientierungshilfe für den Fachunterricht erläutert, z. T. auch ausgehändigt.
- Fachkonferenzen, Fachlehrer und Klassenlehrer überprüfen zu Schuljahresbeginn und immer wieder, inwieweit vorbereitete Umgebung und Thematik des Fachunterrichtes einander entsprechen, ergänzen, befragen.
- Dieser schulbezogene Plan – wir nennen ihn auch „Pensenplan", gibt den Rahmen für die Planung und Erstellung von Material für die FA.

Die Freiheit in der Wahl des Gegenstandes wird damit in gewisser Weise eingegrenzt. Diese Grenzen aber sind immer noch so weit gesteckt, daß nahezu unendlich viel an entdeckendem Lernen, an Üben, Vertiefen möglich ist.

Schwierigkeiten

Schüler haben Schwierigkeiten, Neigungen und notwendige Arbeit in Einklang zu bringen. Der Blick für den Stellenwert der geleisteten Arbeit muß sich, und dies dauert seine Zeit, erst einmal schärfen. Später umgeht mancher Schüler seine Schwachstellen sehr bewußt. Er versucht „wegzutauchen". Da braucht es schon mal ein klares Wort. Der Druck durch anstehende Klassenarbeiten verführt oft dazu, FA zu einfacher Übungszeit zu entwerten. Dieser Verzweckung der FA muß kreativ entgegengewirkt werden.

Klassenlehrer sind oft betrübt und stehen unter Druck, weil und wenn die Zusammenarbeit mit dem Fachlehrer nicht so recht gelingt. Fachlehrer, die täglich oft Stapel von Freiarbeiten mit nach Hause nehmen, kommen mit dem Begutachten nicht nach. Zwar geht es nicht um Noten dabei, aber jede FA will auf sachliche Richtigkeit durchgesehen, kommentiert und mit weiterführenden Arbeitsanregungen versehen werden. Die Erstellung von Materialien schließlich kann nur außerhalb der täglichen Unterrichtszeit erfolgen. Stets kann man daher nachmittags, abends am Wochenende und in den Ferien Kollegen beim Kopieren, Mit-Folie-Bekleben, Zu-Büchern-Heften usw. antreffen. Wundert es, daß manch einer der Kollegen sagt: „Jetzt muß aber mal eine schöpferische Pause eingelegt werden"?

Krise der Freiarbeit in den Klassen 9 und 10?

Spätestens in Klasse 8 deutet sich an, was in Jahrgang 9 nicht zu übersehen ist: der Schüler bricht mit seiner „naiven" Tradition, körperlich und geistig. Er befindet sich in einer Phase höchster psychischer und physischer Dynamik. Wenn er auf dem Wege zu seiner Selbstwerdung Werte und Institutionen seiner persönlichen Geschichte in Frage stellt, so ist er doch gleichzeitig höchst verletzlich, sucht Orientierung und Geborgenheit. Und wie begegnet ihm Schule? In einer Zeit, da er vorwiegend mit sich selbst beschäftigt ist, muß er all seine geistigen Kräfte in höchstem Maße auf die Schule konzentrieren: die ersten Schulabschlüsse nahen, Bedingungen sind zu erfüllen, Lebensperspektiven und Zukunftschancen sind eng verwoben mit schulischem Erfolg. Kann Schule, kann Montessori-Schule dazu beitragen, kann FA helfen, diese Antinomien auszuhalten, zu überwinden? Montessori selbst hat mit ihrer „Erfahrungsschule des sozialen Lebens" einen Weg gewiesen, der aber unserer Alltagssituation so weit voraus ist, daß er uns bei der Planung einer Schule, die Kompromisse eingehen muß, nur Herausforderung und Orientierungshilfe sein kann.

Unser Antwortversuch sieht so aus:

Orientierungshilfe

Wir geben der FA inhaltlich ein klares Ziel vor. Diese Eingrenzung der Inhalte geschieht, um Orientierungshilfen zu geben für ein kontinuierliches Lernen. Der Schüler weiß, welches Ziel er ansteuert, er erhält konkrete Hilfen für den Weg. So wollen wir sein Durchhaltevermögen stärken, ihm Sicherheit und Selbstbewußtsein vermitteln. Er soll nach der FA sagen können: Ich kann selbständig Probleme lösen...

Methodisch wird die genannte Zielorientierung der FA durch Zeitvorgabe für die Erledigung einer Arbeit gestützt. So geben wir über die FA der Arbeitsdynamik Steuerungshilfen, streben dabei besonders eine Sensibilisierung des Pflicht- und Verantwortungsbewußtseins an. Der Schüler soll nach der FA sagen können: Was ich einmal angefangen habe, will und kann ich auch zu Ende bringen.

Die praktische Umsetzung orientiert sich an den zu erwartenden Schulabschlüssen.

Freiarbeit in der gymnasialen Oberstufe

FA ist angebunden an die Leistungskurse. Etwa ein Drittel der dort zur Verfügung stehenden Arbeitszeit, das sind bei 18 Wochen des Schulhalbjahres immerhin sechs Wochen mit jeweils sechs Stunden, ist für die FA vorgesehen. Dabei gilt:
- Es werden verschiedene Themen zur Auswahl gestellt.
- Die Themen sind dem jeweiligen Kurspensum entnommen.
- Die Themen werden klar abgegrenzt.
- Der Umfang der Arbeit ist begrenzt.
- Es gibt verbindliche Regeln für die Gestaltung.
- Fertige Arbeiten werden mit Zustimmung ihrer Verfasser kopiert und bilden so den Grundstock einer Bibliothek aus Schülerarbeiten.

Schriftliche Arbeiten sind nicht zwingend vorgeschrieben, Experimente, Ausstellung, Vortrag, Darbietung und andere Formen sind sehr erwünscht.

Diese wissenschaftspropädeutisch angelegte, aber in vieler Hinsicht (und vielleicht jetzt erst recht) freie Arbeit wird benotet und im Beurteilungsbereich „sonstige Mitarbeit" angemessen berücksichtigt. Der jeweilige Kurslehrer betreut die Arbeit und steht als Ansprechpartner und Berater zur Verfügung.

Das Niveau der vorliegenden Arbeiten ist hoch. Es sollte uns eigentlich ermutigen, dem freien Forschen gemäß den Möglichkeiten eines Schülers der gymnasialen Oberstufe noch mehr Raum zu geben, einen fächerübergreifenden Ansatz von FA zu wagen, um im Sinne Montessoris davon abzukommen, Verwirrung stiftende Einzelheiten zu lehren, um statt dessen Zusammenhänge zu vermitteln.

Nach-Denkliches

Die Praxis der Freiarbeit liegt mir sehr am Herzen, und ich wünschte nichts sehnlicher, als daß viele Kinder gerade auch in der Sekundarstufe sie erfahren durften.

Aber ich habe Angst davor, daß FA zu einer pädagogischen Mode und so zu einer Torheit werden könnte.

„Der Erwachsene muß demütig werden und vom Kind lernen, groß zu werden." (M. Montessori)

In Demut vom Kinde lernen – das eigentliche Lernfeld unserer Schule, zumal für uns Lehrer, ist das Kind. Offenbleiben für Freiarbeit heißt dann: Offenbleiben für die „Entdeckung des Kindes".

Diesen Weg braucht das Gymnasium. Und es wäre tiefer und näher bei seinen Ursprüngen. Dessen bin ich sicher.

Peter Einhorn

Neue Technologien und Montessori-Pädagogik

Beim Auftreten neuer Techniken, neuer Materialien und Werkzeuge, neuer Methoden wird in jedem Bereich des menschlichen Arbeitens Altes hinterfragt: Wie können die Neuerungen zweckmäßig, rationell und möglichst schonend für die betroffenen Personen und den Betrieb eingeführt werden? Gleichzeitig werden alte, bestehende Methoden und Techniken in Frage gestellt. Meist wird mit der Initialzündung „Neues Werkzeug" eine ganze Reihe von Methoden, Techniken, Arbeitsmethoden modifiziert und in der Folge optimiert.

Die Frage drängt sich auf, wie auf diesen Umstand im Bereich des Lernens, der Pädagogik, der Schule reagiert wird. Wie geht die Schule mit dem Auftauchen, der Entwicklung neuer Techniken, neuer Werkzeuge um? Geschieht dabei ebenfalls ein Hinterfragen bestehender Methoden? Wie sieht es dabei mit der Verbreitung eventuell neu entstehender Methoden im Bereich Schule aus?

Nimmt man dazu als Beispiel die Einführung des Computers im Pflichtschulwesen für das Eindringen eines neuen Werkzeugs in einem wohl sehr komplexen Betrieb, so finden die Diskussionen so „alter" Themen wie Projektunterricht, Medienerziehung, Gruppenarbeit, Einsatz geeigneter Unterrichtsmittel, bis hin zur Leistungsbeurteilung unter neuen Aspekten statt. Die ursprüngliche, vorrangig technisch orientierte Motivation zur Einführung des Computers tritt immer mehr in den Hintergrund und macht didaktisch-methodischen Fragestellungen Platz. Das Auftreten eines neuen Werkzeugs führt bis zur Hinterfragung des Betriebs Schule. Letztendlich nicht ganz unverständlich, wenn Widerstände gegen Neuerungen im Schulbereich insgesamt und in diesem Fall Ablehnung des neuen didaktischen Lehr- und Lernbehelfes auftreten.

Freie Erziehung im Sinne der Erziehung M. Montessoris verlangt genau das Offensein gegenüber neuen Herausforderungen. Die Frage ist berechtigt, wie M. Montessori neue Technologien als Lernhilfen sowohl im Hinblick auf Gestaltung von Freiarbeit als auch als Hinführung zur Bewältigung des „praktischen Lebens" akzeptiert hätte. Wären nicht diese Technologien, die dem Anspruch der freien Materialwahl der Kinder gerecht werden, auch eine Bereicherung der Freiarbeit im Sinne M. Montessoris?

Das Prinzip der Isolation der Schwierigkeiten und das Merkmal der Fehlerkontrolle sind Anforderungen an didaktische Materialien, die der Computer mit geeigneter Software und geeigneten Rahmenbedingungen

Montessori-Material und Computer – ein Widerspruch?

Freiarbeit mit dem Computer ·

erfüllen kann. Der Werkzeugcharakter des Computers ermöglicht insbesondere die Erziehung des Schülers zur selbstverantwortlichen Arbeit. Darüber hinaus kann der Computer in Verbindung mit geeigneter Software das Auswahlangebot für bestimmte, sorgfältig ausgewählte Lernthemen erweitern, kann aber auch selbst zum Lernthema werden. Schließlich ist Erziehung zum selbstverständlichen, aber kritischen Umgang mit neuen Medien auch eine Herausforderung, vielleicht auch im Sinne der Ideen der Montessori-Pädagogik.

Die Arbeit mit dem Computer läßt aber auch verschiedene Sozialformen des Lernens zu. Die Einzelarbeit mit einem Programm ist ebenso möglich wie die Partnerarbeit – mit und ohne Wettbewerbscharakter – oder das Arbeiten in einer größeren Gruppe. Solch ein Team zu einem gewählten Thema kann benötigte Informationen abrufen oder etwa Ergebnisse mit Hilfe des Computers fixieren und einer größeren Gruppe zugänglich machen.

Für all diese Möglichkeiten genügen ein bis zwei Geräte in jeder Klasse, was ganz dem Ausstattungsprinzip M. Montessoris mit Lernangeboten entsprechen würde. Ein Computerfunktionsraum steht dieser Grundidee einer freien Wahl des Arbeitsmittels bzw. dem zielorientierten didaktischen Einsatz des Computers entgegen.

Folgende Aufgaben stellen sich für die Zukunft, wobei die Reihenfolge der vorgeschlagenen Vorgangsweise bei der Entwicklung nicht zufällig ist:

Der erste Schritt zur Entwicklung neuer Programme müßte die Erstellung eines Anforderungskataloges sein, der von erfahrenen Didaktikern entwickelt wird.

Dem müßte die Entwicklung geeigneter Software folgen, die der Anforderung des didaktischen Materials im Sinne der Montessori-Pädagogik entspricht. Diese Programmierarbeit der EDV-Fachleute sollte erst nach klarer Konzeptentwicklung kompetenter Montessori-Pädagogen einsetzen und von letzteren auch über die notwendige Testphase hinaus begleitet werden.

Daneben sollte auch eine kritische Sichtung bereits vorliegender Programme, die vom Markt angeboten werden, stattfinden.

Was bei aller Offenheit gegenüber neuen informations- und kommunikationstechnischen Einrichtungen im pädagogischen Bereich nie übersehen werden darf, ist die Grundbedingung, daß Technologie die Person der Lehrerin/des Lehrers nie ersetzen kann. Die Rolle des Erziehers im Sinne M. Montessoris muß gewahrt bleiben, Antworten dazu, ob diese pädagogische Grundbedingung immer erfüllt bleibt, müßten entsprechende Schulversuche geben.

Peter Grunsky

Die offene Lese- und Schreibwerkstatt

„Durch die Lese- und Schreibwerkstatt soll erreicht werden, daß die Freude an und die Fähigkeit zu schriftlicher Kommunikation geweckt und gefestigt wird, insbesondere wird erwartet:
- regelmäßige Nutzung von Büchern,
- Steigerung des Leseverständnisses und der Fähigkeit, weitergebbare Texte zu produzieren,
- Freude und Selbstsicherheit beim Textgestalten,
- Festigung von Arbeitshaltungen (Richtiges in ansprechender Form hervorbringen)."

Diese Schulversuchsbeschreibung galt 1989/90 für die Einführung einer unverbindlichen Übung, die an 7 Hauptschulen und 3 AHS in Wien anlief.

Heute finden sich immer mehr Lehrer, welche die Elemente der Lese- und Schreibwerkstatt in den Deutschunterricht aller Schulstufen integrieren.

Die Arbeitsweisen zur Erreichung der oben angeführten Ziele sind vielfältiger Art.

In der Schulversuchsbeschreibung werden sie wie folgt angeführt:
- Arbeit mit Kinder- und Jugendbüchern, Zeitschriften, insbesondere durch
  * Illustrieren von Texten
  * spielerische Umsetzungen
  * fortführende Textproduktion (Szenen spielen,...)
  * Werben für Bücher (Rezensieren für die Mitschüler und Umsetzen in entsprechende Medien wie Hitliste, Plakate...)
- Produktion von Eigentexten
  * Schreibspiele
  * Vermittlung einfacher Vervielfältigungs-, Druck-, Layout- und Bindetechniken (Schreibmaschine, Abziehgeräte, Textverarbeitung...)
- Produktion adressatenbezogener Texte, bei Vorliegen der Voraussetzung auch fremdsprachlicher Art (kreative Texte, Sachtexte, Zeitungen, Plakate)

usw.

Einer der wichtigsten Bereiche aus dieser facettenreichen Palette scheint mir das Produzieren von kreativen Texten zu sein.

Der Weg zum freien Eigentext führt zwangsläufig über eine Lockerungs-, Aufwärm- und Sensibilisierungsphase, die den fruchtbaren Boden und die Vertrauensatmosphäre schafft, welche für jede Art künstlerischen Tuns so notwendig ist.

Kleine Kreativspiele, Rätsel und Spiele mit verschiedenen Sprachelementen ebnen den Weg zum kommunikativen und kreativen Schreiben, das in weiterer Folge zum „Texten" in verschiedenen sprachlichen „Fesseln" (gebundene Sprache, Reim, Versmaß u. ä.) unter Nutzung der vielfältigen Textsorten und stilistischen Mitteln führt.

Eine beliebte Starthilfe für die Textproduktion bilden diverse Arten von Text-, Bild- und Musikimpulsen. Schließlich sollten auch die Medien (Printmedien, Tonband, Foto und Video) in die Textarbeit verstärkt eingebunden werden. In Verbindung mit den genannten Medien entstehen dann komplexere Textproduktionen, welche kommunikatives Arbeiten in verschiedenen Sozialformen (Gruppenarbeit, Projekte, Planspiel...) bedingen.

Dies alles soll die Lust an der Arbeit mit der Sprache, an der Produktion von herzeigbaren und vorlesbaren Texten wecken und steigern, vorausgesetzt, diese Texte werden einer interessierten Leser- bzw. Hörergruppe zugängig gemacht.

Sie gehen dann – nach Redaktionsgesprächen in Kleingruppen – den Weg vom Manuskript zur eventuell „druckfertigen" Vorlage.

Diese Arbeit inkludiert jedenfalls eine nicht zu unterschätzende Beschäftigung mit Rechtschreibung und Textgrammatik, was diese Bereiche stark aufwertet.

Die traditionelle, üblicherweise in den Schulen praktizierte Textproduktion beschränkte sich auf das Verfassen von Aufsätzen als Aufgabe oder Schularbeit. Beides wanderte nach Verunstaltung durch den Rotstift des Lehrers als Folge der „verlagerten Betrachtungsweise" in den Papierkorb oder bestenfalls in die Ablage, wo das Produkt eines kreativen Schülers vorzeitig begraben wird.

Sollte es uns wundern, wenn die Schüler mit einer Mißachtung ihrer eigenen Texte reagieren?

Aufsätze werden lieblos „hingeschmiert", teilweise abgeschrieben oder aus Angst vor Fehlern in stilistischer Bescheidenheit auf niederem Niveau gehalten.

Die zunehmenden Rechtschreibprobleme unserer Schüler können natürlich nicht geleugnet werden. Aber ist es nicht schade, wenn gerade in dem so komplexen Gebilde eines kreativen Schülertextes der Teilbereich der Schreibrichtigkeit derart übergewichtet und die kreative Leistung des Kindes in den Schatten gedrängt wird?

Ich halte eine deutliche, dem Schüler bewußtgemachte Trennung der Bereiche für immens wichtig. Sprach- und Schreibrichtigkeit sollen nicht die Kernelemente eines Textes sein, sondern vom Schreibenden als unbedingte Voraussetzung für eine Präsentation seines Textes angesehen werden.

Ein Eigentext, der einem größeren Kreis von Lesern vorgelegt werden soll (nicht nur dem Auge und Rotstift des Lehrers), kann ein starkes Motiv für diese Forderung sein.

Um das gewünschte Ziel erreichen zu können, bietet sich eine dreiphasige Arbeitsweise an, die eigentlich der Textproduktion von Schriftstellern abgeschaut worden ist.

Am Anfang steht meist ein Schreibimpuls, eine stark motivierende Aktion, ein Bild, Musik, ein Diskussionsthema, eine Szene, ein Buch, formale Ideen und ähnliche Verlockungen zum kreativen Schreiben. Dazu gehört auch ein erarbeitetes Repertoire an Textsorten, das den Schreibern geläufig sein sollte (z. B.: innerer Monolog, Dialog, Brief, einfache Erzählung, Perspektivwechsel, Reportage, Zeitungsbericht, Gedicht mit und ohne Reim ... u. a. m.).

Nun beginnt die Ideensammlung, das „Brainstorming“, die Textplanung. Das führt zur ersten Niederschrift, zum Manuskript.

Genauso wie Schriftsteller nach der Fertigstellung ihrer ersten Buchfassungen Freunde aufsuchen, denen sie die „Geschichte“ vorlesen, um Verbesserungsideen zu bekommen, sollte auch nach unserer Manuskriptphase eine „Redaktionsrunde“ eingeschoben werden.

Die Eigentexte werden einem vertrauten, wohlwollenden Kollegenkreis (– daher die Sensibilisierung!!) vorgelesen und besprochen. Der Schreiber hat nun die Wahl, eventuelle Verbesserungsvorschläge der Freunde anzunehmen oder nicht.

Aufmunternde oder lobende Äußerungen aus diesem Kreis ergeben eine zusätzliche Motivation.

Nun kommen Orthographie und Grammatik zu ihren Rechten. Meist wird es uns Lehrern überlassen bleiben, hier mit dem – nunmehr gerechtfertigt und von den Schülern akzeptierten – Rotstift *helfend* einzugreifen.

Auch eine „Lektorengruppe“ aus den Reihen der guten Schüler wäre denkbar.

Die zweite Phase umfaßt diese Verbesserungsarbeiten, die mit Hilfe des Wörterbuches und/oder der erwähnten Lehrer- bzw. Lektorenhilfe durchgeführt werden sollen, und die Reinschrift des Textes in Hinblick auf eine entsprechende Präsentation.

Einige Möglichkeiten:

Geschichtensammlung, maschingeschrieben und gebunden, für die Schulbibliothek, Plakate, Flugblätter, Schülerzeitungen, layoutiert und vervielfältigt, handgeschriebener Gedichteband mit Zeichnungen oder Aquarellen, Rollenbücher für Theaterszenen, Drehbuch für einen Videofilm, Spiel- und Bastelanleitungen, Fotoromane mit selbsterfundener Story, selbstgestellten Szenen, selber fotografiert und getextet ... u. v. a. m.

Für einen der wichtigsten Momente beim Umarbeiten eines Manuskripts erachte ich das Erlebnis des Veränderns.

Die Kinder müssen erfahren, daß ein Text geformt werden muß, in vielen Überlegungen und in einer steten Suche nach noch treffenderen Formulierungen, daß der Radiergummi nach dem Bleistift das wichtigste Werkzeug des Schriftstellers ist.

Der Lehrer sollte hier als Vorbild vorausgehen und den Schülern Einblick in seine eigene Veränderungsarbeit beim kreativen Schreiben gewähren. Das bedingt aber eine aktive Mitarbeit der Lehrer im Kreise der Autoren der Klasse. Er/Sie soll ebenso wie die Schüler Eigentexte vorlesen und zur Diskussion stellen.

Hand aufs Herz! Welche/r DeutschlehrerIn schreibt schon alle Aufsatz-Aufgaben mit, die er/sie den Schülern aufgibt?

Aber wäre gerade das nicht eine unerhörte Aufwertung der Aufgabe?

Ist die Reinschrift fertiggestellt, findet als letzte Phase die Präsentation statt. Hier gibt es viele Möglichkeiten, von der Lesung bis zur Buchgestaltung, von der Gangausstellung selbstgedruckter Gedichte bis zu Geschenkideen für verschiedenste Anlässe.

Die Schulbibliothekare sollten bereitwillige Empfänger solcher Texte sein und diese wirklich in den Bestand der Bibliothek aufnehmen.

Man kann sich leicht vorstellen, daß zu solchermaßen oft schwer erarbeiteten und aus Herz und Hirn gerissenen Bestandteilen der eigenen Persönlichkeit eine ganz andere Beziehung besteht als zu einem traditionellen Hausübungs-Aufsatz.

Da die wichtige Rechtschreib- und Grammatikarbeit bereits in der zweiten Phase erfolgreich(!) abgeschlossen sein muß und eine Redaktionssitzung schon über die Qualitäten der Arbeit diskutiert hat, muß das präsentierte Resultat zufriedenstellend sein.

Dieses Gefühl erzeugt ein positives Feedback und somit Lust auf neuerliches Produzieren von Texten.

Manchmal werden einzelne Schüler immer wieder zu Lieblingstextsorten greifen. Eine Fülle von interessanten Schreibimpulsen und Bearbeitungsvorschlägen seitens des Lehrers kann jedoch der Einseitigkeit vorbeugen.

Damit wären wir beim methodisch-didaktischen Kernstück unserer Arbeit: beim Setzen starker Impulse und reizvollen Aufgabestellungen.

Einige ausgewählte Beispiele aus dem Programm der Lese- und Schreibwerkstatt sollen unsere Arbeit illustrieren.

A) Übungen und Spiele zur Lockerung und Schulung der Kreativität

1. „Dalli dalli" – ein Brainstorming-Partnerspiel nach der bekannten TV-Sendung, geeignet als Stoffsammlung zu gegebenen Themen.

2. „Schreib weiter!" – Plakate mit Impuls-Satzanfängen (z. B.: „Wenn ich reich wäre,…"), die reihum weitergeschrieben werden können.
3. Text-Puzzles sind beliebte Spiele zum Erfassen von Textzusammenhängen.
4. Der „Dichterlehrling" ist eine Reihum-Erzählung mit zugerufenen Wörtern, die vom Erzähler sinnvoll in die Story eingebaut werden sollen.
5. Briefe-Spiel mit Rollenkarten
   Jede/r TeilnehmerIn schlüpft in die Rolle einer auf der Rollenkarte genau definierten Person und soll an eine andere Person des Kreises (ebenfalls definiert) einen Brief schreiben. Die notwendigen Informationen dazu sind ebenfalls auf der Rollenkarte vermerkt. Das Spiel hat noch jeder Klasse Spaß gemacht und bekommt meist nach dem zweiten Briefdurchgang eine gewisse Eigendynamik, weil ja die Informationen im Kreis brieflich ausgetauscht werden.
6. Reimwörterspiele
7. „Reihum-Krimis". Der Lehrer/Die Lehrerin beginnt mit der Einleitung einer Situation, in der Ort und Personen dazu angelegt sind, Beginn eines Krimis zu sein. Es wird im Kreis weitererzählt, wobei auf den Aufbau der Story (steigende Handlung, dramatisches Moment, Höhepunkt, Lösung) geachtet werden soll.
8. „Aus Alt mach Neu!"
   Aus den Schriftelementen einer Tageszeitung (Buchstaben, Wörter, Sätze) sollen neue Texte zusammengestellt werden. (z. B. lustige Annoncen, Heiratsanzeigen u. ä.)
9. Klassen-Wandzeitung
   Aus aktuellen Tageszeitungen sollen Berichte aus allen Bereichen (Politik, Kultur, Sport…) zu einer Wochenübersicht zusammengestellt werden.
10. Layout-Planspiel
    Die Titelseite einer Klassenzeitung soll „professionell" gesetzt werden. Bilder und Texte müssen selbst produziert werden.

B) Impulse zur Gestaltung von präsentierfähigen Eigentexten, erstellt nach der 3-Phasen-Methode

1. Namens-Akrostichon
   Mit den Buchstaben des Namens beginnen Sätze, die etwas über die Person des Namenträgers aussagen.
2. Geschichten-Akrostichon
   Mit den Buchstaben eines Überschriften-Wortes (z. B. „Burgge-

spenst") sollen Sätze gebildet werden, die eine geschlossene Geschichte zu diesem Wort ergeben.

3. Bildimpulse
   Ausgewählte Bilder (aus Illustrierten, Büchern, Kunstdrucke, eigene Collagen...) sollen ein Anreiz zum Produzieren verschiedener Textsorten sein.

4. Lustige Werbetexte für die Radiowerbung, in der Gruppe erarbeitet, auf Band gesprochen und mit passender Musik unterlegt (nach den bekannten Vorlagen im „Sprachbastelbuch", Ravensburger).

5. Nach Ernst Jandls „Ottos Mops" sollen ähnliche Gedichte erfunden werden, z. B. „Helenes Reh" oder „Ulfs Uhu" u. a.

6. Christian Morgensterns „Gruselett" soll als Muster für weitere lautmalerische Nonsensgedichte dienen.

7. Nach der „5-Sinne-Methode" (Was kann ich sehen, riechen, hören, fühlen,...?) werden Gedichte oder Prosatexte verfaßt (ohne Reim, aber mit einem selbstgewählten Zeilenrhythmus).

8. Musikstücke (z. B. Teile aus Mussorgskys „Bilder einer Ausstellung" u. a.) dienen als Schreibimpuls.
   Schreibt zu dieser Musik eine Drehbuch-Seite! oder:
   Wie könnte das musikalisch geschilderte Wesen aussehen? (dazu z. B. „Der Gnom" aus „Bilder einer Ausstellung", Fassung von ELP) u. a.

9. Lyrische Videoaufnahmen (auch selbstgefilmte), z. B. Naturaufnahmen, Landschaften, Menschen..., werden als Impuls für lyrische Texte verwendet.

10. Man kann auch ganze Drehbücher für eine Video-Story schreiben und verfilmen.

11. Foto-Roman
    Eine kleine Handlung soll erfunden werden, von der Gruppe an den richtigen Orten gestellt und fotografiert werden. Die Bilder werden getextet. (Sprechblasen und Kastentexte)

12. Eigenbau-Poesie-Kalender
    Ein „Blanko-Monatskalender" soll mit schön geschriebenen und illustrierten Eigentexten gestaltet werden. Ein schönes Geschenk!

13. Ein eigener kurzer Text (Gedicht, Sinnspruch...) soll plakativ (A3, A2) oder als Stammbuchkarte (A6, A5) gestaltet werden.

14. „Texte in Fesseln"
    Jede/r SchreiberIn muß sich selbst eine formale Aufgabe stellen, z. B. die Haiku-Form, Hexameter, Stabreim, Lautmalerei, besondere Reimstellung... Die Textidee soll nun in diese Form gebracht werden.

15. „Das Buch über mich selbst"
    Ich stelle mich vor. Mehrere Kapitel, verschiedene Textsorten und Formen: „Meine Familie", „Bei uns zuhause", „Meine Tiere",...

Die freie Textsortenwahl, das persönliche Arbeitstempo und die eigene Zeiteinteilung schaffen eine streßfreie Schreibsituation, die regelmäßigen Redaktionsrunden vermitteln schließlich das so nötige positive Feedback der Gruppe für den Schreiber.
Als Lehrer freue ich mich immer über gelungene Schülertexte und zeige das auch.
Den Kindern – und auch uns Lehrern – macht diese Art des individuellen Schreibens großen Spaß.
Sie fühlen sich in ihren schriftlichen Äußerungen ernstgenommen und danken es mit Texten von oft beeindruckend hoher Qualität.
Die folgenden Texte stammen von Lehrerinnen (Seminarteilnehmern).

Wolkenschleier

luftige Wesen, ganz in Weiß
Geruch von Wald und Wind
herb
kühl
wässrig schwebend
ihr stillt meinen Durst nach erfrischender Luft
sanftes Rauschen zieht übers Land
verdichtend auflösend
ich möchte mit euch fließen

Freude

Ich spüre dich als leichtes luftiges Gefühl im Bauch,
dein Weg ist bunt-strömend,
ich möcht' mit dir die Welt umarmen,
du bist jetzt ich.
Ich möchte mich mit dir versprühen!
(Evelyne Senftner)

Wolkenschleier ziehn,
freudig hüllen sie mich ein,
weil ich mich freue.

Tosendes Wasser
ich ahne Unendlichkeit
möchte sie leben.

Mein Ich tobt sich aus
voll von innerer Freude
entsteht ein Gedicht.

Das Bächlein erzählt
von meinen Möglichkeiten
lebende Vielfalt.

Die Welt fließt in mich
ich fließe ein in die Welt
in Freiheit fließen.

Ich darf ein Baum sein oder eines seiner Blätter,
    ein kleiner Falter oder die Blume, aus der er trinkt.
Ich darf ein mächtiger Wald sein oder ein Vogel,
    der ihn von oben betrachtet,
    eine Wolke oder die Sonne, die durch die Wolken guckt.
Ich darf ein Grashalm sein oder der Wind, der den Grashalm berührt.
Ich darf ein Schmetterling sein, der sich auf deine Nase setzt.
Denn:
Ich darf mit meinen Gedanken davonfliegen.
                    (Evelyne Senftner)

Freude

ist grundlos
schmeckt wie Apfelkuchen
riecht wie Rosenblüten
sieht aus wie eine frisch austreibende Buche im Frühling
kommt daher wie die Sonne, die aus den Wolken bricht...
hört sich an wie das Zirpen der Grillen an einem Sommermorgen
im Süden
Ich
möchte immer in ihr sein.

Hingabe

ist scheinbar sinnlos
schmeckt wie frisches Quellwasser
riecht wie ein Veilchen im Wiesengrund
sieht aus wie ein Mädchen im Morgentau
kommt zu dir unverdient wie der Geruch der Erde im Frühling
hört sich an wie Solveigs Lied
Ich
bitte um diese Gabe

Haiku

Du bist geboren
Die Erde wartet auf Dich
Suche Deinen Weg.

Die Kraft der Berge
die Schatten verlassen mich
das Licht ist mir nah.

Den Menschen suchen
wohin soll ich gehen?
Soll ich es wagen?

Hitze Sommertag
Oleander im Süden
die Seele baumelt.

(Leanne Gabriele Singer)

Bua' hol Wein
Gsell' schenk ein.
Meister komm raus
und du bist draus.

Bua' hül Waun
Gsell' schinka aun.
Meister kimm riss
und du bißt driß.

(Leanne Gabriele Singer)

Der Schulgeist

Er sitzt und wartet auf den ersten Morgenlärm. Er freut sich über das Scheppern der Milchkisterln. Es zeigt ihm an, daß der Schulwart schon bei ihm im Hause ist. Jetzt bereitet er sich vor, der Strenge des Chefs ein Schnippchen zu schlagen! Die ersten Kinder betreten lachend und lärmend das Schulhaus. Mit schelmischem Schmunzeln redet er ihnen zu, sich gut in der Warteklasse zu verstecken. Er freut sich, als die Lehrer vergebens ihre Kinder suchen. Als diese sich beim Big Boß beklagen gehen, gibt er ihnen ein geheimes Zeichen und sie sitzen rasch, still und cool in ihren Bänken. Dem Schulgeist macht das Blödeln mit den Kindern Spaß!

Der Geist des Großvenedigers

Er liebt die einsame Stille, die am Gipfel des Berges herrscht. Manchmal jedoch hat er Lust auf das Geplapper und Geplauder von Menschen. Dann steigt er – bereit seine Einsamkeit zu verlassen – aus den Höhen herab und ergötzt sich am Lachen und Singen der wandernden Menschen. Einmal trifft er ein freundliches Mädchen. Er merkt, daß sie ihr noch ungeborenes Kind bei sich hat. Eine neue Kraft bemächtigt sich seiner. Als Schutzgeist fühlt er sich, begleitet sie bis zum Ende ihrer manchmal gefährlichen Wanderung. Als er in sein Reich zurück muß, fühlt er sich stärker, mächtiger und neu: Auf seine Art ist er Vater geworden.

Wut

Meine Wut kommt meist plötzlich.
Sie ist rot und wild.
Sie kommt daher wie das tosende Meer.
Sie überrollt mich.
Ich schreie und tobe.
Ich kenne mich selbst nicht mehr.
Dann plötzlich bricht sie zusammen – die Wut.
Und ich weine ganz leise und still
vor mich hin.

(Gundi Schmölzer)

Der Wäschegeist

Je nach Jahreszeit huscht er mehr oder weniger bekleidet durch unsere Wohnung. Im Moment verträgt er am liebsten bunte T-Shirts, leichte Sommerhosen und am allerliebsten schmückt er sich mit Socken – gelben, roten, gemusterten... Er ist ein sehr eitler und reinlicher Geselle, und so ist es nur verständlich, daß er die Garderobe sehr häufig wechselt. Nur mit der Ordnung hält er es nicht so genau. So finde ich da einen Socken und dort eine Hose usw. Manchmal gelingt es mir, ihn im Wäschekorb einzufangen.
Dann drücke ich ihn fest zwischen die Kleider hinein und lege schnell den Deckel drauf. Aber es dauert nie lange, und schon geistert er wieder in der ganzen Wohnung herum, mit Socken, T-Shirts...

(Luzi Obholzer)

Angst

ist grau und schwarz
schleicht sich plötzlich an
und wird dann immer stärker
schließt dich langsam ein,
wie eine Regenwolke die Sonne
riecht wie Abgase und
schmeckt wie versalzene Suppe
hört sich an wie ein Preßlufthammer
und das Hupen Tausender Autos zugleich.
Ich möchte dich am liebsten stehen lassen
und an dir vorbeigehen
     – später lach' ich dich aus!!!

(Ulrike Groißböck)

Kuckuck und Uhu

Kuckuck ruft: „Kuckuck! Kuckuck!"
Uhu sucht Kuckuck.
Kuckuck ruft: „Kuckuck! Kuckuck!"
Uhu sucht Kuckuck.
Uhu flucht: „Uhuuu"
Uhu spuckt.
Uhu schluckt.
Kuckuck ruft: „Kuckuck! Kuckuck!"
Uhu spuckt, schluckt, guckt.
Uhu ruft: „Kuckuuuck!"
(Jutta Hartwig)

Fritz Spitz

In Fritzens flitzt Fritz Spitz.
Fritz Spitz spritzt.
Fritz Spitz sitzt in Fritzens im Sitz
bis Fritz Spitz in Fritzens schwitzt.
(Simone, 9 Jahre, aus Tirol)

Der Stadtgeist

Der Stadtgeist ist meistens in uralten Schlössern, die mitten in der Stadt
stehen.
Um 12 Uhr Mitternacht hört man, wie er aus seinem Versteck hervor-
schaut, ob die Menschen schon schlafen.
Und wenn sie alle schlafen, raschelt er mit Papier und anderen Sachen,
die im Zimmer herumliegen. Und wenn die ersten Menschen aufwa-
chen, ist er schnell wieder in sein Versteck gehuscht.
(Benjamin, 7 Jahre)

Johanna Schneider / Renate Wölwitsch

Musikalische Graphik und Rhythmisch-Musikalische Erziehung

Eine Annäherung und kombinatorische Methode

1. Die Musikalische Graphik nach Oskar Rainer

Die MUSIKALISCHE GRAPHIK (MG) ist eine Möglichkeit, Erkenntnisse aus der Psychologie, der Ausdrucksforschung und der Kunstpädagogik in konkretes didaktisches Handeln und schöpferisches Erleben umzusetzen.

Vom pädagogischen Standpunkt ist die MG eine audiovisuelle Methode, die fächerübergreifend sowohl das Gehör als auch die optische Wahrnehmung schult.

Wir müssen von einem ganzheitlichen interdisziplinären Standpunkt ausgehen. Die MG hilft den Menschen, je nach ihrem Auffassungstyp, Zugang zum Ausdruck zu finden. Sie schafft eine Brücke zwischen Raum- und Zeitkünsten, Musik und optischer Darstellung.

2. Entwicklungspsychologische Aspekte

Jean Piaget zeigt den Zusammenhang zwischen Sinneswahrnehmung und Motorik. Er bezeichnet die erste Stufe der Intelligenz als Sensomotorik. Bereits im ersten Lebensjahr lernt das Kind durch Bewegung und vielfältige Sinneswahrnehmungen die Funktionsmöglichkeiten des eigenen Körpers und die Eigenschaften der Dinge kennen. Es verfügt schon über persönlichen Ausdruck und reagiert auf die Eindrücke, die es aus seiner Umwelt erfährt, mit Mimik, Gestik und Vorformen der Sprache wie Lallen, Schreien und Gutturallauten.

Im Laufe des Vorschulalters verfeinern sich die Möglichkeiten der Wahrnehmung und der Ausdrucksfähigkeit. Das hängt mit der neuromuskulären Reifung zusammen, die durch Umweltreize gefördert wird. Die Interaktion zwischen Bezugsperson(en) und Kind haben eine entscheidende Bedeutung für frühe Lernprozesse und für alle Dimensionen der Entwicklung. Die Harlowschen Versuche mit Rhesusaffen sprechen in diesem Zusammenhang eine deutliche Sprache. Die Affenbabies wurden von ihren Müttern getrennt und erhielten Ersatzmütter in Drahtform oder aus Pelz, die sich bewegen konnten oder nicht. Die Rhesus-Babies klammerten sich an die Pelzmütter und vermieden die Drahtmütter. Waren sie bei der leiblichen Mutter, untersuchten sie jeden neuen Gegenstand, allein zeigten sie Inaktivität und Angstsymptome.

Die basale Bildung – das zentrale Anliegen der Vorschulpädagogik – baut auf ganzheitlichen sensomotorischen Lernprozessen auf. Diese bilden die Grundlage der Begriffsbildung und der Kommunikation. Spezielle Erfahrungen, wie sie durch die MG gemacht werden können, wirken außerdem motivierend und unterstützen die Konzentrationsfähigkeit. Sogar therapeutische Erfolge, beispielsweise bei autistischen Kindern, konnten erzielt werden. Bei Sinnesbehinderungen fördert das Malen nach Musik die kompensatorischen Möglichkeiten, indem es den Zugang zu einer Ausdrucksform über die Restsinne und die Motorik ermöglicht. Bei kindlichen Angstneurosen sollte man diese Methode aber nur im Zusammenhang mit einer psychologischen Betreuung durchführen, da die Musik starke Reaktionen auslösen kann.

Das Kleinkind reagiert mit spontaner Bewegung auf Musik und ist daher vor allem durch den Rhythmus ansprechbar. Diese Bewegung läßt sich in Großmuskelübungen – vor allem in Form von Zweihandzeichnungen – übertragen. Die Musik wirkt stimulierend auf die Synapsenbildung; und dadurch wird die Voraussetzung für weitere Lernprozesse geschaffen. Durch die tiefe Atmung während der Übungen wird das Gehirn mit Sauerstoff versorgt und aktiviert. Jedes Lernen ist ein Prozeß von Anspannung und Entspannung, ein rhythmisches Geschehen. Durch die Lenkung des Eigenrhythmus durch einfache musikalische Motive kann das Kind aus dem Kritzelstadium herausgeführt werden. Zunächst entsteht eine Linie als „Bewegungsbild". Schließlich kommt das Kind von Großarm- zu Kleinmuskelbewegungen und zu einem geplanten Gestalten.

3. Die Rhythmisch-Musikalische Erziehung

Auch die RH stellt die Kombination von Wahrnehmung und Motorik in den Mittelpunkt des Geschehens. Es werden jedoch alle Dimensionen der Entwicklung angesprochen und in ihrer komplexen Wechselwirkung erfaßt:
- die Sprache als Basis der Begriffsbildung
- Koordination von Auge (Ohr, Tastsinn) und Hand
- Sensomotorik
- Emotionalität und Sozialisation im Zusammenspiel zwischen Bezugsperson und Kind in allen Bereichen

4. Lernpsychologische Aspekte

Der Ausdruck eines Objekts muß durch die Aufnahme durch die Sinnesorgane und das Zentralnervensystem in Eindruck „umgewandelt" werden. Die Aufnahme der Umweltreize ist geprägt vom Entwicklungsstand, den bisher gemachten Erfahrungen, den Interessen und Einstellungen des einzelnen sowie von seiner Aufmerksamkeit, die sowohl willkürlich als auch unwillkürlich ausgelöst werden kann.

- die körperlichen Voraussetzungen sind ein intaktes Sinnesorgan, eine intakte Reizleitung (afferente und efferente Nervenbahnen) und ein intaktes Gehirn
- Beachtung der Funktionsweisen des linken und des rechten Gehirns
- Stützfunktionen der Intelligenz und der Wahrnehmung wie Konzentration, Aufmerksamkeit, Gedächtnis und Motivation.

Der Eindruck, den ein Mensch von seiner Umwelt empfängt, wird von seiner Persönlichkeit – von den individuellen „Filtern" – bestimmt. Bei der Ausformung dieser Faktoren spielt das soziale Umfeld seiner Kindheit eine entscheidende Rolle. Auch das Erzieherverhalten und der Führungsstil der Bezugspersonen wirken sich aus. Es werden die Verhaltensweisen aufgebaut, die bereits in der frühen Kindheit verstärkt wurden. Werden also kreative Leistungen des Kindes positiv bewertet und anerkannt, ist der Grundstein der basalen Bildung gelegt.

5. Die Methode der Musikalischen Graphik

Die Voraussetzung der MG besteht in der Annahme, daß jedes musikalische Gebilde eine Entsprechung in Farbe und Form hat. Praktisch befaßt sie sich mit dem graphischen Umsetzen und theoretisch mit dem Erforschen der Zusammenhänge zwischen Klang, Farbe und Gebärde.

MG beruht auf subjektiv erlebbaren Übereinstimmungen, ist aber auch objektiv überprüfbar.

Die Methode eröffnet vielfältige pädagogische Möglichkeiten, zeigt aber auch therapeutische Wirkung in verschiedener Hinsicht. Sie besteht darin, daß Musik mit höchster Konzentration aufgenommen und zunächst in Bewegung umgesetzt wird.

Der nächste Schritt kann eine Verbalisierung des Empfundenen oder bereits die graphisch-malerische Darstellung sein. Der schöpferische Prozeß besteht darin, daß die durch die Musik ausgelösten Gefühle einen persönlich geprägten Ausdruck finden, der den Geist des Gehörten wiedergibt.

Die Musik bewirkt eine innere Bewegtheit, die sich in äußerer Bewegung zeigt und durch eine graphische Darstellung fixiert werden kann.

Bei Kindern und Naturvölkern ist die Mitbewegung beim Anhören von Musik selbstverständlich. Beim „zivilisierten" Menschen ist diese kanalisiert in Form des Dirigierens oder des Tanzens. Besonders deutlich wird das Phänomen der Übereinstimmung zwischen Klangfarbe und dargestellter Farbkomposition sowie zwischen Klangfolge und Linienführung beim Vergleich der verschiedenen Zeitstile – so wie bei Volksmusik und Volkskunst.

„Vom pädagogischen Aspekt aus betrachtet ist Musikalische Graphik mehrschichtig; eine Bildungstheorie, eine vergleichende Kunstforschung und eine spezielle, audiovisuelle Kunsterziehungsmethode mit fachübergreifender Bildungsfunktion."[1]

Die MG hat nicht nur in der Kunsterziehung, sondern auch in der Musikerziehung große Bedeutung. An der Musikhochschule Wien wird sie für Tänzer, Musiker, Musiktherapeuten und Rhythmiker angeboten. Das Ziel ist eine interdisziplinäre, audio-visuelle Kunsterziehung, die eine ganzheitliche Menschenbildung anstrebt.

Ein faszinierendes Phänomen ist die sogenannte Rückübertragung; das ist die graphische Gestaltung von Musik, die auf Grund einer Bildbetrachtung geschaffen wurde. Der Geist des ursprünglichen Werks findet sich wieder in dem neu entstandenen Bild. Bei einfühlsamer Darstellung zeigen sich häufig Übereinstimmungen in der Formgebung und Farbgestaltung. Typische Beispiele sind die „Bilder einer Ausstellung" von Mussorgski oder die „Toteninsel" von Max Reger, die dieser nach einem Bild von Böcklin komponiert hat.

Ein ganzheitliches Erfassen von Kunstwerken wirkt sich auf die Entfaltung der Persönlichkeit aus und führt zum Verständnis anderer Kulturkreise und zum gegenseitigen Verstehen im Sinn des interkulturellen Lernens. Die MG ist eine Möglichkeit, in Gruppen mit verschiedenen Nationalitäten durch das Gestalten der Volksmusik ein Erfassen der Besonderheiten und Charakteristika zu erreichen. Auch durch Tanzen und gemeinsames rhythmisches Erleben kann die Integration unterstützt werden. Schließlich werden die Kinder herausfinden, daß sich auch in der Farbgestaltung der Trachten und in der Formgebung das Typische einer Kultur zeigt.

6. Grundgedanken der Montessori-Pädagogik in diesem Kontext

Auch die Montessori-Pädagogik wird wie die Rhythmisch-Musikalische Erziehung und die Musikalische Graphik vom ganzheitlichen Sein des Menschen bestimmt. Allerdings wird ihr mitunter eine gewisse „Kopflastigkeit" vorgeworfen. – Wenn man sich jedoch näher mit der Montessori-Pädagogik beschäftigt, erkennt man, daß diese im weitesten Sinn

Farbkombinationen und Klangfarben

Musik und Bewegung

*Graphisch-
malerische
Darstellung
und Musik*

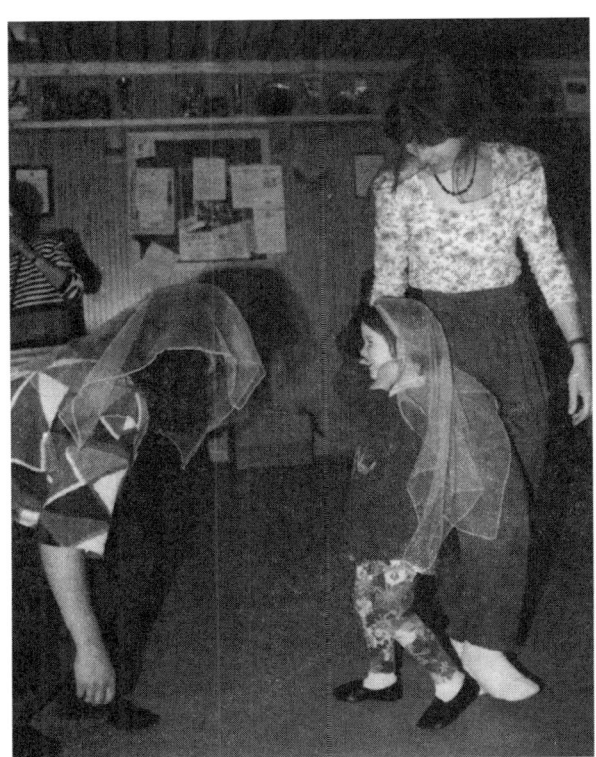

*Tanz – Mit-
bewegung beim
Anhören von Musik*

des Wortes kreativ ist. Sie entspricht wie die beiden beschriebenen Methoden dem Geist der Zeit, in der sie entstanden sind: dem Beginn des Jahrhunderts, der von einer allgemeinen Aufbruchstimmung in allen Bereichen geprägt war.

Heute erleben wir eine Renaissance dieser Methoden, die gemeinsame Wurzeln haben, sich gut kombinieren lassen und dadurch vielfältige neue Wege eröffnen.

Die Grundprinzipien der Montessori-Pädagogik lassen sich auf die RH und die MG anwenden

Montessori-Pädagogik	Rhythmisch-Musikalische Erziehung	Musikalische Graphik
1. Vorbereitete Umgebung	Bewegungsraum	Kreis Tische
2. Montessori-Material	Bälle, Reifen, Tücher Klanghölzer…	Malmaterial
3. Übungen des täglichen Lebens	Ordnungsübungen soziale Übungen	Gestaltung des Arbeitsplatzes
4. Übungen der Stille	Konzentrationsübungen Ordnung in sich	Konzentriertes Hören, Bewegen, Gestalten
5. Polarisation der Aufmerksamkeit	mehrmalige Wiederholung der Tätigkeit	
6. Sensible Phasen	Phantasieübungen	Auswahl d. Musik u. d. Technik

Sensibilisierung der Sinne
Entwicklung der Kreativität

Anmerkung

1   B. Ernst / H. Sündermann, Musikalische Graphik, Verlag Anton Schroll, Wien – München 1981

Autorenliste mit Kontaktadressen

EINHORN Peter, Dr.
Pädagogisches Institut des Bundes in Salzburg
Erzabt Klotz-Straße 11
A-5020 Salzburg

GAUSS Rainer, Dr., Prof.
Pädagogische Akademie des Bundes in Salzburg
Akademiestr. 23–25
A-5020 Salzburg

GRUNSKY Peter
Übungshauptschule der Pädagogischen Akademie des Bundes
Hebbelplatz 1
A-1100 Wien

HABERL Herbert, Dr., Direktor des
Pädagogischen Institutes des Bundes in Salzburg
Erzabt Klotz-Straße 11
A-5020 Salzburg

HOLTSTIEGE Hildegard, Dr., Univ.-Prof.
Universität Münster/W.
Rabertsweg 53
D-4409 Havixbeck

LAU Gerd., Mag., Prof.
Pädagogisches Institut des Bundes in Salzburg
Erzabt Klotz-Straße 11
A-5020 Salzburg

MAYR-WUKSAN Anneliese, Dr., Prof.
Pädagogische Akademie des Bundes in Wien
Ettenreichgasse 45a
A-1100 Wien

MÖNKS Franz J., Dr., Univ.-Prof.
Universität Nijmegen
Zentrum für Begabungsforschung
Postfach 9104
NL-6500 HE Nijmegen
Niederlande

SCHMUTZLER Hans-Joachim, Dr., Univ.-Prof.
Universität Köln
Sauerbruchstraße 14
D-5000 Köln 71

SCHNEIDER Johanna, Dr., Prof.
Bundesanstalt für Kindergartenpädagogik
Ettenreichgasse 45c
A-1100 Wien

SCHULZ-BENESCH Günter, Dr., Univ.-Prof.
Universität Münster/W.
Schwalbenstraße 16
D-4417 Altenberge

STEENBERG Ulrich, Studiendirektor i. K.,
Direktor der Katholischen Fachschule für Sozialpädagogik, Ulm
Karl Schefold-Straße 22
D-7900 Ulm

STROTZKA Inge, Volksschuldirektorin
Volksschule Liefering II
Laufenstraße 50
A-5020 Salzburg

TSCHAMLER Herbert, DDr., Univ.-Prof.
Universität München
Leopoldstraße 13/IV
D-8000 München 40

VIERLINGER Rupert, Dr., Univ.-Prof.
Universität Passau
Innstraße 25
D-8390 Passau

WALK Anneliese, Prof.
Pädagogische Akademie des Bundes in Salzburg
Akademiestraße 23–25
A-5020 Salzburg

WEINHÄUPL Wilhelm, Dr. phil., Prof.
Pädagogische Akademie des Bundes in Salzburg
Akademiestraße 23–25
A-5020 Salzburg

WÖLWITSCH Renate
Bundesanstalt für Kindergartenpädagogik
Ettenreichgasse 45c
A-1100 Wien

Montessori-Vereine

Österreich

Österreichischer Bundesverband für Montessori-Pädagogik
Erzabt Klotz-Str. 11
A-5020 Salzburg

Diesem Dachverband gehören an (Stand: Jänner 1993):

Arbeitsgruppe Freie Lernphase Wien
Herderplatz 1
A-1100 Wien

Montessori-Arbeitsgemeinschaft Tirol-Vorarlberg
Volksschule
A-6611 Heiterwang

Niederösterreichischer Montessori-Pädagogik Verein
Mühlgasse 67
A-2500 Baden

Oberösterr. Montessori-Verein
Dr. Breitwieser-Str. 5
A-4600 Wels

Verein zur Förderung der Montessori-Pädagogik Salzburg
Tetlhamgasse 24
A-5020 Salzburg

Deutschland

Kinderzentrum München u. Aktion Sonnenschein (AMI – Internationale
Lehrgänge in Montessori-Heilpädagogik)
Lindwurmstraße 129
D-8000 München 2

Montessori-Vereinigung e. V.
Sitz Aachen (AMI – anerkannte Nationale Montessori-Kurse)
Xantner Straße 99
D-5000 Köln 60

International

Association Montessori Internationale (AMI)
Koninginneweg 161
NL-1075 CN Amsterdam

DANKESWORTE

Veranstaltungen dieser Art mit einer großen Vielfalt von Angeboten finanzieren sich nicht von selbst. Die im Anhang genannten Firmen, Körperschaften und Institutionen waren mit beachtlichen Beträgen Sponsoren und Förderer dieser Tagung.

Mitglieder der Montessori-Vereine, und da insbesondere die Eltern aus dem Salzburger Verein, halfen bei der Organisation, Gestaltung und Kinderbetreuung mit. Das Lehrerehepaar Zobl von der Volksschule Krimml schuf ideale Rahmenbedingungen.

Ganz wesentliche Unterstützung kam vom Landesbeauftragten für die Region Nationalpark Hohe Tauern, Alfred Winter.

Die Förderung durch den Salzburger Nationalpark Fonds, die durch die Unterstützung und Befürwortung von Landeshauptmann Dr. Hans Katschthaler ermöglicht und vom Bundesministerium für Umwelt, Jugend und Familie ausbezahlt wurde, machte die Tagung im geplanten Ausmaß möglich.

Ihnen allen sei an dieser Stelle gedankt!

Der Herausgeber und Veranstalter der Krimmler Montessori-Tage

Wir danken den genannten Firmen, Körperschaften und Institutionen für die Unterstützung der Krimmler Montessori-Tage:

GEMEINDE KRIMML

HUTTEGGER SALZBURG – DRUCKEREI

HYPO BANK – LANDESBANK SALZBURG

IVO HAAS – LEHRMITTELHAUS

J&V – SCHULBUCHVERLAG

PÄDAGOGISCHES INSTITUT DES BUNDES IN SALZBURG

RAIKA KRIMML

SALZBURGER BILDUNGSWERK

SALZBURGER NACHRICHTEN

SALZBURGER SPARKASSE

WOLF ELMAR – MONTESSORI-MATERIAL